HERAUSGEBER: ROGER ZÄCH / DANIEL THÜRER / ROLF H. WEBER

Das Abkommen über den Europäischen Wirtschaftsraum

Eine Orientierung

SCHULTHESS POLYGRAPHISCHER VERLAG ZÜRICH

ISBN 3 7255 3066 1

Vorwort

Dieser zweite Band des Europa Instituts Zürich basiert wiederum auf den Referaten und Vorträgen, die anlässlich der EWR-Tagung gehalten wurden, welche das Europa Institut Zürich in Zusammenarbeit mit der Stiftung für Juristische Weiterbildung am 22./23. Oktober 1992 an der Universität Zürich durchführte. Die Vortragsform wurde weitgehend beibehalten.

Die Beiträge behandeln die zentralen Themen des EWR-Abkommens, wobei die Reihenfolge dem Aufbau des Abkommens entspricht. Da einzelne Autoren direkt mit den EWR-Vertragsverhandlungen befasst waren, sind wir in der glücklichen Lage, dem Leser zum Teil Informationen aus erster Hand vermitteln zu können. Ergänzt wurden die Fachvorträge durch die eindrücklichen Reden von Bundesrat Arnold Koller und Ständeratspräsidentin Josi J. Meier, denen wir für ihre Mitwirkung besondern danken möchten.

Herzlich danken möchten wir den Referenten, die das Erscheinen des vorliegenden Bandes in so kurzer Zeit ermöglichten. Die Gestaltung des Bandes besorgten Urs Bucher und Daniela De Marco-Lippuner. Auch dafür danken wir herzlich.

Die Referate von Prof. Th. Cottier und Prof. N. Michel sind bereits erschienen in Olivier Jacot-Guillarmod (Herausgeber), Accord EEE - Commentaires et réflexions, Schulthess Polygraphischer Verlag, Zürich 1992 und werden hier mit freundlicher Genehmigung von Herausgeber und Verlag erneut abgedruckt.

Zürich im November 1992

Roger Zäch, Daniel Thürer, Rolf H. Weber

INHALTSÜBERSICHT

Die Schweiz und der EWR 1
(Bundesrat Arnold Koller, Vorsteher des Eidgenössischen Justiz- und Polizeidepartements)

Grundzüge des freien Warenverkehrs 11
(Botschafter Dr.iur. Silvio Arioli, Advokat, Delegierter des Bundesrats für Handelsverträge)

Der Schutz des geistigen Eigentums 23
(Prof. Dr.iur. Thomas Cottier, Fürsprecher, LL.M., stellvertretender Direktor des Bundesamtes für Geistiges Eigentum)

Das Wettbewerbsrecht des EWR-Abkommens 51
(Botschafter Dr.oec. Marino Baldi, Vizedirektor beim Bundesamt für Aussenwirtschaft)

Das öffentliche Auftragswesen 87
(Prof. Dr.iur. Nicolas Michel, Professor für öffentliches Recht an der Universität Fribourg)

Der freie Personenverkehr im EWR 115
(lic.iur. Dieter Grossen, Vizedirektor beim Bundesamt für Industrie, Gewerbe und Arbeit)

Dienstleistungsfreiheit 137
(PD Dr.iur. Rolf H. Weber, Rechtsanwalt, Lehrbeauftragter der Universität Zürich, Direktor des Europa Instituts Zürich)

Freier Kapital- und Finanzdienstleistungsverkehr 173
(PD Dr.iur. Hans Caspar von der Crone, Rechtsanwalt, LL.M., Lehrbeauftragter der Universität Zürich)

Umweltschutz im EWR 209
(lic.iur. Helen Keller, Assistentin bei Prof. Dr. H. Rausch an der Universität Zürich)

Umsetzung des EWR-Abkommens in das schweizerische Recht als Herausforderung und Chance 233
(Dr. iur. et lic.oec. Heinrich Koller, Direktor des Bundesamtes für Justiz)

Die institutionellen Bestimmungen des EWR-Abkommens 273
(Dr.iur. Giulio Haas, Diplomatischer Mitarbeiter der Direktion für Völkerrecht im Eidgenössischen Departement für auswärtige Angelegenheiten)

Schlusswort 301
(Josi J. Meier, Präsidentin des Ständerats)

Die Schweiz und der EWR

von
Arnold Koller

Inhalt

I. Einleitung

Winston Churchill begrüsste am 19. September 1946 seine Zuhörer in seiner berühmt gewordenen Rede an die akademische Jugend der Welt an dieser Stätte mit dem Satz:

"I wish to speak to you today about the tragedy of Europe". Und er fuhr fort: "If Europe were once united in the sharing of its common inheritance, there would be no limit to the happiness, to the prosperity and the glory which its three or four hundred million people would enjoy."

Das waren, wie wir heute wissen, prophetische Worte. Dennoch: Die Völker Europas, zumindest Westeuropas, sind weit davon entfernt, in einer immer enger werdenden Vergemeinschaftung unseres Kontinentes das "unbegrenzte Glück" zu sehen. Der drohende Verlust an nationaler Eigenständigkeit, die Gefahr des Einebnens der Unterschiede löst Abwehrreflexe aus. Der Prozess der politischen

Integration und damit die Überwindung der nationalstaatlichen Souveränitätsvorstellung bedürfen offensichtlich mehr Zeit, als das die Kommission und die Regierungen der Europäischen Gemeinschaften angenommen haben.

Am 6. Dezember geht es in unserm Land nicht um ein JA oder NEIN zu Maastricht. Es geht schlicht und einfach darum, ob wir unsere bilateralen wirtschaftlichen Beziehungen mit der EG mittels eines globalen Vertrages vertiefen und zusammen mit den andern EFTA-Staaten am 1. Januar des nächsten Jahres am Binnenmarkt der EG teilnehmen oder ob wir als einziges westeuropäisches Land davon Abstand nehmen wollen. Diese - im Vergleich zum gesamten europäischen Integrationsziel - viel bescheidenere, primär wirtschaftspolitische Frage weckt nun aber auch in unserem Land politische Emotionen, die weit über das Abwägen der wirtschaftlichen Vor- und Nachteile hinausgehen. Es werden Ängste geschürt und alte Mythen aus den Tiefen der Volksseele hervorgeholt. Das verunsichert. Manche Bürgerinnen und Bürger sind deshalb noch unentschieden, schwanken zwischen der Einsicht in die Notwendigkeit der Öffnung und dem Festhalten am Bestehenden und sogenannt Bewährten. Sie fühlen sich jetzt - gewissermassen zur Unzeit - zu einer Entscheidung gedrängt. Wohl herrscht auch noch ein Informationsdefizit, das wir hoffentlich in den nächsten Wochen noch stark abzubauen vermögen. Wir können aber nicht übersehen, dass dieser Entscheid in eine Zeit fällt, in der manche Bürger angesichts des raschen Wandels von Wirtschaft und Gesellschaft Unsicherheit und Unbehagen empfinden. Es herrscht eine dumpfe Angst vor der Zukunft. Von einer engern Zusammenarbeit mit der unvertrauten, mit Vorurteilen belasteten Europäischen Gemeinschaft erwarten viele noch mehr Ungewissheit, ja eine Beschleunigung des Verlustes an gesellschaftlicher und persönlicher Identität, den sie heute schon spüren. Für Viele wird der EWR zum Sündenbock für alle Übel der Zeit wie steigende Zinsen, wachsende Arbeitslosigkeit, Zunahme der Staatsverschuldung, mit denen er, da noch nicht in Kraft, sicher nichts zu tun haben kann.

II. Ein Genehmigungsbeschluss von Verfassungsrang

Am 6. Dezember haben Volk und Stände über einen Genehmigungsbeschluss der eidgenössischen Räte abzustimmen, mit dem wir zwar quantitativ über die grösste Rechtsrezeption seit der Gründung unseres Bundesstaates entscheiden, qualitativ aber nichts uns Fremdes, geschweige denn Revolutionäres übernehmen. Im

Gegenteil, Eurolex hat uns klargemacht, *dass wir auch mit unserer Gesetzgebung schon heute mitten in Europa stehen* und hängige rechtspolitische Postulate lediglich etwas rascher realisieren, als dies ohne EWR wohl der Fall wäre.

Viel zu reden im Parlament gab die *Frage des Vorranges des Völkerrechts*. Die Räte haben schliesslich, vor allem weil sie darin eine politische Belastung der EWR-Vorlage sahen, darauf verzichtet, eine Vorrangklausel aufzunehmen. Einigkeit herrschte jedoch, dass unmittelbar anwendbares EWR-Recht in jedem Fall gilt und somit auch durch ein erfolgreiches Gesetzesreferendum im Rahmen von EUROLEX nicht wieder ausser Kraft gesetzt werden kann. Ein solches Referendum hat nur Wirkung im Umfang der Gestaltungsfreiheit des nationalen Gesetzgebers. Und wenn das Parlament die Frage auch nicht ausdrücklich entschieden hat, wird das Bundesgericht wegen Sinn und Zweck (Homogenität des einheitlichen Binnenmarktes) und wegen des Verfassungsranges des Genehmigungsbeschlusses einschlägigen Falls nicht darum kommen, seine Schubert-Praxis zu überprüfen. Eine Nichtanwendung von EWR-Recht gegenüber Landesrecht mit Berufung auf Art. 113 Abs. 3 BV wird angesichts dieser Fakten schwierig sein. Damit wird nicht, wie einzelne Votanten behauptet haben, der uns fast heilige Artikel 113 Absatz 3 BV auf stillem Wege aus den Angeln gehoben. Nein: es geht einzig und allein darum, klarzustellen, dass dem Richter im Kollisionsfall zwischen direkt anwendbarem EWR-Recht und Landesrecht die Anwendung der völkerrechtlichen Norm im Einzelfall erlaubt ist, liegt doch dem EWR-Vertrag die Konzeption zugrunde, dass die Rechte und Pflichten einklagbar und damit gerichtlich durchsetzbar sein sollen.

Die rechtliche Qualifizierung des EWR-Vertrages selber bereitet etwelche Mühe. Dogmatische Puristen können an diesem Vertrag, das hat die Diskussion in der Schweiz wie auch in der EG (Gutachten EuGH) gezeigt, keine Freude haben. Grundsätzlich handelt es sich zwar ohne Zweifel um einen normalen völkerrechtlichen Vertrag und nicht um einen Beitritt zu einer supranationalen Organisation. Das bedeutet, dass er nach den herkömmlichen Regeln der Vertragsauslegung anzuwenden ist. Entscheide der EG-Instanzen wie beispielsweise des Europäischen Gerichtshofes können somit *keine unmittelbare Wirkung im EFTA-Raum* entfalten, sondern nur qua vertragliche Übernahme. Dennoch enthält der Vertrag supranationale Elemente wie die Schaffung eines EFTA-Gerichtes oder einer EFTA-Überwachungsbehörde mit je eigenständigen Kompetenzen. Er ist daher eigentlich ein vertragliches Mischgebilde, ein Vertrag sui generis, der in dieser Art kein Vorbild kennt. Vor allem was den institutionellen Teil betrifft, ist der EWR-

Vertrag kein abgeschlossenes Gebilde, sondern viel eher ein Gerüst von Organkompetenzen und Verfahren, ein "framework for government". Er lässt der spätern Anwendung, vor allem der politischen Kompromissuche bei Unstimmigkeiten, breiten Spielraum.

Die verfassungsrechtlichen Elemente wie auch die grosse materielle Tragweite des Vertrages rechtfertigen es, den EWR-Genehmigungsbeschluss der Zustimmung von Volk und Ständen zu unterstellen, wiewohl dies für die Vertragsgenehmigung nach dem Wortlaut von Art. 89 Absatz 5 BV nicht zwingend gewesen wäre. Wir nehmen damit das Risiko eines Auseinanderfallens von Volks- und Ständemehr in Kauf, was sich aber aufgrund der Bedeutung dieses Volksvotums und früherer Präjudizien wie des 72er Freihandelsabkommens aufdrängt.

III. Ein unwürdiger Vertrag?

Nun wird dem EWR-Vertrag vorgeworfen, es handle sich um einen unwürdigen, um einen Satellisierungsvertrag, weil er unserm Land keine Mitbestimmung bei der Entstehung neuen Rechts garantiere und uns zukünftig zwinge, fremdes Recht zu übernehmen und fremde Richter zu akzeptieren. Lassen Sie mich dazu einige Überlegungen anstellen.

In der Tat hatten wir zu Beginn der EWR-Verhandlungen aufgrund der Erklärungen von Kommissionspräsident *Delors* "gemeinsame Verwaltungs- und Entscheidungsorgane" angestrebt. Darauf wollte die EG-Seite in den Verhandlungen nicht eingehen. Bei nüchterner Betrachtung konnte sie dies auch gar nicht. Es hätte den gemeinschaftsinternen Entscheidungsprozess erheblich erschwert und wäre auch aus politischen Gründen für die Mitgliedstaaten nicht tragbar gewesen. Wir können nicht erwarten, dass wir praktisch dieselben Rechte erhalten wie die EG Mitglieder, obschon wir nicht dieselben Pflichten zu tragen haben. Denn wichtige Teile des Gemeinschaftsrechtes wie die Agrarpolitik, die Aussenpolitik, die Fiskal- und Währungspolitik sind nicht Gegenstand des EWR-Vertrages. Volle Mitbestimmungsrechte der EFTA-Staaten bei der Weiterentwicklung des Binnenmarktrechts hätten daher eine Privilegierung gegenüber den EG-Mitgliedstaaten bedeutet und die heute schon bestehende Gefahr einer Integration "à la carte" und des Überhandnehmens zentrifugaler Kräfte innerhalb der EG noch verstärkt.

Das gesagt, heisst nun allerdings nicht, dass der vorliegende Vertrag eine einseitige Abhängigkeit, eine Satellisierung mit sich bringt, die uns der Willkür der EG ausliefert. Es heisst nur, dass die EFTA-Staaten andere Mechanismen der Einflussnahme auf die Weiterentwickung des EWR-Rechts aushandeln mussten. Vorerst einmal sollten wir die ausgehandelten Informations- und Konsultationsrechte nicht geringschätzen, kommt ihnen doch gerade in unserer schweizerischen Demokratie grosse Bedeutung zu. Ebenso wichtig ist allerdings die Einsicht, dass man nicht beides haben konnte: Mitentscheidung und Vetorecht. Hätten wir gemeinsame Entscheidungsorgane, so wären logischerweise diese Entscheidungen für die einzelnen Staaten auch bindend. Die nun als Kompensation für die fehlende Mitbestimmung erreichte Möglichkeit des individuellen Vetorechts jedes EFTA-Staates für neues EWR-Recht - wenn auch mit Wirkung für alle - betrachte ich im Rahmen des EWR keinesfalls als minderwertig, sondern angesichts der Natur dieses Mischvertrages als ein durchaus adäquates Mittel der Herrschaft über neues Recht. Ja in gewissem Sinn gewährt das Vetorecht letztlich *ein kräftigeres, wenn auch grobschlächtigeres Instrument* der Entscheidungsmacht über die Weiterentwicklung des Binnenmarktrechts und wahrt unsere nationalen Interessen letztlich damit kapitaler, als wenn wir am runden Tisch mit den andern zusammen hätten abstimmen müssen. Die Behauptung, dass wir mit dem EWR-Vertrag künftig automatisch neues und fremdbestimmtes EWR-Recht übernehmen müssten, ist deshalb eindeutig irreführend und falsch. Schliesslich sollte auch die vertragliche "Notbremse" autonomer Schutzmassnahmen jedes Staates nicht einfach vergessen werden. Von einem unwürdigen Vertrag können daher nur terribles simplificateurs oder eben Demagogen sprechen.

Die Bezeichnung des EWR-Vertrages als Satellisierung beruht im übrigen aus völkerrechtlicher Sicht auf einer ganz und gar ungeschichtlichen Betrachtungsweise. Sie verkennt, dass die Entwicklung zu qualitativ höherrangigen Staatenverbindungen, zu Rechtsgemeinschaften mit gemeinsamer Willensbildung - wie übrigens die EG selbst beweist - in der Geschichte des Völkerrechts immer über Zwischenstufen erreicht worden ist. Was der grosse Zürcher Völkerrechtler *Max Huber* zu Beginn dieses Jahrhunderts zu den soziologischen Grundlagen des Völkerrechts festgestellt hat, behält seine Gültigkeit:

"Wenn eine dauernde Verbindung unter mehreren Staaten sich bildet, so trägt die Kollektivorganisation regelmässig noch das Gepräge paralleler Rechtsbildung an sich: die Organisation beruht auf einem zeitlich begrenzten oder kündbaren Vertrag."

Es ist eine *Verkennung dieser evolutiven Zwischenform völkerrechtlicher Bindungen,* wenn die Kritiker des institutionellen Teils des EWR-Vertrages eine Staatenverbindung mit völlig gleichwertigen Rechten und Pflichten der einzelnen Beteiligten als einzig richtigen und gerechten Massstab heranziehen. Eine solch schematische Vorstellung einer Gleichheit aller souveräner Staaten ist, wie schon ein kurzer Blick in die Entstehungsgeschichte der Schweizerischen Eidgenossenschaft und die Institution der zugewandten Orte zeigt, ahistorisch und vermischt die Prinzipien der "égalité de fait" mit der "égalité de droit", welche die schweizerische Völkerrechtslehre wohlweislich schon immer auseinandergehalten hat.

Der EWR basiert ohne Einschränkung auf der rechtlichen Gleichheit der Vertragsparteien. Der EWR besteht jedoch seinem Konzept nach gerade nicht in einem Austauschverhältnis, sondern in einer Anerkennung und Übernahme der gemeinsamen Spielregeln des EG-Binnenmarktes durch die EFTA-Staaten. Geschieht eine solche Übernahme freiwillig, ist sie problemlos und bedeutet keine unerwünschte Souveränitätseinbusse. Natürlich bringt sie eine Einbusse an Autarkie. Volle Autarkie aber, so meinte schon in den dreissiger Jahren der Völkerrechtler *Heinrich Triepel*, geniessen allenfalls ein Urwaldstamm, "kaum ein Steppenvolk, jedenfalls kein Staat, am allerwenigsten ein moderner". Die Benennung eines Staates als "unabhängig" drücke deshalb "immer nur eine halbe Wahrheit aus". Es ist deshalb höchste Zeit, dass wir heute Abstand nehmen von der nationalstaatlichen Überhöhung des Souveränitätsdenkens und uns ein globales Verständnis der Wahrnehmung der eigenen Interessen aneignen.

Mit der Ablehnung des EWR-Vertrages ändern wir nichts an der faktischen Vorrangstellung der EG, die nun einmal das wirtschaftliche und politische Gravitationszentrum auf diesem Kontinent bildet. Wir würden uns ihr im Gegenteil in Form des sogenannten "autonomen Nachvollzugs" viel stärker und ohne Gegenrecht ausliefern. Die Frage ist deshalb heute nur, ob wir diese faktisch auf jeden Fall bestehende Abhängigkeit in rechtliche Bahnen lenken wollen oder nicht. Das internationale Recht sei zwar für alle Staaten ein wichtiger, "für schwächere Staaten (jedoch) ein gewaltiger Faktor der Politik", meinte *Max Huber* zu Beginn dieses Jahrhunderts. Diese Erkenntnis hat meines Erachtens angesichts der überragenden Bedeutung der EG nichts an Bedeutung verloren. Wir haben daher alles Interesse, mit ihr nicht nur in eine Wirtschafts-, sondern auch in eine Rechtsgemeinschaft zu treten.

IV. Abbau der Demokratie / Fremde Richter?

Die Wahrung unserer direkten Demokratie ist einer der zentralsten Streitpunkte im Rahmen der laufenden EWR-Diskussion. Ich durfte Ihnen bereits darlegen, dass wir heute und künftig kein Recht zu übernehmen haben, dem wir nicht zustimmen. Eine "Demokratielücke" gibt es im Rahmen des EWR nicht. Es ist aber richtig und ehrlich, dem Bürger zu sagen, dass mit der Annahme des EWR-Vertrages eine Gewichtsverlagerung vom nationalen Gesetzesrecht auf das Vertragsrecht stattfindet. Nicht nur ihm Rahmen von EUROLEX, sondern auch bei künftigem EWR-Recht wird die nationale Gesetzgebungszuständigkeit im Umfang des unmittelbar anwendbaren Rechts zurückgedrängt. Damit wird der Kreis jener Materien, worüber wir frei befinden können, enger. Das bedeutet, dass im Bereich des EWR-Rechts das Gesetzesreferendum an Bedeutung einbüsst, dafür jedoch die parlamentarische Genehmigung des neuen EWR-Rechts in Form eines Staatsvertrages wie auch ein allfälliges Staatsvertragsreferendum an Bedeutung gewinnt. Es ist also davon auszugehen, dass viel häufiger als heute die Möglichkeit des fakultativen Staatsvertragsreferendum bestehen wird. Der EWR bedeutet also nicht das Ende der Demokratie, wie dies in Stammtischmanier immer wieder behauptet wird.

Dem EWR-Vertrag wird vorgeworfen, wir würden uns fremden Richtern unterstellen. Mit dem *Schlagwort des "fremden Richters"* lässt sich in unserm Land alleweil Stimmung machen. Aber diese Bezeichnung ist sachlich falsch, weil es unserer Verhandlungsdelegation erfreulicherweise gelungen ist, im EWR jede Einsetzung fremder Richter zu vermeiden. Im neu zu schaffenden EFTA-Gericht ist selbstverständlich ein Schweizer vertreten. *Weder wird uns also durch den EWR-Vertrag fremdes Recht aufoktroyiert noch unterwerfen wir uns fremden Richtern oder Gerichten.*

In der Tat ist es gut, dass wir zusammen mit der Genehmigung des EWR-Vertrages auch eine EUROLEX-Übung durchführen mussten. Sie hat uns plastisch aufgezeigt, dass ein grosser Teil des EG-Rechts mit unserm Recht übereinstimmt oder doch in den meisten Fällen nur geringfügig davon abweicht. Auch dort, wo es abweicht, widerspricht es unsern grundlegenden Rechtsvorstellungen nicht. EUROLEX hat deshalb die Angst vor einer unbekannten und unvertrauten Rechtsordnung, hat Berührungsängste abgebaut. Europa ist uns auch juristisch viel näher, als wir gedacht haben. *Unsere Rechtsordnungen sind einander nicht fremd, sondern verwandt.* Es handelt sich also um wertverwandtes Recht, um Recht, das dieselben rechtspolitischen Ziele verfolgt, ja uns den Weg zu unsern eigenen Zielen schneller und unmittelbarer öffnet, als wir dazu selbst imstande wären. Ich erinnere an die Postulate der Gleichberechtigung, des Arbeitnehmer- und Konsumentenschutzes. Der Binnenmarkt mit seinen vier Freiheiten ist doch insgesamt nur die Weiterführung dessen, was wir selbst im letzten Jahrhundert mit der Gewährung der Handels- und Gewerbefreiheit und der Niederlassungsfreiheit im nationalen Rahmen in Angriff genommen haben. Es entspricht angesichts der heutigen Verflechtung unserer Volkswirtschaften einer innern Logik dieser Rechte, die Binnengrenzen zu überschreiten und sich im grössern Raum zu entfalten. Der EWR-Vertrag bringt uns, auch wenn das Wort leider abgegriffen ist, *echten Fortschritt*.

Von einer Gemeinschaft zivilisierter und demokratisch legitimierter, uns verwandter Rechtsstaaten haben wir kein fremdes Diktat zu befürchten. Die Öffnung unseres Rechtsraumes ist Chance der Erneuerung, nicht Verlust unserer Identität.

V. Rechtsweg als Instrument der Integration

Parlament und Regierung sind allein nicht in der Lage, das EWR-Recht in unserm Land durchzusetzen. Dass die Gerichte bei der europäischen Integration eine wichtige Rolle spielen, eben weil die Europäische Gemeinschaft als Rechtsgemeinschaft angelegt ist, belegen Erfahrungen aus unsern Nachbarländern. Das bedeutet, dass der Einzelne den Rechtsweg beschreiten muss, wenn er glaubt, dass zu seinem Nachteil EWR-Recht verletzt worden ist. Damit erwartet Sie als Juristen und Anwälte, eine grosse Aufgabe. Der Anwalt ist Mitgestalter, Realisator des EWR. Die Fortentwicklung der europäischen wie jeder Rechtsordnung erfolgt zu einem sehr wesentlichen Ausmass über die Rechtsprechung, welche auch abhängt von der Arbeit kreativer und mutiger Anwältinnen und Fürsprecher. Denken Sie etwa an den bahnbrechenden *Entscheide Costa/ENEL*, in welchem der EuGH aus dem EG-Vertrag den Primat des Gemeinschaftsrechts über alles Landesrecht der Mitgliedstaaten ableitete. Dem Fall liegt ein vergleichsweise banaler Sachverhalt zugrunde: eine unbezahlte Stromrechnung. Der Entscheid ist nur dem Umstand zu verdanken, dass der betreffende Anwalt in diesem Sachverhalt ein gemeinschaftsrechtliches Problem zu erkennen vermochte. Den Anwälten, den Verwaltungs- und Wirtschaftsjuristen wird jedenfalls auch im Europa der Zukunft bei der Verwirklichung des EWR-Vertrages eine wichtige Rolle zukommen. Für uns Juristen bringt der EWR eine Lern- und Angewöhnungsphase an das europäische Recht. Das EWR-

Recht ist für uns nicht etwas, das wir nolens volens ertragen müssen, ist nicht notwendiges Übel, sondern eine Chance der Mitgestaltung. Es ist unsere gemeinsame Aufgabe, unseren Mitbürgerinnen und Mitbürgern, auch den Unternehmen, zu ihrem Recht zu verhelfen. Wir müssen Neues lernen, das bisher Unvertraute muss uns vertraut werden. Natürlich bringt der EWR auch für die Juristen mehr Wettbewerb. Ich bin aber überzeugt, dass Sie nicht nur auf dem Marktplatz des freien Austausches von Personen und Dienstleistungen die Herausforderung bestehen werden, sondern dass Sie auch den Marktplatz der Ideen, den geistigen Wettbewerb, der notwendigerweise damit verbunden ist, nicht zu fürchten haben.

VI. Schlussbemerkungen

Gottfried Keller verstand die Identität der Republik in einem grenzüberschreitenden Sinne, als *Doppelbürgschaft*. Jeder Schweizer ist Staatsbürger *und* Angehöriger des deutschen, französischen oder italienischen Kulturkreises. In diesem Jahrhundert ist uns durch die Erfahrung in den beiden Weltkriegen einiges von diesem kulturellen Reichtum der Doppelbürgschaft verloren gegangen. Wir verstanden uns wieder viel mehr als Schweizer in Abgrenzung zu den andern. Dieser Weg, der zur Zeit der beiden Weltkriege der einzig richtige war, führt heute, da sich Europa zusammenschliesst, in die Isolation. *Es ist eine grosse Illusion zu meinen, man müsse nur NEIN sagen und dann bleibe alles beim Alten.* Der EWR wird, das müssen wir uns einfach vor Augen halten, auch ohne uns zustandekommen, und damit verändern sich notgedrungen unsere äussern Rahmenbedingungen. Die EFTA bleibt damit nicht, was sie heute ist. Sie wird sich neu organisieren. Wir aber müssten in den alten Strukturen und Verfahren mit ihr zusammenarbeiten. Wir sind damit zunehmend auf das Wohlwollen der andern angewiesen, was für ein selbstbewusstes Staatswesen sicher keine Dauerlösung sein kann. Wohl bedeutet ein NEIN zum EWR noch keine nationale Katastrophe. Wir müssen nicht JA sagen. Ein NEIN würde uns aber aus eigenem Willen in einen schwerwiegenden wirtschaftlichen, und - was noch mehr wiegt -, in einen politischen Engpass hineinmanövrieren. Unter wirtschaftlichen Gesichtspunkten wird uns keine günstigere Gelegenheit mehr geboten werden, unter geringst möglicher Souveränitätseinbusse praktisch wie ein Mitglied voll dabei zu sein. Ein NEIN wäre wegen der Gefahr der wirtschaftlichen Diskriminierung, vor allem der verdeckten und passiven, und der schleichenden Erosion unserer Wettbewerbsstellung nicht nur ein handelspolitischer Rückschritt, sondern hätte über kurz oder lang ein politisches und vor allem auch ein kulturelles Abseitsstehen zur Folge. *So paradox es klingen mag: Durch ein JA, nicht durch ein NEIN, wahren wir uns alle politischen Optionen, wahren wir uns die grösstmögliche Handlungsfreiheit und Souveränität.* Wer vermeiden will, dass wir schon in absehbarer Zeit als Bittgänger nach Brüssel wallfahren gehen, der sollte die für unser Land einmalige Chance des EWR nutzen. Einseitige Liberalisierung, wie sie jetzt als Heilmittel angepriesen wird, ist politisches Wunschdenken und garantiert zudem kein Gegenrecht. Auch "autonomer Nachvollzug" ist bei nüchterner Betrachtung keine Alternative, bedeutet er doch letztlich nicht mehr Freiheit, sondern unwürdiges "Schlepptaufahren". Es gibt im Leben eines Staates Situationen, in denen, wie sich *Dietrich Schindler sen.* ausdrückte, eine gewisse Eingrenzung der rechtlichen Handlungsfreiheit eine Erhöhung der tatsächlichen Handlungsfreiheit zur Folge hat. Dies ist beim EWR in geradezu klassischer Weise der Fall.

Der Schweizer Stimmbürger rechnet, wägt Vor- und Nachteile ab, aber er denkt nicht nur als homo oeconomicus. Wohl ist der EWR in erster Linie ein wirtschaftlicher Vertrag. Ein JA zum EWR hat deshalb vorab wirtschaftliche Auswirkungen. Dem Vertrag wohnt aber auch eine bedeutende politische Dimension inne. Ein NEIN zum EWR wäre eine NEIN zu diesem sich integrierenden Europa, es wäre ein Votum gegen die Zeit. Es wäre in der Tat fatal, wenn unser Land am Ende dieses Jahrhunderts die Begegnung mit Europa freiwillig verpassen würde, es wäre fatal, wenn wir in diesem historischen Moment, in dem auch angesichts der vor kurzer Zeit noch unglaublichen Veränderungen in Osteuropa die gesamteuropäische Verantwortung ein Gebot der Stunde ist, dem europäischen Einigungswerk eine Absage erteilen würden. Die andern Europäer hätten jedenfalls Mühe, ein NEIN anders als eine Absage an eine gemeinsame Aufgabe und Verantwortung zu verstehen. Es besteht wenig Chance, dass sie uns die wirtschaftlichen Vorteile gewähren würden ohne die Pflichten, welche die andern zu tragen haben. Wir bekämen die Auswirkungen auch in andern Bereichen, beispielsweise bei der Zusammenarbeit im Asyl-, Drogenbekämpfungs- und Sicherheitsbereich, zu spüren. Wichtiger aber noch ist, dass uns dieses Aussteigen aus dem gemeinsamen Projekt, das wir zusammen mit den andern EFTA-Partnern begonnen haben, erheblich zurückwerfen würde. Politischer Elan und Erneuerungswille würden gebremst und *wir würden zum Sonderling Europas*. Es ginge auch *ein Stück politischer Vision verloren*, eine Vision, die Churchill hier vor 46 Jahren so weitsichtig formuliert hat, nämlich mitzuarbeiten am Auftrag "to recreate the European family". Dazu heute in Form des EWR JA sagen zu können, ist für unser Land eine nicht wiederkehrende Chance freier und solidarischer Selbstbestimmung.

Grundzüge des freien Warenverkehrs (Art. 8 - 27)

von
Silvio Arioli

Inhalt

I. Das Konzept: Fortführung und Ausbau der Freihandelszone

Die EFTA-Länder bilden seit 1960 aufgrund der EFTA-Konvention untereinander und seit 1972 aufgrund bilateraler Freihandelsabkommen mit der EG eine Freihandelszone. Diese wird in den EWRA übernommen und weiter ausgebaut. Hauptmerkmale einer Freihandelszone sind einerseits die Befreiung des grenzüberschreitenden Warenverkehrs zwischen den Vertragsparteien von Zöllen und mengenmässigen Beschränkungen und andererseits die Autonomie der Vertragsparteien in der Gestaltung ihrer Beziehungen mit Drittstaaten. Zur Vermeidung von Handelsumlenkungen braucht eine Freihandelszone Ursprungsregeln und Grenzkontrollen auch im Verkehr unter den Vertragsparteien.

Grenzkontrollen sind überdies notwendig, wenn nicht die Gesamtheit des Zonenhandels und sämtliche an der Grenze vorgenommenen Zulassungsprüfungen erfasst werden. Dies ist in den Freihandelsabkommen wie auch im EWRA der Fall, da die Landwirtschaftspolitik nicht harmonisiert und deshalb auch das Aussenhandelsregime nicht liberalisiert wird. Ferner wird die Erhebung und Rückerstattung indirekter Steuern an der Grenze beibehalten.

Das EWRA bringt gleichzeitig einen Ausbau des Freihandels unter den Vertragsparteien, indem es die sogenannten technischen Handelshemmnisse in gleicher Weise wie im Innenverhältnis der EG beseitigt und die öffentlichen Einkäufe liberalisiert. Ferner schafft es für das ganze Gebiet gleiche Wettbewerbsregeln.

II. Der Geltungsbereich (Art. 8)

Die Regeln des EWRA gelten in ihrer Gesamtheit nur für industrielle Erzeugnisse, die gemäss der international vereinbarten Zollnomenklatur definiert werden (Kapitel 25-97 des harmonisierten Systems mit einigen wenigen Ausnahmepositionen, die im Protokoll 2 EWRA aufgeführt sind). Wie Industriewaren werden auch verarbeitete Landwirtschaftserzeugnisse behandelt, sofern sie im Protokoll 3 aufgeführt sind. Die Mehrzahl dieser Erzeugnisse kann allerdings nicht abgabenfrei eingeführt werden. Vielmehr sind variable Abgaben bei der Einfuhr und Erstattungen bei der Ausfuhr erlaubt, um die infolge der unterschiedlichen Agrarpolitik verschiedenen Preise der in den Verarbeitungserzeugnissen enthaltenen landwirtschaftlichen Rohstoffe auszugleichen. Von Bedeutung ist vor allem die im EWRA getroffene Vereinbarung über die Berechnung der Ausgleichsabgaben. Das bisher von der EG gehandhabte System brachte beträchtliche Überkompensationen und dadurch eine Diskriminierung der schweizerischen Nahrungsmittelexporte.

Für sämtliche Waren gelten die Bestimmungen über Grenzformalitäten und die Zusammenarbeit in Zollsachen (Art. 21, Protokolle 10 und 11), über öffentliche Einkäufe (Art. 65 Absatz 1), über Immaterialgüterrechte (Art. 65 Absatz 2) über technische Vorschriften (für die von den einzelnen Vorschriften jeweils erfassten Produkte) und über die Produktehaftung (Art. 23).

III. Ein- und Ausfuhrregeln

1. Ursprungsregeln

Die bereits für die Freihandelsabkommen geltenden Ursprungsregeln wurden überarbeitet (Art. 9 und Protokoll 4). Die Ursprungsregeln bestimmen den Wertschöpfungsanteil, der innerhalb des Freihandelsraums geschaffen werden muss, damit eine Ware in den Genuss des Freihandels kommt.

Das EWRA verwendet drei Methoden der Ursprungsbestimmung, die je nach Ware zur Anwendung gelangen:

- *spezifische Regel:* Die ursprungsbegründenden Be- und Verarbeitungsvorgänge werden umschrieben

- *Tarifsprung:* Die ursprungsbegründende Verarbeitung gibt dem Produkt eine andere Zolltarifnummer als die verarbeiteten Materialien

- *Mindestwertzuwachs:* Die im Freihandelsraum vorgenommene Verarbeitung oder die aus dem Freihandelsraum stammenden, verarbeiteten Produkte machen einen bestimmten Prozentsatz des Preises ab-Werk aus.

Die Verhandlungsparteien, namentlich aber die EFTA-Länder strebten eine Flexibilisierung der Ursprungsregeln an. Die wichtigste erreichte Neuerung besteht in der vollen Kumulation. Danach können die ursprungsbegründenden Verarbeitungsvorgänge und Materialien aus irgendeinem Land des EWR stammen. Unter dem Regime der Freihandelsabkommen müsste der Ursprung entweder in der EG oder in einem EFTA-Land erworben werden und die Verarbeitungsvorgänge und Materialien konnten nicht zusammengezählt werden. Mit der nun zulässigen vollen Kumulation werden die Möglichkeiten der Arbeitsteilung innerhalb des EWR erweitert werden.

Weitere Verbesserungen haben zum Ziel, mehr Materialien und Verarbeitungsvorgänge in Drittländern ausserhalb des EWR zuzulassen:

- *allgemeine Toleranzregel:* Bis zu einem bestimmten Prozentsatz (10%) können beliebig Vormaterialien aus Drittländern verwendet werden.

- *Be- oder Verarbeitung ausserhalb des EWR:* Bis zu einem bestimmten Prozentsatz (10%) des ab-Werk-Preises darf die Ware in Drittländern verarbeitet werden.

- *Alternative Prozentregel:* Als Alternative zu den Verarbeitungsregeln können drittländische Vormaterialien bis zu einem bestimmten Prozentsatz des Wertes verwendet werden.

Diese Verbesserungen blieben aber angesichts der niedrigen Prozentsätze und der nur beschränkten Produkteliste für die alternative Prozentregel sowie vor allem wegen des vollständigen Ausschlusses der Textilien hinter den Forderungen der EFTA-Länder zurück. Vor allem aber verweigerte die EG den EFTA-Ländern eine Gleichstellung im passiven Textilveredelungsverkehr. Die EG lässt es nach wie vor nur in äusserst engen Grenzen zu, dass ein Unternehmen innerhalb der EG Vormaterialien aus einem EFTA-Land verwenden kann, wenn es die Textilien in einem Drittland verarbeiten lässt, mit dem die EG eine Erleichterung für den Re-Import der verarbeiteten Produkte in die EG vereinbart hat.

Auf Drängen der EFTA-Länder ist deshalb eine Entwicklungsklausel für die Ursprungsregeln aufgenommen worden (Art. 9 Abs. 2 und 3). Danach werden die Vertragsparteien ihre Bemühungen fortsetzen, um die Ursprungsregeln in allen Aspekten weiter zu verbessern und zu vereinfachen. Zu diesem Zweck nehmen sie erstmals vor Ende 1993 und nachher alle zwei Jahre eine Überprüfung vor.

2. Zölle und Abgaben

Soweit der Freihandel gilt, sind *Zölle und Abgaben* mit gleicher Wirkung nicht gestattet, d.h. Steuern, die importierte Waren stärker als gleichartige einheimische Erzeugnisse belasten (Art. 10). Gleich wie im Freihandelsabkommen sind auch Fiskalzölle verboten, d.h. Zölle auf Waren, die im Einfuhrland nicht hergestellt werden und deshalb keine Schutzwirkung haben können. Die Schweiz kann allerdings aufgrund von Protokoll 5 EWRA ihre Fiskalzölle auf Kaffee, Treibstoffen, Automobilen und Autoteilen vorläufig beibehalten. Die Umwandlung ist ohne eine Änderung der steuerlichen Belastung in der Neuordnung der Bundesfinanzen, die nächstes Jahr zur Abstimmung kommen soll, vorgesehen.

Zölle gegen Dumpingimporte und Subventionen im Exportland sind innerhalb des EWR nicht mehr zulässig (Art. 26). Die für das gesamte Gebiet des EWR in Bezug auf grenzüberschreitende Transaktionen geltenden Wettbewerbsregeln für Unternehmen und zur Disziplinierung staatlicher Beihilfen sollten solche Zölle überflüssig machen.

3. Mengenmässige Beschränkungen

Unzulässig sind auch *mengenmässige Ein- und Ausfuhrbeschränkungen* sowie *Massnahmen mit gleicher Wirkung* (Art. 11). Vgl . hiezu Ziffer 5 unten.

Zur Milderung von *Mangellagen* bleiben die Vertragsparteien berechtigt, *Ausfuhrbeschränkungen* einzuführen, wenn sich für wichtige Waren die Gefahr einer schwerwiegenden Verknappung ergibt (Art. 25). Gleich wie im Freihandelsabkommen hat sich die Schweiz das Recht vorbehalten, Pflichtlager für Erzeugnisse vorzuschreiben, die im Inland nicht in genügenden Mengen hergestellt werden. Das System ist wie bisher so zu handhaben, dass daraus für die Wareneinfuhr keine Diskriminierung entsteht.

IV. Amtshilfe in Zollsachen

Die Vereinfachung und Beschleunigung der Zollformalitäten macht eine allgemeine Amtshilfe unter Zollbehörden zur Verhütung, Aufdeckung und Ermittlung von Zuwiderhandlungen gegen das Zollrecht notwendig (Protokoll 11). Bisher wurde Rechtshilfe nur geleistet in besonderen, in einzelnen Abkommen vorgesehenen Fällen sowie bei Abgabebetrug.

Nach Protokoll 11 werden die Ermittlungen durch die ersuchte Behörde nach ihren eigenen Vorschriften durchgeführt. Beamte der ersuchenden Behörde können im Einvernehmen mit der ersuchten Behörde anwesend sein (Art. 7). Auskünfte der ersuchten Behörde unterliegen dem Amtsgeheimnis nach den Vorschriften des ersuchenden Staates (Art. 10) sowie dem Prinzip der Spezialität, d.h. sie dürfen nur zur Ahndung von Zuwiderhandlungen gegen das Zollrecht verwendet werden. Eine Ausnahme vom Prinzip der Spezialität besteht für Zuwiderhandlungen im Zusammenhang mit Betäubungsmitteln und psychotropen Stoffen (Art. 11).

V. Produktions-, Produkte- und Vermarktungsregeln

1. Das Problem

Es gibt heute kaum noch ein Produkt, das zum Verkauf angeboten werden darf, ohne dass nicht bestimmte Anforderungen an seine Zusammensetzung, seine Beschaffenheit oder seine Bezeichnung erfüllt sind. Namentlich der Schutz der Gesundheit und der Schutz des Konsumenten vor Täuschung verlangen solche Vorschriften.

Unterschiedliche nationale Anforderungen an die Produktion oder die Produkte stehen der Idee eines gemeinsamen Marktes in mehrfacher Weise entgegen. Die daraus sich ergebenden jeweils notwendigen Anpassungen an nationale Spezifikationen behindern die Optimierung der Produktionsserien. Bei Produkten mit einem erhöhten Gefahrenpotential sind in der Regel behördliche Zulassungsprüfungen vorgeschrieben. Müssen diese in jedem Land vorgenommen werden, vervielfachen sich die Prüfungskosten und der Zeitaufwand. Behördliche Prüfungen sind auch leicht zur Diskriminierung ausländischer Waren zu missbrauchen, indem der ausländische Gesuchsteller mit unbestimmten Wartezeiten konfrontiert wird. Nicht unterschätzen ist schliesslich die Wirkung nationaler Produkteanforderungen als Marktzutrittsschranken. Der ausländische Konkurrent wird sich sehr genau überlegen müssen, ob sich die Anpassung an die nationalen Vorschriften lohnt, da er sich gegenüber etablierten Produzenten mit grossen Marktanteilen und entsprechend grossen Produktionsserien durchsetzen muss. Daher werden nationale Produkteanforderungen in der Handelspolitik und im internationalen Wirtschaftsrecht als technische Handelshemmnisse oder Massnahmen mit gleicher Wirkung wie Einfuhrbeschränkungen bezeichnet.

2. EG-Massnahmen zur Beseitigung technischer Handelshemmnisse

a) Rechtssetzung: Harmonisierung

Der EG-Rat kann Richtlinien erlassen zur Angleichung von Vorschriften, "die sich unmittelbar auf die Errichtung oder das Funktionieren des gemeinsamen Marktes auswirken" (Art. 100 EWGV). Entsprechende Beschlüsse erfolgen mit qualifizierter Mehrheit, mit Ausnahme von Vorschriften über Steuern, Freizügigkeit und Arbeitnehmerrechte. Dabei ist ein hohes Schutzniveau für Gesundheit, Sicherheit, Umweltschutz und Konsumentenschutz anzustreben (Art. 100a EWGV).

Harmonisiert soll nur werden, soweit dies zum Schutz der Polizeigüter (Gesundheit, Umwelt, Konsumenten oder Sicherheit am Arbeitsplatz), erforderlich ist. Seit 1985 befolgt die EG dabei auch den Grundsatz, dass sie nur die grundlegenden Anforderungen festlegt. Die Konkretisierung dieser grundlegenden Anforderungen wird in der Regel den europäischen Normenorganisationen (CEN, CENELEC, ETSI) überlassen. Kann der Hersteller die Übereinstimmung seines Produktes mit diesen Normen nachweisen, ist die Vermarktung zuzulassen. Es steht dem Hersteller aber frei, die Erfüllung der von der EG aufgestellten grundlegenden Anforderungen auch auf andere Weise nachzuweisen.

Die Form der Konformitätsbescheinigung mit den Sicherheitsanforderungen ist je nach den mit einer bestimmten Produktekategorie verbundenen Risiken unterschiedlich. Bei verhältnismässig ungefährlichen Erzeugnissen genügt die Herstellererklärung, während bei höheren Risiken eine Bescheinigung durch eine besondere Prüfstelle erforderlich ist. Diese Prüfstellen sind national zu akkreditieren. In der Schweiz wird die Akkreditierung vom Eidg. Amt für Messwesen vorgenommen (V vom 30.10.91 über das schweizerische Akkreditierungssystem, SR 941.291). Produkte, die diesen Anforderungen entsprechen, können vom Hersteller mit dem CE-Zeichen versehen werden.

Auskünfte über in- und ausländische technische Vorschriften und Normen sowie Prüf- und Zertifizierungssysteme erteilt das "Schweizerische Informationszentrum für technische Regeln" (SWITEC) in Zürich.

b) *Rechtssprechung: gegenseitige Anerkennung*

Mit seiner Auslegung des EWGV hat der Europäische Gerichtshof dafür gesorgt, dass nationale Produkteanforderungen keine unnötigen Behinderungen des grenzüberschreitenden Warenverkehrs innerhalb der EG bilden. Eine nach Art. 30 EWGV verbotene Massnahme gleicher Wirkung ist nach der Rechtssprechung des Europäischen Gerichtshofs "jede Handelsregelung der Mitgliedstaaten, die geeignet ist, den innergemeinschaftlichen Handel unmittelbar oder mittelbar, tatsächlich oder potentiell zu behindern" (EuGH, Slg. 19 74, S. 837 Dassonville). Eine diskriminierende Behandlung ausländischer Waren ist nicht erforderlich. Vielmehr ist die Behinderung im Lichte der oben genannten Zielsetzung des gemeinsamen Marktes zu verstehen. Aus dieser Auslegung folgt, dass jedes in einem Mitgliedstaat rechtmässig hergestellte und zum Verkauf zugelassene Erzeugnis in jedem andern Mitgliedstaat der EG zugelassen werden muss.

Allerdings soll dadurch das Recht der Mitgliedstaaten, im öffentlichen Interesse, namentlich zum Schutz der Polizeigüter, tätig zu werden, nicht eingeschränkt werden. Der Gerichtshof lässt deshalb nationale Handelsregelungen zu, soweit sie "notwendig sind, um zwingenden Erfordernissen gerecht zu werden" (EuGH, Slg. 1979, S. 649 Cassis-de-Dijon).

Die Kommission der EG ist bestrebt, solche abweichenden nationalen Vorschriften aus zwingenden Erfordernissen zu beseitigen, indem sie dort, wo solche zwingenden Erfordernisse bestehen, Richtlinien zur Harmonisierung vorschlägt. Das Binnenmarktprogramm der EG enthielt einen Rechtssetzungskatalog, in dem die wichtigsten Bereiche wie Schutz der Gesundheit, der Konsumenten, der Umwelt und der Sicherheit am Arbeitsplatz soweit notwendig harmonisiert werden sollten. Damit sollten nationale Vorschiften, die technische Handelshemmnisse bilden, weitgehend eliminiert werden. Ob dies allerdings gelungen ist, muss sich erweisen. Die ständige Entwicklung technischer Möglichkeiten und die unterschiedlich hohen Wünsche nach strengeren Anforderungen in den einzelnen Mitgliedstaaten lassen es als durchaus möglich erscheinen, dass das Recht der Mitgliedstaaten, zwingende Erfordernisse festzulegen, eine gewisse Bedeutung behält.

3. EWRA-Massnahmen zur Beseitigung technischer Handelshemmnisse

a) *Rechtssetzung: Übernahme des Acquis communautaire*

Die wohl wichtigste Neuerung des EWRA im Vergleich zu den bestehenden Freihandelsabkommen im Bereich des Warenverkehrs stellt wohl die Beseitigung der technischen Handelshemmnisse in den Beziehungen der EFTA-Länder mit der EG dar. Dies geschieht einerseits durch die vollständige Übernahme der bestehenden EG-Regeln. Diese machen den umfangmässig gewichtigsten Teil des mit dem EWRA übernommenen Acquis communautaire aus (309 Grunderlasse über Industrieerzeugnisse und Nahrungsmittel, 235 Grunderlasse über Veterinärwesen und Pflanzenschutz von total 1031 übernommenen Grunderlassen der EG).

b) *Gegenseitige Anerkennung*

Das Verbot von Massnahmen gleicher Wirkung wie mengenmässige Beschränkungen und die Rechtfertigungsgründe sind im EWRA gleich formuliert wie im EWGV (Art. 11 und 13). Einzig für landwirtschaftliche Erzeugnisse musste das Verbot technischer Handelshemmnisse besonders festgehalten werden, da die Landwirtschaft vom Geltungsbereich der allgemeinen Vorschriften ausgenommen ist (Art. 18). Dabei wurde in der Formulierung darauf Bedacht genommen, dass Regelungen für den Handel mit landwirtschaftlichen Erzeugnissen an sich möglich bleiben.

Schon die Freihandelsabkommen enthielten allerdings derartige gleichlautende Vorschriften. Sie wurden aber vom Europäischen Gerichtshof und den Gerichten der EFTA-Länder einschränkend ausgelegt, da nach Meinung der Gerichte die Zwecksetzung der Freihandelsabkommen weniger weit geht als die Bildung eines gemeinsamen Marktes aufgrund des EWGV. Dies wird mit dem EWRA ausdrücklich anders. Nach Art. 6 ist die Auslegung des Europäischen Gerichtshofs für gleichlautende Vorschriften massgeblich, soweit sie vor der Unterzeichnung des EWRA erfolgt ist.

Die künftige Rechtssprechung wird einerseits dem Europäischen Gerichtshof obliegen, soweit Massnahmen der EG-Mitgliedstaaten zur Diskussion stehen. Andererseits wird für Massnahmen der EFTA-Mitgliedländer das neu einzurichtende EWR-Gericht zu entscheiden haben. Das EWR-Vertragswerk sieht verschiedene Massnahmen vor, damit die Rechtssprechung der beiden Gerichte sich nicht widerspricht.

Bei vertragswidrigem Verhalten eines Staates kann auf Seiten der EG die EG-Kommission und auf Seiten der EFTA die EFTA-Aufsichtsbehörde (ESA) den betreffenden Staat auffordern, sein Recht mit dem EWRA in Übereinstimmung zu bringen (Art. 169 EWGV, Art. 31 Abkommen zwischen den EFTA-Staaten zur Errichtung einer Überwachungsbehörde und eines Gerichtshofs). Bleibt die Sache streitig, kann die EG-Kommission, die Überwachungsbehörde oder auch ein anderer Mitgliedstaat beim zuständigen Gericht Klage erheben.

Personen können vertragswidrige Massnahmen staatlicher Behörden nur im innerstaatlichen Verfahren anfechten. Für eine einheitliche Auslegung des EG- und EWR-Rechts sorgen Vorabentscheidungsverfahren, die für letztinstanzliche Behörden der EG verbindlich sind (Art. 177 EWGV), für EFTA-Behörden dagegen nur fakultativ angeboten werden (Art. 34 des genannten Abkommens).

4. Die Bedeutung der EWR-Massnahmen zur Beseitigung technischer Handelshemmnisse

Die Beseitigung technischer Handelshemmnisse stellt eine wirtschaftlich wichtige Neuerung des EWRA im Vergleich zum Recht der Freihandelsabkommen dar. Damit erhalten die Exporteure im gesamten Europäischen Wirtschaftsraum die Gewähr, dass ein Produkt in jedem Mitgliedland zuzulassen ist, wenn es den Vorschriften des Exportlandes entspricht und soweit erforderlich von der zuständigen Behörde des Exportlandes überprüft und zertifiziert worden ist. Vorschriftenkonforme Produkte dürfen mit dem CE-Zeichen versehen werden, das die EG für Produzenten im EG-Raum eingeführt hat und das nun mit dem EWRA auch Produzenten in EFTA-Ländern zur Verfügung gestellt wird.

VI. Produktehaftung

Die nationale Einführung der Produktehaftung hat zur Folge, dass für eingeführte Waren in der Regel der Importeur haftbar gemacht wird. Da er keine Kontrolle über die Produktionsvorgänge hat, ist die Übernahme dieser Haftung für den Importeur jedoch schwierig. Die Produktehaftung hat sich deshalb als ein Importhindernis erwiesen, was die EG dazu geführt hat, eine EG-weite Regelung zu schaffen. Diese wird in den EWRA übernommen (Art. 23 Bst c und Anhang III).

Die EG-Richtlinie über die Produktehaftung wird im Rahmen des Eurolex-Programms durch einen Bundesbeschluss in das schweizerische Recht umgesetzt.

Er tritt mit dem EWRA in Kraft. Die Importeurhaftung entfällt aber nur im Verhältnis zu Staaten, die das Lugano-Übereinkommen über die gerichtliche Zuständigkeit und die Vollstreckung gerichtlicher Entscheidungen in Zivil- und Handelssachen ratifiziert haben (AS 1991 2436).

VII. Landwirtschaft

Die Vertragsparteien führen ihre Landwirtschaftspolitik weiter und landwirtschaftliche Produkte unterstehen nicht dem Freihandel. Zusammen mit dem EWRA sind lediglich bilaterale Vereinbarungen über einerseits gewisse reziproke Konzessionen (Käse, Topfpflanzen und Blumen) sowie über Zollkonzessionen der Schweiz für 23 Produkte, die vorwiegend aus Mittelmeerländern der EG importiert werden. Mengenmässige Beschränkungen, welche zur Steuerung der Agrareinfuhr das wichtigste Instrument der Schweiz darstellen, werden nicht berührt.

Das EWRA enthält eine Entwicklungsklausel über die Fortsetzung der Verhandlungen zur Liberalisierung des Agrarhandels (Art. 19). Im Gegensatz zur Entwicklungsklausel für die Ursprungsregeln ist die Verpflichtung, die "Bemühungen um eine schrittweise Liberalisierung des Agrarhandels fortzusetzen" an verschiedene Bedingungen geknüpft. So sollen diese Bemühungen im Rahmen der jeweiligen Agrarpolitik der Vertragsparteien erfolgen. Ferner haben sie auf der Grundlage der Gegenseitigkeit und des beiderseitigen Nutzens zu geschehen. Damit ist klargestellt, dass nicht eine Vergemeinschaftung der Agrarpolitiken beabsichtigt ist. Nur auf einer solchen gemeinsamen Agrarpolitik könnte aber eine umfassende Liberalisierung des Agrarhandels stattfinden. Wie schon bisher in den Beziehungen zwischen der Schweiz und der EG kann es deshalb lediglich um eine punktuelle, auf eine Verbesserung der Handelsbeziehungen für einzelne Produkte abzielende Weiterentwicklung gehen.

Der Schutz des geistigen Eigentums

von
Thomas Cottier*

Inhalt

---

* Überarbeitete Fassung des in O. JACOT-GUILLARMOD (Hrsg.), EWR Abkommen: Erste Analysen, Zürich/Bern 1992, S. 411 ff. erschienen Berichts, auf den sich die mündlichen Ausführungen an der Tagung stützten. Meinen Kollegen, Fürsprecher Philippe Baechtold und Fürsprech Claude Schluep, danke ich bestens für die Aufarbeitung des Fallrechts.

I. Grundlagen

1. Die Bedeutung für Investitionen, Waren- und Dienstleistungshandel

Das Immaterialgüterrecht, d.h die Regelung von Rechtsverhältnissen an Ideen, Erfindungen und Formen, gehört zu den aufstrebenden Zweigen des internationalen Wirtschaftsrechts. Kreativität und Wissen ist, wie seit jeher im kulturellen Bereich, in zunehmendem Masse im internationalen Wettbewerb für wirtschaftliche Entwicklung und Wachstum - gerade auch qualitatives Wachstum - entscheidend. Der immaterialgüterrechtliche Schutz kreativ erworbenen Wissens ist immer mehr eigentliche Voraussetzung für Investitionen und den internationalen Handelsverkehr; immer mehr transnational gehandelte Güter und Dienstleistungen verkörpern urheberrechtlich oder gewerblich geschützte Rechtsgüter. Heute dürfte sich der Anteil - ohne Berücksichtigung von formlosem Know-how - auf etwa 25 - 30 Prozente aller Waren und Dienstleistungen belaufen.[1] Dabei sind Nachahmungen und Fälschungen von kostspielig entwickelten Massenprodukten durch moderne Reproduktionsmethoden zusehends einfacher geworden. Sie verstärken Marktverzerrungen und unlauteren Wettbewerb. Strukturell kommt nach Massgabe unterschiedlicher komparativer Vor- und Nachteile eine zunehmende weltweite Arbeitsteilung und die ökologische Notwendigkeit verstärkter regionaler Produktion dazu. Beides verlangt für eine rechtlich verfasste, vertraglich geregelte Technologiekooperation (Lizenzen) hinreichende Schutzrechte und Garantien ihrer

1 Amerikanischen Schätzungen zufolge betrug der Prozentsatz in den USA im Jahre 1986 rund 27 %, während er 1947 bei etwa 10 % lag, R. MICHAEL GADBAW, Intellectual Property and International Trade: Merger or Marriage of Convenience, in: L.T. BROWN & E.A. SWAZEDA Hrsg., Trade-Related Aspects of Intellectual Property Rights, S. 223, 232 (1990). Zur heutigen Diskussion allgemein mit weiteren Hinweisen s. auch THOMAS COTTIER, Intellectual Property in International Trade Law and Policy: The GATT Connection, Aussenwirtschaft vol. 47 (1992), S. 79 ff.

gerichtlichen Durchsetzung. An vielen Verhandlungsfronten tauchen daher heute Fragen des geistigen Eigentums vermehrt auf. Die Bemühungen zur Stärkung und Harmonisierung multilateraler Garantien der im Rahmen der OMPI abgeschlossenen multilateralen Abkommen und vor allem jene zur Schaffung eines Abkommens über handelsbezogene geistige Eigentumsrechte im Rahmen des GATT[2] und auch im Rahmen der UNCED[3] sind in diesem Zusammenhang von zentraler Bedeutung. Sie werden durch verstärkte bilaterale Tätigkeiten zur Regelung dieser Fragen namentlich seitens der USA, der EG und der EFTA insbesondere mit den osteuropäischen Reformstaaten weiter bestätigt.[4]

2. Konkurrierende Regelungskompetenzen in der Gemeinschaft

Die zunehmende internationale Bedeutung des Immaterialgüterrechts und das Bedürfnis nach gemeinsamen Regeln besteht nicht nur global, sondern freilich viel stärker noch im regionalen Kontext. In Westeuropa kennt das primäre EG-Recht indessen bis heute keine unmittelbare Zuständigkeit für die Regelung des Immaterialgüterrechts. Das ist angesichts seiner zur Gründungszeit noch geringeren transnationalen Bedeutung nicht erstaunlich. Art. 222 EWG-Vertrag (wie auch Art. 125 EWR-Vertrag) belässt und anerkennt die nationale Eigentumsordnung - und damit auch den Bestand des geistigen Eigentums - der einzelnen Mitgliedstaaten.[5]

2 Agreement on Trade-Related Aspects of Intellectual Property Rights, including Trade in Counterfeit Goods, in: Draft Final Act Embodying the Results of the Uruguay Round of Multilateral Trade Negotiations, MTN.TNC/W/FA vom 20.12.91 S. 57-90.

3 Zur Diskussion stehen hier vor allem Fragen des Transfers umweltgerechter Technologien sowie die Regelung des Zugangs der Entwicklungsländer zu biotechnologischen Weiterentwicklungen ihrer natürlichen Ressourcen (z.B. Saatgut) im Rahmen der Konvention zum Schutze der Artenvielfalt, die anlässlich des Erd-Gipfels der UNCED auch von der Schweiz unter Abgabe einer auslegenden Erklärung zum Schutze des geistigen Eigentums unterzeichnet wurde (noch nicht publ.).

4 Moderne Handels- und Kooperationsabkommen enthalten zunehmend detaillierte Bestimmungen zum Schutz des geistigen Eigentums, s. z.B. die in Aushandlung stehenden Freihandelsabkommen der EFTA mit Ungarn, Polen, der Tschechoslowakei und Israel, sowie auch das am 1.4.92 in Kraft getretenen Freihandelsabkommen der Schweiz mit der Türkei, BBl 1992 I 1199. Weitere Hinweise bei THOMAS COTTIER, The Prospects of Intellectual Property in GATT, CMLRev vol. 28 (1991) S. 383, 385 Anm. 5.

5 CARSTEN THOMAS EBENROTH, Gewerblicher Rechtsschutz und europäische Warenverkehrsfreiheit, Heidelberg (Verlag Recht und Wirtschaft) 1992, S. 15 ff; GRABITZ-KOCH, Kommentar zum EWG-Vertrag, Art. 222, München 1990; SCHLUEP, Immaterialgüterrecht in der EG, in: W. ZELLER, E. STUPP & M. RUFFNER (Hrsg.), Kennzeichen des EG Rechts, Zürich 1992, S. 68 ff., S. 71; R.E. MYRICK, Will Intellectual Property on Technology still be Viable in a Unitary

Anders als etwa das grenzüberschreitende Wettbewerbsrecht oder die Agrarpolitik blieb das Zivilrecht lange überhaupt grundsätzlich Sache der Mitgliedstaaten. Das Erfordernis einstimmiger Kompetenzzuweisung unter Artikel 235 EWG-Abkommen hemmte trotz einer breiten Auslegung dieser Bestimmung[6] lange die Schaffung gemeinsamen Binnenrechts. Die immaterialgüterrechtlichen Harmonisierungsbemühungen und technische Zusammenarbeit der Mitgliedstaaten im Bereich der Registrierungsverfahren spielten sich weiterhin auf klassisch staatsvertraglicher Ebene sowie in den traditionellen Formen der internationalen Kooperation ab, insbesondere der U.N. Weltorganisation für geistiges Eigentum (OMPI).

Mit Artikel 100a EWG-Abkommen, der durch die gemeinsame Europäische Akte von 1986[7] eingeführt wurde, erhielt die Gemeinschaft die Möglichkeit, die zur Erreichung des Binnenmarktes erforderlichen Regelungen mit qualifiziertem Mehr nach Massgabe der Notwendigkeit gemeinsamen Rechts zu erlassen. Bislang in Kraft gesetztes Sekundärrecht basiert denn auch auf dieser Bestimmung.[8] Die Europäische Akte war für das geistige Eigentum ein wichtiger Schritt; doch handelt es sich weiterhin um eine konkurrierende Kompetenz: Übertragungen an die EG hängen von Fall zu Fall von erzielbaren Mehrheitsverhältnissen ab. Es scheint, dass der Vertrag über die Europäische Union diesbezüglich mit dem Subsidiaritätsprinzip[9] keine weiteren grundlegenden Veränderungen gebracht hat. Eher werden die Ergebnisse der GATT Verhandlungen von zusätzlicher Bedeutung sein, indem sie die Zuständigkeit der EG über das materielle Recht hinaus auch für den Bereich

Market, European Intellectual Property Law Rev vol. 9 (1992), S. 298 ff., inbesondere zur Bedeutung von Art. 222 EWG-Vertrag. Zur Auswirkung von Art. 222 im Urheberrecht, siehe Grünbuch über die Errichtung des gemeinsamen Marktes für Rundfunk, insbesondere über Satellit und Kabel (Mitteilung der Kommission an den Rat) vom 14.6.1984, KOM (84) 300 endg. in: GRUR Int. 1984, S. 623 [Vorbehalt der nationalen Eigentumsordnung und Eigentumsverhältnisse].

6 S. Franziska Tschofen, Article 235 of the Treaty Establishing the European Economic Area: Potential Conflicts Between the Dynamics of Lawmaking in the Community and National Constitutional Principles, Mich. J. Intl L. vol. 12 (1991) S. 471 ff.

7 ABl. Nr. L 169 vom 29.6.1987, S. 1.

8 Eine Ausnahme bildet im Rahmen des Markenrechts die Verordnung Nr. 3842/86 des Rates vom 1.12.1986 über Massnahmen zum Verbot der Überführung nachgeahmter Waren in den zollrechtlich freien Verkehr, ABl. Nr. L 357 vom 18.12.86, S. 1 dazu unten Text zu Anm. 68.

9 Vertrag über die Europäische Union, Art. 3b, unterzeichnet am 7.2.92, Europe Documents Nr. 1759/60 vom 7.2.92.

der Rechtsverwirklichung (Zivilprozess, Verwaltungsverfahren) stärken werden.[10] Gleichzeitig lehrt die Erfahrung, dass die Mitgliedstaaten auch weiterhin mit Argusaugen über ihre privatrechtlichen und immaterialgüterrechtlichen Kompetenzen wachen werden. Für die Zukunft ist in der EG - und damit auch im EWR - weiterhin mit einer komplexen dualistischen Kompetenzallokation zu rechnen, welche eine harmonische Regelung der verästelten Materie nicht eben erleichtern wird.

Aus dieser Entwicklung mag sich erklären, dass die langjährigen Bemühungen zur Harmonisierung dieses für die Praxis zentralen Rechtsgebiets bislang im eigentlichen sekundären Gemeinschaftsrecht nur einen bescheidenen *acquis communautaire* hervorgebracht haben, und im Patentrecht musste auf die vom EG-Recht formell getrennte Form des Staatsvertrags (mit unterschiedlichen Konstellationen der Mitgliedschaft) zurückgegriffen werden. Das primäre EWG-Recht hat aber wichtige Reflexwirkungen auf das Immaterialgüterrecht ausgeübt. Die Freiheiten des Waren- und Dienstleistungsverkehrs sowie das Wettbewerbsrecht haben sich indirekt stark auf Tragweite und Auswirkung des Immaterialgüterrechts innerhalb des gemeinsamen Marktes ausgewirkt und die Notwendigkeit zunehmender Harmonisierungen auf der Stufe des sekundären Rechts aufgezeigt. Ein Quantensprung zeichnet sich möglicherweise ab: die grossen Werke des Gemeinschaftspatents und der Gemeinschaftsmarke stehen vor dem Abschluss und das Ziel des einheitlichen Binnenmarktes hat zu einer starken Zunahme der Harmonisierungsbemühungen der Kommission geführt.

---

10 Die Ergebnisse der GATT Uruguay Runde werden der Gemeinschaft auf dem Wege des Staatsvertrages die erforderlichen Zuständigkeiten geben, das geistige Eigentum und auch das entsprechende Verfahrensrecht künftig gegen innen und aussen in eigener Kompetenz an die Hand zu nehmen. Diese Funktion des TRIPs Abkommens ist für die Binnenbeziehungen innerhalb Europas noch wichtiger als die Standards, deren Durchsetzung sich vor allem in den Aussenhandelsbeziehungen der EG bemerkbar machen wird, dazu THOMAS COTTIER, Perspectives of Intellectual Property Law in the Triangle of GATT, the European Community and a European Economic Area, Entertainment Law Rev. vol. 5 (1991), S. 147 ff; DERS., The Prospects for Intellectual Property in GATT, CMLRev. vol. 28 (1991), S. 383, DERS. supra Anm. 1 S. 99/100.

3. Rechtsgrundlagen im EWR-Abkommen

Im Lichte der bisherigen Kompetenzordnung im EG Recht ist nicht erstaunlich, dass das Immaterialgüterrecht nur beiläufig und am Rande in Art. 65 Abs. 2 EWR-Abkommen unter dem Titel "Andere gemeinsame Regeln" Erwähnung findet. Die EG Mitgliedstaaten haben so zum Ausdruck gebracht, dass die traditionelle Kompetenzordnung durch den EWR nicht verschoben werden soll. Sie haben zusätzlich ausdrückliche Garantien ihres Besitzstandes ausgehandelt.[11] Das Immaterialgüterrecht war denn auch einer der Faktoren in der Entscheidung, das gesamte EWR-Abkommen als ein gemischtes, von der EG wie auch den Mitgliedstaaten zu ratifizierendes Vertragswerk zu definieren.[12]

Dennoch verbirgt sich auch hier wie im EG Recht unter der Oberfläche ein bereits weit fortgeschrittenes, EWR-weites Immaterialgüterrecht, das entscheidend vom Europäischen Gerichtshof geprägt wurde. Die relevanten materiellen Bestimmungen im Hauptvertrag finden sich einerseits in den genannten Reflexbereichen des freien Warenverkehrs (Art. 11 und 13), der Dienstleistungsfreiheit (Art. 36 - 39) und dem Wettbewerbsrecht (insbesondere Art. 53, 54, 59). In diesem Zusammenhang ist Art. 6 EWR-Abkommen als Bindung an die bisherige Rechtsprechung des EuGH von grosser Bedeutung. Hier wie für andere Bereiche wird wohl erstmalig in der kontinentalen Rechtsgeschichte, und jedenfalls für die Schweiz, das bestehende Fallrecht staatsvertraglich als direkt verbindlich festgelegt. Mehr noch als bislang für die EG-Staaten selbst nähert es sich stark dem Stellenwert des Fallrechts und dem Grundsatz des *stare decisis* in der angelsächsischen Tradition des *common law*.

Besondere Vertragsbestimmungen zum Immaterialgüterrecht finden sich im Protokoll 28 und der Beilage XVII des Abkommens, wobei sich letztere in erster Linie mit der rechtstechnischen Anpassung des bestehenden *acquis communautaire* befasst. Im Ergebnis führen diese Instrumente die EFTA-Staaten auf das bestehende Schutzniveau des Gemeinschaftsrechts. Darauf ist im einzelnen zurückzukommen. Mit den Verhandlungen gelang es aber auch, gewisse gemeinsame Fortschritte zu

---

11 Art. 9 EWR-Abkommen, Protokoll 28.

12 Frühere Fassungen des Entwurfes sahen denn auch ein weiteres Protokoll vor, das die heute in Art. 8 Protokoll 28 enhaltenen Bestimmungen zu den internationalen Abkommen regelte. Zur Praxis der gemischten Abkommen s. NANETTE A. NEUWAHL, Joint Participation in International Treaties and the Exercise of Power by the EEC and its Member States: Mixed Agreements, CMLRev. vol. 28 (1990), S. 717 ff.

verbinden: Das Abkommen verpflichtet nicht nur die EFTA-Staaten zur Übernahme des Gemeinschaftsrechts, sondern alle EWR-Staaten - und damit auch die EG-Staaten - die Mitgliedschaft bei den neuesten Fassungen wichtiger multilateraler Verträge bis 1.1.1995 zu harmonisieren[13] sowie das materielle Recht mit bezug auf die drei ersten der nachstehenden Hauptverträge mit Inkrafttreten des EWR zu respektieren. Diese Verpflichtungen betreffen gemäss heutigem Stand der Dinge[14] Island für die Fassung von 1967 der Pariser Verbandsübereinkunft.[15] Im Bereich des Urheberrechts und der verwandten Schutzrechte bewirken sie für Belgien, Irland, Island, Liechtenstein, Norwegen und die Schweiz die Beitrittspflicht zur Fassung der 1971 revidierten Berner Übereinkunft zum Schutz der Werke der Literatur und Kunst.[16] Das gleiche gilt für Belgien, Griechenland, Island, Liechtenstein, Niederlande, Portugal, Spanien und die Schweiz mit bezug auf das Rom Abkommen zum Schutze der ausübenden Künstler, der Hersteller von Tonträgern und der Sendeunternehmungen.[17] Alle Vertragsparteien sind ferner verpflichtet, dem (selbständigen) Zusatzprotokoll von 1989 zum Madrider Abkommen betreffend die Registrierung internationaler Marken beizutreten;[18] Island im übrigen auch zum Abkommen von Nizza über die internationale Markenklassierung.[19] Im Patentbereich schliesslich geht es unter diesem Titel[20] um die Teilnahme am Vertrag über die internationale Zusammenarbeit auf dem Gebiet des Patentwesens (PCT), welche neue Verpflichtungen für Island, Irland und Portugal bringt.[21] Das EWR-Abkommen verpflichtet schliesslich auch zum Beitritt zum Budapester Vertrag von 1977 zur Hinterlegung von Mikroorganis-

13 Art. 5 EWR-Abkommen, Protokoll 28.

14 Diese und nachfolgende Aufstellung gem. Stand per 1.1.92, s. OMPI, Etats parties à la Convention instituant l'Organisation Mondiale de la Propriété Intellectuelle (OMPI) et aux traités administrés par l'OMPI et Etats membres des organes directeurs et des comités, Doc. 423 (F).

15 SR 0.232.04.

16 BBl 1989 III 642 (schweiz. Ratifikation autonom vorgesehen).

17 BBl 1989 III 697 (schweiz. Ratifikation autonom vorgesehen).

18 Protocol relatif à l'Arrangement de Madrid concernant l'enregistrement international des marques, adopté le 27 juin 1989 (noch nicht in Kraft). Das neue Instrument besteht unabhängig vom Madrider Abkommen über die internationale Registrierung von Marken von 1891, revidiert 1967 (SR 0.232.112.3) dem von den EWR-Staaten Dänemark, Finnland, Griechenland, Irland, Island, Norwegen, Schweden nicht angehören.

19 SR 0.232.112.9.

20 Für das Europäische Patentübereinkommen und das Gemeinschaftspatentübereinkommen s. unten III. 1. c) und d).

21 SR 0.232.141.1.

men[22], was Griechenland, Irland, Island, Luxemburg und Portugal betrifft. Hervorzuheben ist, dass all diese Verpflichtungen neu auch für die EG als eigene Rechtsperson gelten und diese so über den EWR-Vertrag die Grundlage zur selbständigen Wahrnehmung der Interessen durch die Kommission erhält. Die Verhandlungen haben hier erreicht, was anderweitig wohl länger gedauert hätte.

II. Allgemeine materielle Bestimmungen

1. Allgemeines Schutzniveau

Das EWR-Abkommen bringt im Ergebnis eine vollständige Übernahme des bestehenden Gemeinschaftsrechts, einschliesslich des Fallrechts, bis hin zum Zeitpunkt der Unterzeichnung des Vertrages.[23] In allen anerkannten Bereichen des gewerblichen Rechtsschutzes und des Urheberrechts, wie sie nach der Praxis zu Art. 36 EWR-Abkommen erfasst werden, verpflichten sich die EFTA-Staaten, nach Inkrafttreten des Vertrages ihr gesetztes Recht (*legislation*) mit dem EG-Recht des freien Waren- und Dienstleistungsverkehrs verträglich zu machen.[24] Angesprochen sind hier in erster Linie Regelungen, welche dem Fallrecht des Gerichtshofes widersprechen. Der Vertrag verpflichtet die EFTA-Staaten indessen auch, bei Bedarf und nach Durchführung entsprechender Konsultationen ihre Rechtsetzung dem allgemein geltenden, mittels Rechtsvergleichung ermittelten allgemeinen europäischen Niveau des Immaterialgüterrechts anzupassen.[25] Die Bestimmung richtete sich ursprünglich auch an die EG-Mitgliedstaaten. Kommission und EFTA konnten sich aber hier nicht durchsetzen, und so hat die Bestimmung insbesondere aus schweizerischer Sicht kaum mehr grosse Bedeutung: es fehlt ein Instrument, einzelne EG-Mitgliedstaaten ausserhalb des *Acquis* auf diese Weise zur Verbesserung des Schutzes zu verpflichten.

---

22 SR 0.232.145.1.

23 Eingehend hierzu und zum folgenden s. auch PH. BAECHTOLD, Les implications de l'Accord sur l'Espace Economique pour la protection de la propriété intellectuelle, AJP 10/92, S. 1284 ff.

24 Art. 1 Abs. 2 EWR-Abkommen, Protokoll 28.

25 Id. Art. 1 Abs. 3.

2. Der Grundsatz der EWR-weiten Erschöpfung von Immaterialgüterrechten

Der archimedische Punkt des neuen Immaterialgüterrechts besteht zweifellos in der Ausdehnung der Grundsätze und differenzierten Praxis des EuGH zum Territorialitätsprinzip und der Erschöpfung von Immaterialgüterrechten[26] auf den europäischen Wirtschaftsraum. Hier weicht der Vertrag klar von der den EG-EFTA-Freihandelsabkommen diesbezüglich gegebenen Auslegung ab, wo sowohl das schweizerische Bundesgericht wie auch der EuGH unter Hinweis auf die Natur der Freihandelsabkommen als blosse Handelsverträge die Erschöpfungsregeln des Binnenmarktes bekanntlich nicht übernommen haben.[27] Die Übernahme ergibt sich im EWR einerseits aus Art. 6 und 13 des Abkommens sowie Art. 2 von Protokoll 28. Für das sekundäre Recht finden sich entsprechende Regelungen im EWR-Abkommen, Beilage XVII für das Markenrecht, den Schutz von Topographien und von Computerprogrammen.[28]

Der Grundsatz der EG- bzw. nun der EWR-weiten Erschöpfung besagt bekanntlich, dass die immaterialgüterrechtlichen Ausschliesslichkeitsrechte in ihrer Ausübung erschöpft sind, sobald ein Produkt durch den Rechtsinhaber oder mit dessen Zustimmung durch einen Dritten in einem der EWR-Staaten in Verkehr gesetzt wurde.[29] Das Prinzip wird sich praktisch vor allem im Patentrecht, dem Sorten-

---

26 Grundlegend im Rahmen des Wettbewerbrechts, EuGH, Urteil vom 13.7.1966, Rs. 56 und 58/64, Grundig u. Consten/Kommission, Slg. 1966, S. 322; im Rahmen des freien Warenverkehrs, EuGH, Urteil vom 31.10.1974, Rs. 15/74, Centrafarm B.V. u.Adriaan De Peijper/Sterling Drug Inc., Slg. 1974, S. 1147, (betr. Patente); EuGH, Urteil vom 31.10.1974, Rs. 15/74, Centrafarm B.V. u. Adriaan De Peijper/Winthrop B.V., Slg. 1974, S. 1183 (betr. Marken); EuGH, Urteil vom 10.10.1978, Rs. 3/78, Centrafarm B.V./American Home Products Corporation, Slg. 1978, S. 1823 (betr. Marken).

27 Insbesondere Bossard Partners Intertrading/Sunlight, BGE 105 II 49 (OMO Fall); EuGH Urteil vom 9.2.82, Rs. 270/80 Polydor v. Harlequin Records Shops, Slg. 1982, S. 329. Dazu statt vieler FRIEDL WEISS, The Functioning of the Free Trade Agreements, in: OLIVIER JACOT-GUILLARMOD (Hrsg.), l'avenir du libre-échange en Europe: vers un Espace économique européen ?, Bern/Zürich (Schulthess und Stämpfli) 1990, S. 61, 71 ff.

28 S. Ziff. 1 lit. c (Topographien), Ziff. 4 lit. c (Marken), Ziff. 5 Abs. 2 (Computerprogramme) EWR-Abkommen, Beilage XVII.

29 Statt vieler zur Rechtsprechung der EG-weiten Erschöpfung FRIEDRICH K. BEIER, Gewerblicher Rechtsschutz und freier Warenverkehr im europäischen Binnenmarkt und im Verkehr mit Drittstaaten, GRUR 1989 S. 603; THOMAS EBENROTH, supra Anm. 5, S. 14 ff., DOMINIQUE GRAZ, Propriété intellectuelle et libre circulation des marchandises, Genève (Droz) 1988, S. 113 ff.; MARIO M. PEDRAZZINI, Kommentar Patentrecht, Urheberrecht, Muster- und Modellrecht, Markenrecht, Know-how, Topographien und diesbezügliche Verträge, in: MEYER-MARSILIUS,

schutz, sowie dem Muster- und Modellrecht auswirken, wo die EFTA-Staaten bislang eindeutig die nationale Erschöpfung praktiziert haben. Parallelimporte seitens von vertraglichen Lizenznehmern im EWR können fortan grundsätzlich nicht mehr verhindert werden. Anders verhält es sich bei Zwangslizenzen[30] und nun zurecht auch bei Expropriationstatbeständen,[31] weil hier das entscheidende Elemente der Zustimmung des Rechtsinhabers und damit eine wesentliche Voraussetzung der Erschöpfung fehlt. Der Grundsatz muss indessen von Fall zu Fall genau beurteilt werden. Nach einer anfänglichen Praxis zugunsten des uneingeschränkten Warenverkehrs hat sich das Pendel wieder etwas zugunsten einer differenzierten Praxis gewendet. Darauf ist in den einzelnen Bereichen kurz einzugehen. Die Praxis bedeutet aber grundsätzlich, dass Marktzuteilungen und entsprechende Preisdifferenzierungen für die einzelnen Märkte nurmehr vertragsrechtlich im Rahmen der von Art. 53 und 54 EWR-Abkommen übernommenen Wettbewerbsregeln der Gemeinschaft, insbesondere des Freistellungsrechts des Wettbewerbsrechts, möglich sein werden. Hervorzuheben ist hier in erster Linie die Regelung über Patentlizenzen, welche die vertragliche Unterbindung von Parallelimporten für eine beschränkte Dauer von 5 Jahren auf der ersten, nicht aber mehr der zweiten Verkaufsstufe zulässt.[32]

Rechtlich interessant und noch ungelöst sind die Auswirkungen der Regel in jenen Gebieten, wo bislang in der EFTA (wie übrigens auch in einzelnen Mitgliedstaaten der EG) die internationale Erschöpfung praktiziert wird. Das gilt vor allem für das Urheberrecht und jedenfalls im praktischen Ergebnis auf Grund der bundesgerichtlichen Rechtsprechung in der Schweiz wie in Deutschland auch für das Markenrecht.[33] Solange sich die regionale Erschöpfung auf Art. 6 und 13 EWR-Abkom-

---

SCHLUEP, STAUFFACHER (Hrsg.), Beziehungen Schweiz-EG, Zürich (Schulthess) Bd. 4, Kap. 10.2; WALTER R. SCHLUEP, Immaterialgüterrecht, in: D. SCHINDLER, G. HERTIG, J. KELLENBERGER, D. THÜRER, R. ZÄCH (Hrsg.), Schriften zum Europarecht - die Europaverträglichkeit des schweizerischen Rechts, Zürich (Schulthess) Bd. 1, S. 534, S. 543 ff.

30 EuGH, Urteil vom 9.7.1985, Rs 19/84, Pharmon/Hoechst AG, Slg. 1985, S. 2281.

31 EuGH, Urteil vom 17.10.1990, Rs 10/89, CNL.Sucat/HAG GF AG (HAG II), CMLRev., vol. 28 (1991), S. 681, Slg. 1991, S. 1 - 3711 ff. in Abweichung von EuGH Urteil Hag I von 1974; vgl. M. TREIS, Markenrecht und freier Warenverkehr - Bemerkungen zum HAG II-Urteil des EuGH, SMI 1991, S. 23 ff.

32 Verordnung 2349/84 der Kommission vom 23.7.1984 über die Anwendung von Art. 85. Abs. 3 des Vertrages auf Gruppen von Patentlizenzvereinbarungen, ABl. Nr. L 219 vom 16.8.84, S. 1 berichtigt ABl. Nr. L 280 vom 22.10.85, S. 1, Art.1 Ziff. 6.

33 Die schweiz. Rechtslage ist umstritten. Das Bundesgericht hat sich zur Frage der Erschöpfung im genannten Fall OMO supra Anm. 27 nicht ausdrücklich zur Erschöpfung geäussert. Doch folgt

men stützt, handelt es sich um einen Minimalstandard, der lediglich den freien Verkehr innerhalb des Wirtschaftsraumes sicherstellen soll. Die Kommission hat sich in den Verhandlungen auf den Standpunkt gestellt, dass die regionale Erschöpfung aber als Maximalstandard zu verstehen ist, sobald er im sekundären Recht kodifiziert ist. Die Frage ist umstritten und auch innerhalb der EG noch nicht entschieden. Aus der Sicht von Drittstaaten handelt es sich bei dieser Auffassung um die Einführung eines neuen Handelshemmnisses, welches indessen bei der Schaffung einer neuen Freihandelszone nach Art. XXIV Abs. 5 lit. b GATT[34] nicht zulässig ist. GATT-rechtlich lässt sich die regionale Erschöpfung u.E. nur als Minimalstandard verstehen.[35] Die aus unterschiedlichen nationalen Regimes möglicherweise entstehende Umleitungen (*trade diversion*) müssen aus dieser Sicht intern durch entsprechende Harmonisierung aufgefangen werden. Im Grunde kann sie nur dazu führen, dass Bereiche der bereits erreichten internationalen Erschöpfung auch im Rahmen der EG und des EWR im Interesse einer offenen Weltwirtschaft beibehalten werden müssen.

III. Die einzelnen Bereiche des Immaterialgüterrechts

1. Patentrecht und Sortenschutzrechte

a) Regionale Erschöpfung

Die Praxis des Gerichtshofes zur Erschöpfung ist im Patentrecht[36] wie auch im wirtschaftlich verwandten Sortenschutz[37] an erster Stelle zu nennen. Die Erschöpfung greift selbst dort, wo ein ausschliessliches Recht im Exportland mangels Stoffschutz nicht besteht, und daher Produkte ohne Lizenz nachgeahmt werden

---

aus dem Umstand, dass die Parallelimporte nicht an sich auf Grund fehlender Einwilligung, sondern auf Grund einer Täuschungsgefahr für den Konsumenten untersagt wurden, auf eine implizite Anerkennung der internationalen Erschöpfung im Markenrecht.

34 SR 0.632.21.

35 Mit gleichem Ergebnis, aber anderer Begründung, EBENROTH, supra, Anm. 5, S. 27-30 (Auffassung fehlender Kompetenz der EG zur Regelung der Drittlandbeziehungen im Markenrecht).

36 EuGH, Urteil vom 14.7.1981, Rs. 187/80, Merck/Stephar, Slg. 1981, S. 2063.

37 EuGH, Urteil vom 8.6.1982, Rs. 258/78, Nungesser/Kommission, Slg. 1982, S. 2015; EuGH, Urteil vom 19.4.1988, Rs. 27/87, Erauw/Hesbignonne, Slg. 1988, S. 1919.

können.[38] Die Einführung der regionalen Erschöpfung wird den Wettbewerb in verschiedenen Branchen zugunsten der Konsumenten verstärken, ist aber nicht ohne handelsverzerrende Wirkungen namentlich im Bereich der Pharmazeutika. Hier bestehen bekanntlich nach wie vor starke Unterschiede in den Rahmenbedingungen mit bezug auf staatliche Politiken (Patentierbarkeit, Entwicklung und Forschung, Preispolitik). Die EFTA hat vergeblich versucht, im Sinne eines echten zweiten Kreises der Integration das Konzept der modulierten Erschöpfung einzuführen, welches Ausnahmen vom Erschöpfungsgrundsatz gerade in solchen Fällen vorgesehen hätte.[39]

Die Erschöpfungsregel wird die Unternehmungen zu Prüfung und allenfalls Anpassung ihrer Lizenzverträge zwingen. Aus diesem Grunde wird die regionale Erschöpfung für Patentrechte erst ein Jahr nach Inkrafttreten des Vertrags Wirkung entfalten.[40] Es war dies die Gegenleistung für die Ablehnung der modulierten Erschöpfung und erklärt auch, weshalb eine gleiche Übergangsfrist für andere Immaterialgüterrechte, insbesondere die Markenlizenzen, nicht vorgesehen ist.

b) *Zwangslizenzen*

Nach einem überlieferten Grundsatz des Patentrechts kann der den Patentschutz gewährende Staat unter gewissen Bedingungen verlangen, dass das Patent im eigenen Lande auch ausgeübt, d.h. verarbeitet wird[41]. Dieses Produktionserfordernis ist im Lichte einer arbeitsteiligen Weltwirtschaft zunehmend fragwürdig und lässt sich sicher in Übereinstimmung mit Art. 46 und 77 des Entwurfes für die Vereinbarung über Gemeinschaftspatente[42] im Rahmen eines einheitlichen Wirtschaftsraumes nicht mehr vertreten. Die EFTA-Staaten haben sich in den Verhandlungen (wie auch im GATT) dafür eingesetzt, dass diesem Erfordernis auch

38 Vgl. Merck/Stephar, supra Anm. 36.

39 "Notwithstanding [provisions corresponding to Articles 30 and 36 of the EEC Treaty], the holder or the beneficiary of a patent may prevent the import and marketing of a product protected by the patent to the extent that such product enjoys significant competitive advantages due to governmental measures adopted by the country of production, such as subsidization of research and development, price support or price controls, or any other form of government assistance", Tentative Joint Draft, 8.5.1991 Rev. 1.

40 Art. 2 Abs. 2 EWR-Abkommen, Protokoll 28.

41 Art. 5 Pariser Verbandsübereinkunft, SR 0.232.04.

42 ABl. Nr. L 401 vom 30.12.1989, S. 1.

durch Importe zu angemessenen Bedingungen nachgekommen werden kann. Eine entsprechende Bestimmung scheiterte jedoch am Widerstand verschiedener Mitgliedstaaten. In einem wegleitenden Urteil vom 18.2.92 hat nun aber der Europäische Gerichtshof das sog. *Working Requirement* als mit Art. 30 EWG-Abkommen nicht vereinbar beurteilt.[43] Tatsächlich handelt es sich beim *working* im Ergebnis um eine Förderungsmassnahme für die eigene Industrie, welche unter Vorbehalt wettbewerbsrechtlicher Überlegungen mit dem freien Warenverkehr nicht vereinbar ist. Das Urteil wird zu entsprechenden Anpassungen der nationalen Gesetzgebung sowie auf den Verzicht vorgesehener Vorbehalte in Art. 83 des Vereinbarungsentwurfes für Gemeinschaftspatente führen müssen.

c) *Europäisches Patentübereinkommen*

Das europäische Patentrecht gehört bekanntlich mit dem Europäischen Patentübereinkommen (EPUe) von 1973[44] zu den Pionierleistungen der europäischen Integration. Als Kompromisslösung zwischen voller Harmonisierung und verbleibender Einzelstaatlichkeit führten die Bemühungen zur Schaffung eines staatsvertraglichen Systems, das sich durch zentrale Patenterteilung auf Grund einheitlicher Kriterien, sowie durch nationale Verwaltung und Adjudikation der Patente auszeichnet. Die Lösung hat sich bislang als erfolgreich erwiesen. Das Europäische Patentamt in München lässt sich mit Fug als die erste gemeinsame Europäische Agency bezeichnen, die sich in Grösse und Leistungsfähigkeit durchaus mit dem zentralen bundesstaatlichen US Trademark and Patent Office vergleichen lässt. Die gewählte Rechtsform des Staatsvertrages hat von Anfang an auch den EFTA-Staaten die Möglichkeit der vollen Partizipation ermöglicht.

Daran ändert sich mit dem EWR-Abkommen nichts. Er bringt daher im Patentrecht keinen Quantensprung, sieht man von der bevorstehenden Einführung des zusätzlichen Schutzzertifikates für Arzneimittel ab, das zum sog. *pipe-line acquis* gehört und daher schon bald auch Teil des EWR-Rechts sein dürfte. Mit ihm wird der effektive Patentschutz um die Dauer des Prüfungsverfahrens für die Markt-

43 EuGH, Urteil vom 18.2.92, Rs. C-30/90, Grossbritannien und Irland/Kommission (noch nicht in Slg.).

44 Übereinkommen vom 5.10 1973 über die Erteilung Europäischer Patente, SR 0.232.142.2.

zulassung von maximal fünf Jahren verlängert.[45] Über Art. 53 EPUe hinausgehende Bestimmungen etwa über die Patentierbarkeit lebender Materie (moderne Biotechnologie) sind hingegen nicht enthalten.[46] Gesamthaft lässt sich indessen sagen, dass der Vertrag lediglich das Feld bereinigt, vor allem indem er die bislang noch ausserhalb des EPUe stehenden Länder (Finnland, Norwegen und Island) dazu verpflichtet, die materiellen Bestimmungen des EPUe zu beachten.[47] Diese Bestimmung ist insbesondere für den Patentschutz im Bereich der Pharmazeutika und der Biotechnologie von Bedeutung. Sie verpflichtet Finnland bis 1.1.95 und Island bis 1.1.1997 den Stoffschutz für Pharmaprodukte und Lebensmittel einzuführen.[48] Die beiden Staaten werden auch verpflichtet, mit dem Inkrafttreten des Abkommens die in andern Vertragsstaaten eingereichten Patente bis zwei Jahre nach Einführung des Stoffsschutzes anzuerkennen und solange damit verbundene Import- und Vermarktungsrechte zu respektieren.[49] Das EWR-Abkommen umfasst indessen keine Verpflichtung, dem EPUe auch formell beizutreten. Der Verzicht auf eine eigentliche Beitrittspflicht war eine Konzession gegenüber Norwegen und Island. Sie liess sich aber auch deshalb nicht durchsetzen, weil auch Irland dem EPUe heute noch nicht angehört. Inwieweit damit die genannten Staaten der umstrittenen Rechtspraxis der Münchner Behörden namentlich im Bereich der Patentierung lebender Materie (moderne Biotechnologie, Gentechnologie) folgen werden, bleibt abzuwarten. Die Frage dürfte interessant werden, wenn künftig EWR-weite Normen zum stark umstrittenen verbesserten Schutz biotechnologischer

45 Verordnung (EWG) Nr. 1768/92 des Rates vom 18 Juni 1992 über die Schaffung eines ergänzenden Schutzzertifikates für Arzneimittel, ABl. Nr. L. 182 vom 2.7.92, S. 1. Die Einführung des zusätzlichen Schutzzertifikates erfordert auch die Ratifizierung der Änderung von Art.63 des Europäischen Patentübereinkommens supra Anm. 44 sowie eine Anpassung von Art.14 20 PatG (SR 232.14).

46 Die Bemühungen zur Verbesserung des Schutzes biotechnologischer Erfindungen sind bislang in der EG wie auch in der Schweiz auf starken Widerstand gestossen. Der Vorschlag der Kommission für eine Richtlinie des Rates über den rechtlichen Schutz biotechnologischer Erfindungen, KOM(88)496 endg. - SYN 159, ABl. Nr. C.10 vom 13.1.89, S. 3 wurde innerhalb der EGK seitens gegenläufiger Entwürfe zum Sortenschutz bekämpft, vgl. Vorschlag für eine Verordnung des Rates über den gemeinschaftlichen Sortenschutz KOM(90)347 endg., ABl. Nr. C. 244 vom 28.9.90, S. 1. Sie erfuhr in den parlamentarischen Debatten zahlreiche Abänderungsanträge, vgl. Europäisches Parlament, Sitzungsdokumente, Bericht des Ausschusses für Recht und Bürgerrechte vom 29.1.92 (W. Rotheli, Berichterstatter), DOC-D\RR\122036, PE 150.463/endg. In der Schweiz wurde die hängige Patentrechtsrevision (Botschaft und Gesetzesentwurf vom 16.8.1989, BBl 1989 III 232) insbesondere mit Blick auf die noch offenen Entwicklungen in GATT und der EG ausgesetzt, s. Amtl. Bull. NR 1991 S. 1288/89, Amtl. Bull. StR 1991 890/891.

47 Art. 3 Abs. 4 Protokoll 28.

48 Id. Abs. 5.

49 Id. Abs. 6.

Erfindungen angenommen werden sollten.[50]

d) Das Gemeinschaftspatentübereinkommen

Die im Rahmen der Gemeinschaft noch nicht in Kraft stehende Vereinbarung über Gemeinschaftspatente[51] sieht in Art. 8 vor, Freihandelspartner zur Teilnahme einzuladen. Dieses Einladungsprinzip konnte im Rahmen der EWR-Verhandlungen zu einem eigentlichen Recht auf Verhandlungen (*pactum de negotiando*) für die einzelnen interessierten EFTA-Staaten erweitert werden, welche die bereits genannten Verpflichtungen mit bezug auf das EPUe erfüllen.[52] Der Vertrag sieht vor, dass die Parteien sich nach Kräften bemühen werden (*best endeavours*), entsprechende Beitrittsverhandlungen innerhalb von drei Jahren nach Inkrafttreten des Abkommens abzuschliessen.[53] Inwieweit sich das Gemeinschaftspatent mit seiner einheitlichen Geltung im Gebiete aller Vertragsparteien in der Praxis angesichts letztlich noch ungelöster Sprachprobleme und relativ hohen Kosten gegenüber dem heutigen selektiven, europäischen Patentsystem durchsetzen wird, kann noch nicht beurteilt werden. Die Teilnahme ist indessen allein schon wichtig, um gewisse institutionelle Zuständigkeitsprobleme zu überwinden, auf die zurückzukommen ist, und um den Einfluss im Rahmen des Europäischen Patentamtes in München längerfristig sicherstellen zu können. Aus Schweizer Sicht ist ein Beitritt daher anzustreben.

50 Vgl. supra Anm. 46.

51 Vereinbarung 89/695, Abl. Nr. L 401 vom 30.12.1989, S. 1.

52 Art. 3 Abs. 3 Protokoll 28.

53 Id. Abs. 1. Für Island gilt mit dem 1.1.95 eine besondere, wenn auch praktisch kaum mehr relevante Ausnahmebestimmung.

2. Markenrecht und geographische Herkunftsangaben

a) Erschöpfung

Wie im Patentrecht hat auch im Markenrecht[54] der Grundsatz der regionalen Erschöpfung bislang die praktisch wichtigsten Einwirkungen gehabt und wird sich entsprechend auch im EWR auswirken, insoweit sich das Markenrecht eines EFTA-Staates heute auf der Grundlage der nationalen Erschöpfung bewegt. Ausnahmen sind bei Marken im Bereich der öffentlichen Gesundheit[55], oder wo zwei voneinander unabhängige, gleichlautende oder verwechselbare Marken im Einfuhrland kollidieren[56], anerkannt worden. Die allgemein bedeutsame Praxisänderung betreffend expropriierten, und damit den nicht freiwillig durch Zustimmung übertragenen Markenrechten ist bereits erwähnt worden[57].

b) Harmonisierung des Markenrechts

Die Übernahme der Ersten Richtlinie zur Harmonisierung des Markenrechts[58] wird in verschiedenen EFTA-Staaten materielle Änderungen herbeiführen. Das neue schweizerische Recht[59] hat die wesentlichen Inhalte dieser Richtlinie bereits autonom aufgenommen und bedarf keiner "fast track" Anpassung im Rahmen des Eurolexprogrammes; unabhängig vom Schicksal des EWR-Abkommens hat die Richtlinie die schweizerische Rechtsentwicklung stark geprägt. Hervorzuheben sind insbesondere die Einführung der Dienstleistungsmarke, der Garantiemarke, das

---

54 Grundig u. Consten/Kommission, supra Anm. 25; EuGH, Urteil vom 18.2.71, Rs. 40/70, Sirena/Eda, Slg. 1971, S.69; eingehend ULRICH LÖWENHEIM, Warenzeichen, freier Warenverkehr, Kartellrecht in: Festschrift gewerblicher Rechtsschutz und Urheberrecht in Deutschland, Weinheim 1991, Band II, S. 1086.

55 EuGH, Urteil vom 18.5.89, Rs. 266/87, Regina/Royal Pharmaceutical, in: GRUR Int 1990, Heft 6, S. 461.

56 EuGH, Urteil vom 22.6.1976, Rs. 119/75, Terranova/Terrapin, Slg. 1976, S. 1039.

57 Supra Anm. 31.

58 Abl. Nr. L. 40 vom 11.2.89, S. 1; die Frist zur Anpassung des nationalen Rechts der EG-Staaten wurde bis zum 31.12.92 verlängert, Beschluss des Rates vom 19.12.91, Abl. Nr. L 6 vom 11.1.92, S. 35.

59 Bundesgesetz über den Schutz von Marken und Herkunftsangaben (MSchG) vom 28.8.92, BBl 1992 V 891; Botschaft zu einem Bundesgesetz über den Schutz von Marken und Herkunftsangaben (Markenschutzgesetz, MSchG) vom 21.11.1990, BBl 1991 I 1, Amtl. Bull. StR 1992 21 (29.1.92), Amtl. Bull. NR 1992 --(10.3.92). Die Inkraftsetzung ist auf 1.4. 1993 vorgesehen.

Prinzip des *first to file* und die Ausdehnung der Frist für Nichtgebrauch von 3 auf 5 Jahre.[60] Die in der Beilage XVII EWR-Abkommen genannten Abweichungen und Anpassungen beziehen sich in erster Linie auf das Verhältnis zur Gemeinschaftsmarke. Der Vorrang der Gemeinschaftsmarke findet solange keine Anwendung als ein EFTA-Staat nicht Mitglied des Gemeinschaftsmarkensystems ist.[61]

c) *Gemeinschaftsmarke*

Wie für das Gemeinschaftspatent sieht das EWR-Abkommen die - pragmatisch-unorthodoxe - Möglichkeit der vollen Teilnahme der EFTA-Staaten im künftigen System der Gemeinschaftsmarke vor, welches heute als Verordnungsentwurf vorliegt.[62] Ein Anspruch auf Beitrittsverhandlungen konnte seitens der EFTA durchgesetzt werden.[63] Inwieweit sich allerdings die Gemeinschaftsmarke zufolge ihrer heute vorgesehenen Bedingungen in EG und EWR durchsetzen kann, wird sich wie für das künftige Gemeinschaftspatent weisen müssen. Kurzfristig ist bedeutsamer, dass alle EWR-Vertragsparteien verpflichtet sind, sich dem genannten Zusatzprotokoll des Madrider Abkommens für die Registrierung der Marken anzuschliessen.[64] Damit können mit einer nationalen Markenanmeldung weitgehend die gleichen Wirkungen wie für die Gemeinschaftsmarke erzielt werden, ohne dass die besonderen Schwierigkeiten einer Gemeinschaftsmarke (Kompatibilitätserfordernis mit allen EG-Sprachen) auftreten. Langfristig sind indessen die Vorteile eines einheitlichen europäischen Markensystems ebenso klar wie dies historisch im Rahmen bundesstaatlicher Ordnungen der Fall war.

60 S. dazu die Botschaft supra Anm. 59, S. 9.

61 Art. 4 lit. b EWR-Vertrag, Beilage XVII.

62 Vorschlag für eine Verordnung des Rates über die Gemeinschaftsmarke, konsolidierter Text, GRUR Int. 1989, S. 388.

63 S. Art. 7 EWR-Abkommen, Protokoll 28.

64 Art. 8 Abs. 1 lit. d EWR-Vertrag Protokoll 28, supra Anm. 18.

d) *Herkunftsbezeichnungen*

Mit Ausnahme eines besonderen Schutzes im Bereich der Spirituosen und Weinprodukte[65] enthält das EWR Abkommen keine Bestimmungen zum Schutze von geographischen Herkunftsbezeichnungen. Eine umfassende Regelung ist in näherer Zukunft nicht zu erwarten. Der Vorschlag der Kommission zum Schutze geographischer Angaben und von Ursprungsbezeichnungen für Agrarerzeugnisse und Lebensmittel war lange stark umstritten.

Im Rahmen des Gesamtpaketes zur Revision der Gemeinsamen Landwirtschaftspolitik verabschiedete der Rat indessen am 13. Juli 1992 eine entsprechende Verordnung, welche als *pipe-line* acquis gerade auch für schweizerische Spezialitäten (Käse, Fleisch) von besonderem Interesse sein wird.[66] Verbesserungen im Bereich der Industrieprodukte konnten demgegenüber den nationalen Schutz des unlauteren Wettbewerbs hinausgehend wie in den GATT Verhandlungen auch im Rahmen des EG-Rechts' noch nicht erzielt werden und harren gerade aus schweizerischer Sicht (*Swiss made*) noch einer Lösung.

e) *Bekämpfung von Nachahmungen und Fälschungen an der Grenze*

Der EWR bringt eine Verstärkung der Möglichkeiten, Fälschungen und Nachahmungen von Marken an der Grenze abzufangen, indem die Zollbehörden neu den Rechtsinhaber auf allfällige Fälschungen aufmerksam machen können (Dispens vom Amtsgeheimnis).[67] Dieses im EG- und EWR-Recht vorläufig noch auf Markenfälschungen beschränkte Recht wurde im neuen schweizerischen Marken- *und*

---

65 EWR-Vertrag, Protokoll 47, Anlage Ziff. 22; Gemeinsame Erklärung zu Protokoll 47 über die Beseitigung technischer Handelshemmnisse für Wein; EWR Vertrag, Anhang II Ziff. XXVII Spirituosen; eingehend dazu A. JUNG, Der Schutz von geographischen Herkunftsbezeichnungen für Weine und Spirituosen im internen und externen Recht der EG, Bern/Zürich (Schulthess/Stämpfli) 1990.

66 Verordnung (EWG) Nr.2081/92 des Rates vom 14.7.92 zum Schutz von geographischen Angaben und Ursprungsbezeichnungen für Agrarerzeugnisse und Lebensmittel, ABl Nr. L. 208 vom 24.7.92, S. 1. Für den früheren, umstrittenen Kommissionsvorschlag vom 21.12.1990 s. ABl Nr. C 30 vom 6.2.91, S. 9.

67 Verordnung des Rates (3842/86/EWG), supra Anm. 8.

Urheberrecht sowie dem Topographiengesetz bereits aufgenommen.[68] Für die künftige Entwicklung ist in diesem Zusammenhang vor allem auch auf die Ergebnisse der GATT-Verhandlungen zu verweisen, welche umfangreiche und detaillierte verfahrensrechtliche Verpflichtungen zur Bekämpfung von Piraterie und Fälschungen im Zivilprozessrecht (einstweilige Verfügungen) wie auch im Verwaltungsverfahren an der Grenze aufweisen. Diese werden nicht nur global, sondern auch innerhalb des EWR weitere Harmonisierungswirkungen auslösen, indem es im GATT dank den Bemühungen des EG-internen Verhandlungsprozesses gelang, traditionelle Unterschiede zwischen *common law* und kontinentalem Zivilrecht zu überbrücken.[69]

3. Muster und Modellschutz

Das EWR-Abkommen enthält keine expliziten Bestimmungen zu diesen Bereichen des gewerblichen Rechtsschutzes. Die Einwirkung beschränkt sich vorläufig auf die regionale Erschöpfung.[70] Im Einklang mit dem laufenden Projekt zur Schaffung gemeinschaftsweiter Schutzrechte[71] gelten die eingeräumten Verhandlungsrechte für eine volle Teilnahme (*full participation*) an einem künftigen EG-System vorsorglich auch hier.[72]

68 Bundesgesetz über das Urheberrecht und verwandte Schutzrechte (URG),vom 9.10.92, Art. 75-77, BBl 1992 VI 74; Botschaft BBl 1989 III 606, 633; MSchG supra Anm. 59 Art. 70-72; TopG unten Anm. 93 Art. 12.

69 Vgl. Art. 41-61, insbesondere Art. 51 TRIPs Abkommen, supra Anm. 2.

70 EuGH, Urteil vom 5.10.1988, Rs. 53/87, Cicra/Renault, und EuGH, Urteil vom 5.10.1988, Rs. 238/87, Volvo/Veng, GRUR Int. 1990, S. 140 , auf S. 141.; EuGH, Urteil vom 14.9.82, Rs. 144/81, Keurkoop/Nancy Kean, Slg. 1982, S. 2853.

71 Kommission der Europäischen Gemeinschaft, Grünbuch über den rechtlichen Schutz gewerblicher Muster und Modelle, Juni 1991, III/F/5131/91 (Masch. schrift). S. auch Max Planck-Institut für ausländisches und internationales Patent-, Urheber- und Wettbewerbsrecht, Towards a European Design Law, München 1991; M. RITSCHER, Bericht über das Ringberg-Symposium "Europäisches Musterrecht" des Max Planck-Instituts vom 11. bis 14. Juli 1990, GRUR Int. 1990, S. 559 ff.

72 Supra Anm. 63.

4. Urheberrecht und verwandte Schutzrechte

Mit den elektronischen Entwicklungen hat die transnationale Massennutzung kultureller Güter, aber auch das Bedürfnis abgestimmter Kulturpolitiken stark zugenommen. Längst hat das Urheberrecht seinen in Europa traditionell auf Kunst und Künstler beschränkten Charakter verloren; durch die anglo-amerikanische Rechtsentwicklung gehört heute auch der Bereich der elektronischen Datenverarbeitung dazu. Allein im EG Raum wird der jährliche Umsatz urheberrechtlich und nachbarrechtlich relevanter Leistungen auf 150 bis 250 Milliarden ECU geschätzt. Verglichen mit den traditionellen Bereichen des gewerblichen Rechtsschutzes steht die gemeinschaftliche Rechtsetzung indessen noch in den Anfängen. Im Rahmen des freien Güterverkehrs und der Dienstleistungsfreiheit besteht aber bereits eine Reihe wichtiger Gerichtsentscheidungen des Europäischen Gerichtshofes, deren Auswirkungen auf die Rechtslage in den EFTA-Staaten, insbesondere der Verwertungsgesellschaften und deren vertragliche Abmachungen, noch eingehender Analyse bedarf. Dazu kommt ein ausgedehntes Harmonisierungsprogramm der Kommission, welches das Urheberrecht in den nächsten Jahren mit ins Zentrum immaterialgüterrechtlicher Bemühungen rücken wird.

a) Auswirkungen der Rechtsprechung

Der EuGH hat die in Artikel 36 enthaltene Definition "gewerbliches und kommerzielles Eigentum" auch auf das Urheberrecht angewandt und die Grundsätze der EWR-weiten Erschöpfung konkretisiert.[73] Ein Blick auf jüngere Entscheidungen vermittelt dazu ein differenzierendes Bild, das hier im Einzelnen nicht nachgezeichnet werden kann. Der Grundsatz der regionalen Erschöpfung nimmt aber zusehends auf die Besonderheiten und Komplexitäten des Urheberrechts Rücksicht. So führt das erste Inverkehrbringen des Produktes hier nicht zum Erlöschen aller Rechtsansprüche des Rechtsinhabers.[74] Ebenso entschied das Gericht, dass Vermietungsrechte nicht erschöpft werden, wenn das Produkt bereits in einem anderen Mitgliedstaat in Verkehr gesetzt worden ist.[75] Die Verbreitung infolge abgelaufener Schutzfristen führt nicht zur Erschöpfung des Rechts in Mitgliedstaa-

---

73 EuGH, Urteil vom 9.2.1982, Rs. 270/80, Polydor/Harlequin, Slg. 1982, S.329; vor allem EuGH, Urteil vom 8.6.1971, Rs. 78/70, Deutsche Grammophon/Metro, Slg. 1971, S. 487.

74 EuGH, Urteil vom 9.4.1987, Rs. 402/85, Basset/SACEM, Slg. 1987, S. 1747.

75 EuGH, Urteil vom 17.5.1988, Rs. 158/86, Warner Brothers/E. Viuff, Slg. 1988, S. 2605.

ten mit längeren Schutzfristen.[76] Im Rahmen der Dienstleistungsfreiheit entschied das Gericht, dass anlässlich der Vorführung eines Filmes die Rechte daran und damit wiederholte Vergütungsansprüche nicht erschöpfen.[77] Der Grundsatz gilt nicht nur für Kinovorführungen, sondern auch für Fernsehen und Rundfunk.[78] Im Rahmen des Wettberwerbsrechts schliesslich hielt das Gericht fest, dass der Urheber als Unternehmer in seinen Lizenzpraktiken dem Wettbewerbsrecht unterliegt. Das ist vor allem für die Verwertungsgesellschaften mit Monopolstellung von Bedeutung. Monopolrechte dürfen daher ohne sachlichen Grund nicht zur Verdrängung privater Konkurrenten auf Nachbarkmärkten verwendet werden.[79] Ebenso haben die Wettbewerbsregeln zur Folge, dass die Verwertungsgesellschaften ihren Mitgliedern keine Verpflichtungen auferlegen dürfen, welche zur Erreichung ihres Zweckes nicht unentbehrlich sind oder die Freiheit der Mitglieder unbillig beschränken.[80] Verwertungsgesellschaften müssen In- und Ausländer gleich behandeln.[81] Sehr weitgehende Einschränkungen des Urheberrechts brachten jüngere Entscheidungen des Europäischen Gerichtshofes erster Instanz, indem die ausschliessliche Verwendung von gedruckten Radio- und Fernsehprogrammen als missbräuchlich und damit als Verstoss gegen Art. 86 EWG-Vertrag beurteilt wurde.[82]

76 EuGH, Urteil vom 24.1.1989, Rs. 341/87, EMI Electrola GmbH/Patricia, in GRUR Int. 1989 S. 319.

77 EuGH, Urteil vom 18.3.1980, Rs. 62/79, Coditel SA/SA Ciné Vog Films, Slg. 1980, S. 881.

78 EuGH, Urteil vom 6.10.1982, Rs. 262/81, Coditel II/Ciné-Vog, Slg. 1982, S. 3381.

79 EuGH, Urteil vom 20.3.1985, Rs. 41/83, Italienische Rep./Kommission, Slg. 1985, S. 873.

80 EuGH, Urteil vom 27.3.1974, Rs. 127/73, Belgische Radio und Televisie und SABAM/Fonior SA, Slg. 1974, S. 313; EuGH, Urteil von 1987, Rs. 402/85, Basset/SECAM, Slg. 1987, S. 1747; EuGH, Urteil vom 13.7.1989, Rs. 110/88, 241/88 und 242/88, Lucazeau/SECAM et autres, Slg. 1989, S. 2811; EuGH, Urteil von 1989, Rs. 242/88, SECAM/Debelle; Slg. 1989, S. 2811.

81 EuGH, Urteil vom 2.3. 1983, Rs. 7/82, GVL/EG Kommission, Slg. 1983, S. 483.

82 Rs. T-69/89 RTE/Kommission; Rs. T-70/89 BBC/Kommission; Rs. T-76/89 ITP/Kommission (noch nicht publ., Appellation hängig). Kritisch zu diesen Urteilen, welche das Copyright weitgehend entleeren und die im EG Recht traditionelle Unterscheidung zwischen Bestand und Ausübung vom Immaterialgüterrechten praktisch aufheben s. MYRICK supra Anm. 5.

b) *Der Schutz von Computerprogrammen*

Die Richtlinie zum Schutz von Computerprogrammen[83] bildet den ersten urheberrechtlichen *Acquis* im sekundären Recht. Sie schützt Software fortan als literarische Werke, und verleiht ihnen daher eine aus der Sicht des gewerblichen Rechtsschutzes ausserordentlich lange Schutzdauer von 50 Jahren *post mortem auctoris*; inwieweit hier Zurückbindungen in der Rechtsausübung notwendig sein werden, wird das Wettbewerbsrecht weisen müssen. Die Richtlinie regelt positivrechtlich (und dies im Unterschied zum amerikanischen oder japanischen Fallrecht) die komplexe Frage des *reverse engineering* auf recht einschränkende Weise, indem die Dekompilierung nur in Hinblick auf die Herstellung der Interoperabilität eines unabhängig geschaffenen Computerprogrammes mit andern Programmen erlaubt wird.[84]

c) *Die Zukunft: Das Harmonsierungsprogramm der Kommission*

Viele Probleme der Praxis in Zusammenhang mit der gewachsenen wirtschaftlichen Bedeutung sind auf die Tatsache noch wenig einheitlicher Rechtsordnungen in den Mitgliedstaaten zurückzuführen.[85] Dieser Befund hat wesentlich zur Motivierung eines umfassenden Harmonisierungsprogrammes beigetragen.
Über die Gerichtspraxis hinaus besteht für das Urheberrecht (Copyright) und die sog. Nachbarrechte (Interpreten und Produzentenrechte) seit der Publikation des Grünbuches von 1988[86] und entsprechenden Ergänzungen von 1990[87] ein weitreichendes Harmonisierungsprogramm. Dieses Programm ist nicht Teil des EWR, zeigt aber an, in welcher Richtung und umfassenden Art sich künftiges

83 Richtlinie des Rates vom 14. Mai 1991 über den Rechtsschutz von Computerprogrammen, Abl. Nr. L 122 vom 17.5.91, S. 42.

84 Id. Art. 6. Zur Regelung im einzelnen THOMAS DREIER, The Council Directive of 14 May 1991 on the Legal Protection of Computer Programs, EIPR vol. 9 (1991), S. 319-327.

85 Vgl. insbesondere EMI Electrola GmbH/Patricia, supra, Anmerkung 75 [ungleiche Schutzfristen]; EuGH, Urteil vom 17.5.1988, Rs. 158/86, Warner Brothers Inc. u.a./E.V. Christiansen in: GRUR Int. 1989 Heft 8/9, S. 668, [unterschiedliche Regelung des Vermietrechts].

86 Kommission der Europäischen Gemeinschaften, Grünbuch über Urheberrecht und die Technologische Herausforderung: Urheberrechtsfragen, die sofortiges Handeln erfordern, 23.8.1988, KOM(88) 172 endg.

87 Kommission der Europäischen Gemeinschaften, Initiativen zum Grünbuch: Arbeitsprogramm der Kommission auf dem Gebiet des Urheberrechts und der verwandten Schutzrechte, 17.1.1991, KOM(90) 584 endg. (Masch. schr.).

EWR Recht entwickeln wird. So bestehen im Jahre 1992 Projekte zur Einführung von Vermiet- und Verleihrechten sowie bestimmter verwandter Schutzrechte (insbesondere Phonogrammproduzenten), zur Harmonisierung der Schutzfristen, zum Schutze von Datenbanken, zur Regelung von Photokopieabgaben (Reprography) sowie im Rahmen der Regelung des Satellitenfernsehens - und dies parallel zu den Bemühungen des Europarates - zur Regelung entsprechender urheberrechtlicher und nachbarrechtlicher Probleme, einschliesslich der Kabelverbreitung.

In der Schweiz wurde hier wie im Markenrecht der bestehende und sich abzeichnende *acquis* in die Revision des Urheberrechts mitberücksichtigt[88]. So wurde namentlich die Richtlinie zum Schutze von Computerprogrammen in den Beratungen der Räte zum neuen Urhebergesetz umgesetzt.[89] Allgemein haben die in den letzten Jahren vermehrt urheberfreundlichen Vorschläge der Kommission in verschiedenen Bereichen indirekt auf die Revisionsarbeiten des schweizerischen Rechts eingewirkt. Das neue schweizerische Urheberrecht wird - dem Ruf des Landes als einem für kulturelle Belange steinigen Boden zum Trotz - als eines der fortschrittlichsten europäischen Gesetze bezeichnet werden können, das eine entsprechende Ausstrahlung auch wieder auf die europäische Rechtsetzung ausüben kann. Inwieweit ihm das Gemeinschaftsrecht dereinst nach erfolgten Auseinandersetzungen mit den Nutzern folgen wird, ist eine noch offene Frage. Ebenso wird sich zeigen müssen, ob die Monopolbestimmungen zum Verwertungsrecht langfristig in all ihren Teilen der europäischen Entwicklung standhalten werden. Die Frage lässt sich erst in Zunkunft beurteilen, wenn mehr Klarheit über die Auswirkungen des freien Dienstleistungsverkehrs in diesem bislang stark vertragsrechtlich geprägten Bereich vorliegen werden.[90]

---

88 S. Carl Baudenbacher, Irene Klauer, Zur Europafähigkeit der URG Reform, St. Gallen/Berlin (WIV) 1991.

89 Bundesgesetz über das Urheberrecht und verwandte Schutzrechte (URG) supra Anm. 68 Art. 21; Beschluss des Nationalrates vom 28.1.1992, Amtl. Bull. NR 1992 29, 42. Aus gesetzestechnischen Gründen wurden nicht alle Kriterien der Richtlinie zur Dekompilation explizit aufgenommen. Ihre Beachtung ergibt sich indessen klar aus dem Gebot völkerrechtskonformer Auslegung wie dem Willen des Gesetzgebers, volle Übereinstimmung mit dem EG Recht herzustellen.

90 Entsprechende Studien sind derzeit im Rahmen der EG-EFTA-Kooperation im Gange.

5. Der Schutz von Topographien

Die von den USA in den 80er Jahren eingeleitete Politik der Reziprozität zum Schutz von Halbleiterprodukten (Topographien) hat in der EG die Einführung eines einheitlichen Schutzes beschleunigt. Die entsprechende Richtlinie,[91] zwei Rats- und eine Kommissionsentscheidung[92] zur Anerkennung ausländischer Schutznormen gehören zum *acquis* des EWR. Auch hier wurde im Rahmen der Politik der Europafähigkeit ein entsprechendes Bundesgesetz ausgearbeitet.[93] Das Gesetz wird - endlich - den bisherigen, lediglich im Rahmen des UWG vorhandenen Schutz ablösen und bestehende Rechtsunsicherheiten im Europäischen Wirtschaftsraum beseitigen. Für eine definitive Anerkennung des Schutzes schweizerischer Topographien in anderen Ländern wird das Gesetz aber nurmehr nötig sein, falls sich die Inkraftsetzung des GATT TRIPs Abkommens verzögern sollte, da dieses auf der Grundlage der Meistbegünstigung künftig auf ein Reziprozitätserfordernis verzichten wird.[94]

IV. Institutionelle Fragen

1. Anhörung und Konsultationspflichten

Offene und noch ungelöste Fragen liegen nicht nur im kommenden materiellen Recht, sondern vor allem in den Verfahren ihres Erlasses und seiner koordinierten Durchsetzung. In Kürze muss hier auf die Beiträge zum institutionellen Bereich des EWR-Vertragswerkes verwiesen werden.[95] Eine eigentliche Komitologie ist für

91 Richtlinie (87/54) des Rates vom 16. Dezember 1986 über den Rechtsschutz der Topographien von Halbleitererzeugnissen, ABl. Nr. L 24 vom 27.1.87, S. 36.

92 Erste Entscheidung 90/510 des Rates vom 9.10.1990 zur Ausdehnung des Rechtsschutzes der Topographien von Halbleitererzeugnissen auf Personen aus bestimmten Ländern und Gebieten, ABl. Nr. L. 285 vom 17.10.90, S. 29; Zweite Entscheidung 90/511 des Rates vom 9.10.90, Abl. Nr. L 285 vom 17.10.90, S. 31; Entscheidung der Kommission vom 26.10.1990 (Ausdehnung der Schutzes auf die USA und die Schweiz).

93 Bundesgesetz über den Schutz von Topographien von Halbleitererzeugnissen (ToG) vom 9.10.92, BBl 1992 IV 97.

94 Supra Anm. 2, Art. 3, 4 und 35-74.

95 S. dazu insbesondere M.C. KRAFFT, Le système institutionnel de l'EEE: Aspects généraux: une vue de Berne; A. TOLEDARO, Principes et objectifs de l'Accord EEE. Eléments de réflexion; D. FELDER, Structure institutionnelle et procédure décisionnelle de l'EEE; S. NORBERG, The EEA

die Fortentwicklung des Immaterialgüterrechts noch nicht vorgesehen, aus dem einfachen Grund, weil sie bis heute - zufolge der fehlenden Grundkompetenzen - auch innerhalb der Zwölfergemeinschaft noch nicht formell besteht. Bereits heute finden indessen im Rahmen der EG-EFTA-Beziehungen auf einer pragmatischen Basis regelmässige Expertengespräche statt. Diese erlauben es den EFTA-Staaten, die EG-interne Meinungsbildung direkt zu verfolgen (Teilnahme an Hearings in Beobachterfunktion) und ihre Stellungnahmen zu Vorhaben der Kommission koordiniert abzugeben. Dabei zeigt die bisherige Erfahrung, dass eine eigentliche Einflussnahme lediglich in konzeptionellen Phasen wirksam, später aber kaum mehr grossen Einfluss hat. Es darf auch nicht verschwiegen werden, dass die EFTA-Staaten, zufolge unterschiedlicher Rechtstraditionen und Interessenlagen, oft nicht gleicher Meinung sind, und Stellungnahmen intern auf dem kleinsten gemeinsamen Nenner unter dem Prinzip der einen Stimme zu liegen kommen. Mit Fug lässt sich sagen, dass ausserhalb des Patentrechts, wo dank der staatsvertraglichen Form des Europäischen Patentübereinkommens schon heute volle Mitbestimmungsmöglichkeiten bestehen, ein wirksamer Einfluss und die Geltendmachung der eigenen Souveränität der EFTA-Staaten nur nach einem Vollbeitritt zur Union möglich sein wird. Mittelfristig gilt dies vor allem für die heute umfangreichen Vorarbeiten im Bereiche des Urheberrechts, des Muster- und Modellrechts, während das gemeinsame Markenrecht seine Konturen bereits weitgehend gefunden hat.

Hier wie in anderen Rechtsbereichen vermag nur die Teilhabe am europäischen Bundesstaat jene Entscheidungsstrukturen bereitzustellen, welche der reichhaltigen Substanz des materiellen Rechts gewachsen sind.

2. Drittlandbeziehungen

Dem Grundkonzept des EWR entsprechend, bleiben die EFTA-Staaten in der Verfolgung ihrer Drittlandbeziehungen autonom. Das gilt auch im vorliegenden Bereich. Der Abschluss von Staatsverträgen, die Vertretung an internationalen Verhandlungen, insbesondere im Rahmen der OMPI und des GATT, bleiben unbenommen. Angesichts der engen Verflechtung ist indessen natürlich, dass sich

Surveillance System; alle in: O. JACOT-GUILLARMOD (Hrsg.), EWR Abkommen: Erste Analysen, Zürich und Bern 1992, S. 549, 565. 571. 589; A. LOMBARDI, Die Gestaltung des künftigen EWR-Rechts: Grundzüge des Verfahrens im EWR und im schweizerischen Recht, AJP 10/92 S. 1330.

die EG und EFTA mit Bezug auf Drittlandbeziehungen enger koordinieren werden. Der Vertrag sieht diesbezüglich besondere Informations- und Konsultationspflichten vor,[96] deren praktische Auswirkungen auf die materielle *treaty-making power* der EFTA-Staaten abzuwarten bleibt. Die Konstellation ist nicht unproblematisch vor allem da, wo nicht-koordinierte Drittlandpolitiken zu Handelsverzerrungen innerhalb des EWR führen könnten. Das Problem stellte sich vor allem mit Bezug auf Reziprozitätsprobleme. So mussten im Rahmen der Regelung der integrierten Schaltungen eine relativ komplizierte Lösung getroffen werden.[97] Die Vertragsparteien verpflichten sich darin, in ihren Verhandlungen auch für die Anerkennung des Schutzes für die andern Parteien einzustehen, was in der Praxis vor allem ein Verpflichtung der EG bedeutet. Sie verpflichten sich sodann, abgeschlossene Verträge und Entscheidungen Drittstaaten gegenüber gegenseitig anzuerkennen. Sollten dabei dennoch ungleiche Verhältnisse entstehen (z.b. indem ein EFTA-Staat Drittstaatregelungen anerkennt, denen die EG den definitiven Schutz noch versagt), steht den andern Parteien das Recht auf Massnahmen zur Unterbindung entsprechender Einfuhren zu. Die Regelung zeigt die zunehmende Schwierigkeit, einen hohen Grad der materiellen Integration mit traditionellen völkerrechtlichen Instrumenten unter Wahrung der formellen *treaty-making power* regeln zu müssen.

3. Langfristige Auswirkungen auf das kantonale Recht

Die Übernahme des materiellen *acquis communautaire* hat in der Schweiz keine unmittelbaren Auswirkungen auf das kantonale Recht. Die Kompetenzen liegen hierzu bereits heute voll und ganz auf Bundesebene. Hingegen wird die im Rahmen des EWR auszuhandelnde Teilnahme am System der Gemeinschaftsmarke wie auch des Gemeinschaftspatentes sowie möglicherweise an einem gemeinschaftlichen System des Sortenschutzes und von Mustern und Modellen gewisse Verschiebungen in der Zuständigkeitsordnung mit sich bringen. Das bereits weitgehend abgeschlossene Gemeinschaftspatentübereinkommen sowie die Markenverordnung sehen eine Beschränkung erstinstanzlicher Gerichte auf eine möglichst geringe Zahl vor.[98] Für die Schweiz wird dies die Notwendigkeit einer Neuordnung der

---

96 Art. 4 EWR-Abkommen, Protokoll 28.

97 Id. Art. 5.

98 Vereinbarung über Gemeinschaftspatente, supra Anm. 50, Protokoll über die Regelung von Streitigkeiten über die Verletzung und die Rechtsgültigkeit von Gemeinschaftspatenten, Art. 1 Abs. 1 (sog. Gemeinschaftspatentgerichte); Verordnung über die Gemeinschaftsmarke, supra

kantonalen Zuständigkeiten in den betreffenden Bereichen mit sich bringen. Die Schwierigkeiten dürften indessen überwindbar sein. Schon heute wird das Gros patent- und markenrechtlicher Zivilsachen in erster Instanz von den grösseren Handelsgerichten wahrgenommen. Die grosse Herausforderung dürfte darin liegen, die erforderliche Teilhabe an den verschiedenen Gerichtsinstanzen, insbesondere des europäischen Berufungsgerichts COPAC auszuhandeln, während richterliche Beteiligung an der letztinstanzlichen Beurteilung durch den EuGH nach den gemachten Verhandlungserfahrungen kaum aussichtsreich erscheint.

Diese Probleme sollten aber nicht zu einem Abseitsstehen verleiten. Die Verhandlungsrechte auf eine volle Partizipation an diesen Systemen wurde nämlich gerade deshalb seitens der EFTA-Staaten mit Nachdruck verfolgt, weil die Zuständigkeit von Gerichten ausserhalb der EG und die Rechtsstellung des Privaten ohne Niederlassung im EG-Raum beschnitten sind. Entgegen den Grundsätzen der Lugano-Konvention[99] schliesst die Vereinbarung über die Gemeinschaftspatente wie auch die Markenverordnung den Beklagtengerichtsstand für Verletzungs- und Bestandesklagen im Ausland und damit auch in den EFTA-Staaten aus.[100] Unter Vorbehalt noch laufender Verhandlungen und ihrer Ergebnisse gilt auch hier: Erst die volle Einbettung in die europäische Gemeinschaft kann befriedigende und dauerhafte Lösungen bringen.

V. Ergebnisse

1. Die einheitliche Mitgliedschaft bei multilateralen Verträgen, einschliesslich des TRIPs Abkommens des GATT, die Etablierung von Minimalstandards in Richtlinien und die künftige Einführung von EWR-weiten Schutzrechten wird wesentlich zur Harmonisierung und damit zur Schaffung von *level playing fields* beitragen. Sie verbessert den gegenseitigen Marktzutritt und die Wettbewerbsbedingungen für originäre Produkte sowie die Bekämpfung

Anm. 62, Art. 74 Abs. 1 (sog. Gemeinschaftsmarkengerichte).

99 Übereinkommen über die gerichtliche Zuständigkeit und die Vollstreckung gerichtlicher Entscheidungen in Zivil- und Handelssachen vom 16.9.1988, BBl 1990 II 341, Art. 2, vgl. auch Art 5 und 6 und Protokoll I Art. 1a.

100 Streitbeilegungsprotokoll, Art. 14 Abs. 2, supra Anm. 98; Verordnung über die Gemeinschaftsmarke, Art. 74(b) Abs. 3, supra Anm. 62.

von illegalen Nachahmungen innerhalb des EWR. Die Rechtssicherheit wird erhöht. Für den Forschungs- und Entwicklungsstandort Schweiz ist dies von grosser Bedeutung.

2. Die wesentlichen, durch den EWR bedingten Veränderungen, liegen vorerst in ihren Auswirkungen auf die Erschöpfung von immaterialgüterrechtlichen Ansprüchen. Die Praxis des Gerichtshofes ist umfangreich. Erst die Prüfung ihrer Verästelungen und der eingehende Vergleich mit der bisherigen schweizerischen Rechtslage wird eine abschliessende Beurteilung der Auswirkungen im einzelnen erlauben. Sie wird laufend weiter zu verfolgen sein. Allgemein lässt sich sagen, dass die regionale Erschöpfung territoriale Aufteilungen und auch Preisdifferenzierungen zugunsten eines stärkeren Wettbewerbs zwischen originären und lizenzierten Anbietern verstärken wird.

3. Das gemein-europäische Immaterialgüterrecht steht, vom Patentrecht abgesehen, noch in seinen Anfängen. Die Entwicklung hin zu gesetztem, gemeinschaftlichem Recht ist indessen eingeleitet. Die Einführung der Gemeinschaftsmarke und des Gemeinschaftspatents steht bevor. Der gegenwärtig noch relativ bescheidene *acquis communautaire* und der neue wichtige Grundsatz der EWR-weiten Erschöpfung dürfen nicht darüber hinwegtäuschen, dass wichtige Instrumente unmittelbar bevorstehen oder - namentlich im Urheberrecht - in Entwicklung und Aushandlung begriffen sind.

4. Die Möglichkeiten, auf diese künftigen Entwicklungen Einfluss zu nehmen, sind für die EFTA-Staaten im Rahmen des EWR beschränkt. Das gleiche gilt in Bezug auf die Beseitigung von Marktverzerrungen durch unterschiedliche Politiken in den Mitgliedstaaten, deren Wirkungen durch die regionale Erschöpfung stärker spürbar sein werden. Erst ein voller Beitritt zur Gemeinschaft wird hier angemessene Remedur schaffen und das Gleichgewicht zwischen reichhaltiger Substanz und Verfahrensrechten herstellen können.

Das Wettbewerbsrecht des EWR-Abkommens (Art. 53 - 60)

von
Marino Baldi

Inhalt

I. Die Regelung im Überblick

1. Konzept des EWR-Wettbewerbsrechts[1]

a) Einheitliches Wettbewerbsrecht als Wesenselement des EWR

Das EWR-Abkommen (EWRA) bezweckt die Teilnahme der EFTA-Staaten am EG-Binnenmarkt. Leitprinzip dieses Binnenmarktes ist die Schaffung einer *einheitlichen Wettbewerbsbasis* mit gleichen Chancen für alle Marktteilnehmer (Produzenten und Konsumenten) im ganzen Gebiet der Gemeinschaft. Konstitutiv für den so gekennzeichneten Gemeinsamen Markt sind die vier Grundfreiheiten mit den für ihre Verwirklichung notwendigen Massnahmen der Rechtsangleichung. Wesentlicher Bestandteil ist aber auch ein gemeinsames Wettbewerbsrecht, das direkt an die Unternehmer gerichtete Verhaltensregeln beinhaltet und durch gemeinsame Verwaltungs- und Gerichtsbehörden nach einheitlichen Kriterien angewandt und durchgesetzt wird.

b) Übernahme des materiellen EG-Rechts

Die praktisch vollständige Übernahme des EG-Binnenmarktrechts war in den EWR-Verhandlungen nicht von Anfang an klar. Nachdem sich jedoch zu Beginn der formellen Verhandlungen (Mitte 1990) die Auffassung durchgesetzt hatte, dass das Konzept des EG-Binnenmarktes ein unteilbares Ganzes darstellt und deshalb im Rahmen eines EWR das diesbezügliche Recht (binnenmarktrelevanter "acquis communautaire") grundsätzlich vollständig zu übernehmen ist, war es nur folgerichtig, auch das EG-Wettbewerbsrecht ins EWRA zu überführen. Dies geschah auf dem Wege des sogenannten "dédoublement des ordres juridiques": Durch das EWRA wurde eine vollständige, dem EG-Recht nachgebildete Wettbewerbsordnung geschaffen, die mit der Inkraftsetzung des EWRA in den EFTA-Ländern wie auch in den EG-Staaten geltendes nationales Recht werden soll.

---

1 Vgl. dazu ausführlicher: M. BALDI, Bemerkungen zum EWR-Wettbewerbsrecht aus grundsätzlicher Sicht, in: O. JACOT-GUILLARMOD (Hrsg.), EWR-Abkommen, Erste Analysen, Zürich 1992, 285 ff.; T. JAKOB-SIEBERT, Wettbewerbspolitik im europäischen Wirtschaftsraum (EWR) - Das Zwei-Pfeiler-System, in: WuW 1992, 396 ff.; C. ROUAM, L'Espace Economique Européen: un horizon nouveau pour la politique de la concurrence, in: Revue du Marché Commun et de l'Union Européenne, Nr. 354, Januar 1992, S. 53 ff.

c) *Schaffung einer besonderen EFTA-Struktur*

Neben der Übernahme der EG-Wettbewerbsregeln bedurfte es der Schaffung entsprechender institutioneller Strukturen. Die Vorgehensweise war insofern vorgezeichnet, als für das EWR-Abkommen allgemein vorgesehen wurde, auf EFTA-Seite Überwachungsstrukturen entsprechend jenen in der EG und damit eine Zwei-Pfeiler-Struktur zu errichten. Für das Wettbewerbsrecht wurde spezifisch vereinbart, eine EFTA-Überwachungsbehörde mit analogen Funktionen und gleichartigen Kompetenzen zu schaffen, wie sie der EG-Kommission eigen sind. Im wettbewerbsrechtlichen Bereich ergaben sich aus folgenden Gründen besondere Anforderungen an die Zwei-Pfeiler-Struktur:

- zum einen handelt es sich bei den Wettbewerbsregeln um die einzigen Vorschriften des EWRA - wie übrigens auch des EWGV -, welche direkte Verhaltenspflichten für die Unternehmen beinhalten;

- zum andern sind die Wettbewerbsregeln die einzigen Bestimmungen des EWRA, bei denen der Geltungsbereich nicht nach dem Territorialitätsprinzip, sondern nach dem Auswirkungsprinzip definiert ist; dies führt in der Zwei-Pfeiler-Struktur zu überlappenden Kompetenzen, was für die Unternehmen mit erheblichen Unzuträglichkeiten verbunden ist, falls keine besonderen Vorkehren getroffen werden.

2. Allgemeine Merkmale des im EWRA übernommenen EG-Wettbewerbsrechts

a) *Konsequente Orientierung am Wettbewerbsprinzip*

Die Feststellung, das EG-Wettbewerbsrecht orientiere sich am Wettbewerbsprinzip, mag nicht besonders aufschlussreich erscheinen, nachdem in den achtziger Jahren europaweit eine Entwicklung Platz gegriffen hat, in deren Verlauf der *Wettbewerb* im Sinne einer wirtschafts- und gesellschaftspolitischen Institution fast überall zum *Rechtsgut an sich* erhoben wurde. Bemerkenswert für das EG-Wettbewerbsrecht ist indessen, dass es sich seit jeher, das heisst im internationalen Vergleich sehr früh, zum Massstab des "wirksamen Wettbewerbs" bekannte und dass es ihm über die Jahrzehnte hinweg durchaus treu geblieben ist. Die langjährige konsequente Orientierung am Wettbewerbsprinzip bedeutet, dass das EG-Wettbewerbsrecht in seiner Anwendung von politischen, insbesondere industriepolitischen Gesichtspunkten sehr weitgehend freigehalten werden konnte.

Dieser Wettbewerbstreue verdankt das EG-Wettbewerbsrecht zweierlei:

- die politische *Akzeptanz*: nur als unpolitisches bzw. politisch neutrales Recht lässt es sich auf zwischenstaatlicher Ebene wirklich durchziehen;

- den hohen *Konkretisierungs- und Detaillierungsgrad*: kaum ein anderes Kartellrecht hat die wettbewerbsrelevanten Sachverhalte generell-abstrakt derart fein ausdifferenziert, wie das im EG-Sekundärrecht geschehen ist; dies ist für die Rechtssicherheit von nicht zu unterschätzender Bedeutung. Der hohe Konkretisierungsgrad im EG-Sekundärrecht - verbunden mit dem Verzicht der EG-Behörden, sich mit Bagatellfällen abzugeben - hat im übrigen zur Folge, dass das EG-Kartellrecht verhältnismässig effizient, d.h. mit im internationalen Vergleich geringem Personalaufwand durchgesetzt werden kann.

b) Verhältnis zum nationalen Recht der Mitgliedstaaten

Das EG-Wettbewerbsrecht ist Teil einer supranationalen Rechtsordnung. Diese hat autonomen Charakter, d.h. sie ist vom Völkerrecht wie vom nationalen Recht der Mitgliedstaaten unabhängig. Das hat nicht nur zur Folge, dass das EG-Recht eigenen Auslegungsregeln folgt, sondern vor allem auch, dass es seine Stellung im nationalen Recht der beteiligten Staaten selbst definiert. Dies betrifft die *Rangfrage* (der Vorrang des EG-Rechts kann im nationalen Recht nicht wegbedungen werden), die *Geltungsfrage* (EG-Recht beansprucht direkte Geltung, ungeachtet z.B. eines allfälligen nationalen Transformationserfordernisses) und die Frage der *unmittelbaren Anwendbarkeit* (ein vom EuGH als direkt anwendbar bezeichneter Rechtssatz ist für die nationalen Behörden bindend).

Der unbedingte Vorrang des EG-Rechts hat wettbewerbsrechtlich zur Folge, dass sich bei gleichzeitiger Anwendbarkeit von EG-Recht und nationalem Recht auf einen bestimmten Sachverhalt nicht das strengere, sondern das höherrangige Recht durchsetzt. Eine im EG-Recht ausdrücklich zugelassene (einzeln oder gruppenweise freigestellte) Wettbewerbsbeschränkung könnte also nicht nach dem nationalen Recht eines EG-Mitgliedstaates verboten werden. Dies ist in einer Zeit, da sich die nationalen Kartellgesetze der EG- Mitgliedstaaten mehr und mehr zu ähnlichen materiellen Standards wie das EG-Recht bekennen, von erheblicher Bedeutung. Faktisch können die Mitgliedstaaten dadurch gezwungen werden, Fälle unter Beachtung EG-weiter (statt nationaler) Marktgrenzen zu beurteilen, falls sie Entscheide vermeiden wollen, die mit dem EG-Recht nicht kompatibel sind.

c) *Zwischenstaatlichkeitsklausel und Auswirkungsprinzip*

Ein weiteres Spezifikum des EG-Wettbewerbsrechts betrifft die sog. *Zwischenstaatlichkeitsklausel*, das heisst das Normelement in den Art. 85/86 EWGV, wonach diese Bestimmungen nur Anwendung finden auf Sachverhalte, die geeignet sind, den Handel zwischen Mitgliedstaaten zu beeinträchtigen. Mit diesem Erfordernis soll die Anwendbarkeit des Gemeinschaftsrechts gegenüber dem nationalen Wettbewerbsrecht abgegrenzt werden. Wettbewerbspraktiken, die keine Auswirkungen auf den grenzüberschreitenden Wirtschaftsverkehr haben, sollen m.a.W. ausschliesslich dem nationalen Recht unterliegen. Dabei ist allerdings hervorzuheben, dass das Zwischenstaatlichkeitskriterium von den Gemeinschaftsbehörden extensiv interpretiert wird, dies mit der praktischen Folge einer Zurückdrängung nationalen Kartellrechts im Wirkungsbereich des EG-Rechts.

Eine solche Zurückdrängung nationalen Rechts kann sich auch für Drittstaaten ergeben, da der territoriale Wirkungsbereich des EG-Wettbewerbsrechts nicht auf Verhaltensweisen von Unternehmen mit Sitz in der Gemeinschaft beschränkt ist, sondern sich nach dem - im modernen Kartellrecht weithin anerkannten - *Auswirkungsprinzip* definiert. Die gemeinschaftlichen Wettbewerbsregeln sind m.a.W. auch auf ganz oder teilweise ausserhalb der Gemeinschaft, also z.B. in der Schweiz veranlasste Wettbewerbsbeschränkungen anwendbar, sofern sie sich in der Gemeinschaft konkret auswirken. So sind schon Kartelle verboten worden, an denen ausschliesslich Unternehmen mit Sitz ausserhalb der Gemeinschaft beteiligt waren (z.B. Zellstoff-Fall[2]).

2 EuGH, verb. RS 89, 104, 114, 116, 117 und 125 - 129/85, Slg. 1988, 5193 ff.

3. EWR-spezifische Elemente

a) Geltungs- und Anwendungsbereich

Bezüglich dem ins EWRA übergeführten EG-Recht sind zunächst die spezifischen Geltungs- und Anwendungsvoraussetzungen zu erwähnen. Während die Wettbewerbsregeln des EWG-Vertrages auf Praktiken Anwendung finden, die sich im Gemeinsamen Markt der EG auswirken (räumlicher Geltungsbereich) und dabei den Handel zwischen Mitgliedstaaten beeinträchtigen (sachlicher Anwendungsbereich), ist das EWR-Recht auf Vorkehren anwendbar, die sich im EWR auswirken und den Handel zwischen den Vertragsparteien (EG und einzelne EFTA-Staaten) beeinträchtigen. M.a.W. visiert das EWR-Recht - in Ergänzung zum EG-Recht, mit diesem aber faktisch teilweise überlappend - Wettbewerbsbeschränkungen an, die entweder den Handel zwischen der EG und einzelnen EFTA-Staaten oder jenen zwischen EFTA-Staaten beeinträchtigen.

b) Zwei-Pfeiler-Modell mit One-stop-shop-Prinzip

Mit der Umschreibung des Geltungs- und Anwendungsbereichs des EWR-Wettbewerbsrechts war dessen Verhältnis zum EG-Recht für die Bedürfnisse eines Einheitsmarktes, wie er vom EWRA angestrebt wird, noch nicht befriedigend geregelt. Angesichts der überlappenden Wirkungsbereiche der beiden formell gleichgestellten Rechtsordnungen galt es Mechanismen zu finden, mit denen vermieden werden kann, dass Unternehmen hinsichtlich ein und desselben Tatbestandes zwei verschiedene Verfahren - mit möglicherweise divergierenden Entscheiden - in Kauf nehmen müssen. In dieser Absicht wurde das Zwei-Pfeiler-Modell für die Bedürfnisse des Wettbewerbsrechts mit dem sog. One-stop-shop-Prinzip ergänzt. Der Grundgedanke ist folgender: Sofern eine homogene Rechtsanwendung durch die beiden Pfeiler gewährleistet ist (gleiches Recht und gleiche Rechtsanwendung), kann man für den Bereich der sich überschneidenen Kompetenzen Kriterien festlegen, nach denen nur immer eine der beiden Behörden einen bestimmten, an sich durch beide Rechtsordnungen erfassten Fall (sog. gemischte Fälle) untersucht und mit Wirkung für das gesamte Gebiet des EWR entscheidet. Als Kriterium für die Zuweisung gemischter Fälle an die eine oder andere Behörde wurde der Gesamtumsatz der beteiligten Unternehmen gewählt: Eine Zuständigkeit der EFTA-Überwachungsbehörde ist grundsätzlich dann gegeben, wenn der im EFTA-Gebiet erzielte Gesamtumsatz mindestens 33 Prozent des von den beteiligten Unternehmen im ganzen EWR-Gebiet erzielten Umsatzes ausmacht, während in den übrigen Fällen die EG-Kommission zuständig ist. In den Nachverhandlungen wurde dieses Kriterium in der Weise ergänzt, dass die EG-Kommission nun ungeachtet der erwähnten Prozentregel immer dann zum Zuge kommt, wenn sie den Fall schon aufgrund von EG-Recht entscheiden könnte (vgl. dazu ausführlicher hinten, II. 2. b).

c) Gewährleistung der homogenen Rechtsanwendung

Um eine möglichst einheitliche Wettbewerbspolitik im ganzen Gebiet des EWR zu gewährleisten, ist eine *sehr enge Zusammenarbeit* zwischen den beiden Behörden, die sich in die Rechtsanwendung teilen, vorgesehen. Leitidee dabei war, das System mit den zwei Behörden faktisch möglichst weitgehend einem Ein-Pfeiler-Modell anzunähern. Die Zusammenarbeit besteht in einem umfassenden Informations- und Meinungsaustausch sowohl bezüglich allgemeiner Fragen der Rechtsanwendung wie vor allem auch in bezug auf die Behandlung von Einzelfällen. Besondere Bedeutung im Rahmen der Zusammenarbeit der beiden Pfeiler kommt dem Recht der EFTA- bzw. EG-Mitgliedstaaten zu, in den Beratenden Ausschüssen auch des jeweils andern Pfeilers teilzunehmen und damit an der Entscheidfindung in bezug auf Fälle, die beide Seiten interessieren, zu partizipieren (wenngleich ohne Stimmrecht).

Nach dem ursprünglichen Konzept des Zwei-Pfeiler-Modells hätte die *homogene Rechtsanwendung* durch ein gemeinsames EWR-Gericht rechtlich abgesichert werden sollen. Nachdem das EWR-Gericht im Gutachten 1/91 des EuGH als EG-rechtlich unzulässig bezeichnet worden war, wurde ein unabhängiges EFTA-Gericht geschaffen (Art. 108). Gleichzeitig sind aber auch, wie vorhin erwähnt, die Fallzuteilungsregeln im nachhinein so geändert worden, dass nun die meisten für den EWR bedeutenderen Fälle von der EG-Kommission zu beurteilen sein werden, womit für Beschwerden gegen die betreffenden Entscheide die EG-Gerichtsbarkeit (EG-Gerichtshof erster Instanz bzw. letztinstanzlich EuGH) zum Zuge kommt. Die Neuzuteilung der Fälle hat also das Homogenitätsproblem, das der zweigeteilten Gerichtsbarkeit an sich innewohnt, stark entschärft. Sollten sich - hinsichtlich der dem EFTA-Pfeiler verbliebenen Fälle - doch noch praktische Homogenitätsprobleme stellen, hat sich der EWR-Ausschuss und in letzter Instanz das EWR-Schiedsgericht damit zu befassen (Art. 109 und 111).

II. Das rechtliche System im einzelnen

1. Materielles Recht

a) Übernahme der Grundregeln

Wie schon festgestellt, sind die materiellen Wettbewerbsregeln des EWRA mit jenen des EG-Rechts grundsätzlich identisch. Die wichtigsten Unterschiede betreffen den räumlichen Geltungsbereich und - soweit vorhanden - die den sachlichen Anwendungsbereich definierende Zwischenstaatlichkeitsklausel.

Die Art. 53 und 54 EWRA entsprechen, mit den soeben gemachten Einschränkungen, den Art. 85 und 86 EWGV.

- Art. 57 erklärt Unternehmenszusammenschlüsse, durch die wirksamer Wettbewerb im Gebiet des EWR oder in einem wesentlichen Teil desselben behindert wird, als mit dem Abkommen unvereinbar. Damit wird einerseits der räumliche Geltungsbereich der EG-Fusionskontrolle ausgeweitet und anderseits für die EFTA die Möglichkeit geschaffen, ein eigenes Fusionskontrollregime zu schaffen.

- Keine besondern Regeln enthält das EWR-Hauptabkommen für den Kohle- und Stahlbereich. Indessen gelten für entsprechende Produkte die gleichen Wettbewerbsregeln, wie sie der EGKS-Vertrag (EGKSV) vorsieht. Angesichts der geplanten Fusion des EGKSV mit dem EWGV handelt es sich dabei freilich um ein temporäres Regime. Entsprechend ist dieses im Protokoll 25 zum EWRA im Sinne einer vorläufigen "lex specialis" niedergelegt. Zu bemerken ist, dass die EWR-Wettbewerbsregeln im Kohle- und Stahlbereich, im Unterschied zum EGKS-Recht, eine Zwischenstaatlichkeitsklausel enthalten.

b) Sekundärrechtliche Erlasse

Im Anhang XIV zum EWRA - in Verbindung mit Art. 60 des EWRA - werden grundsätzlich alle sekundärrechtlichen Erlasse, welche zum EG-Wettbewerbsrecht ergangen sind, ins EWR-Recht übernommen; dies mit den technischen Anpassungen, wie sie sich aus dem Protokoll 1 zum EWRA (horizontale Anpassungen) und dem Anhang XIV selbst ergeben. Dabei sind die formellen Rechtsakte einerseits und die Bekanntmachungen und Leitlinien anderseits zu unterscheiden.

- Zu den übernommenen *formellen Rechtsakten* zählen:

  - Die Fusionskontrollverordnung des Rats vom 21.12.1989;

  - Die bis anhin ergangenen acht Gruppenfreistellungsverordnungen der Kommission (vgl. dazu hinten, III, 3. a);

  - Die sekundärrechtlichen Erlasse im Verkehrssektor wie auch jene im Kohle- und Stahlbereich.

  Zu beachten ist, dass im EWR-Recht der Widerruf der Anwendbarkeit einer Gruppenfreistellung im Einzelfall durch die jeweils zuständige Behörde u.a. auch auf Antrag der jeweils andern Behörde erfolgen kann. Was im übrigen die in den Gruppenfreistellungsverordnungen erwähnten Anpassungsfristen betrifft, sind sie durch die allgemeine Anpassungsfrist von sechs Monaten im EWR-Wettbewerbsrecht ersetzt (vgl. dazu hinten, IV, 4.).

- Was die *informellen Rechtsakte* der Kommission, d.h. die Bekanntmachungen und Leitlinien betrifft, stipuliert Anhang XIV zum EWRA, dass die EG-Kommission und die EFTA-Überwachungsbehörde die betreffenden, einzeln aufgezählten Regelungen gebührend zu berücksichtigen haben. Es besteht die Absicht, dass die EFTA-Behörde unmittelbar nach der Inkraftsetzung des EWRA ihre eigenen Bekanntmachungen und Leitlinien, die - abgesehen von technischen Anpassungen - jenen der EG-Kommission entsprechen sollen, herausgibt.

2. Verwaltungsverfahren

a) Die beiden zuständigen Organe (EGK und ESA)

Art. 55 betraut gleichzeitig die EG-Kommission (EGK) und die EFTA-Überwachungsbehörde (ESA) mit der "Verwirklichung" der EWR-Wettbewerbsregeln. Als Kompetenznorm entspricht die Vorschrift Art. 89 EWGV, doch enthält sie auch Regeln betreffend die Zusammenarbeit der Überwachungsbehörden. Grundlegend für diese Zusammenarbeit ist auch Art. 58 EWRA, der die Überwachungsbehörden zu einer "homogenen Durchführung, Anwendung und Auslegung" der Wettbewerbsregeln verpflichtet.

Protokoll 21 zum EWRA präzisiert, dass die EGK und die ESA bei der Durchführung des EWR-Wettbewerbsrechtsanaloge Aufgaben und Befugnisse haben. Die EG-Rechtsakte, aus denen sich diese Aufgaben und Befugnisse für die EGK ergeben, sind in Art. 3 Protokoll 21 aufgezählt. Für die ESA werden die betreffenden Befugnisse durch das Protokoll 4 zum ESA-Abkommen[3] begründet.

Zu unterstreichen ist, dass beide Überwachungsorgane ihre Entscheide mit Wirkung für das ganze Gebiet des EWR treffen. Bezüglich Entscheiden der EGK ist zu präzisieren, dass sie im Gebiet der EFTA-Staaten nur dann durchsetzbar sind, wenn sie in Anwendung von EWR-Recht - u.U. kumulativ zu EG-Recht - getroffen werden.

b) *Zuteilung der Fälle (Art. 56/57 EWRA)*

In der Frage der Zuteilung der Fälle für die Behandlung durch die beiden Überwachungsbehörden ist zu unterscheiden zwischen Kartellen, marktbeherrschenden Unternehmen und Unternehmenszusammenschlüssen.

aa) Bei wettbwerbsbeschränkenden Vereinbarungen im Sinne von Art. 53 EWRA sind "reine" und "gemischte Fälle" auseinanderzuhalten.

- Sogenannte *reine Fälle*, d.h. solche, die nur entweder den Handel zwischen EG-Staaten oder zwischen EFTA-Ländern beeinträchtigen, werden von der EGK (aufgrund von EG-Recht) bzw. der ESA (aufgrund von EWR-Recht) behandelt.

- *Gemischte Fälle*, d.h. solche, die den Handel zwischen einem oder mehreren EFTA-Staaten und der EG beeinträchtigen, werden von der

3 Mit "ESA-Abkommen" wird hier das "Abkommen zwischen den EFTA-Staaten zur Errichtung einer Überwachungsbehörde und eines Gerichtshofes" bezeichnet. Es enthält in Prot. 4 die für ESA-Zwecke adaptierten Durchführungsvorschriften zum EG-Wettbewerbsrecht.

ESA behandelt, sofern der Gesamtumsatz der beteiligten Unternehmen mindestens 33 % des im EWR erzielten Umsatzes beträgt und keine Beeinträchtigung des Handels zwischen EG-Staaten vorliegt. Die übrigen gemischten Fälle werden im Prinzip von der EGK behandelt, die somit ungeachtet des Prozentkriteriums immer dann zuständig ist, wenn der Handel zwischen EG-Staaten beeinträchtigt ist, d.h. wenn die EGK den Fall schon aufgrund von EG-Recht entscheiden könnte. Dies gilt mit der Einschränkung, dass die EFTA-Behörde zusätzlich zu den bereits erwähnten Fällen zum Zuge kommt, wenn die EGK bei Praktiken, die für die Gemeinschaft von geringer Bedeutung sind, von ihrer Zuständigkeit keinen Gebrauch macht (Art. 56 Abs. 3). Die Begriffe "Umsatz" und "Unternehmen" sind im Protokoll 22 zum EWRA definiert.

bb) *Missbräuche marktbeherrschender Stellungen* im Sinne von Art. 54 EWRA werden von der Überwachungsbehörde behandelt, in deren Territorium die marktbeherrschende Stellung vorhanden ist. Ist eine Marktbeherrschung in beiden Territorien zu bejahen, gilt auch hier wieder die 33-Prozent-Regel, dies mit der Einschränkung, dass die EGK auf jeden Fall zuständig ist, wenn sie den Sachverhalt schon nach EG-Recht entscheiden kann.

cc) *Unternehmenszusammenschlüsse*, bei denen die Umsatzschwellen der beteiligten Unternehmen (weltweiter Gesamtumsatz aller Beteiligten von mehr als 5 Mia. ECU sowie EWR-weiter Gesamtumsatz von mindestens zwei der Beteiligten von jeweils mehr als 250 Mio. ECU) sowohl im EG- als auch im EFTA-Raum erreicht werden, sind von der EG-Kommission zu genehmigen. Demgegenüber ist in reinen EFTA-Fusionsfällen - die Umsatzschwellen werden nur in der EFTA erreicht - die EFTA-Überwachungsbehörde zuständig.

Diese Kompetenzausscheidung (keine "gemischten Fällen" und mithin keine konkurrierende Zuständigkeit der beiden Säulen) ist im Zusammenhang mit der Tatsache zu sehen, dass eine Gleichstellung mit den Rechten der EG-Staaten gemäss Art. 9 (Verweisung eines Falles durch die EGK an den EFTA-Staat bei gesondertem Markt) und Art. 21 der erwähnten Verordnung (Recht der EFTA-Staaten, Massnahmen zum Schutze bestimmter öffentlicher Interessen zu treffen) sowie bezüglich Teilnahme im betreffenden Beratungsausschuss (allerdings ohne Stimmrecht) und in den Hearings vorgesehen ist.

c) *Zusammenarbeit der Überwachungsbehörden (Art. 55, 58 EWRA und Prot. 23, 24 EWRA)*

Artikel 58 legt die Grundregeln für die *Zusammenarbeit zwischen den Säulen* fest. Danach haben die EG-Kommission und die EFTA-Überwachungsbehörde bei der Anwendung von Wettbewerbsregeln bezüglich Fragen von allgemein politischer Natur und der Behandlung von Einzelfällen auf Verlangen jeder Vertragspartei zusammenzuarbeiten. Die Einzelheiten der Zusammenarbeit sind im *Protokoll 23* (bezüglich Kartelle und Monopole) und im Protokoll 24 (bezüglich Fusionen) geregelt.

- Eine fallspezifische Zusammenarbeit im *Kartell- und Monopolbereich* ist vorgesehen, wenn immer ein "gemischter Fall" vorliegt, also der Handel zwischen der EG und einem oder mehreren EFTA-Staaten beeinträchtigt ist.

  Bei *Fusionen* findet eine Zusammenarbeit bezüglich der von der EG-Kommission zu entscheidenden Fälle statt,

  - wenn der Umsatz der beteiligten Unternehmen im EFTA-Raum 25 % oder mehr des EWR-weiten Gesamtumsatzes ausmacht,

  - oder wenn zumindest zwei der betroffenen Unternehmen mehr als 250 Mio. ECU Umsatz im EFTA-Gebiet erzielen,

  - oder wenn ein Zusammenschluss eine marktbeherrschende Stellung in den EFTA-Staaten bzw. in einem wesentlichen Teil derselben bewirkt,

  - oder wenn ein Fall die in den Art. 9 und 21 der V 4064/89 genannten Merkmale aufweist.

- Die Art der Zusammenarbeit lässt sich in groben Zügen wie folgt umschreiben (vgl. für Einzelheiten IV, 2. hinten):

  - Die beiden Ueberwachungsbehörden informieren und konsultieren sich in verschiedenen Stadien eines Verfahrens;

  - Bei Ermittlungen der einen Ueberwachungsbehörde gegen Unternehmen im Territorium des andern Pfeilers, insbesondere wenn Nachprüfungen in den Unternehmen nötig werden, leisten die Behörden einander Amtshilfe; anders als die Entscheidungsbefugnis bleibt die Zuständigkeit zur Vornahme amtlicher Handlungen an das Territorialitätsprinzip gebunden;

- Die beiden Überwachungsbehörden wie auch die EWR-Mitgliedstaaten können an den Hearings der jeweils andern Behörde teilnehmen;

- Die beiden Überwachungsbehörden wie auch die Mitgliedstaaten haben ein Recht auf Teilnahme an den Beratungsausschüssen des jeweils andern Pfeilers;

- Bevor eine Überwachungsbehörde eine abschliessende Entscheidung trifft, können die andere Behörde wie auch sämtliche EWR-Staaten Stellungnahmen abgeben.

3. Gerichtliche Überprüfung

Nachdem der EuGH in seinem Gutachten 1/91 das ursprünglich vorgesehene gemeinsame EWR-Gericht als EG-rechtlich unzulässig bezeichnet hatte, mussten für den Rechtsschutz der Unternehmen und zur Gewährleistung einer möglichst homogenen Rechtsanwendung Ersatzmechanismen geschaffen werden. Die in der Folge ausgehandelte Lösung kann wie folgt skizziert werden: *Beschwerden betroffener Unternehmen* gegen Entscheide der EFTA-Überwachungsbehörde sind an das EFTA-Gericht (Art. 108), solche gegen Entscheide der EG-Kommission an den EG-Gerichtshof erster Instanz bzw. letztinstanzlich an den EuGH zu richten. *Streitigkeiten zwischen der EFTA-Überwachungsbehörde und der EG-Kommission* können dem EWR-Ausschuss unterbreitet werden (Art. 109 Ziff. 5). Unabhängig davon kann jede Vertragspartei eine Angelegenheit dem EWR-Ausschuss oder dem EWR-Rat unterbreiten (Art. 5 EWR-Abkommen). Auch kann jede Vertragspartei einen Streitfall, der die Auslegung von EWR-Regeln zum Gegenstand hat, welche ihrerseits mit EG-Recht identisch sind, vor den EWR-Ausschuss bringen (Art. 111 Ziff. 3). Findet dieser keine Lösung, kann in letzter Instanz das EWR-Schiedsgericht mit der Angelegenheit befasst werden (Art. 101, 111).

4. Zuständigkeit der nationalen Behörden

Nationale Verwaltungs- und Gerichtsbehörden sind zur Anwendung des Kartellverbots und des Verbots des Missbrauchs einer marktbeherrschenden Stellung zuständig, solange die EFTA-Überwachungsbehörde oder die EG-Kommission im betreffenden Fall kein Verfahren eingeleitet hat (Art. 9 Prot. 4, Kap. II, ESA-Abkommen sowie Art. 9 VO 17/62 der EG). In der ausschliesslichen Zuständigkeit der beiden Überwachungsbehörden liegen Freistellungserklärungen gemäss Art. 53/3 EWRA bzw. Art. 85/3 EWGV.

III. Praktische Anwendung des EWG-Kartellverbots[4]

Vorbemerkung: Die Auswirkungen des EWR-Wettbewerbsrechts auf Schweizer Unternehmen im Vergleich zum Status quo konzentrieren sich auf die Kartelltatbestände. An Fusions- und Monopoltatbeständen dürften im EWR-Recht nicht wesentlich mehr erfasst werden als unter dem gemäss Auswirkungsprinzip angewandten EG-Recht.

Um die inhaltliche Tragweite des EWR-Kartellverbots zu ermessen, soll nachfolgend die Praxis zum EWG-Kartellverbot im Überblick dargestellt werden. Dies drängt sich um so mehr auf, als im EWRA nicht nur das binnenmarktrelevante Primär- und Sekundärrecht als solches, sondern auch die diesbezügliche Praxis des Gerichtshofes der Europäischen Gemeinschaften (EuGH) übernommen wurde (Art. 6 EWRA).

4 Es wird bei diesem Überblick, von wenigen Ausnahmen abgesehen, darauf verzichtet, einzelne Aussagen mit Literatur- und Judikaturhinweisen zu belegen. Statt vieler seien folgende Werke genannt: VON DER GROEBEN/THIESING/EHLERMANN, Kommentar zum EWG-Vertrag, Bd. 2, Art. 85 - 109, 4. A., Baden-Baden 1992; VAN BAEL/BELLIS, Droit de la concurrence de la CEE, Bruxelles 1991; BELLAMY/CHILD, Common Market Law of Competition, 3. A., London 1987.

1. Verhältnis Verbotstatbestand/Freistellungsklausel

Art. 85 EWGV ist nach dem *Verbotsprinzip* aufgebaut: Art. 85/1 enthält ein generelles Verbot für Marktabsprachen und abgestimmte Verhaltensweisen; Art. 85/2 erklärt verbotene Absprachen für zivilrechtlich nichtig; Art. 85/3 sieht Ausnahme- bzw. Freistellungsmöglichkeiten für Absprachen vor, die zur Verbesserung der Warenerzeugung oder -verteilung oder zur Förderung des wissenschaftlichen oder technischen Fortschritts beitragen, sofern an dem dabei entstehenden Gewinn die Verbraucher angemessen beteiligt werden und sofern die Absprache keine Möglichkeiten eröffnet, für einen wesentlichen Teil der betreffenden Waren den Wettbewerb auszuschalten.

Anfänglich war streitig, ob Art. 85/3 im Verhältnis zum Verbot einen *Erlaubnisvorbehalt* oder eine *Legalausnahme* darstellt. Bei der Legalausnahme wären die unter Art. 85/3 fallenden Absprachen ex lege zulässig; die Freistellungserklärung hätte lediglich deklaratorischen Charakter. Im Falle des Erlaubnisvorbehalts käme dem Verbot in Art. 85/1 eigenständige Bedeutung zu; Absprachen wären mangels einer behördlichen Erklärung grundsätzlich verboten und nichtig. Anders gewendet: Die Freistellungserklärung hätte konstitutive Wirkung für die Zulässigkeit und zivilrechtliche Wirksamkeit der von Art. 85/1 erfassten Absprachen, auch wenn diese die materiellen Freistellungsvoraussetzungen erfüllen.

Die verfahrensrechtlichen Modalitäten der Freistellungserteilung, wie sie in den Durchführungsvorschriften zum EWG-Kartellrecht (VO 17/62) enthalten sind, weisen Merkmale auf, die teils dem einen, teils dem andern der erwähnten Systeme zugeordnet werden können:

- Art. 85/3 kann im Prinzip nur aufgrund einer Einzelverfügung (Freistellungserklärung) der Kommission beansprucht werden, die ihrerseits nur möglich ist, wenn die betreffende Absprache vorgängig angemeldet wurde. Insofern ist das System des Verbots mit Erlaubnisvorbehalt (Verbot mit Ausnahmemöglichkeit) gegeben.

- Anderseits haben Rat und Kommission von der in Art. 85/3 vorgesehenen Möglichkeit der "Gruppenfreistellung" Gebrauch gemacht. Das sind generell-abstrakt formulierte Ausnahmen für gewisse Typen von Absprachen, die als im Regelfall (im Sinne einer widerlegbaren Vermutung) zulässig bzw. freistellungsfähig erachtet werden. Bisher sind acht solche Verordnungen erlassen worden (vgl. im einzelnen hinten, III., 3. a).

Hinsichtlich der gruppenweise freigestellten Absprachen kommt Art. 85 EWGV einem Verbot mit Legalausnahme sehr nahe. Praktisch könnte sogar von einer Missbrauchsgesetzgebung gesprochen werden, gerade auch, wenn man sich die Widerrufsmöglichkeit einer gruppenweisen Freistellung im Einzelfall vor Augen hält.

2. Inhaltliche Tragweite des Kartellverbots

Der Tatbestand der Art. 85/1 EWGV bzw. 53/1 EWRA ist - kurz gesagt - erfüllt, wenn eine Absprache oder abgestimmte Verhaltensweise zwischen wirtschaftlich selbständigen Unternehmen eine spürbare Wettbewerbsbeschränkung bezweckt oder bewirkt und gleichzeitig den Handel zwischen Mitgliedstaaten beeinträchtigt.

a) Einzelne Tatbestandselemente

Zu den einzelnen Tatbestandselementen kurz soviel:

Die *Zwischenstaatlichkeitsklausel* wird extensiv interpretiert. Nach gefestigter Praxis genügt es, dass der Handel zwischen Mitgliedstaaten unter anderen Bedingungen stattfindet, als dies ohne die zu prüfende Vorkehr der Fall wäre. Mithin ist das Merkmal schon erfüllt, wenn der Handel bloss indirekt, das heisst im Sinne mutmasslicher Fernwirkungen beeinflusst wird. Was dies u.a. bedeutet, sei kurz anhand von zwei Beispielen erläutert:

- Kartellabsprachen zwischen Unternehmen aus nur einem Mitgliedstaat, auch wenn sie keine Ein- oder Ausfuhrregelung vorsehen, sind handelsbeeinträchtigend, wenn sie landesweiten Charakter haben, das heisst sich auf das ganze Territorium eines Mitgliedstaates beziehen (vgl. z.B. Verbot des niederländischen Zementkartells[5]).

5 EuGH, Rs. 8/72, Slg. 1972, S. 977 ff.; Grundsatz bestätigt in Remia, Rs. 42/84, Slg. 1985, S. 2545 ff.

- Horizontale oder vertikale Absprachen zwischen Drittland-Unternehmen, welche die Einfuhren nach der EG insgesamt beschränken, können den Handel zwischen EG-Staaten beeinträchtigen, wenn die betreffende Ware für den Vertrieb in mehr als nur einem Mitgliedstaat in Betracht kommt (vgl. z.B. Bekanntmachung über die Einfuhr japanischer Erzeugnisse[6]).

Das Kriterium der bezweckten oder bewirkten *Wettbewerbsbeschränkung* ist nach der Rechtspraxis erfüllt, wenn der marktrelevante Handlungsspielraum der an einer Absprache Beteiligten oder dritter Marktteilnehmer "spürbar" verändert - nicht unbedingt qualitativ beeinträchtigt - wird.

b) Nicht verbotene Absprachen

Diese Umschreibung der Wettbewerbsbeschränkung bedeutet, dass Massnahmen der Unternehmenskooperation insbesondere unter zwei Bedingungen *nicht unter das EWG-Kartellverbot* fallen:

- Erstens kann es einer Absprache an der unmittelbaren Marktrelevanz fehlen. Die EG-Kommission hat in der sog. *Kooperationsbekanntmachung* vom Jahre 1968 insgesamt 18 Absprachetypen näher definiert, die von ihrem Inhalt her nicht unter das EWG-Kartellverbot fallen. Dazu zählen insbesondere:

    - Gemeinsame Benutzung von Produktionsanlagen und Transporteinrichtungen

    - Zusammenarbeit im Informationsbereich, z.B. Benutzung gemeinsamer Kalkulationsschemata

    - Benutzung gemeinsamer Gütezeichen

    - Gemeinsame Werbung

    - Gemeinsame Forschung und Entwicklung, sofern die Forschungsergebnisse nicht gemeinsam verwertet werden.

---

6 ABl. vom 21.10.1972, Nr. C 111, S. 13 ff.

- Zweitens werden an sich marktrelevante Absprachen dann nicht vom Kartellverbot erfasst, wenn es ihnen unter Gesichtspunkten des Wettbewerbs im Gemeinsamen Markt an "Spürbarkeit" fehlt. Die EG-Kommission hat schon in den sechziger Jahren kundgetan, wann sie im Sinne einer Faustregel die Spürbarkeit einer Absprache als nicht gegeben erachtet. Diese sog. *Bagatellbekanntmachung* besagt in der Version von 1986, dass die Spürbarkeit einer Absprache, ungeachtet des Inhalts, grundsätzlich verneint werden kann, wenn die Beteiligten zusammen nicht mehr als 5 Prozent Marktanteil (im sachlich und räumlich relevanten Markt) haben und gleichzeitig weniger als 200 Mio. ECU Umsatz erzielen.

Schliesslich ist hier darauf hinzuweisen, dass auch *Vereinbarungen zwischen Muttergesellschaften und ihren Töchtern* oder zwischen Tochtergesellschaften, also zwischen Unternehmen, die wirtschaftlich eine Einheit bilden, nicht unter Art. 85/1 fallen.

3. Freistellbare und nicht freistellbare Absprachen

Absprachen zwischen selbständigen Unternehmen, die weder die Kriterien der Kooperationsbekanntmachung noch jene der Bagatellbekanntmachung erfüllen, fallen mit grosser Wahrscheinlichkeit unter das EWG-Kartellverbot (sofern auch das Zwischenstaatlichkeitskriterium erfüllt ist). Damit stellt sich die Frage nach der Freistellbarkeit gemäss Art. 85 Abs. 3 EWGV. Hierbei sind *drei Fallgruppen* zu unterscheiden:

- Absprachen, die die Voraussetzungen einer der von der EG-Kommission erlassenen Gruppenfreistellungsverordnung (GFVO) erfüllen;

- Absprachen eines Typs, die nach bisheriger Praxis als nicht freistellbar und damit gewissermassen als per se verboten zu gelten haben;

- Absprachen, bei denen die Freistellbarkeit im Einzelfall untersucht werden muss.

a) *Gruppenweise Freistellungen*[7]

Auf Grund ihrer Einzelfallpraxis hat die EG-Kommission in sog. GFVO gewisse Kategorien von Wettbewerbsabsprachen definiert, die regelmässig die Voraussetzungen des Art. 85 Abs. 3 erfüllen. Entsprechende Vereinbarungen können, obwohl eine Eingriffsmöglichkeit der Kommission im Einzelfall vorbehalten bleibt, ohne Risiko für die Beteiligten durchgeführt werden. Zur Zeit sind folgende GFVO in Kraft:

Horizontalabsprachen

- VO 417/85 über *Spezialisierungsvereinbarungen* zwischen kleineren und mittleren Unternehmen. Entsprechende Verträge sehen zum Zwecke der rationelleren Produktion einen wechselseitigen Verzicht auf einen Teil des angestammten Produktionsprogramms der beteiligten Unternehmen vor; zusätzlich enthalten sie regelmässig wechselseitige Liefer- und Bezugsverpflichtungen bezüglich der Erzeugnisse, die von der Spezialisierung betroffen sind. Solche Spezialisierungsabreden sind seit 1972 gruppenweise freigestellt, wobei gewisse Höchstumsatz- und Marktanteilswerte gelten, die seither mehrmals angepasst wurden. Die geltende VO ist anwendbar, sofern die beteiligten Unternehmen zusammen nicht mehr als 20 Prozent Marktanteil haben und der Gesamtumsatz der beteiligten Unternehmen nicht mehr als 500 Mio. ECU beträgt.

- VO 418/85 über Kooperationsvereinbarungen auf dem Gebiet der *Forschung und Entwicklung*. Im Unterschied zur Kooperationsbekanntmachung von 1968 bezieht sich diese GFVO auf Absprachen, die über die gemeinsame Forschungs- und Entwicklungstätigkeit hinaus auch eine gemeinsame Verwertung der Forschungsergebnisse vorsehen (Verwertung im Sinne gemeinsamer Herstellung und Lizenzvergabe, nicht aber des gemeinsamen Vertriebs). Auf F & E-Absprachen unter *Mitbewerbern* ist die GFVO nur anwendbar, wenn die von der Absprache erfassten Produkte nicht mehr als 20 Prozent Marktanteil ausmachen. Für Absprachen unter Nicht-Wettbewerbern gilt die fragliche Marktanteilsschwelle erst nach 5 Jahren.

---

7 Zusätzlich zu der in FN 4 erwähnten Literatur sei auf folgendes Werk hingewiesen: *Bunte/Sauter*, EG-Gruppenfreistellungsverordnung, Kommentar, München 1988.

Vertikalabsprachen

- VO 1983/83 über *Alleinvertriebsvereinbarungen*: Hierbei handelt es sich um Verträge, in denen sich der Hersteller einer Ware gegenüber dem Abnehmer (Händler) verpflichtet, innerhalb des festgelegten Vertragsgebietes keine andern Wiederverkäufer mit der Vertragsware zu beliefern. Solche Verträge sind generell freigestellt, sofern sie insbesondere den Alleinvertretern nicht verbieten, in andere Teile des Gemeinsamen Marktes zu liefern (Verbot des absoluten Gebietsschutzes). Zulässig sind die Bezugsbindung des Händlers (Verpflichtung, die betreffende Ware nur vom Hersteller zu beziehen) sowie ein Konkurrenzverbot zulasten des Herstellers.

- VO 1984/83 über *Alleinbezugsverträge*: In ihnen verpflichtet sich ein Händler gegenüber dem Hersteller, die Vertragsware während einer gewissen Zeit nur von diesem zu beziehen. Typische Beispiele sind die Bierlieferungs- und Tankstellenverträge. Alleinbezugsverträge sind grundsätzlich vom EWG-Kartellverbot freigestellt, sofern die Vertragsdauer 5 Jahre nicht übersteigt. Für Bierlieferungs- und Tankstellenverträge hat die EG-Kommission besondere Vorschriften erlassen, die eine maximale Vertragsdauer von 10 Jahren vorsehen.

- VO 123/85 über *Vertriebsvereinbarungen für Kraftfahrzeuge*: Es handelt sich um Alleinvertriebsverträge und Vereinbarungen über den selektiven Vertrieb von Autos und Autoersatzteilen, die generell freigestellt sind, sofern insbesondere folgende Voraussetzungen erfüllt sind: (1) die Verbraucher sollen überall in der Gemeinschaft die Werksgarantie in Anspruch nehmen können; (2) die Verbraucher sollen überall in der Gemeinschaft die Autos mit der Ausstattung bestellen können, die sie am Zulassungsort benötigen (sofern entsprechende Typen hergestellt werden).

- VO 2349/84 über *Patentlizenzen* und damit verbundenes Know-how. Hiervon werden Verträge erfasst, in denen der Lizenzgeber dem Lizenznehmer das ausschliessliche Recht für die Benutzung seiner Erfindung in einem bestimmten Gebiet überträgt. Zulässig sind ein gegenseitiges Wettbewerbsverbot sowie der absolute Gebietsschutz (Schutz vor Verkäufen anderer Lizenznehmer) für eine Dauer von 5 Jahren. Zur Einzelfreistellung angemeldet werden müssen Lizenzverträge, wenn sie u.a. eine der folgenden Klauseln enthalten: Nichtangriffsklausel, Vertriebsbindungen, Mengen- und

Preisbeschränkungen, Rückgewährungsklausel, Kopplungsklauseln.

- Um Lizenzvereinbarungen geht es auch bei den GFVO betreffend *Know-how-Lizenzen* (VO 556/89) und *Franchiseverträgen* (VO 4087/88). Know-how-Lizenzverträge, bei denen sich vor allem das Problem der Definition des geheimen Know-how stellt, werden praktisch nach denselben Kriterien freigestellt wie Patentlizenzverträge. Franchiseverträge stellen zusätzliche Probleme, insofern sie eine Art Mischung von Alleinvertriebs- und Lizenzverträgen (über Marken, Handelsnamen, Know-how usw.) darstellen. Die fragliche Gruppenfreistellung umfasst Vertriebs- und Dienstleistungsfranchisen, nicht jedoch Produktionsfranchisen.

b) Grundsätzlich unzulässige Vereinbarungen

Ebenso wie die Rechtspraxis Vereinbarungen herausgearbeitet hat, die in aller Regel die Freistellungsvoraussetzungen erfüllen und deshalb pauschal vom Verbot ausgenommen werden können, wurden im Lauf der Zeit auch eine Reihe von Absprachetypen erkannt, für die eine Freistellung grundsätzlich ausgeschlossen ist.

Dazu zählen *Preis-, Gebiets-, und Quotenkartelle*, ferner *gemeinsame Boykotte* sowie *gegenseitige kollektive Ausschliesslichkeitsvereinbarungen* (Verträge, in denen je eine Gruppe von Herstellern und von Händlern sich zu Exklusivlieferungen bzw. -bezügen verpflichten). Solche Praktiken schalten wesentlichen Wettbewerb aus und sind daher eigentlich per se verboten. Mit gewissen Einschränkungen gilt dies auch für *Kopplungsgeschäfte*, für *vertikale Preisabsprachen* und für *Gesamtumsatzrabattkartelle*. Bei den letzteren handelt es sich um Vereinbarungen, durch die den Händlern einer bestimmten Branche Rabatte je nach den Gesamtbezügen bei allen an der Absprache beteiligten Herstellern eingeräumt werden. Dadurch ergibt sich eine künstliche Konzentration auf die an der Absprache beteiligten Hersteller (sog. Sogwirkung); als Folge davon werden aussenstehende Hersteller im Wettbewerb behindert. Falls solche Vorkehren, wie dies häufig der Fall ist, landesweit praktiziert werden, führen sie zur weitgehenden Abschottung nationaler Märkte.

Formelle Verbotsentscheidungen der Kommission gibt es verhältnismässig wenige (einige Dutzend). Dies liegt daran, dass während langer Zeit die Kommission danach trachtete, Wettbewerbsabsprachen, für die ihrer Ansicht nach eine

Freistellung nicht in Frage kam, wenn möglich formlos zu erledigen: den betroffenen Unternehmen sind jeweils die Beschwerdepunkte mitgeteilt worden, worauf die Vereinbarungen meistens aufgehoben bzw. abgeändert wurden. Heute, da die Beurteilungskriterien allgemein bekannt sind, werden bei eindeutigen Zuwiderhandlungen gegen das EWG-Kartellverbot *massive Bussen* ausgesprochen.

c) *Prüfung der Freistellbarkeit im Einzelfall*

Unternehmenspraktiken, die weder unter die erwähnte Gruppenfreistellungsverordnungen fallen noch zu den Kartelltypen gehören, die als per se verboten anzusehen sind, müssen im Einzelfall auf ihre Freistellbarkeit gemäss Art. 85/3 geprüft werden. Zu erwähnen sind etwa Alleinvertriebsvereinbarungen und Lizenzverträge, die nicht in allen Teilen den einschlägigen GFVO entsprechen, ferner verschiedene Arten von sog. Rationalisierungsabsprachen (wie z.B. Normen- und Typenkartelle), Absprachen über gemeinsamen Einkauf, selektive Vertriebssysteme, Messevereinbarungen, Absprachen über gemeinsame Werbung usw.

Bei der Prüfung der Freistellungsvoraussetzungen spielen Wettbewerbskriterien eine zentrale Rolle. Es werden m.a.W. kaum Freistellungen gewährt, wenn nicht unter Gesichtspunkten der Marktstruktur zu erwarten ist, dass wirksamer Wettbewerb erhalten bleibt. Da mag im konkreten Fall eine noch so deutliche Verbesserung der Warenerzeugung oder -verteilung in Aussicht stehen, entscheidend wird die Frage sein, ob mit der zu erwartenden Verbesserung des Angebots in qualitativer Hinsicht nicht gleichzeitig Möglichkeiten eröffnet werden, den Preiswettbewerb zu vermindern. Tatsächlich wurde in zahlreichen Kommissionsentscheiden die Freistellungsvoraussetzung der "angemessenen Verbraucherbeteiligung" nur bejaht, weil dank genügendem Wettbewerbsdruck unangemessene Geschäftsbedingungen für die Marktgegenseite praktisch ausgeschlossen werden konnten. Das Kriterium der angemessenen Verbraucherbeteiligung in Art. 85/3 wird damit zu einem eigentlichen Schlüsselkriterium des EWG-Kartellrechts.

Hierbei ist die Feststellung wichtig, dass sich die EG-Kommission und der Gerichtshof der EG, wie sie selbst verschiedentlich festgestellt haben, am Konzept des "wirksamen Wettbewerbs" orientieren. Dieses Leitbild unterscheidet sich von jenem der vollkommenen oder vollständigen Konkurrenz vor allem dadurch, dass es in einer dynamischen Sicht der Dinge eine gewisse Marktbeeinflussungsmöglichkeit geradezu als Voraussetzung für effektiven - oder auch: funktionsfähigen - Wettbewerb erachtet. Daraus folgt, dass die Wettbewerbspolitik nicht oder jedenfalls nicht unbedingt auf eine atomistische oder polypolistische Marktstruktur mit möglichst vielen Anbietern hinzuwirken hat; Wettbewerb im Sinne interaktiven Verhaltens kann bei relativ beschränkter Zahl der Anbieter sehr wirksam sein (z.B. im weiten Oligopol bei mässiger Produktdifferenzierung).

Diese Zusammenhänge erklären, weshalb die EG-Kommission u.U. Rationalisierungs- oder Spezialisierungsabsprachen zwischen kleineren Unternehmen nicht nur ohne Gefahr für den Wettbewerb, sondern sogar in Förderung des Wettbewerbs vom Kartellverbot freistellen kann.

4. Fragenschema

Nach diesem Streifzug durch das materielle EWG-Kartellrecht seien die wesentlichen Elemente nochmals in Form einer Liste von Fragen zusammengefasst, anhand welcher bei der Prüfung von Einzelfällen vorgegangen werden kann:

- Stellt die Vereinbarung ihrem Wesen nach überhaupt eine Wettbewerbsbeschränkung dar (kartellfreie Kooperation im Sinne der *Kooperationsbekanntmachung*)?

- Ist eine allfällige Wettbewerbsbeschränkung geeignet, den *Handel zwischen Mitgliedstaaten* zu beeinträchtigen?

- Ist die sich zwischenstaatlich auswirkende Wettbewerbsbeschränkung "spürbar" im Sinne der *Bagatellbekanntmachung*?

- Liegt eine spürbare Wettbewerbsbeschränkung vor, ist zu prüfen, ob die Absprache die *Voraussetzungen einer Gruppenfreistellungsverordnung* erfüllt.

- Ist dies nicht der Fall, kann der zuständigen Überwachungsbehörde ein Antrag auf Einzelfreistellung bzw. auf Erteilung eines Negativattestes gestellt werden, sofern die Vereinbarung *keine per se verbotenen Klauseln* enthält.

- Enthält die Absprache per se verbotene Elemente, besteht das *Risiko von Geldbussen*, das im übrigen auch dann gegeben ist, wenn eine anmeldebedürftige Vereinbarung ohne Anmeldung praktiziert wird.

IV. Praktische Verfahrensfragen

(Protokoll 4, Kap. II ESA-Abkommen bzw. VO 17/62 und 27/62 der EG)[8]

1. Einleitung des Verfahrens

Ein wettbewerbsrechtliches Verfahren vor der EG-Kommission bzw. der EFTA-Überwachungsbehörde kann auf folgende Weisen in Gang gesetzt werden:

- durch Anmeldung einer Absprache zwecks Erlangung eines Negativattests oder einer Freistellungserklärung,

- als Folge einer Beschwerde oder durch die Überwachungsbehörden von Amtes wegen.

a) Anmeldeerfordernis

Vereinbarungen können der EGK bzw. der ESA vorgelegt werden, damit diese entweder entscheiden, dass die betreffende Absprache nicht gegen Art. 85/1 EWGV bzw. 53/1 EWRA verstösst (Negativattest) oder dass die Absprache zwar unter das grundsätzliche Verbot fällt, jedoch die Voraussetzungen für eine Freistellung erfüllt.

Die Anmeldung ist für die Unternehmen aus zwei Gründen wichtig[9]:

- Einmal können die Ueberwachungsbehörden für Vereinbarungen, die nicht formgerecht angemeldet worden sind, weder ein Negativattest noch eine Freistellung erteilen.

---

8 Die Ausführungen dieses Kapitels stützen sich, abgesehen von den erwähnten Rechtsquellen, auf Kommentare zum EG-Recht (vgl. FN 4). Soeben erschienen ist ferner der einschlägige Aufsatz von DROLSHAMMER/DUCREY, Wettbewerbsbeschränkende Abreden zur Regelung des schweizerischen Marktes und Art. 53 EWRA, in: AJP 10/92, S. 1274 - 1283.

9 Bei Absprachen, die vor Inkrafttreten des EWRA bestanden haben, bewirkt die Anmeldung während der Übergangsfrist (6 Monate) auch die vorläufige Gültigkeit der Vereinbarung; vgl. hinten, IV, 4. b).

- Zum andern können gegen die an einer angemeldeten Absprache beteiligten Unternehmen keine Bussen verhängt werden, es sei denn die zuständige Überwachungsbehörde habe die Bussenimmunität aufgrund einer vorläufigen Prüfung des Falles aufgehoben.

Zu erwähnen ist, dass die allgemeine Regel, wonach eine Freistellung nur für angemeldete Vorkehren gewährt werden kann, für bestimmte Vereinbarungen nicht gilt (Art. 4 VO 17; Prot. 4, Kap. II, Art. 4 ESA-Abkommen). Dazu zählen insbesondere Absprachen, an denen lediglich Unternehmen aus einem Mitgliedstaat beteiligt sind und die nicht die Ein- oder Ausfuhr zwischen den Vertragsparteien betreffen. Keiner Anmeldung bedürfen selbstverständlich auch Absprachen, welche die Voraussetzungen einer Gruppenfreistellungsverordnung erfüllen.

b) Anmeldevorgang

Bei Vorliegen einer anmeldepflichtigen Vereinbarung haben die beteiligten Unternehmen zu beurteilen, an welche Behörde sie sich gemäss den Fallzuteilungskriterien in Art. 56 EWRA zu wenden haben. Allerdings droht den Unternehmen kein Rechtsnachteil, wenn sie ihre Vereinbarung bei der falschen Behörde anmelden (Fristen etwa gelten als eingehalten, wenn sich die Unternehmen rechtzeitig bloss an die unzuständige Behörde gewendet haben).

Das EWRA sieht Mechanismen vor, gemäss denen falsch zugestellte Anmeldungen der zuständigen Behörde überwiesen werden. Das Unternehmen wird hierüber in Kenntnis gesetzt. Im Interesse insbesondere der Unternehmen kann ein einmal von einer Behörde zur andern überwiesener Fall nicht wieder zurücküberwiesen werden. Auch sind Überweisungen ausgeschlossen, wenn ein Verfahren bereits ein bestimmtes Stadium erreicht hat, nämlich:

- nachdem die Absicht veröffentlicht wurde, ein Negativattest oder eine Freistellung zu gewähren;

- nachdem einem Unternehmen die Beschwerdepunkte mitgeteilt wurden.

Was *Form und Inhalt* einer Anmeldung betrifft, so gelten dieselben Vorschriften wie in der EG. Zu diesem Zweck wurde die VO 27/62 mit den notwendigen technischen Anpassungen ins EWR-Recht übergeführt (Prot. 4, Kap. III ESA-

Abkommen). Hiezu lediglich einige wenige Punkte:

Die Anmeldung muss schriftlich auf dem hierfür vorgesehenen Formblatt (Formblatt A/B) erfolgen. Die Anmeldung muss nicht von allen an einer Absprache Beteiligten vorgenommen werden, doch kann nur eine am Vertrag beteiligte Partei bzw. ihr bevollmächtigter Vertreter eine Anmeldung einreichen. Unrichtige oder irreführende Angaben können Bussen nach sich ziehen. Was die Sprache betrifft, können alle Amtssprachen der EG und der EFTA-Staaten verwendet werden. Die EFTA-Überwachungsbehörde beabsichtigt allerdings, die Unternehmen zu ermuntern, eine Amtssprache der EFTA (E/F) zu gebrauchen, unter gleichzeitigem Hinweis darauf, dass die Arbeitssprache der EFTA Englisch ist.

2. Durchführung des Verfahrens

EGK und ESA halten sich grundsätzlich an dieselben Verfahrensregeln. Die einschlägigen EG-Vorschriften sind in Art. 3 Prot. 21 EWRA aufgezählt. Prot. 4 ESA-Abkommen enthält die entsprechenden Vorschriften für die ESA. Hinzu kommen die Regeln über die Zusammenarbeit der beiden Behörden gemäss Prot. 23 und Prot. 24 EWRA.

a) Information und Konsultation zwischen EGK und ESA

Hinsichtlich verschiedener Phasen eines Verfahrens ist vorgesehen, dass sich die beiden Überwachungsbehörden formell konsultieren. Meinungsäusserungen sind zu jeder Zeit bis zum Abschluss eines Verfahrens möglich.

Wenn bei einer Behörde eine Anmeldung oder eine Beschwerde eingegangen ist, prüft sie zuerst, ob ein sog. gemischter Fall vorliegt, d.h. eine Beeinträchtigung des Handels zwischen der EG und einem oder mehreren EFTA-Staaten anzunehmen ist. Ist dies der Fall, wird der anderen Behörde eine Kopie der Anmeldung oder Beschwerde zugestellt, worauf die letztere 40 Tage Zeit hat, um sich zu äussern. Praktisch bedeutet dies, dass während dieser Zeit keine definitiven Schritte unternommen werden können.

Weitere Phasen, in denen eine formelle Konsultation vorgesehen ist, sind:

- die Bekanntgabe der Absicht zur Erteilung eines Negativattests oder einer Freistellung;

- die Mitteilung von Beschwerdepunkten an ein Unternehmen.

Die andere Überwachungsbehörde hat sich an die in der Bekanntgabe oder Mitteilung genannten Fristen zu halten.

b) Auskunftsverlangen und Nachprüfungen

Grundsätzlich bestehen für die Überwachungsbehörden zwei Möglichkeiten, um Auskünfte von den Unternehmen einzuholen, nämlich

- schriftliche Auskunftsverlangen sowie

- Nachprüfungen.

Schriftliche Begehren um Auskünfte können sowohl an die involvierten Unternehmen wie auch an Dritte gerichtet werden, und zwar im Gebiet irgendeiner Vertragspartei des EWRA. Die EGK kann also auch z.B. von Unternehmen in der Schweiz Informationen anfordern. Bei solchen diagonalen Auskunftsverlangen wird die jeweils andere Behörde informiert. Für den Fall der Auskunftsverweigerung sind formelle Entscheide mit Sanktionen (Bussen und Zwangsgelder) vorgesehen (Art. 15/16 VO 17/62 und Art. 15/16 Prot. 4, Kap. II ESA-Abkommen).

Nachprüfungen in den Räumlichkeiten der Unternehmen können die Überwachungsbehörden nur im Territorium ihrer jeweiligen Staaten vornehmen. Werden diagonale Nachprüfungen nötig, so hat die für die Ermittlungen zuständige Behörde die jeweils andere Behörde mit der Inspektion zu betrauen (Art. 8 Prot. 23 EWRA). Die betroffenen nationalen Behörden müssen bei allen Nachprüfungen rechtzeitig informiert werden und haben das Recht, bei der Nachprüfung mitzuwirken. Die nationalen Behörden können von der territorial zuständigen Überwachungsbehörde auch beauftragt werden, Nachprüfungen in deren Namen vorzunehmen.

c) *Anhörung Beteiligter und Dritter*

Bevor eine endgültige Entscheidung ergeht, muss den betroffenen Unternehmen Gelegenheit gegeben werden, sich zu den in Betracht gezogenen Beschwerdepunkten zu äussern. Auch Dritte können angehört werden, ja haben das Recht, selbst einen entsprechenden Antrag zu stellen. Die Äusserungen der Betroffenen und die Bemerkungen Dritter bezüglich "gemischter Fälle" werden der jeweils andern Behörde übermittelt.

Sofern mündliche Anhörungen angeordnet werden, haben auch die jeweils andere Behörde und die ihr zugeordneten Staaten ein Recht auf Teilnahme.

d) *Beratende Ausschüsse*

Vor bestimmten Entscheiden, jedenfalls aber vor Entscheiden, die ein Verfahren abschliessen (Negativattest, Freistellung, Verbotsentscheidung), müssen die Überwachungsbehörden einen Beratenden Ausschuss aus Vertretern der Mitgliedstaaten anhören. Die EFTA wird gleichartige Ausschüsse schaffen, wie sie die EG hat. Zu erwähnen sind insbesondere der Ausschuss für Kartell- und Monopolfragen sowie jener für die Kontrolle von Unternehmenszusammenschlüssen. Daneben gibt es verschiedene Ausschüsse im Verkehrsbereich.

Wie schon erwähnt, werden in Fällen, bezüglich denen die Überwachungsbehörden zusammenarbeiten, *gemeinsame Sitzungen* der Beratenden Ausschüsse der EG und der EFTA veranstaltet. Die Einladung erfolgt durch die Behörde, die den Fall untersucht; das Stimmrecht ist den Staaten des betreffenden Pfeilers vorbehalten. Neben Einzelfallentscheiden werden den Beratenden Ausschüssen auch Entwürfe für neue Ausführungserlasse (z.B. Gruppenfreistellungsverordnungen) vorgelegt.

3. Abschluss des Verfahrens

a) Formelle Entscheide

Die Überwachungsbehörden können in Anwendung der Art. 85/86 EWGV bzw. der Art. 53/54 EWRA dreierlei Arten von abschliessenden Entscheiden treffen:

- Entscheide zur Erteilung eines Negativattests,

- Freistellungsentscheide,

- Verbotsentscheide.

Während das Negativattest deklaratorischen Charakter hat und nur die Verwaltungsbehörden (auch die nationalen) bindet, handelt es sich beim Freistellungsentscheid um einen konstitutiven Verwaltungsakt, der auch für die Gerichte verbindlich ist.

Vor Entscheiden über die Erteilung eines Negativattests oder einer Freistellung muss die Überwachungsbehörde auch Dritten mit berechtigten Interessen Gelegenheit zur Äusserung geben. Zu diesem Zweck wird der Sachverhalt im Amtsblatt veröffentlicht und eine Frist gesetzt, innerhalb der sich Dritte äussern können. Vorgängig einer Verbotsentscheidung muss den betroffenen Unternehmen auf jeden Fall Gelegenheit zur Stellungnahme gegeben werden (Mitteilung der Beschwerdepunkte). Die Parteien können auch eine Gelegenheit zur mündlichen Äusserung beantragen.

Vor jedem förmlichen Verfahrensabschluss ist im übrigen der zuständige Beratende Ausschuss in der bereits erwähnten Zusammensetzung anzuhören.

b) Formlose Regelung

In der heutigen Praxis der Kommission werden viele Verfahren ohne förmlichen Entscheid abgeschlossen, vor allem, wenn die beteiligten Unternehmen ihre beanstandeten Verhaltensweisen freiwillig beenden. In der Regel trifft die Kommission jährlich rund ein Dutzend förmliche Entscheide gegenüber einigen hundert nicht förmlichen Regelungen.

Häufig erfolgt die Regelung durch "comfort letters", mit denen die Kommission die Beteiligten davon in Kenntnis setzt, dass nach ihrer Auffassung kein Anlass besteht, im Rahmen des Wettbewerbsrechts tätig zu werden, und der Fall deshalb zu den Akten gelegt wird. Hierbei handelt es sich um Verwaltungsschreiben, die zwar nicht die rechtlich bindenden Wirkungen von Entscheiden haben, jedoch einen Vertrauensschutz begründen, indem sie die Kommission hindern, einen anders gearteten Entscheid zu treffen (sofern sich nicht die Sach- oder Rechtslage geändert hat).

c) Bekanntmachung

Entscheide über die Erteilung eines Negativattestes oder einer Freistellung oder solche zur Beendigung einer Zuwiderhandlung - wie auch einstweilige Anordnungen und vorläufige Entscheide - müssen im Amtsblatt bekanntgemacht werden. Verfahrensentscheide wie diejenigen, mit denen ein Unternehmen förmlich aufgefordert wird, Auskünfte zu erteilen, müssen nicht im Amtsblatt veröffentlicht werden, doch kann dies beschlossen werden, wenn es sich um Fälle von allgemeinem Interesse handelt.

In der Regel veröffentlicht die EG-Kommission Pressemitteilungen über die von ihr getroffenen Entscheide. Es ist anzunehmen, dass dies auch die EFTA-Überwachungsbehörde tun wird.

4. Anpassung bestehender Abkommen

a) Übergangsfrist von sechs Monaten

Eine generelle Übergangsfrist von sechs Monaten soll es den Unternehmen erlauben, ihre Absprachen, die bei Inkrafttreten des EWRA bestehen und vom EWR-Kartellverbot erfasst werden, zur Freistellung anzumelden bzw. an die neue Rechtslage anzupassen (Art. 5 Prot. 21 EWRA, Prot. 4, Kap. XVI ESA-Abkommen).

Bei Vorliegen eines anmelde- bzw. anpassungsbedürftigen Vertrages haben die Unternehmen grundsätzlich folgende Möglichkeiten:

- Sie können die wettbewerbsbeschränkende Vereinbarung freiwillig beenden. Bei eigentlichen Kartelltatbeständen, d.h. Praktiken, die einem Per-se-Verbot unterliegen, wird dies der einzuschlagende Weg sein, wenn die Unternehmen nicht riskieren wollen, nach Ablauf der Übergangsfrist gebüsst zu werden. Spätestens ab diesem Datum wird der Kartellvertrag auch nichtig, also nicht mehr durchsetzbar sein.

- Die Vereinbarung lässt sich u.U. derart ändern, dass sie die Voraussetzungen einer Gruppenfreistellungsverordnung erfüllt. Bei entsprechenden, d.h. grundsätzlich freistellbaren Vertragstypen müssen also jene Elemente entfernt werden, die nicht freistellungsfähig sind. Durch eine solche Anpassung bleibt die gerichtliche Durchsetzbarkeit der verbleibenden Vertragsteile erhalten.

- Erachten es die Unternehmen nicht als tunlich, ihre Vereinbarung an eine bestehende GFVO anzupassen oder ist dies nicht möglich, weil ein Vertragstyp vorliegt, der gar nicht Gegenstand einer GFVO ist (obwohl er keine per se verbotenen Elemente beinhaltet), drängt sich eine Anmeldung bei der zuständigen Überwachungsbehörde (vgl. vorne, II, 2. a) auf, und zwar innerhalb der Übergangsfrist von sechs Monaten.

b) Wirkungen der Anmeldung bei "Altkartellen"

Bei wettbewerbsbeschränkenden Vereinbarungen, welche bereits vor Inkrafttreten des EWRA bestanden haben, bewirkt die form- und fristgerechte Anmeldung die vorläufige Gültigkeit, dies gegebenenfalls über die Sechsmonatsfrist hinaus. Die vorläufige Gültigkeit kommt selbst Absprachen zugute, die offensichtlich nicht freistellungsfähig sind. Die Unternehmen werden also ihre ordnungsgemäss angemeldeten Absprachen jedenfalls solange praktizieren und auch durchsetzen können, bis die zuständige Behörde die Vereinbarung geprüft und über sie entschieden hat; allerdings wirkt im Falle einer Freistellungsversagung die Nichtigkeit des Vertrages auf den Zeitpunkt des Inkrafttretens des EWRA zurück[10].

---

10 Dies ist die Rechtslage, wie sie sich gemäss Praxis des EuGH mit Blick auf die Übergangsregeln des EG-Rechts ergibt, wie sie auch für sogenannte Beitrittskartelle (Absprachen, die infolge des Beitritts neuer Mitgliedstaaten in den Wirkungsbereich des EG-Rechts fallen) allgemeine angenommen wird (vgl. SCHRÖTER in: GROEBEN/THIESING/EHLERMANN, a.a.O., Art. 85 Abs. 2 Rn. 167 ff.); angesichts der Parallelität der Übergangsregeln im EWR-Recht wird man hier die

Zum andern bewirkt die Anmeldung in jedem Fall, d.h. bei alten wie bei neuen Vereinbarungen, dass gegen die an der Absprache beteiligten Unternehmen keine Geldbussen verhängt werden können, wobei allerdings klarzustellen ist, dass dieser Schutz durch eine vorläufige Entscheidung, wonach nicht mit einer Freistellung zu rechnen ist, aufgehoben werden kann.

c) *Unter EG-Recht angemeldete oder zugelassene Absprachen*

Folgende Fälle sind zu unterscheiden:

- Bestehende Absprachen, die bei der EG-Kommission nach EG-Recht angemeldet wurden, müssen nach Inkrafttreten des EWRA nicht nochmals angemeldet werden, auch wenn sie neu in die Behandlungskompetenz der EFTA-Überwachungsbehörde fallen sollten (Art. 8 Prot. 21 EWRA).

- Absprachen, für die unter EG-Recht eine Freistellung gewährt worden ist, gelten auch unter EWR-Gesichtspunkten als freigestellt, es sei denn die EG-Kommission widerrufe die Verbotsbefreiung vor Ablauf der Laufzeit (Art. 13 Prot. 21 EWRA).

- Bei Vereinbarungen, die unter EG-Recht Gegenstand eines Negativattestes oder eines "comfort letter" sind, ist nicht ausgeschlossen, dass durch das EWRA neue Beurteilungselemente entstehen, die eine Anpassung der Vereinbarung erforderlich machen können (z.B. aufgrund des im Vergleich zum EG-Recht verschiedenen Geltungs- und Anwendungsbereichs).

---

gleiche Rechtslage annehmen müssen.

V. Auswirkungen auf die Schweiz

1. Grundsätzliche Aspekte

Eine der zentralen Anforderungen, die namentlich seitens der EG-Kommission an das EWR-Abkommen gestellt wurde, betraf die Schaffung einer Wettbewerbsordnung, die funktionell mit jener der EG vergleichbar ist. Diese funktionale Gleichwertigkeit weist neben wettbewerbspolitischen auch rechtliche Aspekte auf. *Wettbewerbspolitisch*, das haben die vorliegenden Ausführungen gezeigt, ist die Gleichwertigkeit der Regelungen dank der inhaltlichen und prozeduralen Analogie mit dem EG-Recht geben. Die Überführung des EG-Wettbewerbsrechts ins EWRA und damit auch in die schweizerische Rechtsordnung geschieht im übrigen zu einem Zeitpunkt, in dem weltweit der Trend in Richtung Verschärfung der Wettbewerbspolitik im Sinne einer konsequenteren Beachtung des Wettbewerbsprinzips weist.

In spezifisch *rechtlicher* Hinsicht ist darauf hinzuweisen, dass das EG-Wettbewerbsrecht seine Durchschlagskraft nicht zuletzt gewissen Attributen verdankt, die in der Supranationalität des Gemeinschaftsrechts begründet sind. Einleitend ist darauf hingewiesen worden, dass das EG-Recht in seiner Qualität als supranationales Recht seine Stellung im nationalen Recht der Mitgliedstaaten selbst definiert, was konkret bedeutet, dass es unbedingten Vorrang beansprucht, in jedem Fall transformationslose Geltung verlangt und schliesslich die unmittelbare Anwendbarkeit auf supranationaler Ebene festlegt.

Nun ist mit dem EWR-Abkommen nicht eigentlich eine supranationale Rechtsordnung begründet worden. Indessen enthält das Abkommen gewisse "Ingredienzen", die in völkerrechtlichen Verträgen keineswegs üblich sind und die bezwecken, dem EWR-Recht eine dem EG-Recht vergleichbare Wirkungskraft zu verleihen. Da diese "Ingredienzen" die Stellung des EWR-Rechts im internen Recht der Vertragsparteien betreffen und gerade auch für das Wettbewerbsrecht sehr wichtig sind, seien sie hier mindestens kurz erwähnt:

- Einmal ist die Verpflichtung der EFTA-Staaten zu erwähnen, den *Vorrang des EWR-Rechts* gegenüber dem nationalen Recht sicherzustellen (Protokoll Nr. 35 EWRA);

- Zweitens legt das EWRA ausdrücklich fest, dass die Vertragsparteien das EWR-Recht als *Teil der nationalen Rechtsordnung* betrachten bzw. - für

Länder mit dualistischer Rechtsordnung - in das nationale Recht inkorporieren (Art. 7 EWRA);

- Drittens hängt aufgrund des rang- und geltungsmässigen Durchgriffs des EWR-Rechts die Frage der *(unmittelbaren) Anwendbarkeit* von einzelnen Normen nur mehr von der Rechtssatzqualität (Vollständigkeit und inhaltliche Bestimmtheit) der Vorschriften ab, ist also eine Angelegenheit der Rechtsauslegung, die im gemeinsamen Rechtsschutzsystem justiziabel ist.

- Nimmt man - viertens - noch die Mechanismen zur Sicherstellung einer *materiell einheitlichen Rechtsanwendung* hinzu, erhält das EWR-Recht eine Qualität, die es wirkungsmässig sehr nahe zum Gemeinschaftsrecht bringt, auch wenn der formelle Unterschied Völkerrecht/supranationales Recht natürlich bestehen bleibt.

2. Praktische Auswirkungen für einzelne Fallgruppen

Was lässt sich zu den praktischen Auswirkungen des EWR-Wettbewerbsrechts für die Schweizer Wirtschaft insgesamt sagen? Es scheint angezeigt, diese Auswirkungen mit dem Status quo zu vergleichen, d.h. den Wirkungen, die schon heute vom EG-Wettbewerbsrecht für Schweizer Unternehmen ausgehen. Das EG-Wettbewerbsrecht ist ja - wegen des Auswirkungsprinzips - für zahlreiche Schweizer Unternehmen seit langem eine konkrete Realität. Die allererste Entscheidung der EG-Kommission in Anwendung der Wettbewerbsregeln des EWG-Vertrages betraf u.a. ein schweizerisches Unternehmen (Grosfillex, 1964)[11]. Seither haben Hunderte von schweizerischen Unternehmen mit dem EG-Wettbewerbsrecht zu tun gehabt. Beim Durchblättern der einschlägigen Lehrbücher stellt man fest, dass in den "leading cases" des EuGH Schweizer Unternehmen prominent vertreten sind. Viel zahlreicher noch sind aber jene Schweizer Unternehmen, die nicht in Verbotsverfahren unter dem EG-Wettbewerbsrecht verwickelt waren, jedoch insofern mit der EG-Kommission zu tun hatten, als sie dieser z.B. ihre Alleinvertriebs- und Lizenzverträge zur Begutachtung unterbreiteten.

11 Entscheidung der Kommission vom 11.3.1963, Grosfillex/Fillistorf, ABl. Nr. 58 vom 9.4.1964, S. 915 ff.

Zur Beantwortung der Frage, welche konkreten Folgen ein künftiges EWR-Wettbewerbsrecht generell für Schweizer Unternehmen haben wird, sollen drei Fallgruppen unterschieden werden:

- Vom EWR-Wettbewerbsrecht nicht erfasst werden Wettbewerbsbeschränkungen, die sich nur innerschweizerisch auswirken, wie dies häufig bei *gewerblichen Kartellen* der Fall ist. Kartelle, die keinen gesamtschweizerischen Charakter haben und weder Ein- noch Ausfuhren regeln, erfüllen das Merkmal der zwischenstaatlichen Handelsbeeinträchtigung i.d.R. nicht. Soweit gewerbliche Kartelle oder andere Absprachen zwischenstaatlich relevant sind, ist die sog. Bagatellbekanntmachung zu beachten (vgl. vorn, III, 2. b).

- Für die meisten der *nach der EG exportierenden schweizerischen Unternehmen* ändert sich durch das EWR-Wettbewerbsrecht insofern nicht viel, als z.B. die Vertriebs- und Lizenzpraktiken dieser Unternehmen grösstenteils bereits heute vom EG-Kartellrecht erfasst werden. Ein Teil der betreffenden Verträge wird künftig allerdings nicht mehr (oder nicht mehr ausschliesslich) nach mitunter extraterritorial angewandtem EG-Recht beurteilt werden, sondern nach dem inhaltlich gleichlautenden EWR-Wettbewerbsrecht. Dieses Recht wird dannzumal schweizerisches internationales Recht sein, auf das unser Land auch dann einen gewissen Einfluss ausüben können wird, wenn es - wie dies meistens der Fall sein dürfte - von der EG-Kommission angewandt wird (Mitsprache in den Beratenden Ausschüssen).

- Nicht unberührt vom EWR-Kartellrecht werden die im Rahmen von Wirtschaftsverbänden geschlossenen *landesweiten Kartellvereinbarungen* bleiben. Diese sehen häufig importbehindernde Praktiken vor, die zu einem guten Teil schon heute unter dem EG-Recht, jedenfalls aber unter den Wettbewerbsbestimmungen des Freihandelsabkommens Schweiz/EWG aufgegriffen werden könnten. Dass ihre Beseitigung bisher nicht als vordringlich erschien, hat nicht zuletzt damit zu tun, dass solche Marktabsprachen in vielen Fällen ein Akzessorium zu öffentlichen Handelsschranken (mangels Rechtsharmonisierung bzw. Normenvereinheitlichung) darstellen. Im Zeichen des EWR-Binnenmarktes werden jedoch mit den öffentlichen Handelsschranken auch die betreffenden privaten Wettbewerbsbeschränkungen eliminiert werden müssen. Soweit dies nicht durch die Beteiligten selbst geschieht, werden sich im fraglichen Bereich zweifellos Anwendungsfälle des EWR-Kartellrechts ergeben.

3. Fazit

Gemessen an der bereits bestehenden Einwirkung bzw. Einwirkungsmöglichkeit des EG-Wettbewerbsrechts auf Unternehmen in der Schweiz (Stichworte: Auswirkungsprinzip, weit interpretierte Zwischenstaatlichkeitsklausel) ist die Zahl der unter dem EWR-Recht zusätzlich erfassbaren Tatbestände relativ gering. Indessen wird die EG-Kommission - die eher symbolischen Entscheidungskompetenzen der EFTA-Überwachungsbehörde können hier vernachlässigt werden - *in Anwendung des EWR-Rechts* auf die Amts- und Rechtshilfe der EFTA-Überwachungsbehörde (bzw. der Schweiz) zählen können, was im Vergleich zum Status quo unter dem gemäss Auswirkungsprinzip angewandten EG-Recht sozusagen einen *erhöhten Grad von Rechtsverwirklichung* zur Folge haben wird. Beizufügen bleibt, dass dem Anspruch der EG-Behörden auf Amts- und Rechtshilfe durch die EFTA-Seite im Falle der Anwendung von EWR-Recht (u.U. kumulativ zu EG-Recht) der Anspruch der EFTA-Staaten auf Mitsprache bei der Entscheidvorbereitung gegenübersteht.

Das öffentliche Auftragswesen (Art. 65 Abs. 1)

von
Nicolas Michel*

Inhalt

---

* Der Originaltext ist auf französisch erschienen in OLIVIER JACOT-GUILLARMOD (Hrsg.), Accord EEE - Commentaires et réflexions, Zürich/Bern 1992. Die deutsche Übersetzung besorgten Michael Wolters, Daniel Klingele und Urs Bucher.

I. Einführung

Augenscheinlich soll ein Verfahren, das die Vergabe öffentlicher Aufträge regelt, dem Ziel dienen, öffentlichen Auftraggebern die Möglichkeit zu verschaffen, die von ihnen benötigten Leistungen so günstig wie möglich zu erhalten.

Indessen sieht die Wirklichkeit (trotz solcher Verfahren) oftmals ganz anders aus. So kommt es nicht selten vor, dass öffentlichrechtliche Körperschaften und öffentliche Anstalten örtliche, regionale oder nationale Anbieter bervorzugen und die Vergabe öffentlicher Aufträge zur Verfolgung eigener, wirtschaftspolitischer Ziele einsetzen. Hier seien beispielhaft nur solche Ziele wie Regionalentwicklung, Erhaltung von Arbeitsplätzen, Förderung im Aufbau befindlicher Industriesektoren oder auch die Unterstützung wirtschaftlich gefährdeter Betriebe genannt.

Die Vorteile, die in diesem Bereich den nationalen Anbietern zugestanden werden, beschränken den freien Handel und behindern die Errichtung eines grossen gemeinsamen Marktes. Sie stehen darüber hinaus in Widerspruch zum Verbot der Diskriminierung aus Gründen der Staatsangehörigkeit und verstossen gegen die Regeln der vier Grundfreiheiten. Dabei verstossen diese Vorteilsgewährungen insbesondere gegen die Regeln über den freien Warenverkehr mit seinem Verbot aller Massnahmen gleicher Wirkung sowie gegen die Dienstleistungsfreiheit.

Es ist daher nicht verwunderlich, dass sich die EFTA[1] seit der zweiten Hälfte der sechziger Jahre der Liberalisierung des öffentlichen Auftragswesens und seiner Öffnung hin zu mehr internationaler Konkurrenz gewidmet hat. Etwas später, seit dem Ende der sechziger Jahre, begann auch das GATT sich mit diesen Fragen zu befassen[2].

In diesem Zusammenhang darf nicht unerwähnt bleiben, dass die Freihandelsabkommen von 1972 zwischen der EG und den EFTA-Staaten keine Anwendung auf das öffentliche Auftragswesen finden. Die Einbeziehung dieses Bereichs

1 Vgl. Art. 14 des Stockholmer Übereinkommens zur Errichtung der Europäischen Freihandelsassoziation (EFTA) vom 4. Januar 1960 (SR 0.632.31) und des "Lisbonners Abkommens" vom 27. und 28. Dezember 1966 (EFTA Bulletin 7/1966 S. 1 ff. und 2/1967 S. 2 ff.).

2 Vgl. Übereinkommen über das öffentliche Beschaffungswesen vom 12. April 1979, bereinigt gem. Prot. vom 2. Februar 1987 (SR 0.632.231.42).

scheiterte damals bei der Vertragsaushandlung am Widerstand der Gemeinschaft[3].

Vor dem Inkrafttreten des EWR-Abkommens regeln also allein die Vorschriften des GATT die gegenseitige Öffnung des öffentlichen Auftragswesens zwischen den Ländern der EG und den EFTA-Staaten[4]. Diese im Rahmen des GATT vereinbarte Öffnung ist freilich noch erheblich eingeschränkt, umfasst sie doch allein das Verfahren zur Vergabe öffentlicher Lieferaufträge und gilt nur für die Auftragsvergabe durch Bundeseinrichtungen. (Eine Ausweitung auf den Dienstleistungssektor, unter Einschluss von Bauaufträgen, sowie auf die Vergabeverfahren örtlicher und regionaler öffentlicher Einrichtungen ist in den laufenden Verhandlungen im Rahmen der Uruguay-Runde des GATT angestrebt.)

Es ist deshalb evident, dass das EWR-Abkommen den beteiligten Ländern neue und bedeutende Möglichkeiten eröffnet, um die Auftragsvergabe durch den Staat und andere öffentliche Einrichtungen auf der Grundlage der Gegenseitigkeit zu liberalisieren. Es muss nicht hervorgehoben werden, dass die wirtschaftlichen Auswirkungen beachtlich sind; allein in der EG machen die öffentlichen Aufträge etwa 15% des Brutto-Gemeinschaftsprodukts aus.

In diesem Vortrag wird zunächst auf die Stellung des öffentlichen Auftragswesens im System der Verträge zur Gründung des EWR eingegangen (II). Danach folgt ein Überblick über die wichtigsten Regelungen des "acquis communautaire" in diesem Bereich (III) und eine Betrachtung der einschlägigen Regelungen des Europäischen Gemeinschaftsrechts (IV). Zum Schluss wird ein Überblick über die vorhandenen Kontrollinstanzen auf der Ebene der EFTA und auf der Ebene des EWR gegeben (V).

3 Vgl. Botschaft des Bundesrates über die Genehmigung der Abkommen zwischen der Schweiz und den Europäischen Gemeinschaften vom 16. August 1972, BBl 1972 II S. 660 und 669 ff.

4 Zweiundzwanzig Staaten wenden das Abkommen an: Mitglieder des Abkommens sind die Europäischen Gemeinschaften, ihre Mitgliedstaaten ausser Portugal und elf andere Staaten, darunter Österreich, Finnland, Norwegen, Schweden und die Schweiz.

II. Das öffentliche Auftragswesen im System der Verträge zur Gründung des EWR

1. Einleitende Betrachtungen

Formal gesehen nehmen die Regelungen über das öffentliche Auftragswesen nur einen geringen Raum im eigentlichen Text des EWR-Abkommens ein. Ausdrücklich finden sie Erwähnung allein im ersten Absatz des Art. 65 EWRA, der dann auf den Anhang XVI des "acquis communautaire" verweist. Art. 65 Abs. 1 EWRA hat folgenden Wortlaut:

> "Die besonderen Bestimmungen und besonderen Regelungen über das öffentliche Auftragswesen sind im Anhang XVI enthalten und gelten, sofern nichts anderes bestimmt ist, für alle Waren und die aufgeführten Dienstleistungen. (...)"

Eine weitere ausdrückliche Regelung enthält das Abkommen der EFTA-Staaten über die Errichtung einer Überwachungsbehörde und eines Gerichtshofs. Es handelt sich dabei um den Art. 23, der seinerseits durch die Protokolle 1 und 2 über die Funktion und Zuständigkeit der EFTA-Überwachungsbehörde vervollständigt wird. Art. 1 Abs. 1 lit. j von Protokoll 1 und das gesamte Protokoll 2 regeln ausdrücklich Fragen der Überwachung auf dem Gebiet der öffentlichen Aufträge.

Die dargestellte Systematik soll im folgenden näher dargestellt werden.

2. Anwendbarkeit der Allgemeinen Regelungen

Zunächst sei festgestellt, dass die vergleichsweise Zurückhaltung des EWRA keineswegs als Desinteresse der Beteiligten missverstanden werden darf. Es handelt sich hierbei vielmehr um einen Reflex des primären Gemeinschaftsrechts. Weder der EWGV noch die ihn im Verlaufe der Entwicklung modifizierenden Abkommen enthalten ausdrückliche Regelungen über das öffentliche Auftragswesen. Bisweilen ist behauptet worden, die Vertragsunterhändler hätten in diesem Punkt gezögert, um nicht den Unmut der mit der Ratifizierung befassten Parlamente zu erregen[5]. Wie

5 MAURICE-ANDRÉ FLAMME/PHILIPPE FLAMME, Vers l'Europe des marchés publics?, RMC 1988, S. 455 - 479 (456).

dem auch sei, in jedem Fall sind die allgemeinen Regelungen des EWR-Abkommens auf die öffentlichen Märkte im Wirtschaftsraum genauso anwendbar, wie es die allgemeinen Vorschriften des EWG-Vertrages auf die öffentlichen Märkte der Mitgliedstaaten sind. Einige dieser allgemeinen Regelungen sollen wegen ihrer besonderen Bedeutung hervorgehoben werden.

Es handelt sich dabei zunächst um Art. 3 EWRA, der die Vertragsparteien verpflichtet, alle geeigneten Massnahmen zur Erfüllung ihrer Verpflichtungen aus dem EWRA zu ergreifen und alle Massnahmen, welche die Verwirklichung der Ziele des Abkommens gefährden könnten, zu unterlassen.

Es handelt sich ferner um Art. 4 EWRA, der jede Diskriminierung aus Gründen der Staatsangehörigkeit verbietet, sowie um die Vorschriften der Art. 11 ff., 30 ff. und 36 ff. EWRA, in denen der freie Warenverkehr, die Niederlassungs- und die Dienstleistungsfreiheit geregelt werden.

3. Systematische Stellung im EWRA

Art. 65 EWRA, dessen erster Absatz sich mit dem öffentlichen Auftragswesen befasst, und dessen zweiter Absatz Regelungen über das geistige Eigentum und den gewerblichen Rechtsschutz enthält, bilden für sich allein das dritte Kapitel innerhalb des EWR-Abkommens, mit dem Titel "Sonstige gemeinsame Regeln", das wiederum Bestandteil des IV. Teils des Abkommens ist. Dieser Teil ist benannt: "Wettbewerbs- und sonstige gemeinsame Regeln". Die ersten beiden Kapitel des zuletztgenannten IV. Teils enthalten Vorschriften über Unternehmen bzw. über staatliche Beihilfen. Warum nun die Vorschriften über das öffentliche Auftragswesen gerade den Wettbewerbsregelungen zugeordnet wurden, kann nicht mit letzter Sicherheit gesagt werden.

Nicht zuletzt mag diese Lösung den Sinn gehabt haben, ein systematisches Dilemma zu vermeiden: Die Einführung der Regelung in den zweiten Teil des EWR-Abkommens, der sich nur mit dem freien Warenverkehr befasst, hätte eine gleichlautende Regelung auch für den dritten Teil erfordert, der die Freizügigkeit sowie den freien Dienstleistungs- und Kapitalverkehr regelt. Ansonsten wären die öffentlichen Bau- und Dienstleistungsaufträge vom Anwendungsbereich des EWR-Abkommens ausgeschlossen gewesen. Und dies war mit Sicherheit nicht die Absicht der Vertragspartner. Darüberhinaus kann die Unterstellung des öffentlichen

Auftragswesens unter die Regeln des freien Marktes durchaus in seiner engen Anbindung an die Regelungen des Verbots wettbewerbsbeschränkender Massnahmen oder des Verbots staatlicher Beihilfen verstanden werden.

4. Inhalt des Anhangs XVI

Schliesslich bedarf es, wenn auch nur in kurzen Worten, einer Darstellung des Inhalts von Anhang XVI des EWR-Abkommens: Es handelt sich hierbei zunächst um eine Einleitung; es folgen sektorale Anpassungsvorschriften sowie eine Aufzählung der Rechtsakte (auf die Bezug genommen wird), begleitet von 13 Anlagen.

Die Einleitung verweist auf die Anwendbarkeit der "horizontalen Anpassungen", die im Protokoll 1 zum EWR-Abkommen aufgeführt sind, soweit der Anhang XVI nichts anderes bestimmt.

Die sektoralen Anpassungen verfolgen drei unterschiedliche Ziele:

- Zunächst garantieren sie den Unternehmen aus dem Bereich der öffentlichen Bauaufträge den effektiven freien Zugang für "Beschäftigte in Schlüsselstellungen" sowie die nichtdiskriminierende Erteilung von Arbeitbewilligungen. Diese Garantie gilt jedenfalls bis die Freizügigkeit der Arbeitnehmer gemäss Art. 28 EWRA hergestellt ist.

- Die Anpassungsvorschriften regeln ferner verschiedene Modalitäten der Bekanntmachung von Ausschreibungen im Amtsblatt der Gemeinschaften und in der Datenbank TED (die englische Abkürzung für "Tenders Electronic Daily"). Insbesondere wird festgelegt, in welcher Sprache die Angebote ausgeschrieben werden sollen (in jedem Fall muss es sich um mindestens eine der Gemeinschaftssprachen handeln).

- Letztlich legen die Anpassungsvorschriften die Zuständigkeiten der EG-Kommission als auch der EFTA-Überwachungsbehörde fest. Dabei wurde das Territorialprinzip angewandt: Die Kommission ist für die vermuteten Verstösse zuständig, die im Gebiet der Gemeinschaft begangen werden; die EFTA-Überwachungsbehörde ihrerseits ist zuständig für solche vermuteten Verstösse, die im Gebiet eines EFTA-Staates begangen werden.

Die Liste der Rechtsakte zählt alle anwendbaren Gemeinschaftsrichtlinien auf, soweit sie das öffentliche Auftragswesen betreffen und im "acquis communautaire" erscheinen. Die Liste beinhaltet ferner solche Anpassungsvorschriften, die zur Anwendung der Rechtshandlungen in den EFTA-Staaten notwendig geworden sind. Vielfach sind Anhänge zu Gemeinschaftsrichtlinien durch entsprechende Dokumente (die Anlagen 1 - 13) ersetzt worden. Letztlich legt die genannte Liste die Übergangsfristen für die Länder fest, die in den Genuss solcher Regelungen kommen wollen; für die Schweiz bedeutet dies, dass die notwendigen Umsetzungsmassnahmen bis zum 1. Januar 1994 in Kraft gesetzt sein müssen.

III. Die wesentlichen Regelungen des acquis communautaire

Das Recht des öffentlichen Auftragswesens ergibt sich zum einen aus den anwendbaren Richtlinien und zum anderen aus der Rechtsprechung des EuGH. Die Rechtsprechung des EuGH ist gemäss Art. 6 EWRA bis zum 2. Mai 1992 zu berücksichtigen und kann sich sowohl auf die anwendbaren Richtlinien als auch auf jede andere Regelung des primären oder sekundären Gemeinschaftsrechts beziehen, soweit diese auf öffentliche Aufträge anwendbar ist.

Im folgenden Teil der Ausführungen wird zunächst ein Überblick über die einschlägigen Richtlinien gegeben, sodann ihre Rechtswirkungen beschrieben und genauer dargestellt, in welchen Fällen der EuGH wichtige Entscheidungen gefällt hat.

1. Überblick über die geltenden Richtlinien

Das durch die Gemeinschaftsorgane auf dem Gebiet des öffentlichen Autragswesens geschaffene Recht ist das Ergebnis eines stetigen Prozesses der letzten fünfundzwanzig Jahre. Die Arbeiten begannen in der zweiten Hälfte der 60er Jahre und führten dann in den 70er Jahren zu ersten Erfolgen. Dabei war die tatsächliche Wirksamkeit der ersten Richtlinien auf diesem Gebiet freilich noch sehr gering. Eine Welle von Modifizierungen bestehender und der Schaffung neuer Richtlinien erfolgte erst in letzter Zeit vor dem Hintergrund der angestrebten Vollendung des EG-Binnenmarktes zum 31. Dezember 1992. Die anwendbaren Richtlinien sind, wie bereits erwähnt, dem Anhang XVI zu entnehmen.

Die ersten Richtlinien widmeten sich vornehmlich der Liberalisierung und der Koordinierung der Verfahren zur Vergabe öffentlicher Liefer- und Bauaufträge[6]. Die weitere Entwicklung war gekennzeichnet von der Übernahme der Regelungen über die Warenlieferungen des GATT-Übereinkommens und insbesondere von der Erweiterung des Anwendungsbereichs der gemeinschaftsrechtlichen Regelungen über das Auftragswesen in die vier folgenden Richtungen:

- Zunächst ging es um die Durchsetzung bestehender Vorschriften, indem ihnen grössere Effektivität verliehen wurde;

- im weiteren wurden die Dienstleistungen einbezogen, soweit sie Aufträge betrafen, die nicht durch die Liefer- und Baukoordinierungsrichtlinien geregelt waren;

- zum dritten wurde der Rechtsschutz innerhalb der Mitgliedstaaten verbessert. Dies geschah vor allem durch die sogenannte Rechtsmittelrichtlinie, die zunächst nur für die Vergabe öffentlicher Liefer- und Bauaufträge Anwendung findet, deren Anwendungsbereich jedoch auf den gesamten Dienstleistungssektor ausgeweitet werden soll;

- letztlich wurden diejenigen Aufträge einbezogen, die zunächst nicht unter den Anwendungsbereich der Liefer- und Baukoordinierungsrichtlinien fielen. In diesem Bereich waren insbesondere die ausdrücklich ausgenommenen Bereiche Wasser-, Energie- und Verkehrsordnung sowie der Telekommunikationssektor betroffen. Für diese genannten Bereiche ist auch noch eine spezifische Rechtsmittelrichtlinie erlassen worden.

2. Wirkungen der Richtlinien

Die Regelungen der von den EFTA-Staaten übernommenen Richtlinien sind nach Art. 7 EWRA für diese Staaten bindend. Sie selbst müssen alle Massnahmen allgemeiner oder besonderer Art zur Erfüllung ihrer Verpflichtungen bei der Umsetzung in die nationale Rechtsordnung treffen (Art. 3 Abs. 1 EWRA). Darüberhinaus sind die meisten Staaten verantwortlich für die Sicherung des "effet

6 NICOLAS MICHEL, L'ouverture européenne des marchés publics suisses, Fribourg, 1991, S. 15 ff.

utile", also der praktischen Wirksamkeit der anwendbaren Regelungen im jeweiligen innerstaatlichen Recht.

Gemäss Art. 7 lit. b EWRA ist den Vertragsstaaten die Wahl der Form und der Mittel zur Durchführung der Richtlinien überlassen. Dabei ist zu beachten, dass die Umsetzung von Richtlinien in einer Weise geschehen soll, die den Anforderungen genügt, die der EuGH an sie stellt: "Die Umsetzung einer Richtlinie in innerstaatliches Recht erfordert nicht notwendig eine förmliche und wörtliche Übernahme ihres Inhalts in eine ausdrückliche, besondere Rechtsvorschrift. Je nach dem Inhalt der Richtlinie kann ein allgemeiner rechtlicher Kontext genügen, wenn dieser tatsächlich die vollständige Anwendung der Richtlinie mit hinreichender Klarheit und Genauigkeit gewährleistet, um die Begünstigten - soweit die Richtlinie Ansprüche des einzelnen begründen soll - in die Lage zu versetzen, von allen ihren Rechten Kenntnis zu erlangen und diese gegebenenfalls vor den nationalen Gerichten geltend zu machen[7]".

Zusammengefasst bedeutet dies, dass die Umsetzungsvorschriften von eindeutiger Rechtskraft, klar, genau und bestimmt, kurz gesagt, dass sie den Anforderungen der Rechtssicherheit entsprechen müssen. In diesen Zusammenhang gehört freilich auch die angemessene Veröffentlichung der Vorschriften. Im Ergebnis müssen die EFTA-Staaten die Richtlinien so umsetzen, dass die Regelungen Bindungswirkung entfalten, ausdrücklich auf den umgesetzten Rechtsakt Bezug nehmen und entsprechend veröffentlicht sind. Wie bereits angedeutet, überlässt dabei Art. 7 lit. b EWRA den Staaten "selbst die Wahl der Form und der Mittel zur Durchführung der Richtlinie".

Für die Schweiz gilt, dass alle Richtlinien, die das öffentliche Auftragswesen betreffen und im Anhang XVI enthalten sind, bis zum 1. Januar 1994 umgesetzt sein müssen.

---

7 Vgl. neben anderen, EuGH, Urteil vom 17.10.1991, Rs. C-58/89, *Kommission/Deutschland*, Slg. 1991, S. 4983 ff., §§ 10 ff,; vgl. ebenfalls EuGH, Urteil vom 30.5.1991, Rs. C-59/89, *Kommission/Deutschland*, Slg. 1991, S. 2607 ff. §§ 23 und 24 (über den zwingenden Charakter von technischen Rundschreiben). Erwähnenswert sind hier die Pflichten, welche der EuGH den Gerichten auferlegt: "bei der Anwendung des heimischen Rechts, namentlich der Bestimmungen eines speziell zur Ausführung einer Richtlinie erlassenen staatlichen Gesetzes, müssen die Gerichte der Mitgliedstaaten dieses Recht im Lichte des Wortlauts und des Zwecks der Richtlinie auslegen, um das in Art. 189 Abs. 3 EWGV genannte Ziel zu erreichen."

Um die Wirksamkeit von Richtlinien zu vervollständigen, hält das Gemeinschaftsrecht verschiedene Ansätze bereit, auf die besonders hinzuweisen ist: Es handelt sich hierbei vor allem um die Direktwirkung von Richtlinien, um das Problem der Haftung bei fehlerhafter Umsetzung sowie um die Frage der innerstaatlichen gerichtlichen Kontrolle und der Überwachung.

Hinsichtlich der *Direktwirkung* von Richtlinien über das öffentliche Auftragswesen ist es angebracht, auf die Rechtsprechung des EuGH zur unmittelbaren Wirkung von Richtlinien und von primärem Gemeinschaftsrecht einzugehen. Der EuGH hat bereits wichtigen Vorschriften in Richtlinien über das öffentliche Auftragswesen eine Direktwirkung zuerkannt. Hierbei handelt es sich insbesondere um Regelungen über die gemeinsamen Teilnahmebestimmungen, über die Nachweise der technischen Leistungsfähigkeit der Unternehmer sowie über die Zuschlagskriterien[8]. Ausserdem hat sich der Gerichtshof in verschiedenen Entscheidungen mit dem Verhalten von Mitgliedstaaten befasst und dabei sowohl die Regelungen des EWGV als auch solche von Richtlinien zur Entscheidfindung herangezogen. Hierbei ging es beispielweise in einer Entscheidung aus dem Jahr 1989 um die Art. 52 und 59 EWGV, die unmittelbar anwendbar sind und um die Lieferkoordinierungsrichtlinie Nr. 77/62[9]. Der Gerichtshof hat in anderen Fällen allein einen Artikel des EWGV angewandt und ihm direkte Wirkung zuerkannt, nachdem er zuerst festgestellt hatte, dass der streitige Auftrag nicht in den Bereich einer bestehenden Richtlinie falle. So ein Entscheid aus dem Jahr 1988, in dem es um Art. 30 EWGV und die Baukoordinierungsrichtlinie Nr. 71/305 ging[10]. In zwei Entscheidungen aus dem Jahr 1990 befasste sich der EuGH mit Streitfragen über das öffentliche Auftragswesen und bezog sich allein auf die Regelungen des EWGV, ohne die Frage nach einer anwendbaren Richtlinie auch nur zu stellen[11].

In diesem Zusammenhang ist hervorzuheben, dass eine Richtlinie mit Hilfe ihrer Direktwirkung dem einzelnen Bürger oder Unternehmer ohne weiteren innerstaatlichen Rechtsetzungsakt Rechte verleiht, auf die er sich vor innerstaatlichen Gerichten und sämtlichen Verwaltungsbehörden - seien es Bundes-, Landes- oder

8 EuGH, Urteil vom 20.9.1988 , Rs. 31/87, *Gebroeders Bentjes*, Slg. 1988, S. 4635 und Urteil vom 10.2.1982, Rs. 76/81, *Transporoute*, Slg. 1982, S. 417.

9 EuGH, Urteil vom 5.12.1989, Rs. C-3/88, *Kommission/Italien*, Slg. 1989, S. 4035 §§ 6 ff.

10 EuGH, Urteil vom 22.9.1988, Rs. 45/87, *Kommission/Irland*, Slg. 1988, S. 4929.

11 EuGH, Urteil vom 27.3.1990, Rs. C-113/89, *Rush Portuguesa*, Slg. 1990, S. 1417 (Art. 5 und 58 - 66 EWGV); Urteil vom 20.3.1990, Rs. C-21/88, *Du Pont de Nemours*, Slg. 1990, S. 889.

Gemeindebehörden - gleichermassen berufen kann[12].

Was die *Haftung* des Staates angeht, der eine Richtlinie nicht oder nur unvollständig umgesetzt hat, so hat der EuGH befunden, der Staat müsse unter gewissen Voraussetzungen alle durch dieses Fehlverhalten entstandenen Schäden ersetzen, selbst wenn die jeweilige Bestimmung einer Richtlinie keine Direktwirkung entfaltet[13].

Nachstehend soll gezeigt werden, inwieweit *die gerichtliche Kontrolle und die Überwachung* zur effektiven Wirkung der Richtlinien beiträgt.

3. Rechtsprechung des EuGH

Der Wortlaut des Art. 65 Abs. 1 EWRA und des Anhanges XVI, auf den er verweist, zeigt, dass die Vorschriften des EWRA - im weiten Verständnis des Art. 2 lit. a EWRA - über das öffentliche Auftragswesen in ihrem wesentlichen Gehalt identisch sind mit den Regelungen, die hierzu auf der Grundlage des EWGV erlassen wurden. Dies hat zur Folge, dass die Vorschriften des EWRA sowohl bei ihrer Durchführung als auch hinsichtlich ihrer Anwendung in Übereinstimmung mit der hierzu ergangenen Rechtsprechung des EuGH interpretiert werden müssen. Das besagt vor allem Art. 6 EWRA.

An dieser Stelle sei - der Vollständigkeit halber - noch einmal an die Verfahrensarten erinnert, aufgrund derer der EuGH die meisten für unser Thema relevanten Entscheidungen getroffen hat.

- Mit der Vertragsverletzungsklage nach Art. 169 EWGV kann die Kommission beispielsweise gegen einen Mitgliedstaat vorgehen, der mit der vollständigen Umsetzung einer Richtlinie in Verzug ist[14].

- Mit dem Vorabentscheidungsverfahren nach Art. 177 EWGV kann der nationale Richter dem EuGH Fragen zur Anwendung und Interpretation des

---

12 EuGH, Urteil vom 22.6.1989, Rs. C 103/88, *Fratelli Costanzo*, Slg. 1989, S. 1861 ff.

13 EuGH, Urteil vom 19.11.1991, Rs. C-6/90 und C-9/90, *Francovich und Bonifaci*, noch nicht veröffentlicht.

14 Vgl. dazu Beispiele in NICOLAS MICHEL, L'ouverture européenne des marchés publics suisses, S. 37, Fn. 102.

Gemeinschaftsrechts vorlegen[15].

- Im Verfahren über den Erlass einer einstweiligen Anordnung nach Art. 186 EWGV können vorläufige Massnahmen ergriffen werden[16].

IV. Die wichtigsten Regelungen des Gemeinschaftsrecht

Im folgenden Abschnitt soll ein Überblick über die wichtigsten Regelungen des Gemeinschaftsrechts im Bereich des öffentlichen Auftragswesens gegeben werden. Beispielhaft sollen dabei die Regelungen über die öffentlichen Bauaufträge behandelt werden[17]. Sowohl hinsichtlich des in ihnen verkörperten Prinzips als auch des Rechtsgedankens entsprechen diese Regelungen meistens denjenigen der anderen Bereiche des öffentlichen Auftragswesens. Einzig im Bereich der Sektoren Wasser, Energie, Verkehr und Telekommunikation sind die anwendbaren Vorschriften teilweise verschieden. Mehrere kürzlich erschienene Publikationen nehmen diesbezüglich eine eingehende Analyse vor[18].

Die weiteren Ausführungen folgen dem Aufbau in unserer Untersuchung über die europaweite Öffnung des öffentlichen Auftragswesens in der Schweiz[19]. Es werden nun der Reihe nach folgende Themenbereiche eingehend erörtert:

15 IDEM, S. 38, Fn. 104.

16 IDEM, S. 38, Fn. 105.

17 Richtlinie 71/305 des Rates vom 26.7.1971 über die Koordinierung der Verfahren zur Vergabe öffentlicher Bauaufträge (ABl. Nr. L 185 vom 16.8.1971, S.5), geändert durch Richtlinie 89/440 des Rates vom 18.7.1989 (ABl. Nr. L 210 vom 21.7.1989, S.1).

18 Z.B. einige spezifische Beiträge in NICOLAS MICHEL (Hrsg.), Aspects du droit des marchés publics, Fribourg, 1992; zudem folgende Artikel: CHRISTINE BRÉCHON-MOULÈNES, Le droit communautaire des marchés publics de travaux, Revue de Droit immobilier 1990, 12(1), S. 27 - 36; VLAD CONSTANTINESCO, La coordination des procédures de passation des marchés publics de travaux, RMC, 1989, Nr. 332, S. 597 - 602; MAURICE-ANDRÉ FLAMME/PHILIPPE FLAMME, Vers l'Europe des marchés publics? (A propos de la directive "fournitures" du 22.3.1988), RMC, 1988, Nr. 320, S. 455 - 479; CHRISTIAN HEN/GUY GUILLERMIN, Les marchés publics de fournitures et l'adaptation de la directive du 21 décembre 1976, RMC, 1989, Nr. 332, S. 637 - 648; PETER FISCHER, Die Liberalisierung des öffentlichen Beschaffungswesens im neuen EG-Recht, Österreichische Zeitschrift für Wirtschaftsrecht, 1991, 18 (1), S. 1 - 10.

19 NICOLAS MICHEL, L'ouverture européenne des marchés publics suisses, Fribourg, 1991, S. 20 - 40.

1. Anwendungsbereich
2. Leistungsbeschreibung
3. Ausschreibungsverfahren
4. Bekanntmachung
5. Auswahl der Angebote
6. Zuschlagskriterien
7. Gerichtliche Kontrolle durch innerstaatliche Organe

1. Anwendungsbereich

Der Anwendungsbereich der Vorschriften wird durch die Bezeichnung der betroffenen Auftraggeber und der betroffenen Leistungen sowie Ausnahmen bestimmt.

Die Baukoordinierungsrichtlinie bezeichnet als "öffentliche Auftraggeber" alle Gebietskörperschaften und Einrichtungen des öffentlichen Rechts, sowie vergleichbare Einrichtungen in jenen Mitgliedstaaten, die die juristische Person des öffentlichen Rechts nicht kennen. Diese sind in einem Anhang der Richtlinie aufgezählt[20]. Vom Anwendungsbereich der Richtlinie sind staatliche Behörden ausgenommen, die in den Anwendungsbereich der Sektorenrichtlinie fallen[21].

Ergänzenderweise muss darauf hingewiesen werden, dass die Vorschriften des Gemeinschaftsrechts auch auf Aufträge regionaler und lokaler Behörden anwendbar sind.

---

20 Art. 1 lit. b. Siehe die Liste in Anlage 1 des Anhanges XVI für die EFTA-Staaten. Für die Schweiz sind folgende Körperschaften bestimmt: "die öffentlich-rechtlichen Verwaltungseinrichtungen auf Landes-, kantonaler, Bezirks- und Gemeindeebene".

21 Richtlinie 90/531 des Rates vom 17.9.1990 betreffend die Auftragsvergabe durch Auftraggeber im Bereich der Wasser-, Energie- und Verkehrsordnung sowie im Telekommunikationssektor (ABl. Nr. L 297 vom 29.10.1990, S. 1).

Die Richtlinie ist auf Bauaufträge (im Sinne von Art. 1 lit. a[22]) anwendbar, deren Wert 5'000'000 ECU entspricht oder übersteigt[23]. Die Richtlinie gilt nicht für öffentliche Aufträge, die anderen Verfahrensregeln unterliegen und nach bestimmten internationalen Verträgen vergeben werden. Darunter fallen Arbeiten zur gemeinsamen Verwirklichung oder Nutzung eines Bauwerkes oder im Bezug auf Truppenstationierungen abgeschlossene Abkommen. Auch gilt sie nicht für Verträge, die aufgrund besonderer Verfahren einer Internationalen Organisation vergeben werden[24]. Ausnahmeregeln des EWGV bleiben selbstverständlich weiterhin anwendbar, auch wenn sie nicht explizit in der Richtlinie genannt sind[25].

2. Leistungsbeschreibung

Die Art und Weise der Bestimmung der technischen Merkmale der gewünschten Leistung kann eine Einschränkung des freien Warenverkehrs und der Dienstleistungsfreiheit darstellen. Tatsächlich geschieht es, dass öffentliche Auftraggeber "technische Spezifikationen" angeben, welche besonders Anbieter aus dem Ausland

22 Art. 1.
Im Sinne dieser Richtlinie
a) gelten als "öffentliche Bauaufträge" die zwischen einem Unternehmer und einem unter Buchstabe b) näher bezeichneten öffentlichen Autraggeber geschlossenen schriftlichen entgeltlichen Verträge über entweder die Ausführung oder gleichzeitig die Ausführung und die Planung von Bauvorhaben im Zusammenhang mit einer der in Anhang II genannten Tätigkeiten oder eines Bauwerks im Sinne des Buchstabens c) oder die Erbringung einer Bauleistung durch Dritte, gleichgültig mit welchen Mitteln, gemäss den vom öffentlichen Auftraggeber genannten Erfordernissen;
b) ...
c) ist ein "Bauwerk" das Ergebnis einer Gesamtheit von Tief- und Hochbauarbeiten, das seinem Wesen nach eine wirtschaftliche oder technische Funktion erfüllen soll;

Im Anhang II werden unter dem Titel "Baugewerbe" fünf Tätigkeiten bezeichnet (die ihrerseits weiter unterteilt sind): Allg. Baugewerbe und Abbruchgewerbe; Rohbau; Tiefbau; Bauinstallation; Ausbaugewerbe.

23 Entspricht etwa 8,5 Millionen Schweizer Franken. Solange die Mehrwertsteuer in der Schweiz nicht eingeführt ist, bezieht sich die Richtlinie auf die WUST; die Schwellenbeträge gelten bei einem Inkrafttreten des EWRA am 1.1.1993; nachher sollen sie grundsätzlich alle zwei Jahre überprüft werden (Anhang XVI, S. 2).

24 Art. 4.

25 Bezüglich der Ausnahmen zur Niederlassungsfreiheit gestützt auf Art. 55 EWGV (Ausübung öffentlicher Gewalt) und Art. 56 Abs. 1 (Ordre public) sowie bezüglich der Ausnahme zur Dienstleistungsfreiheit gestützt auf Art. 66 EWGV, vgl. EuGH, Urteil vom 5.12.1989, Rs. C-3/88, *Kommission/Italien*, Slg. 1989, S. 4035 ff. §§ 12 - 14.

ausschliessen. Um diese Einschränkungen zu verhindern, verbietet die Baukoordinierungsrichtlinie alle "technischen Spezifikationen", welche bestimmte Unternehmen ohne objektive Gründe bevorteilen oder ausschliessen. Sie schreibt vor, dass die Berufung nach internationalen oder anerkannten nationalen Normen erfolgen muss[26]. Dennoch sind die öffentlichen Auftraggeber von dieser Anforderung befreit, wenn es ihnen nicht möglich ist, "anhand von hinreichend genauen und verständlichen Spezifikationen einen Beschreibung des Auftrags für alle Interessierten zu geben". In diesem Fall müssen sie den technischen Angaben die Bemerkung "oder gleichwertiger Art" beifügen, wie der EuGH bestätigt hat[27].

3. Ausschreibungsverfahren

Die Baukoordinierungsrichtlinie sieht zwei Hauptarten der Ausschreibung vor: das offene Verfahren und das nichtoffene Verfahren. Die Richtlinie schafft keinerlei Hierarchie zwischen dem offenem und dem nichtoffenem Verfahren. Sie erlaubt in Ausnahmefällen auch ein drittes, sogenanntes Verhandlungsverfahren.

In einigen bestimmten Fällen[28] verlangt sie die vorherige Veröffentlichung einer Vergabebekanntmachung[29]. Gleichwohl sieht die Richtlinie einige Fälle vor, in welchen die vergebende Behörde den Auftrag durch das Verhandlungsverfahren ohne vorherige Veröffentlichung vergeben kann (Art. 5 Abs. 3). Der EuGH hat aber entschieden, dass diese Ausnahmen eng auszulegen sind[30].

Die Baukoordinierungsrichtlinie enthält ausserdem Regeln über "Listen offiziel zugelassener Unternehmen"[31]. Der EuGH ist angerufen worden, sich darüber zu äussern, ob der Eintrag in solch eine Liste in einem Mitgliedstaat auch für die öffentlichen Auftraggeber der anderen Mitgliedstaaten wirksam ist[32].

---

26 Art. 10. Der Begriff "technische Spezifikationen" ist in Anhang III der Richtlinie definiert.

27 EuGH, Urteil vom 22.9.1988, Rs. 4587, *Kommission/Irland*, Slg. 1988, S.4985 ff., §§ 18 ff.

28 Art. 5 Abs. 2 lit. a, b und c.

29 Art. 5 Abs. 2.

30 EuGH, Urteil vom 18.3.1992, Rs. C-24/91, *Kommission/Spanien*, noch nicht veröffentlicht, §§ 15 - 16.

31 Art. 28.

32 EuGH, Urteil vom 9.7.1987, Rechtsachen 27-29/86, *C.E.I./Bellini*, Slg. 1987, S.3347 ff., §§ 19 ff.

4. Bekanntmachung

Das Gemeinschaftsrecht enthält Massnahmen, die dazu bestimmt sind, für eine glaubhafte Transparenz im öffentlichen Auftragswesen zu sorgen. Die am weitesten verbreitete Regel betrifft die Bekanntmachung der Aufträge. Die Baukoordinierungsrichtlinie formuliert nach ihrem neuen Wortlaut zusätzliche Forderungen, die die "Vorinformation" und die "Nachinformation" obligatorisch machen.

In bezug auf die "Vorinformation" sind die öffentlichen Auftraggeber gehalten, durch Anzeigen die zu vergebenden Aufträge bekanntzugeben; sie müssen im voraus die wesentlichen Punkte der Bauaufträge, die einem Betrag von 5'000'000 ECU oder mehr entsprechen, bekanntmachen[33].

Die Verpflichtung der Veröffentlichung betrifft sowohl das offene, als auch das nichtoffene Verfahren, und, in bestimmten Fällen, das Verhandlungsverfahren. Der Inhalt der Anzeige ist vorgeschrieben[34].

Die öffentlichen Auftraggeber müssen zudem, wenn sie einen Auftrag vergeben haben, dies durch eine Anzeige bekanntmachen[35].

Der EuGH hat sich über verschiedene Fragen im Zusammenhang mit der Veröffentlichung von Bauaufträgen geäussert: So muss der Auftrag dem Inhalt der Anzeige entsprechen; die Anzeige muss Einzelheiten der Zuschlagskriterien enthalten und der Zeitpunkt der Veröffentlichung in den nationalen Publikationen muss mit der Veröffentlichung im Amtsblatt der Gemeinschaft übereinstimmen[36].

33 Art. 12 Abs. 1.

34 Vgl. insbesondere die Empfehlung 91/561 (inkl. Verweisungen) der Kommission vom 24.10.1991 über die Standardisierung der Bekanntmachungen öffentlicher Aufträge (ABl. Nr. L 305 vom 6.11.1991, S.19). Gemäss einer Vereinbarung im Anhang der Schlussakte, werden die Bekanntmachungen betreffend das Auftragswesen in der Serie S des Amtsblattes der Europäischen Gemeinschaften (Supplement "öffentliches Auftragswesen") veröffentlicht. Die Bekanntmachungen der EFTA-Staaten sind mindestens in einer der Gemeinschaftssprachen dem Amt für Amtliche Veröffentlichungen der EG zu senden, wobei sie den Musterbekanntmachungen im Anhang zu den betreffenden Rechtsakten entsprechen sollen.

35 Art. 12 Abs. 5.

5. Auswahl der Angebote

Das Gemeinschaftsrecht enthält "Eignungskriterien", auf die sich die öffentlichen Auftraggeber berufen können, um einen Anbieter ohne weitere Überprüfung seiner Offerte von der Teilnahme am Verfahren auszuschliessen. Diese Vorschriften haben zum Ziel, zu verhindern, dass die Auswahl der Anbieter nach willkürlich durch die öffentlichen Auftraggeber getroffenen Kriterien erfolgt. Um die Entscheidungsfreiheit der öffentlichen Auftraggeber zu begrenzen, enthalten die Vorschriften einschränkende Auswahlkriterien und schreiben Mittel vor, mit welchen die Anbieter die Erfüllung dieser Kriterien nachweisen können[37].

Ohne weitere Überprüfung können Angebote von Anbietern abgelehnt werden, die sich im Konkursverfahren oder in einer ähnlichen Situation befinden, die im Rahmen ihrer beruflichen Tätigkeit schwere Verstösse begangen haben, die mit der Zahlung von Sozialabgaben, Abgaben oder Steuern in Verzug sind, oder die sich falscher Angaben schuldig gemacht haben. Die Lieferanten und die Unternehmen müssen ausserdem in der Lage sein, ihren Eintrag im Berufsregister, ihre finanzielle, ökonomische und zudem ihre technische Leistungsfähigkeit nachzuweisen.

Der EuGH hat auch zur Präzisierung dieser Regeln beigetragen[38].

6. Zuschlagskriterien

Das Gemeinschaftsrecht sieht zwei alternative Kriterien der Auftragsvergabe vor: entweder jenes des niedrigsten Preises, oder jenes des wirtschaftlich günstigsten Angebots[39].

Dem EuGH zufolge bleibt es den Mitgliedstaaten weiterhin überlassen, besondere Regeln beizubehalten oder einzuführen; dies gilt unter der Bedingung, dass sie sich dabei an den Rahmen der gemeinschaftlichen Regeln und andere Vorschriften des Gemeinschaftsrechts halten[40]. Aus diesem Grund ist das Kriterium des "akzeptabelsten Angebots" in einer Vorschrift des niederländischen Rechts mit der Baukoor-

37 Art. 23 bis 28.

38 S. *Nicolas Michel*, a.a.O. Ziffer 72, Fn. 78 - 84.

39 Art. 29 Abs. 1.

40 EuGH, Urteil vom 20.9.1988, RS 31/87, *Gebroeders Beentjes B.V.*, Slg. 1988, S. 4652 ff., § 20.

dinierungsrichtlinie vereinbar[41]. Dennoch besteht diese Möglichkeit nicht uneingeschränkt: der EuGH hat zwei italienische Verfahren als unzulässig betrachtet: Jenes des anonymen Gebotes[42] und jenes der Bestimmung des Durchschnittspreises auf der Basis der Hälfte der günstigsten Angebote[43]. Des weiteren hat er entschieden, dass bei dem System des wirtschaftlich günstigsten Angebots nur jene Auswahlkriterien annehmbar sind, welche effektiv auf die Feststellung des wirtschaftlich günstigsten Charakters des Angebots abzielen[44]. Schliesslich fordert der EuGH, dass die angewandten Kriterien in der Anzeige oder in der entsprechenden Dokumentation zur Ausschreibung des Angebots genannt werden[45].

Die an den öffentlichen Auftraggeber gerichtete Verpflichtung das niedrigste oder das wirtschaftlich günstigste Angebot zu wählen, ergibt einige delikate Probleme. Es handelt sich im besonderen um die Behandlung der Offerten jener Anbieter, welche bei den Arbeitsbedingungen und Sozialversicherungen von weniger strengen Anforderungen profitieren, und um jene Angebote, die im Verhältnis zur Lieferung offensichtlich ungewöhnlich niedrig sind.

Die entsprechenden Arbeits- und Sozialbedingungen werfen Fragen auf, die hier nur angeschnitten werden können. Besonders wichtig ist die Frage, ob der Anbieter die Regeln, die am Ort der Auftragsausführung gelten, beachten muss, oder ob er sich damit begnügen kann, die für ihn weniger strengen Vorschriften seines Firmensitzes einzuhalten. Der EuGH hatte Gelegenheit, diese Fragen zu behandeln. In seiner Rechtsprechung entwickelte er zwei wesentliche Punkte. Einerseits hat der Unternehmer das Recht, sich mit seinem gesamten Personal an den Ort der Auftragsausführung zu begeben. Die Verlegung des Personals kann keinen Einschränkungen unterworfen werden. So darf weder die Verpflichtung zur Anwerbung vor Ort noch die vorherige Einholung von Arbeitserlaubnissen vor-

---

41 Soweit dieses Kriterium "das Beurteilungsermessen zum Ausdruck bringt, über das die öffentlichen Auftraggeber verfügen, um nach objektiven Gesichtspunkten das wirtschaftlich vorteilhafteste Angebot zu ermitteln, und somit kein willkürliches Auswahlelement enhält" (EuGH, Urteil vom 20.9.1988, Rs. 31/87, zitiert in der vorstehenden Fn., Dispo. Ziff. 2, zweite Erwägung).

42 EuGH, Urteil vom 28.3.1985, Rs. 274/83, *Kommission/Italien*, Slg. 1985, S. 1089 ff., §§ 16 ff.

43 IDEM, Slg. 1985, S. 1091, § 24 ff.

44 EuGH, Urteil vom 20.9.1988, Rs. 31/87, *Gebroeders Beentjes B.V.*, Slg. 1988, S. 4652 ff., § 19.

45 EuGH, Urteil vom 20.9.1988, Rs. 31/87, zitiert in der vorstehenden Fn., §§ 21 ff. und Art. 29 Abs. 2.

geschrieben werden[46]. Andererseits kann der Staat, auf dessen Territorium der Auftrag auszuführen ist, vom Unternehmer in Hinsicht auf das mitgebrachte Personal die Einhaltung der geltenden Gesetzgebung und Gesamtarbeitsverträge fordern[47].

Was die Behandlung der "offensichtlich ungewöhnlich niedrigen" Angebote betrifft, schreibt die Baukoordinierungsrichtlinie den öffentlichen Auftraggebern vor, genauere Auskünfte einzuholen und diese Auskünfte zu berücksichtigen. Der EuGH hatte eine solche Überprüfung in einem Fall gefordert, in dem die luxemburgischen Behörden behaupteten, eine solche Verpflichtung zur Einholung weiterer Auskünfte bestehe deshalb nicht, weil das Angebot aufgrund des niedrigen Preises "keinerlei Bezug zur Realität habe"[48].

46 EuGH, Urteil vom 27.3.1990, Rs. C-113/89, *Société Rush Portuguesa* , Slg. 1990, S. I - 1439 ff., § 12.

47 EuGH, Urteil vom 3.2.1982, Rs. 62 und 63/81, Seco und Desquenne, Slg. 1982, S.223 ff.: "Es steht fest, dass es das Gemeinschaftsrecht den Mitgliedstaaten nicht verwehrt, ihre Rechtsvorschriften über die Mindestlöhne oder die hierüber von den Sozialpartnern geschlossenen Tarifverträge auf alle Personen ausdehnen, die in ihrem Staatsgebiet, und sei es auch nur vorübergehend, eine unselbständige Erwerbstätigkeit ausüben, und zwar unabhängig davon, in welchem Land der Arbeitgeber ansässig ist; ebensowenig verbietet es das Gemeinschaftsrecht den Mitgliedstaaten, die Einhaltung dieser Regeln mit den geeigneten Mitteln durchzusetzen" (§ 14, S. 236, 237). Demgegenüber: "ist es einem Mitgliedstaat nach dem Gemeinschaftsrecht verwehrt, einen Arbeitgeber, der in einem anderen Mitgliedstaat ansässig ist und im erstgenannten Staat mit Hilfe von Arbeitsnehmern, die Staatsangehörige von Drittstaaten sind, Arbeiten von begrenzter Dauer durchführt, dazu zu verpflichten, für dies Arbeitnehmer den Arbeitgeberanteil an den Beiträgen zur Sozialversicherung zu entrichten, wenn dieser Arbeitgeber für dieselben Arbeitnehmer und dieselben Beschäftigungszeiten bereits nach den Rechtsvorschriften des Staates, in dem er ansässig ist, zur Entrichtung vergleichbarer Beiträge verpflichtet ist und wenn die Beiträge, die in dem Staat, in dem diese Leistung erbracht wird, entrichtet werden, für diese Arbeitnehmer keinen Anspruch auf einen sozialen Vorteil begründen. Eine derartige Verpflichtung wäre auch dann nicht gerechtfertigt, wenn sie dazu dienen sollte, die wirtschaftlichen Vorteile auszugleichen, die der Arbeitgeber möglicherweise durch die Nichtbeachtung der in dem Staat, in dem die Leistung erbracht wird, geltenden Rechtsvorschriften über den sozialen Mindestlohn erzielt" (§ 15 S. 237). Zur gleichen Frage vgl. auch EuGH, Urteil *Rush Portuguesa*, zitiert in der vorstehenden Fn., § 18.

48 EuGH, Urteil vom 10.2.1982, Rs. 76/81, *Transporoute*, Slg. 1982, S. 417 ff. (422 und 428 ff.), §§ 16 ff.

7. Gerichtliche Kontrolle durch innerstaatliche Organe

Um eine bessere Wirksamkeit des Gemeinschaftsrechts in den nationalen Rechtsordnungen der Mitgliedstaaten zu sichern, hat die Gemeinschaft ihre Anstrengungen vermehrt und Massnahmen getroffen, welche sich im Hinblick auf die gerichtliche Kontrolle vor allem auf zwei Arten konkretisieren: einerseits hat der EuGH in gradueller Ausdehnung seiner Rechtsprechung gefordert, dass nationale Entscheidungen im Anwendungsbereich des Gemeinsschaftsrechts einem gerichtlichen Rechtsmittel unterliegen müssen[49]. Andererseits sind Rechtsvorschriften erlassen worden, welche den Mitgliedstaaten die Einführung geeigneter Rechtswege vorschreiben.

Im Bereich der öffentlichen Aufträge hat sich diese Tendenz durch die Annahme zweier Rechtsmittelrichtlinien geäussert; eine anwendbar auf das Verfahren der Vergabe von öffentliche Bauaufträgen, Lieferungen und Dienstleistungen, mit Ausnahme der sogenannten Sektoren[50]; die andere speziell jenen Sektoren gewidmet (Wasser, Energie, Verkehr und Telekommunikation)[51]. Diese beiden Richtlinien sind auch Bestandteil, des durch das EWR-Abkommen übernommenen "acquis communautaire". Die erste im Rahmen des Anhanges XVI; die zweite, die erst in diesem Jahr erlassen worden ist, wird durch eine zusätzliche Vereinbarung aufgenommen werden müssen.

Es folgen zusammengefasst die grundlegenden Elemente der Rechtsmittelrichtlinie für Bauaufträge und Lieferungen:

- den Anbietern müssen Rechtsmittel gegen die Entscheide der Vergabebehörde wegen Verstösses gegen das Gemeinschaftsrecht im Bereich des öffentlichen Auftragswesens oder gegen die einzelstaatlichen Vorschriften, die dieses Recht umsetzen, zur Verfügung stehen. Diese Rechtsmittel sollen sicher-

49 Z.B. hinsichtlich Entscheidungen über die Anerkennung der Gleichwertigkeit von Diplomen, EuGH, Urteil vom 15.10.1987, Rs. 222/86, *Heylens*, Slg. 1987, S. 4097 ff.

50 Richtlinie 89/665 des Rates vom 21.12.1989 zur Koordinierung der Rechts- und Verwaltungsvorschriften für die Anwendung der Nachprüfungsverfahren im Rahmen der Vergabe öffentlicher Liefer- und Bauaufträge (ABl. Nr. L vom 30.12.1989, S. 3).

51 Richtlinie 92/13 des Rates vom 25.2.1992 zur Koordinierung der Rechts- und Verwaltungsvorschriften für die Anwendung der Gemeinschaftsvorschriften über die Auftragsvergabe durch Auftraggeber im Bereich der Wasser-, Energie- und Verkehrsordnung sowie im Telekommunikationssektor (ABl. Nr. L 76 vom 23.3.1992, S. 14). Diese Richtlinie tritt am 1.1.1993 in Kraft, ausser für Spanien (30.6.1995) sowie für Griechenland und Portugal (30.6.1997).

stellen, dass Entscheidungen "wirksam und vor allem möglichst rasch" nachgeprüft werden können;

- die Nachprüfungsinstanz (oder Instanzen, da es je nach Rechtssystem mehrere geben kann) muss die Möglichkeit haben, so schnell wie möglich vorläufige Massnahmen zu ergreifen, rechtswidrige Entscheidungen aufzuheben, und denjenigen, die durch den Rechtsverstoss geschädigt worden sind, Schadensersatz zu gewähren. (Allerdings kann ein Mitgliedstaat vorsehen, dass nach dem Vertragsschluss im Anschluss an die Zuschlagserteilung die Befugnisse der Nachprüfungsinstanz darauf beschränkt werden, einer durch einen Rechtsverstoss geschädigten Person Schadensersatz zuzuerkennen);

- die Nachprüfungsinstanz muss gerichtlicher Natur sein. Zumindest muss es sich um ein Gericht im Sinne des Art. 177 EWGV handeln, das unabhängig von der Vergabebehörde ist;

- die Wirkungen der Beschwerde auf den Vertrag richten sich nach dem einzelstaatlichen Recht;

- die Kommission hat das Recht vor Abschluss eines Vertrages in das Verfahren der Auftragsvergabe einzugreifen, um eine Stellungnahme gegenüber dem Mitgliedstaat und der Vergabebehörde abzugeben.

Die Sektorenrechtsmittelrichtlinie enthält analoge Bestimmungen; sie bietet den Mitgliedstaaten aber die Wahl zwischen zwei gleichwertigen Möglichkeiten, was die Befugnisse der Beschwerdeinstanz betrifft: die erste Möglichkeit ist die in der Rechtsmittelrichtlinie vorgesehene Möglichkeit, direkt in das Vergabeverfahren einzugreifen. Die andere Möglichkeit sieht vor, wirksamen indirekten Druck auf die vergebenden Behörden auszuüben, zum Beispiel durch Erlasse eines Zahlungsbefehls in Höhe einer bestimmten Summe in dem Fall, in dem eine Verstoss nicht korrigiert oder beseitigt wird[52].

Diese Richtlinie enthält noch andere Besonderheiten, insbesondere die Einrichtung eines Bescheinigungssystems (durch das sich die vergebenden Behörden, welche sich an die Regeln im Bereich des öffentlichen Auftragswesens halten, dies durch

52 Erwägung 7 - 9 und Art. 2, lit. a - c.

halten, dies durch geeignete Mittel bescheinigen lassen können[53]), und eines Schlichtungssystems auf Gemeinschaftsebene[54].

V. Das Überwachungssystem in der EFTA und im EWR

Es kann hier nicht darum gehen, eine vollständige Darstellung des durch das EWR-Abkommen errichteten Überwachungssystems vorzunehmen. Es erscheint dennoch als wichtig, die Aufmerksamkeit auf den Bereich des öffentlichen Auftragswesen zu richten und dieses im Zusammenhang mit den im Bereich der EFTA und des EWR geltenden Vorschriften zu betrachten. Gleich zu Beginn soll erwähnt werden, dass der Ausdruck "Überwachung" in einem weiten Sinn gebraucht wird und damit Massnahmen ganz verschiedener Art gemeint sind. Sie reichen vom einfachen Informationsaustausch bis zum gerichtlichen Rechtsmittel.

1. Die Überwachung in der EFTA

a) *Die EFTA-Überwachungsbehörde*

Die Überwachungsbehörde, die die Staaten der EFTA im Rahmen des EWR-Abkommens zu errichten haben, hat zur Aufgabe, in Zusammenarbeit mit der Kommission der EG, die Erfüllung der Verpflichtungen aus dem EWR-Abkommen zu überwachen (Art. 109 Abs. 1 EWRA). Sie übt mutatis mutandis die Befugnisse der Kommission der EG gemäss dem Protokoll 1 des EWR-Abkommens aus, oder je nach Bedarf gemäss bestimmter Anhänge. Ausgenommen sind die dem Ständigen Ausschuss der EFTA-Staaten zukommenden Kompetenzen.

Zudem präzisiert das Abkommen der EFTA-Staaten über die Errichtung einer Überwachungsbehörde und eines Gerichtshofs (im folgenden: EFTA-internes Abkommen) die Befugnisse der Überwachungsbehörde; dies namentlich in Art. 5, welcher auf Protokoll 1 dieses Abkommens und gleichzeitig auf Protokoll 1 des EWR-Abkommens verweist (Art. 5 Abs. 1 lit. d EFTA-internes Abkommen).

53 Art. 3 ff.

54 Art. 9 ff.

Den vorangegangenen Vorschriften zufolge handelt die Überwachungsbehörde von Amtes wegen. Das EWR-Abkommen bietet Dritten aber auch die Möglichkeit, Beschwerden einzureichen. Die Überwachungsbehörde ist verpflichtet, alle Beschwerden, die die Anwendung des EWR-Abkommens betreffen, und unter ihre Zuständigkeit fallen, entgegenzunehmen und zu prüfen. Sie setzt die Kommission der Gemeinschaft von eingegangenen Beschwerden in Kenntnis und übermittelt ihr die unter ihre Zuständigkeit fallenden Beschwerden (Art. 109 Abs. 3 und 4 EWRA).

Auch wenn diesen Beschwerden nicht der Charakter einer formellen Beschwerde zukommt, können sie in der Gemeinschaft dennoch Wirksamkeit entfalten, zum Beispiel dadurch, dass sie die Kommission veranlassen, ein Verfahren wegen unerlaubter Vertragsverletzung oder zur Rückzahlung von Subventionen einzuleiten.

Die eben erwähnten generell geltenden Bestimmungen sind auch auf den Bereich des öffentlichen Auftragswesen anwendbar. Auf Grund der wirtschaftlichen Bedeutung und der Besonderheit des öffentlichen Auftragswesen haben die Verfasser des Abkommens aber noch zusätzlich spezielle Vorschriften aufgenommen.

Beim EWR-Abkommen soll auf den Anhang XVI, Ziffer 3 der sektoralen Anpassungen verwiesen werden, welche die Verteilung der Kompetenzen zwischen der EFTA-Überwachungsbehörde und der Kommission im Bereich der Überwachung regelt: wenn der vermutete oder der begangene Verstoss durch einen öffentlichen Auftraggeber in einem EFTA-Staat erfolgte, liegt die Kompetenz bei der EFTA-Überwachungsbehörde; erfolgte der Verstoss durch einen öffentlichen Auftraggeber in der Gemeinschaft liegt die Kompetenz bei der Kommission. Der Wortlaut dieser Regel ist nicht ganz klar bezüglich der Frage, ob auf den Ort des Vergehens oder auf den Ort, an dem der öffentliche Auftraggeber seinen Sitz hat, abgestellt wird. Meiner Meinung nach ist das entscheidende Kriterium, in welchem Staat der öffentliche Auftraggeber seinen Sitz hat.

Auch im EFTA-internen Abkommen sind spezielle Vorschriften über die Überwachung auf dem Gebiet des öffentlichen Auftragswesen enthalten. Es handelt sich hier vor allem um Art. 23, der auf das Protokoll 2 dieses Abkommens verweist, und, für einige bestimmte Fragen bezüglich der Befugnisse der Überwachungsbehörde, um Protokoll 1 (Art. 1 Abs. 1 lit. j). Diese komplizierte Konstruktion führt aber zu praktisch keinen neuen Ergebnissen; insbesondere das hier erwähnte

Protokoll 2 ist eine übernommene Abschrift der Art. 3 und 4 der Rechtsmittelrichtlinie, deren Anwendung bereits durch Anhang XVI Ziffer 9 des EWR-Abkommens erforderlich ist.

b) Der EFTA-Gerichtshof

Um die Präsentation der Überwachungsmassnahmen auf der Ebene der EFTA zu vervollständigen, soll erwähnt werden, dass der EFTA-Gerichtshof auf verschiedene im EFTA-internen Abkommen vorgesehene Arten befasst werden kann: durch die Vertragsverletzungsklage (Art. 31 und Art. 1 Abs. 1 des Protokolls 2); durch das Einholen eines Gutachtens durch nationale Gerichte der letzten Instanz oder aller Instanzen, je nach Wahl des jeweiligen EFTA-Staates (Art. 34); die Untätigkeitsklage (Art. 37 und 23) und das Ersuchen um einstweilige Anordnungen (Art. 41).

Dieses Rechtssystem weist starke Ähnlichkeiten zum EWG-Vertrag auf, mit Ausnahme des verschiedenen Umfangs, der einerseits dem Gutachten nach Art. 34 EFTA-internes Abkommen und anderseits dem Vorabentscheidungsverfahren nach Art. 177 EWGV gegeben wurde.

2. Die Überwachung auf der Ebene des EWR

Die Überwachung auf der Ebene des EWR bietet keine besonderen Aspekte im Bereich des öffentlichen Auftragswesens. Es gelten die allgemeinen Bestimmungen des EWR-Abkommens. Es sollen nur die wichtigsten Punkte erwähnt werden.

Zunächst einmal müssen die beiden Überwachungsbehörden (EFTA und EG) Informationen austauschen und sich gegenseitig konsultieren, um eine einheitliche und koordinierte Überwachung zu gewährleisten (Art. 109 Abs. 2 und 4 EWRA). Sie setzen einander von den eingegangenen Beschwerden in Kenntnis (Art. 109 Abs. 3 EWRA). Zudem sorgt der Gemeinsame EWR-Ausschuss für die Verwirklichung des Homogenitätsprinzips (Art. 105 EWRA). Er verfolgt laufend die Entwicklung der Rechtsprechung des Gerichtshofs der Europäischen Gemeinschaft und des EFTA-Gerichthofs (Art. 105 Abs. 2 EWRA). Auch kann jede der beiden Überwachungsbehörden wegen Meinungsverschiedenheiten über das Vorgehen in einem Beschwerdefall die Sache an den Gemeinsamen Ausschuss verweisen (Art.

109 Abs. 5 EWRA). Dieser muss auch gegebenfalls die ihm übertragene Rolle der Streitbeilegung übernehmen (Art. 111 Abs. 1 und 2 EWRA).

Ausserdem können die an einem Streit beteiligten Vertragsparteien vereinbaren, den EuGH um eine Entscheidung über die Auslegung einschlägiger Bestimmungen zu ersuchen (Art. 111 Abs. 3 EWRA).

Schliesslich sieht das Abkommen in beschränktem Umfang vor, dass ein Streitfall dem Schiedsgericht nach den hierzu vorgesehenen Regeln unterbreitet werden kann (Art. 111 Abs. 4 EWRA und Protokoll 33).

VI. Schlussbetrachtungen

Die hier vorliegende Untersuchung hat es ermöglicht, eine allgemeine Darstellung des Gemeinschaftsrechts im Bereich des öffentlichen Auftragswesen zu geben, sowie dessen Übernahme und Umsetzung im Recht des EWR.

Die EFTA-Staaten sind vor die wichtige Aufgabe der Übernahme und Umsetzung dieses Rechts gestellt. Jene von ihnen, die eine dezentralisierte Gebietsstruktur und einen dezentralen öffentlichen Sektor kennen, sehen sich vor zusätzliche Schwierigkeiten gestellt. Besonders in der Schweiz stehen die Kantone und Gemeinden vor der Aufgabe zu zeigen, dass sie ihre Autonomie in Übereinstimmung mit den internationalen Verpflichtungen des Landes ausüben können. Diese Aufgabe ist umso schwieriger, da die Vorschriften der Gemeinschaftsrichtlinien in komplexem, um nicht zu sagen konfusem Stil verfasst sind. Manchmal wurden Bestimmungen in Eile als Kompromiss ausgearbeitet, der dann nicht immer leicht verständlich ist.

Dazu kommt, dass die Tätigkeit der Gesetzgebung der Gemeinschaft noch nicht vollendet ist. Die Richtlinie über die Dienstleistungen in den Sektoren wurde noch nicht angenommen, und die Komission hat sich an eine, zumindest heilsame, Kodifizierungsarbeit im Bereich der Richtlinien über Bauaufträge, Lieferungen und Sektoren gemacht. Dies mit dem Ziel, die durch eine undurchsichtige Gesetzgebungstechnik in den Rechtsakten verstreuten Vorschriften zusammenzufassen. Aber trotz der Unsicherheiten, die im Bereich des Gemeinschaftsrechts über das öffentliche Auftragswesen vorhanden sind, ist es doch wesentlich, dass es sich hier um eine wichtige Entwicklung handelt. Bis heute bestehende kostspielige Privilegien und Hindernisse werden abgebaut und den nationalen Wirtschaften neue Absatzmärkte geöffnet.

ANHANG ÜBERSICHTSTABELLE DER WICHTIGSTEN RICHTLINIEN ÜBER DAS AUFTRAGSWESEN

Öffentliche Märkte (Sektoren ausgeschlossen)			
Lieferaufträge	Bauaufträge	Dienstleistungs-aufträge	Rechtsmittel
77/62 EWG 80/767/EWG 88/295 EWG	71/305/EWG 89/440/EWG	92/50/EWG in Kraft ab: 1.7.1993	89/665/EWG

Sektoren **(Energie, Wasser, Verkehr und Telekommunikation)**		
Liefer- und Bauaufträge	Dienstleistungs-aufträge	Rechtsmittel
90/531/EWG in Kraft ab: 1.1.1993	Vorschlag KOM (91) 347 endg. 25.9.1991	92/13/EWG in Kraft ab: 1.1.1993

Der freie Personenverkehr im EWR

von
Dieter W. Grossen

Inhalt

I. Einleitung

Der freie Personenverkehr ist eine der vier Grundfreiheiten in der Europäischen Gemeinschaft (EG) und damit eine Voraussetzung zur Realisierung eines Europäischen Binnenmarktes mit gleichen Wettbewerbsbedingungen.

Die Ausdehnung dieses freien Binnenmarktes auf die sieben Länder der Europäischen Freihandelsassoziation (EFTA) erfordert konsequenterweise auch die Uebernahme der gleichen "Spielregeln". Das Abkommen über den Europäischen Wirtschaftsraum (EWRA) übernimmt daher auch die Grundfreiheit des freien Personenverkehrs.

Ich möchte meine folgenden Ausführungen in drei Teile gliedern:

II. Inhalt des freien Personenverkehrs
III. Die Übergangsregelung für die Schweiz
IV. Auswirkungen auf die Wirtschaft und den Arbeitsmarkt

II. Inhalt des freien Personenverkehrs

Der freie Personenverkehr beruht auf dem Prinzip der Nichtdiskriminierung, welches in Art. 4 des EWR-Abkommens festgelegt ist. Die Bestimmungen zur Freizügigkeit der Arbeitnehmer[1] und zum Niederlassungsrecht [2] konkretisieren dieses Prinzip.

Die Freizügigkeit gilt sowohl für Erwerbstätige als auch für Nichterwerbstätige. Als wichtige Voraussetzungen zur tatsächlichen Realisierung der Freizügigkeit sind zudem die Anerkennung von Diplomen und Berufsausbildungen sowie eine gewisse Koordination im Bereiche der Sozialversicherungen notwendig. Sie werden daher im Rahmen des freien Personenverkehrs behandelt.

Die sich aus der Freizügigkeit ergebenden Rechte und Pflichten sind in über 120 verschiedenen Erlassen geregelt; im folgenden sollen sie summarisch dargestellt werden.

1. Die Freizügigkeit für Erwerbstätige

Bei den Erwerbstätigen werden zwei Kategorien unterschieden: Arbeitnehmer und selbständig Erwerbstätige.

a) *Arbeitnehmer*

Die Nichtdiskriminierung bedeutet "die Abschaffung jeder auf der Staatsangehörigkeit beruhenden unterschiedlichen Behandlung der Arbeitnehmer der EG-Mitgliedstaaten und der EFTA-Staaten in bezug auf Beschäftigung, Entlöhnung und sonstige Arbeitsbedingungen". Die sich daraus ergebenden Rechte der Arbeitnehmer können wie folgt zusammengefasst werden:

a) Der Arbeitnehmer eines EWR-Landes hat ein *Aufenthaltsrecht* in jedem andern EWR-Land; durch blosses Vorweisen einer Identitätskarte oder eines Passes sowie einer Einstellungserklärung des Arbeitgebers oder einer

1 Art. 28 Abs. 2 EWRA; Art. 48 EWGV.

2 Art. 31 EWRA; Art. 53 EWGV.

Arbeitsbescheinigung erhält er einen Aufenthaltsausweis.

b) Der *Aufenthaltsausweis* ist auf dem ganzen Staatsgebiet des Aufenthaltslandes *während fünf Jahren gültig* und wird automatisch erneuert (für kurzfristige Arbeitsverhältnisse kann der Aufenthaltsausweis auf maximal zwölf Monate befristet werden).

c) Während der Gültigkeitsdauer kann der *Aufenthaltsausweis nicht wegen unfreiwilliger Arbeitslosigkeit entzogen werden*; dauert letztere bei Ablauf des ersten Aufenthaltsausweises an, muss der Ausweis um mindestens weitere zwölf Monate verlängert werden.

d) *Keinen Aufenthaltsausweis* benötigen Grenzgänger, Saisonniers sowie Personen mit Arbeitsaufenthalten von weniger als drei Monaten; grundsätzlich genügt eine Einstellungserklärung des Arbeitgebers oder eine Arbeitsbestätigung mit einem Vermerk der zuständigen Behörde.

e) Alle Arbeitnehmer haben das *Recht auf Familiennachzug* für Ehepartner, Kinder unter 21 Jahren oder solche die unterstützt werden sowie für Verwandte in aufsteigender Linie, sofern sie unterstützt werden. Die nachgezogenen Familienangehörigen aus EWR-Staaten haben das Recht, eine Arbeit anzunehmen; für Familienangehörige aus Drittstaaten besteht dieses Recht nur für Ehegatten und Kinder unter 21 Jahren.

f) Arbeitnehmer haben auf dem Wohnungsmarkt dieselben Rechte wie die Einheimischen, einschliesslich des *Rechtes auf Erwerb von Wohneigentum.*

b) Selbständig Erwerbstätige

Das Aufenthaltsrecht der selbständig Erwerbstätigen, die den Schwerpunkt ihrer Tätigkeit dauernd in einen andern EWR-Staat verlegen, wird als "*Niederlassungsrecht*" bezeichnet. Als *Erbringer von Dienstleistungen* haben sie zudem ein Aufenthaltsrecht für die Dauer der Dienstleistung.

Für selbständig Erwerbstätige gelten, mutatis mutandis, die soeben für die Arbeitnehmer erwähnten Grundsätze. Zusätzlich sind zwei statusbedingte Rechte zu erwähnen:

a) Das *Recht auf Gründung und Leitung von Unternehmen.*

b) Das Recht auf Erwerb von *Grundeigentum, welches für die Berufsausübung notwendig ist* (z.B. Büros, Werkstatt, Fabrikgelände etc.).

2. Die Freizügigkeit für Nichterwerbstätige

Die Freizügigkeit der Nichterwerbstätigen ist auch in der EG erst seit dem 1. Juli 1992 geregelt. Es werden drei Kategorien unterschieden:

1. Rentner
2. Studenten
3. Übrige Nichterwerbstätige.

Für alle drei Kategorien gelten folgende Bedingungen zur Erteilung eines Aufenthaltsausweises:

- sie müssen sich über genügend Existenzmittel ausweisen, durch die sichergestellt ist, dass sie nicht die Sozialhilfe des Aufenthaltsstaates in Anspruch nehmen müssen;

- sie müssen über eine Krankenversicherung verfügen, die alle Risiken abdeckt.

Der Familiennachzug von Nichterwerbstätigen ist in selber Weise gewährleistet wie derjenige der Erwerbstätigen, einschliesslich des Rechtes der nachgezogenen Familienmitglieder auf Ausübung einer Erwerbstätigkeit.

3. Einschränkungen des Aufenthaltsrechts

Das Aufenthaltsrecht von EWR-Staatsangehörigen darf nur unter folgenden Bedingungen eingeschränkt werden:

1. Die Einschränkung darf nur aus *Gründen der öffentlichen Ordnung, Sicherheit und Gesundheit* erfolgen.

2. Einschränkungen dürfen *nur gegenüber einzelnen Personen verfügt werden*; allgemeine und dauernde Einschränkungen oder solche gegen ganze Personengruppen sind nicht zulässig.

3. Der Europäische Gerichtshof (EUGH) hat die Einschränkungen *bezüglich des öffentlichen Dienstes*[3] und selbständigen Tätigkeiten, die mit der Ausübung öffentlicher Gewalt verbunden sind [4], *relativiert*. Demzufolge darf das Aufenthaltsrecht zwecks Beschäftigung im öffentlichen Dienst nur eingeschränkt werden, sofern es sich um Stellen handelt, die der "Ausübung hoheitlicher Befugnisse" dienen.

4. Die Anerkennung von Diplomen und Berufsausbildungen

Die gegenseitige Anerkennung von Diplomen ist eine Vorbedingung zur tatsächlichen Realisierung des freien Personenverkehrs in einem Binnenmarkt. Es gibt drei Systeme, die die Anerkennung von Berufsausbildungen sicherstellen sollen: zum einen (Spezial-) Richtlinien zwecks Harmonisierung der Ausbildungen, zum zweiten Richtlinien über die Anerkennung von Berufspraxis und zum dritten Richtlinien, die die gegenseitige Vermutung der Gleichwertigkeit der Ausbildungen aufstellen.

a) Die Spezialrichtlinien

Ursprünglich war beabsichtigt, die Anerkennung von Diplomen mittels der Harmonisierung der Ausbildungen zu realisieren. Dies wurde durch den Erlass von Spezialrichtlinien, welche Ausbildungsnormen und -lehrgänge relativ detailliert vorschreiben, zu erreichen versucht. Insgesamt bestehen sieben derartige Richtlinien, und zwar für die folgenden Berufe:

a) Ärzte
b) Zahnärzte
c) Apotheker
d) Veterinäre
e) Hebammen

---

3 Vgl. Art. 28 Abs. 4 EWRA.

4 Vgl. Art. 32 EWRA.

f) Krankenschwestern und -pfleger
g) Architekten

Die Realisierung dieser sieben Spezialrichtlinien beanspruchte 25 Jahre, sodass nach einem neuen, einfacher zu realisierenden System gesucht wurde.

b) Richtlinien zur Anerkennung von Berufspraxis

In verschiedenen Bereichen wie Industrie und Handwerk, Handel und Dienstleistungen bestehen Richtlinien, die es den betroffenen Berufstätigen ermöglichen, nach drei- bis sechsjähriger Berufspraxis ihre Tätigkeit in einem andern Mitgliedstaat auszuüben, falls dort ein Diplom für die Berufszulassung verlangt wird, ohne jedoch ein solches Diplom zuerst erlangen zu müssen.

c) Die allgemeinen Systeme

Zwei "allgemeine Systeme" stellen die Anerkennung aller übrigen Berufsabschlüsse sicher, indem die Vermutung der Gleichwertigkeit der Ausbildungen aufgestellt wird. Nur bei tatsächlich bestehenden, starken Abweichungen oder in besonderen Fällen können Zusatzausbildungen bzw. Zusatzprüfungen verlangt werden. Dies ist beispielsweise möglich bei Elektrikern, wo die Kenntnis von besonderen, nationalen Sicherheitsvorschriften, oder bei Anwälten, wo die Kenntnis des nationalen Rechts geprüft werden können.

aa) Die Erste allgemeine Richtlinie zur Anerkennung von höheren Berufsausbildungen[5]

Diese Richtlinie regelt die gegenseitige Anerkennung von höheren Berufsausbildungen von mindestens dreijähriger Dauer. Darunter fallen in der Schweiz die Hochschuldiplome sowie die Abschlüsse der Höheren Technischen Lehranstalten (HTL) oder der Höheren Wirtschafts- und Verwaltungsschulen (HWV).

---

5 RL 89/48 über eine allgemeine Regelung zur Anerkennung der Hochschuldiplome, die eine mindestens dreijährige Berufsausbildung abschliessen, vom 21.12.88.

bb) *Die Zweite allgemeine Richtlinie zur Anerkennung der übrigen Berufsabschlüsse*[6]

Mit dieser Richtlinie wird die Anerkennung aller übrigen Berufsdiplome geregelt (z.B. Lehrabschlüsse etc.). Diese neue Richtlinie ist von den EG-Staaten ab Mitte 1994 anzuwenden.

5. Die Sozialversicherungen

Nachdem ursprünglich von der EG eine Harmonisierung der nationalen Sozialversicherungssysteme angestrebt worden war, wurde dieses Ziel aber angesichts der grossen Unterschiede bezüglich Systeme und Standards in den Mitgliedstaaten schon in den sechziger Jahren aufgegeben.

Stattdessen einigte man sich auf eine minimale Koordination zwischen den verschiedenen Systemen der Mitgliedstaaten[7]. Eine solche ist auch eine Grundvoraussetzung dafür, dass der freie Personenverkehr überhaupt funktioniert. Zu diesem Zwecke wurden drei Grundsätze festgelegt, durch welche diese Koordination sichergestellt werden soll und die auch im EWR gelten:

a) *Zusammenrechnung aller Beitrags- bzw. Versicherungszeiten*

Alle in irgend einem Mitgliedstaat geleisteten Beitrags- bzw. Versicherungszeiten an die Sozialversicherungen (wie z.B. Altersvorsorge, Kranken- und Unfallversicherung, Arbeitslosenversicherung etc.) werden bei einem Wechsel in einen andern Mitgliedstaat angerechnet.

---

6 RL 92/51 vom 18. Juni 1992 über eine zweite allgemeine Regelung zur Anerkennung beruflicher Befähigungsnachweise in Ergänzung zur Richtlinie 89/48.

7 Verordnung 1408/71 über die Anwendung der Sozialversicherungssysteme auf Arbeitnehmer, selbständig Erwerbstätige und auf ihre Familienangehörigen innerhalb der Gemeinschaft, vom 14.6.71.

b) Export der Leistungen

Durch Beitragszahlungen erworbene Leistungsansprüche aus Sozialversicherungen werden bei einem Wohnsitzwechsel in alle Mitgliedstaaten exportiert (maximal drei Monate für die Arbeitslosenentschädigung).

c) Pro rata temporis

Leistungsansprüche aus Sozialversicherungen werden von jedem Mitgliedstaat, in welchem ein EWR-Staatsangehöriger Beiträge geleistet hat, pro rata temporis dieser Beitragszahlungen ausbezahlt. (Für die Ausrichtung der Arbeitslosenentschädigung ist grundsätzlich der Staat zuständig, wo der Arbeitslose zuletzt beschäftigt war.)

Mit diesen Koordinationsprinzipien wird gewährleistet, dass EWR-Staatsangehörige innerhalb der Mitgliedstaaten ihre Sozialversicherungsansprüche "mitnehmen" können und keine Verluste erleiden.

III. Die Übergangsregelung für die Schweiz

1. Freier Personenverkehr

Der Schweiz wurde für die Realisierung des freien Personenverkehrs eine fünfjährige Übergangsfrist zugestanden[8]. Während dieser fünf Jahre kann die Schweiz bestehende Beschränkungen bezüglich Einreise, Beschäftigung und Aufenthalt aufrechterhalten, wobei schrittweise gewisse Lockerungen vorgesehen sind[9].

8 Protokoll 15 zum EWRA über die Übergangsfristen für die Freizügigkeit.

9 Vgl. Anhang 1.

2. Anerkennung von Diplomen

Für die Umsetzung der "Ersten allgemeinen Richtlinie" wurde der Schweiz eine Übergangsfrist von zwei, für die vier Spezialrichtlinien bezüglich der Medizinalberufe eine solche von vier Jahren zugestanden.

3. Sozialversicherungen

Im Bereiche der Sozialversicherungen wurde der Schweiz zugestanden, während dreier Jahre die AHV/IV-Ergänzungsleistungen nicht exportieren zu müssen. Da inzwischen in der EG eine diesbezügliche Aenderung der Verordnung über die Koordination der Sozialversicherung[10] beschlossen wurde, wird sich das Problem des Exportes von Ergänzungsleistungen der AVH/IV nach Ablauf der Übergangsfrist nicht mehr stellen.

IV. Auswirkungen auf Wirtschaft und Arbeitsmarkt

Die Auswirkungen eines Beitritts der Schweiz zum EWR, bzw. für den Fall eines Abseitsstehens, sind nicht mit mathematischer Sicherheit voraussehbar. Einige diesbezügliche Studien[11], die bisherigen einschlägigen Erfahrungen in den EG-Ländern sowie die verschiedenen Faktoren, soweit diese berechenbar sind, ermöglichen es uns aber dennoch, bezüglich der voraussichtlichen Entwicklung auf Zuwanderung, Löhne, Wirtschaft und Arbeitsmarkt einigermassen zuverlässige Prognosen zu machen.

10 VO 1408/71; VO 574/72.

11 Hauser Heinz, EWR-Vertrag/EG-Beitritt/Alleingang: Wirtschaftliche Konsequenzen für die Schweiz; Cecchini Paolo, Europa'92: Der Vorteil des Binnenmarktes, 1. Auflage. Nomos/ - Baden-Baden 1988; Die Auswirkungen des EWR auf Beschäftigung und Löhne in der Schweiz. Bericht der Arbeitsgruppe des Eidgenössischen Volkswirtschaftsdepartementes, Bern, 24.6.92.

1. Auswirkungen auf die Wirtschaft

Gesamtwirtschaftlich gesehen wird ein EWR-Beitritt, durch den der Schweizer Wirtschaft der freie Zugang zum grössten Binnenmarkt der Welt mit über 380 Millionen Konsumenten gesichert wird, ohne Zweifel positive Auswirkungen haben. Es ist mit einer Stärkung der Wettbewerbsfähigkeit der schweizerischen Wirtschaft, mit einer Verbesserung des Arbeitskräfteangebots und auch mit einer Steigerung der Arbeitsproduktivität zu rechnen. Allerdings muss auch darauf hingewiesen werden, dass durch den verstärkten Konkurrenzdruck in gewissen ertragsschwachen Branchen und in einigen Regionen bereits heute im Gang befindliche Strukturbereinigungen noch beschleunigt werden könnten.

Unser aussenwirtschaftliches Umfeld wird sich nach dem 1.1.93 radikal ändern - ob wir Mitglied des EWR sein werden oder nicht. Die EG von 1993 wird nicht mehr dieselbe wie 1992 sein. Von EWR-Gegnern wird immer wieder argumentiert, dass die Freihandelsabkommen von 1972 auch für die zukünftige Zusammenarbeit mit den EG-Staaten genügten. Demgegenüber ist festzuhalten, dass diese Abkommen in den vergangenen zwanzig Jahren für die Schweizer Wirtschaft zwar ausserordentlich förderlich waren, dass sie aber in einem Europa mit einem freien Binnenmarkt bei weitem nicht mehr genügen werden, und zwar aus folgenden Gründen:

- Die Freihandelsverträge umfassen nur Industriegüter, nicht aber den ganzen tertiären Sektor (im tertiären Sektor arbeiten aber mittlerweile 60 % aller Erwerbstätigen unseres Landes und dieser Sektor erwirtschaftet 62 % des Volkseinkommens).

- Die Freihandelsverträge decken somit einen massgeblichen Teil unserer Volkswirtschaft nicht ab.

- Die Freihandelsverträge ermöglichen nur den zollfreien Grenzübertritt für Industriegüter, nicht aber deren Kommerzialisierung. Das heisst, dass unsere Waren zwar auf den Märkten der EG- und EFTA-Staaten angeboten werden können, dass deren effektiver Verkauf aber durch Prioritätsvorschriften benachteiligt bzw. verhindert werden kann (z.B. im öffentlichen Beschaffungswesen).

Mit einem Alleingang würden wir uns nicht nur den Zugang zum Binnenmarkt der andern 18 EWR-Staaten verbauen, sondern wir müssten auch schwerwiegende Benachteiligungen auf Drittmärkten in Kauf nehmen. Die drei im Entstehen begriffenen Wirtschaftsblöcke - der nordamerikanische, der südostasiatische und der europäische - organisieren sich zum Teil mit -, zum Teil gegeneinander. Durch gemeinsame Abkommen soll der Wirtschaftsaustausch geregelt werden. So hat beispielsweise die EG mit den meisten Staaten Zentral- und Osteuropas bereits sog. Präferenzabkommen abgeschlossen. Wenn wir uns bei der Neuordnung der Weltmärkte nicht der Option Europa anschliessen, so setzen wir uns zwischen Stuhl und Bank, und dies nicht nur in Bezug auf die Marktzugänge, sondern auch bezüglich Forschung und Entwicklung. Die entsprechenden Verluste an Marktanteilen würden zwangsläufig zu Abwanderungen von Produktionsstätten und damit zu Arbeitsplatzverlusten führen.

Autonome Harmonisierungen der Schweiz mit dem EWR-Recht, beispielsweise im Bereich der technischen Normen oder bei der Zulassung von Fachleuten, Spezialisten oder Forschern, sind insofern keine Lösung, als dass dadurch das Gegenrecht, dh. der Zugang der Schweiz zu den entsprechenden Bereichen oder Märkten der EWR-Staaten überhaupt nicht gewährleistet werden kann.

2. Auswirkungen auf die Zuwanderung

Immer wieder werden im Zusammenhang mit dem freien Personenverkehr Aengste vor einer Massenzuwanderung geäussert. Aus folgenden Gründen ist nicht zu erwarten, dass eine starke Zuwanderung von neuen EWR-Staatsangehörigen stattfinden wird:

- Erfahrungen in der EG zeigen, dass trotz zunehmender Freizügigkeit die Wanderungen zwischen den EG-Staaten rückläufig sind. Auch die per 1. Januar 1992 den Portugiesen und den Spaniern gewährte Freizügigkeit hat nicht zu neuen Wanderbewegungen geführt.

- Die Wirtschaftsentwicklung in den südlichen Ländern Europas ist - trotz momentaner konjunktureller Schwächen - gesamthaft gut; dadurch sehen sich immer weniger dieser Staatsangehörigen veranlasst, im Ausland Arbeit zu suchen.

- Auch das soziale Netz in den südlichen Ländern ist besser geworden, sodass beispielsweise Arbeitslosigkeit allein heute kaum mehr ein Grund zur Auswanderung ist.

- Die demographische Entwicklung ist in ganz Europa - einschliesslich der südlichen Länder - ebenso ungünstig wie bei uns. Infolge der Alterung der Bevölkerung werden die jungen Arbeitskräfte daher in ihren Ländern selbst benötigt (Italien hat z.B. bereits heute eine geringere Geburtenrate als die Schweiz!).

- Der freie Personenverkehr gilt nur für EWR-Staatsangehörige, nicht für die in den EWR-Ländern lebenden Drittausländer.

- Der Wanderungssaldo zwischen der Schweiz und Italien und Spanien ist schon heute rückläufig, dh., es kehren mehr Italiener und Spanier in ihre Heimat zurück als dass neue in die Schweiz einreisen.

Für den - allerdings nicht zu erwartenden - Fall, dass trotz aller gegenteiliger Erwartungen eine starke Zuwanderung aus den EWR-Ländern in die Schweiz stattfinden sollte, stehen uns drei Sicherheitsmassnahmen zur Verfügung:

a) Die Übergangsfristen

Während der fünfjährigen Übergangsfrist können die bestehenden Zulassungsbeschränkungen (Kontingentierungen) beibehalten werden.

b) Die Schutzklausel

Die im EWRA enthaltene Schutzklausel[12] sowie die diesbezügliche Erklärung der Schweiz[13] würden es der Schweiz ermöglichen, auch nach Ablauf der Übergangsfrist im Falle von starken Zuwanderungen aus EWR-Staaten erneut Zulas-

12 Art. 112 EWRA.

13 Erklärung der Regierung der Schweiz zu Schutzmassnahmen, EWRA.

sungsbeschränkungen einzuführen.

c) *Das 3-Kreis-Modell*

Das 3-Kreis-Modell bezüglich der Ausländerpolitik[14] würde es ermöglichen, starke Zuwanderungen aus dem 1. Kreis (EWR-Staaten) durch entsprechend strengere Begrenzungsmassnahmen für die übrigen Ausländer (2. und 3. Kreis) aufzufangen bzw. zu kompensieren.

3. Auswirkungen auf den Arbeitsmarkt

a) *Auswirkungen auf die Beschäftigung*

Da die Wirtschaft im Falle eines EWR-Beitritts am europäischen Binnenmarkt teilhaben wird, wird sich dies ohne Zweifel auch positiv auf die Beschäftigung in unserem Lande auswirken. Infolge der erwähnten Strukturbereinigungen (vgl. oben S. 13) wird zwar kurzfristig die Arbeitslosigkeit in der Schweiz nicht verbessert, mittel- und längerfristig sind die Beschäftigungsaussichten im Falle eines Beitritts jedoch besser. Es ist insbesondere nicht zu befürchten, dass sich unsere Arbeitslosenquoten wegen einem Beitritt zum EWR auf Dauer erhöhen werden. Die manchmal befürchtete Nivellierung der Arbeitslosenquote auf das europäische Mittel wird nicht erfolgen:

- Auch innerhalb der Schweiz haben wir regional sehr unterschiedliche Arbeitslosenquoten; dasselbe gilt für die andern EWR-Staaten (z.B. zwischen Nord- und Süddeutschland oder zwischen den neuen und den alten Bundesländern; zwischen Nord- und Süditalien etc.).

- Der freie Personenverkehr ist für Erwerbstätige nur bei Nachweis eines Arbeitsvertrages (bzw. von genügend Eigenmitteln bei den Nichterwerbstätigen) gewährleistet.

- Die wirtschaftliche Erstarkung Südeuropas wird dort stark beschäftigungswirksam; daher ist nicht mit einem stärkeren Konkurrenzdruck auf dem

14 Bericht des Bundesrates zur Ausländer- und Flüchtlingspolitik vom 15. Mai 1991, S. 16 f.

Schweizer Arbeitsmarkt und damit mit zunehmender Arbeitslosigkeit zu rechnen.

b) *Auswirkungen auf die Löhne*

Auch hier ist mit grosser Wahrscheinlichkeit mit positiven Auswirkungen zu rechnen. Die günstigen Wirkungen eines EWR-Beitritts auf die Wirtschaftsentwicklung und auf die Beschäftigung dürfte sich auf die Lohnentwicklung übertragen. Die Erfahrungen in der EG zeigen, dass - auch ohne Massnahmen gegen Lohnunterbietungen - keine Lohnnivellierungen nach unten stattgefunden haben. Bestehende Lohnunterschiede haben sich erhalten, so beispielsweise zwischen Dänemark und Portugal, wo der Lohnunterschied bis 1 : 6 beträgt. Auch innerhalb der Schweiz bestehen übrigens regional sehr grosse Lohnunterschiede.

Immerhin hat sich der Bundesrat aufgrund vielfach geäusserter Bedenken, aber auch aufgrund verschiedener parlamentarischer Vorstösse dazu bereit erklärt, Massnahmen gegen allfällige Lohnunterbietungen vorzubereiten. In mehreren Motionen wurden u.a. folgende Lösungen anvisiert:

- Ermächtigung der Kantone, in Branchen oder Regionen, in welchen offensichtliche bzw. gravierende Missbräuche vorgekommen sind, mittels Normalarbeitsverträgen Minimallöhne vorzuschreiben.

- Erleichterung der Allgemeinverbindlicherklärung von Gesamtarbeitsverträgen.

Solche Schutzmassnahmen werden im Rahmen des ordentlichen Gesetzgebungsverfahrens zu realisieren sein; für die Dauer der Übergangsfrist von fünf Jahren (bei Grenzgängern allerdings lediglich während zwei Jahren) wird jedoch die Vorschrift der orts- und berufsüblichen Lohn- und Arbeitsbedingungen[15] auch bei der Zulassung von EWR-Staatsangehörigen bestehen bleiben.

15 Art. 9, Verordnung des Bundesrates über die Begrenzung der Zahl der Ausländer (BVO) vom 6.10.86.

Anhang 1

EWR - ÜBERGANGSREGELUNGEN IM BEREICH DES FREIEN PERSONENVERKEHRS

A. FREIER PERSONENVERKEHR

Protokoll 15 über Übergangszeiten für die Freizügigkeit (Schweiz und Liechtenstein)

1. GRUNDSÄTZLICHE BESTIMMUNGEN

Möglichkeit zur Aufrechterhaltung des Kontingents- und Bewilligungssystems bezüglich Einreise, Aufenthalt und Beschäftigung von neueinreisenden erwerbstätigen Personen.	**Bis zum 31.12.1997 (5 Jahre)**
Gleichstellung der EWR-Bürger mit den Einheimischen bezüglich Priorität auf dem Arbeitsmarkt.	**Ab dem 1.1.1993**
Definition des Familiennachzugs (gemäss EWR-Recht): - Ehegatte des Aufenthaltsberechtigten sowie die Verwandten in absteigender Linie, denen Unterhalt gewährt wird. - Verwandte des Aufenthaltsberechtigten und seines Ehegatten in aufsteigender Linie, denen Unterhalt gewährt wird.	**Ab dem 1.1.1993**

2. ARBEITNEHMER

2.1. Jahresaufenthalter

Möglichkeit zur Kontingentierung	**Bis zum 31.12.1997 (5 Jahre)**
Jederzeitige Möglichkeit zur Ausübung einer selbständigen Erwerbstätigkeit	**Ab dem 1.1.1993**
Aufenthaltsbewilligung mit einer Gültigkeitsdauer von 5 Jahren	**Ab dem 1.1.1993**
Berufliche und geographische Mobilität in der Schweiz ohne Wartefrist	**Ab dem 1.1.1993**
Anspruch auf jederzeitigen Familiennachzug	**Ab dem 1.1.1993**

2.2. Saisonniers

Möglichkeit zur Kontingentierung	**Bis zum 31.12.1997 (5 Jahre)**
Möglichkeit zur Aufrechterhaltung der Vorschriften, welche die berufliche und geographische Mobilität während der Saison einschränken.	**Bis zum 31.12.1997 (5 Jahre)**
Möglichkeit zur Aufrechterhaltung der Pflicht, das Land während insgesamt mindestens drei Monaten im Kalenderjahr zu verlassen.	**Bis zum 31.12.1997 (5 Jahre)**
Umwandlung der Saison- in eine Jahresaufenthalterbewilligung nach insgesamt 30 Monaten innerhalb von vier aufeinanderfolgenden Jahren.	**Ab dem 1.1.1993 bis zum 31.12.1997 (5 Jahre)**
Automatische Erneuerung der Saisonbewilligung, wenn der Saisonnier im Besitze eines Arbeitsvertrages ist.	**Ab dem 1.1.1993 bis zum 31.12.1997 (5 Jahre)**
Anspruch auf Familiennachzug	**Ab dem 1.1.1997**

2.3. Kurzaufenthalter

2.3.1. Kurzaufenthalte bis 4 Monate

Möglichkeit zur Aufrechterhaltung der heutigen Regelung	**Bis zum 31.12.1997 (5 Jahre)**

2.3.2. Kurzaufenthalte von mehr als 4 bis zu 12 Monaten

Möglichkeit zur Kontingentierung (mit Ausnahme der Kurzaufenthalter gemäss Art. 13 Bst.c BVO)	**Bis zum 31.12.1997 (5 Jahre)**

Bewilligungen, die eine Aufenthaltsdauer von 9 Monaten oder weniger vorsehen (für Bewilligungen, die für mehr als 9 Monate ausgestellt werden, können die folgenden Einschränkungen nicht verfügt werden):

- Möglichkeit zur Aufrechterhaltung der Vorschriften, welche die berufliche und geographische Mobilität während der Dauer des Aufenthaltes einschränken.	**Bis zum 31.12.1997 (5 Jahre)**
- Möglichkeit, den Familiennachzug einzuschränken	**Bis zum 31.12.1996 (4 Jahre)**

2.4. Grenzgänger

Möglichkeit zur Aufrechterhaltung der Pflicht, täglich an den Wohnort im Ausland zurückzukehren.	**Bis zum 31.12.1995 (3 Jahre)**
Möglichkeit zur Aufrechterhaltung der Grenzzonen	**Bis zum 31.12.1996 (4 Jahre)**

Automatische Erteilung der Grenzgängerbewilligung, wenn der Grenzgänger einen Arbeitsvertrag vorweist.	**Ab dem 1.1.1995 (2 Jahre)**

3. SELBSTÄNDIGERWERBSTÄTIGE UND DIENSTLEISTUNGSERBRINGER

3.1. Selbständigerwerbstätige mit Wohnsitz in der Schweiz

Gleiche Regelung wie für Jahresaufenthalter (vgl. Punkt 2.1.)	**Ab dem 1.1.1993 bis zum 31.12.1997 (5 Jahre)**

3.2. Dienstleistungserbringer

3.2.1. Kurzaufenthalte bis 4 Monate

Keine Kontingentierung	**Ab dem 1.1.1993**

3.2.2. Aufenthalte von mehr als 4 Monaten

Möglichkeit zur Kontingentierung	**Bis zum 31.12.1997 (5 Jahre)**
Aufenthaltsbewilligung für die voraussichtliche Dauer der Dienstleistung (im Gegensatz zur Jahresaufenthaltsbewilligung sind diese Bewilligungen beliebig befristbar und müssen nicht für die Dauer von 5 Jahren erteilt werden, wenn der Aufenthalt mehr als 12 Monate beträgt).	**Ab dem 1.1.1993**

4. NICHTERWERBSTÄTIGE

4.1. Studenten

Aufenthaltsbewilligung für die Dauer der Ausbildung, oder falls diese mehr als ein Jahr beträgt, mit einer Gültigkeitsdauer von einem Jahr (mit jährlicher Verlängerung).	**Ab dem 1.1.1993**
Voraussetzungen für die Bewilligungserteilung: Genügende finanzielle Mittel und Krankenversicherungsschutz.	**Ab dem 1.1.1993**
Anspruch auf Familiennachzug (für Studenten lediglich: Ehegatte und unterhaltsberechtigte Kinder)	**Ab dem 1.1.1993**

4.2. Aus dem Erwerbsleben ausgeschiedene Arbeitnehmer und Selbständigerwerbstätige

Grundsätzlich Aufenthaltsbewilligung mit einer Gültigkeitsdauer von 5 Jahren; Möglichkeit, unter bestimmten Voraussetzungen die erste Bewilligung auf 2 Jahre zu befristen.	**Ab dem 1.1.1993**

Voraussetzungen für die Bewilligungserteilung: Genügende finanzielle Mittel und Krankenversicherungsschutz.	**Ab dem 1.1.1993**
Anspruch auf Familiennachzug	**Ab dem 1.1.1993**

4.3. Andere nichterwerbstätige Personen

Grundsätzlich Aufenthaltsbewilligung mit einer Gültigkeitsdauer von 5 Jahren; Möglichkeit, unter bestimmten Voraussetzungen die erste Bewilligung auf 2 Jahre zu befristen.	**Ab dem 1.1.1993**
Voraussetzungen für die Bewilligungserteilung: Genügende finanzielle Mittel und Krankenversicherungsschutz.	**Ab dem 1.1.1993**
Anspruch auf Familiennachzug	**Ab dem 1.1.1993**

4.4. Empfänger von Dienstleistungen
(z.B. Kuraufenthalte)

Aufenthaltsbewilligung für die voraussichtliche Dauer der Dienstleistung	**Ab dem 1.1.1993**

B. GEGENSEITIGE ANERKENNUNG VON DIPLOMEN UND BERUFLICHEN BEFÄHIGUNGSNACHWEISEN

(Annex VII - Mutual recognition of professional qualifications)

Allgemeine Richtlinie zur Anerkennung der Hochschuldiplome (RL 89/48/EWG)	**Ab dem 1.1.1995 (2 Jahre)**
Allgemeinmedizin (RL 86/457/EWG)	**Ab dem 1.1.1997 (4 Jahre, resp. 1.1.1999 für Art. 2 der Richtlinie)**
Ärzte (RL 75/362/EWG und RL 75/363/EWG)	**Ab dem 1.1.1997 (4 Jahre)**
Zahnärzte (RL 78/686/EWG und RL 78/687/EWG)	**Ab dem 1.1.1997 (4 Jahre)**
Krankenschwestern und Krankenpfleger (RL 77/452/EWG und RL 77/453/EWG)	**Ab dem 1.1.1997 (4 Jahre)**
Hebammen (RL 80/154/EWG und RL 80/155/EWG)	**Ab dem 1.1.1997 (4 Jahre)**

C. SOZIALE SICHERHEIT

Möglichkeit, Artikel 10(1) Paragraph 1 der Verordnung 1408/71/EWG auf die AHV/IV-Ergänzungsleistungen nicht anzuwenden (Annex VI - Social Security). D.h., die Ergänzungsleistungen müssen während dieser Zeit nicht exportiert werden.	**Bis zum 31.12.1995 (3 Jahre)**
Teilweise Retrozession von Arbeitslosenversicherungsbeiträgen der Saisonarbeitnehmer an den Herkunftsstaat (Protocol 16 on measures in the field of social security related to transitional periods on the free movement of persons - Switzerland and Liechtenstein).	Bis zum 31.12.1997 (5 Jahre)

Anhang 2

DER FREIE PERSONENVERKEHR IN DER EG: DIE WICHTIGSTEN RECHTSGRUNDLAGEN

1. Arbeitnehmer:

- Art. 48ff des Vertrages zur Gründung der Europäischen Wirtschaftsgemeinschaft (EWGV) vom 25.3.1957 (Arbeitskräfte);

- Art. 28 Abs. 2 des Abkommens über den Europäischen Wirtschaftsraum (EWRA) vom 15. Mai 1992;

- Verordnung (VO) Nr. 1612/68 über die Freizügigkeit der Arbeitnehmer innerhalb der Gemeinschaft vom 15.10.1968;

- Richtlinie (RL) 68/360 zur Aufhebung der Reise- und Aufenthaltsbeschränkungen für Arbeitnehmer der Mitgliedstaaten und ihre Familienangehörigen innerhalb der Gemeinschaft vom 15.10.1968;

- RL 64/221 zur Koordinierung der Sondervorschriften für die Einreise und den Aufenthalt von Ausländern, soweit sie aus Gründen der öffentlichen Ordnung, Sicherheit oder Gesundheit gerechtfertigt sind, vom 25.2.1964;

- VO Nr 1251/70 über das Recht der Arbeitnehmer, nach Beendigung einer Beschäftigung im Hoheitsgebiet eines Mitgliedstaates zu verbleiben, vom 29.6.1970.

2. Selbständigerwerbstätige:

- Art. 52ff EWGV (Niederlassungsrecht) und Art. 59ff EWGV (Dienstleistungen);

- Art. 31 des Abkommens über den Europäischen Wirtschaftsraum (EWRA) vom 15. Mai 1992;

- RL 73/148 zur Aufhebung der Reise- und Aufenthaltsbeschränkungen für Staatsangehörige der Mitgliedstaaten innerhalb der Gemeinschaft auf dem Gebiet der Niederlassung und des Dienstleistungsverkehrs vom 21.5.1973;

- RL 75/34 über das Recht der Staatsangehörigen eines Mitgliedstaats, nach Beendigung der Ausübung einer selbständigen Tätigkeit im Hoheitsgebiet eines anderen Mitgliedstaates zur verbleiben, vom 17.12.1974;

- RL 75/35 zur Erweiterung des Geltungsbereichs der Richtlinie 64/221/EWG zur Koordinierung der Sondervorschriften für die Einreise und den Aufenthalt von Ausländern, soweit sie aus Gründen der öffentlichen Ordnung Sicherheit oder Gesundheit gerechtfertigt sind, auf die Staatsangehörigen eines Mitgliedstaats, die von dem Recht, nach Beendigung einer selbständigen Tätigkeit im Hoheitsgebiet eines Mitgliedstaats zu verbleiben, Gebrauch machen, vom 17.12.1974.

3. Nichterwerbstätige:

- RL 90/364 über das Aufenthaltsrecht vom 28.6.90.

- RL 90/365 über das Aufenthaltsrecht der aus dem Erwerbsleben ausgeschiedenen Arbeitnehmer und selbständig Erwerbstätigen vom 28.6.90.

- RL 90/366 über das Aufenthaltsrecht der Studenten vom 28.6.90.

Dienstleistungsfreiheit

von
Rolf H. Weber

Inhalt

I. Einleitung

Die Dienstleistungsfreiheit will den Grundsatz der freien grenzüberschreitenden erwerbsmässigen Dienstleistungserbringung und -beanspruchung und damit den Austausch von immateriellen "Produkten" unternehmerischer Tätigkeiten ohne Begründung einer Geschäftsniederlassung in einem anderen Mitgliedstaat verwirklichen[1]. Die zunehmende volkswirtschaftliche Bedeutung des tertiären Sektors, der 60 % der gesamtwirtschaftlichen Wertschöpfung generiert[2], sowie der neu entwickelten, auch für andere Sektoren wichtigen Technologien macht die Liberalisierung des Dienstleistungsverkehrs unumgänglich; praktisch liegt in diesem Bereich auch der quantitative Schwerpunkt des Binnenmarktprogramms der EG und der durch den EWR in der Schweiz notwendig werdenden Rechtsanpassungen[3].

1 Zu den einzelnen Definitionsmerkmalen hinten Ziff. II.

2 Zur Dienstleistungsgesellschaft R. H. WEBER, Praxis zum Auftragsrecht und zu den besonderen Auftragsarten, Bern 1990, 19 m.Verw.

3 M. BALDI, Der EWR als integrierter Markt für Dienstleistungen, AJP 1992, 1230 f; allgemein zur Themenstellung auch O. GUILLOD, Professions libérales, professions libérées? in: D. SCHINDLER/G. HERTIG/J. KELLENBERGER/D. THÜRER/R. ZÄCH, Die Europaverträglichkeit des schweizerischen Rechts, Zürich 1990, 75 ff.

Bereits der Römer Vertrag von 1957 hat zwar in Art. 3 lit. c EWGV als Tätigkeit der Gemeinschaft die Beseitigung der Hindernisse für den freien Personen-, Dienstleistungs- und Kapitalverkehr zwischen den Mitgliedstaaten vorgesehen; die Verwirklichung dieser Grundsätze hat aber wesentlich mehr Zeit beansprucht als erwartet und erst im Rahmen der Binnenmarktverwirklichung durch die Einheitliche Europäische Akte von 1986 ist neu der klärende Art. 8a EWGV geschaffen worden: "Der Binnenmarkt umfasst einen Raum ohne Binnengrenzen, in dem der freie Verkehr von Waren, Personen, Dienstleistungen und Kapital gemäss den Bestimmungen dieses Vertrages gewährleistet ist". Durch den Abschluss des EWRV übernimmt die Schweiz grundsätzlich das gesamte EG-Recht im Bereich des freien Dienstleistungsverkehrs.

1. Überblick: Dienstleistungsfreiheit im EWGV und im EWRV

Der zweite Teil des EWGV, überschrieben mit "Grundlagen der Gemeinschaft", enthält in Titel I den freien Warenverkehr und - nach der Landwirtschaftsregelung - in Titel III den freien Personen-, Dienstleistungs- und Kapitalverkehr. Die Dienstleistungsfreiheit ist als Kapitel 3 zwischen die Freizügigkeit der Arbeitskräfte und die Niederlassungsfreiheit einerseits sowie die Kapitalverkehrsfreiheit andererseits eingeordnet (Art. 59-66 EWGV).

Im EWRV befasst sich Kapitel 3 von Teil III, überschrieben mit "Freizügigkeit, freier Dienstleistungs- und Kapitalverkehr", mit den "Dienstleistungen". Die entsprechenden, dem EWGV nachempfundenen Art. 36-39 EWRV sind recht knapp[4]:

- Art. 36 Abs. 1 EWRV legt fest, dass der freie Dienstleistungsverkehr im Gebiet der Vertragsparteien für Angehörige von EG- und EFTA-Staaten bezüglich deren grenzüberschreitender Erbringung keinen Beschränkungen unterliegen soll.

- Art. 37 Abs. 1 EWRV umschreibt die Dienstleistungen als Leistungen, die in der Regel gegen Entgelt erbracht werden, soweit sie nicht den Vorschriften über den freien Waren- und Kapitalverkehr und über die Freizügigkeit unterliegen. Art. 37 Abs. 2 EWRV nennt nicht abschliessend gewisse

4 Vgl. auch P.-Ch. Müller-Graff, Die Dienstleistungsfreiheit, in: O. Jacot-Guillarmod (Hrsg.), EWR-Abkommen, Zürich/Bern 1992, 226.

Beispiele von Dienstleistungen (gewerbliche, kaufmännische, handwerkliche, freiberufliche Tätigkeiten) und Art. 37 Abs. 3 EWRV legt fest, dass der Leistende unbeschadet der Bestimmungen zur Niederlassungsfreiheit zwecks Leistungserbringung seine Tätigkeit vorübergehend in einem anderen Staat ausüben kann.

- Art. 38 EWRV verweist zur Abgrenzung des sachlichen Anwendungsbereichs für Dienstleistungen auf dem Gebiete des Verkehrs auf die Sonderbestimmungen von Art. 47-52 EWRV.

- Art. 39 EWRV erklärt die Art. 30, 32, 33 und 34 EWRV auf die Dienstleistungen für (analog) anwendbar; inhaltlich geht es - im Rahmen des freien Dienstleistungsverkehrs - bei diesen Bestimmungen (1) um die Verpflichtung zur Verwirklichung der gegenseitigen Anerkennung von Diplomen und anderen Befähigungsnachweisen (gemäss Anhag VII zum EWR), (2) um den Vorbehalt von Tätigkeiten, die mit der Ausübung öffentlicher Gewalt verbunden sind, (3) um die Einschränkungen aus Gründen der öffentlichen Ordnung, Sicherheit und Gesundheit sowie (4) um die Gleichstellung der juristischen mit den natürlichen Personen.

Obwohl die Regelung der Dienstleistungsfreiheit im EWRV recht knapp ist, entspricht sie weitestgehend der Regelung von Art. 59-66 EWGV:

EWGV	EWRV
Art. 59 Abs. 1	Art. 36 Abs. 1
Art. 60 Abs. 1	Art. 37 Abs. 1
Art. 60 Abs. 2	Art. 37 Abs. 2
Art. 60 Abs. 3	Art. 37 Abs. 3
Art. 61 Abs. 1	Art. 38
Art. 66	Art. 39
└> Art. 55 Abs. 1	└> Art. 32
Art. 56 Abs. 1	Art. 33
Art. 57	Art. 40
Art. 58	Art. 34

Angesichts der dargestellten Parallelität können die von Rechtsprechung und Lehre zu den Bestimmungen des EWGV entwickelten Auslegungsgrundsätze - zum Zwecke genügender Rechtsvorhersehbarkeit - auch auf die Interpretation der Bestimmungen des EWRV Anwendung finden[5].

Als unterschiedliche Regelungsnormen verbleiben lediglich "organisatorische" Anordnungen:

- Art. 62, 63, 64 und 65 EWGV sind Bestimmungen, welche das EG-Programm zur Verwirklichung der Dienstleistungsfreiheit und die Übergangsregelung konkretisieren; diese Bestimmungen brauchen im EWRV nicht übernommen zu werden, ebensowenig wie die in Art. 59 Abs. 2 EWGV vorgesehene, aber noch nie beanspruchte Ausdehnungskompetenz. Die Norm zur Abgrenzung vom freien Kapitalverkehr (Art. 61 Abs. 2 EWGV) hat bisher mehr Verwirrung als Klarheit geschaffen.

- Art. 36 Abs. 2 EWRV verweist auf Sonderbestimmungen (Anhänge IX-XI zum EWRV, enthaltend Regelungen zu den Finanzdienstleistungen, audiovisuellen Dienstleistungen und Telekommunikationsdienstleistungen), die das genaue Ausmass des zu übernehmenden sekundären Gemeinschaftsrechts umschreiben.

2. Systematische Stellung der Dienstleistungsfreiheit

Sowohl im EWGV wie im EWRV findet sich die Dienstleistungsfreiheit - als Auffangtatbestand zur Erfassung wirtschaftlicher Vorgänge - eingebettet zwischen den freien Personen- und den freien Kapitalverkehr. Angesichts dieser gesetzgeberischen Ausgangslage ist die Dienstleistungsfreiheit oft als Annex zur Niederlassungsfreiheit verstanden worden[6]:

- Der Wortlaut des Beschränkungsverbots im Dienstleistungsbereich (Art. 59 EWGV, Art. 36 EWRV) ist demjenigen im Niederlassungsbereich (Art. 52 EWGV, Art. 31 EWRV) nachempfunden. Zudem ist die Dienstleistungsfreiheit gesetzestechnisch als subsidiärer Tatbestand ausgestaltet (Art. 60

5 Ebenso MÜLLER-GRAFF (Anm. 4), 227.

6 Zum folgenden auch MÜLLER-GRAFF (Anm. 4), 228 f.

Abs. 1 EWGV, Art. 37 Abs. 1 EWRV).

- Im Rahmen der Dienstleistungsfreiheit wird bezüglich der Vorbehaltsschranken (z.B. öffentliche Ordnung, Gesundheit, Sicherheit) auf die Regelung bei der Niederlassungsfreiheit verwiesen (Bezugnahme von Art. 66 auf Art. 55-58 EWGV bzw. von Art. 39 auf Art. 30, 32-34 EWRV).

- In der praktischen Gesetzgebungstätigkeit haben die EG-Organe parallele Regulierungen und Handlungsprogramme für die Niederlassungs- und die Dienstleistungsfreiheit ausgearbeitet (z.B. das Allgemeine Programm zur Aufhebung der Beschränkungen des freien Dienstleistungsverkehrs bzw. der Niederlassungsfreiheit vom 18.12.1961[7] oder die Richtlinie 64/220 des Rates betr. Aufhebung der Reise- und Aufenthaltsbeschränkungen vom 25.2.1964[8]).

- Die Literatur geht von einem engen Zusammenhang zwischen Dienstleistungs- und Niederlassungsfreiheit aus, basierend auf dem ursprünglichen Konzept, dass der Leistende vorübergehend den Leistungsempfänger in einem anderen Mitgliedstaat zwecks Leistungserbringung aufsucht[9].

Das Resultat nachfolgender Überlegungen[10] vorwegnehmend ist bereits festzuhalten, dass in Abweichung von der älteren Lehrauffassung der Grenzübertritt der Leistung als Produkt in den Mittelpunkt zu stellen ist und damit eine Orientierung der Dienstleistungsfreiheit an der Warenverkehrsfreiheit als sachgerecht erscheint. Die Dienstleistungsfreiheit, die der Herstellung grösstmöglicher Produktemobilität dient, ist überdies zu Unrecht lange Zeit im Schatten der übrigen drei Grundfreiheiten gestanden.

---

7 ABl. 1962 2/32, 36.

8 ABl. 1964 845/64.

9 Bezeichnenderweise sind denn auch die Ausführungen zur Dienstleistungsfreiheit in den klassischen Lehrbüchern recht knapp: Vgl. M. SCHWEITZER/W. HUMMER, Europarecht, 3. Aufl. Neuwied/Frankfurt 1990, 299 f; A. BLECKMANN, Europarecht, 5. Aufl. Köln/Berlin/Bonn/München 1990, N 1161 ff.; vgl. auch A. RANDELZHOFER, in: E.GRABITZ, Kommentar zum EWG-Vertrag, 4. Aufl. München 1990, Art. 59 N 1, 5.

10 Vgl. hinten III 2. b).

II. Begriff und Anwendungsbereich des Dienstleistungsverkehrs

1. Begriff und Arten von Dienstleistungen

Jede wertvermittelnde Tätigkeit könnte an sich als Dienstleistung bezeichnet werden. Im allgemeinen Sprachgebrauch und in einer volkswirtschaftlichen Betrachtungsweise fallen unter den Dienstleistungsverkehr zahlreiche, zum Teil recht heterogene Aktivitäten des tertiären Sektors[11], etwa Leistungen von Angehörigen sog. liberaler Berufe (Rechtsanwälte, Treuhänder, Ärzte, Ingenieure, Architekten, Makler, Reisevermittler etc.), Transportleistungen aller Arten (Land, Wasser, Luft), Finanzdienstleistungen sowie Informations- und Telekommunikationsdienstleistungen. Angesichts dieser Weite möglicher Dienstleistungen hat der Gesetzgeber den definitorischen Begriff rechtlich negativ als Auffangstatbestand umschrieben, indem subsidiär alle Leistungen als Dienstleistungen qualifiziert werden, die nicht unter die Bestimmungen des freien Waren-, Personen- oder Kapitalverkehrs (d.h. unter die übrigen Freiheiten zur Erreichung der Mobilität von Produkten und Faktoren) fallen und zwischen Migliedstaaten abgewickelt werden (Art. 60 Abs. 1 EWGV, Art. 37 Abs. 1 EWRV). Ausdrücklich vorbehalten bleiben Bestimmungen zum Verkehr (Art. 61 Abs. 1 EWGV, Art. 38 EWRV) und zum Kapitalverkehr (Art. 61 Abs. 2 EWGV).

Die Leistungserbringung kann sich konkret auf drei verschiedene Arten abspielen:

1. *Positive (aktive) Dienstleistungsfreiheit*[12]: Der Leistende begibt sich an den Ort des Leistungsempfängers, um seine Tätigkeit zu entfalten. Dieser ursprünglich als Hauptfall gesehene Sachverhalt deckt insbesondere die klassische Leistungserbringung durch Angehörige sog. liberaler Berufe ab, z.B. Rechtsanwälte, Ärzte, Finanzberater, Architekten, Bauunternehmer, welche zu einem bestimmten Geschäft in ein anderes Land reisen und den Kunden dort aufsuchen.

---

11 Vgl. auch BALDI (Anm. 3), 1231.

12 Eingehender P.-CH. MÜLLER-GRAFF, Dienstleistungsfreiheit und Erbringungsformen grenzüberschreitender Dienstleistungen, in: FS für Rudolf Lukes, 1989, 471, 474 f; K. HAILBRONNER/ A. NACHBAUR, Die Dienstleistungsfreiheit in der Rechtsprechung des EuGH, EuZW 1992, 105, 108.

2. *Negative (passive) Dienstleistungsfreiheit*[13]: Der Leistungsempfänger reist zum Leistenden und nimmt die Dienstleistung im Land des Leistenden entgegen.
   Hauptbeispiele für diesen Typ der Dienstleistung sind Touristen, Studien- und Geschäftsreisende sowie Personen, welche sich im Ausland beraten lassen bzw. einen Spital- oder Kuraufenthalt unternehmen.

3. *Korrespondenzdienstleistungen*[14]: Dienstleistungen können auch erbracht werden, ohne dass Leistender und Leistungsempfänger eine Ortsveränderung vornehmen. Dieser ursprünglich oft vernachlässigte Leistungstyp erhält heute eine immer grössere Bedeutung; zu denken ist z.B. an Telekommunikations- und Informationsdienstleistungen (einschliesslich Rundfunk und Fernsehen), an Beratungsleistungen per Telefon/Telefax, an Transportdienstleistungen sowie an gewisse Finanzdienstleistungen.

2. Abgrenzungen

Wie bereits dargelegt sind solche Leistungen als Dienstleistungen zu qualifizieren, die nicht unter einen anderen Leistungstyp fallen (Art. 60 Abs. 1 EWGV, Art. 37 Abs. 1 EWRV). Die Dienstleistungsfreiheit kann in ihrer Bedeutung deshalb nur erfasst werden, wenn die übrigen Grundfreiheiten von ihr ausreichend abgegrenzt werden; zusammen erfassen die vier Grundfreiheiten alle Wirtschaftstätigkeiten. Als Interpretationshilfen vermögen die in Art. 60 Abs. 2 EWGV und Art. 37 Abs. 2 EWRV erwähnten Beispiele, nämlich gewerbliche, kaufmännische, handwerkliche und freiberufliche Tätigkeiten, zu dienen.

---

13 Vgl. Art. 1 Abs. I lit. b der Richtlinie 73/148 EWG (ABl. 1973 L 172/14); EuGH, Rs 286/82 und 26/83, Slg. 1984, 377, 403 (Luisi und Carbone); bestätigt in EuGH, Rs 186/87, Slg. 1989, 195, 220 (Cowan).

14 BALDI (Anm. 3), 1233; HAILBRONNER/NACHBAUR (Anm. 12), 108; im einzelnen dazu hinten IV 2 und 3.

a) *Personenverkehrsfreiheit*

a) In einem abhängigen Beschäftigungsverhältnis stehende Arbeitnehmer kommen in den Genuss der Freizügigkeit (Art. 48 ff. EWGV), der Dienstleistungserbringer ist dagegen selbständig tätig[15]. Für beide Gruppen gilt aber das Ziel, die notwendigen Massnahmen zur Anerkennung von Berufsnachweisen zu ergreifen und die Vorschriften über die Berufszulassungen zu koordinieren[16].

b) Das relevante Unterscheidungsmerkmal zwischen (1) der Niederlassungsfreiheit, welche die Aufnahme und Ausübung selbständiger Erwerbstätigkeiten sowie die Gründung und Leitung von Unternehmen gewährleistet[17], und (2) der Dienstleistungsfreiheit sind Dauer, Umfang und Intensität der Tätigkeit (dauernde Integration in die Wirtschaft des Tätigkeitsstaates)[18]. Sofern der Leistende eine dauernde Tätigkeit aufnimmt und sich in einem anderen Mitgliedstaat niederlässt, kann er den Schutz der Niederlassungsfreiheit beanspruchen; ist die Tätigkeit des Leistenden zeitlich begrenzt (vorübergehend), unterliegt sie der Dienstleistungsfreiheit. Die Niederlassungsfreiheit ermöglicht auch die Erbringung grenzüberschreitender Dienstleistungen durch Aussenstellen (Agenturen, Zweigniederlassungen)[19]. Die Abgrenzung kann schwierig werden, wenn die Tätigkeit längere Zeit in Anspruch nimmt oder mehrere kurzfristige Einzelleistungen hintereinander erbracht werden[20].

---

15 HAILBRONNER/NACHBAUR (Anm. 12), 106.

16 Dieser Grundsatz ist ausdrücklich in Art. 30 EWRV erwähnt, auf den Art. 39 EWRV verweist; im einzelnen dazu hinten III 2. d) bb) bei Anm. 82.

17 Statt vieler H. KÜNZLE, Die Dienstleistungsfreiheit und schweizerische Versicherungsunternehmen, Diss. Zürich 1991, 5 ff.; BLECKMANN (Anm. 9), N 1095 ff.

18 EuGH, Rs 205/84, Slg. 1986, 3755, 3801 (Kommission/Deutschland); HAILBRONNER/NACHBAUR (Anm. 12), 106; RANDELZHOFER (Anm. 9), Art. 52 N 8; ST. HOFMANN, Internationales Anwaltsrecht, Diss. Konstanz 1991, 60.

19 BALDI (Anm. 3), 1235.

20 Ausschlaggebend ist die Bewertung des Gesamtverhaltens des Leistungserbringers angesichts der gegebenen Einzelumstände (BLECKMANN [Anm. 9], N 1100); vgl. auch EuGH, Rs 205/84, Slg. 1986, 3755, 3801 (Kommission/Deutschland).

b) *Kapitalverkehrsfreiheit*

Kapitaltransfer bedeutet Werteübermittlung, d.h. bewirkt wird eine Faktormobilität. Kapital stellt somit ein Mittel dar[21]. Demgegenüber ist die Dienstleistung ein Produkt, d.h. es erfolgt ein Austausch körperloser Erzeugnisse. Zahlungen für erbrachte Dienstleistungen fallen unter die Dienstleistungsfreiheit und den freien Zahlungsverkehr (vgl. Art. 106 EWGV; Art. 41 EWRV); mit dem Kapitalverkehr verbundene Dienstleistungen sind dagegen nach jener Freiheit zu beurteilen (Art. 61 Abs. 2 EWGV). Im Einzelfall kann die Abgrenzung aber schwierig sein:

Beispiele:

- Im Versicherungsbereich stellt die Risikoübernahme eine Dienstleistung dar, die Prämienzahlung als Entgelt ist damit verbunden und unterliegt den Grundsätzen der Dienstleistungsfreiheit sowie den Bestimmungen über den freien Zahlungsverkehr. Die Überweisung der Versicherungsumme bei Eintritt des Versicherungsfalles ist dagegen durch den Grundsatz des freien Kapitalverkehrs geschützt[22].

- Im Falle der Begebung einer Anleihe durch eine Bank auf dem Inlandmarkt für Gebietsfremde stellen Plazierung der Papiere, Einkassierung des Gegenwertes beim Kunden und Weiterleitung des Erlöses an den Schuldner Bestandteile des Kapitalverkehrs dar; die Nähe zur Kapitalbewegung schliesst die Qualifizierung solcher Bankoperationen als Dienstleistungen aus. Hingegen sind zusätzliche Tätigkeiten der Bank (z.B. Einholung von Bewilligungen, Werbung) Dienstleistungen i.S.v. Art. 60 EWGV/Art. 37 EWRV)[23].

c. *Warenverkehrsfreiheit*

Waren sind körperliche Gegenstände. Demgemäss können immaterielle Leistungen, die keinen körperlichen Charakter aufweisen, als Dienstleistungen qualifiziert werden. Dienstleistungen in diesem Sinne sind die drahtlose Übermittlung von

21 MÜLLER-GRAFF (Anm. 4), 233.

22 BALDI (Anm. 3), 1236; MÜLLER-GRAFF (Anm. 4), 233; HAILBRONNER/NACHBAUR (Anm. 12), 107.

23 MÜLLER-GRAFF (Anm. 4), 233.

Signalen (z.B. Rundfunk- und Fernsehsendungen) und die Reiseveranstaltung[24]. Die Abgrenzung wird dann schwierig, wenn die Leistung sowohl Lieferungs- als auch Tätigkeitskomponenten umfasst (z.B. Herstellung, Installation und Wartung eines Maschinensystems): Ist die Intensität der Verknüpfung der Leistungen so gross, dass eine getrennte Beurteilung der Leistungsbestandteile nicht als sachgerecht erscheint, wird überwiegend einheitlich an die Warenverkehrsfreiheit angeknüpft[25]; dasselbe gilt ungeachtet ihres Wertes auch für Dienstleistungen, die mittels eines materiellen Trägers zum Empfänger gelangen (z.B. EDV-Software auf Magnetband, Rundfunksendung auf Kassette)[26]. Diffizile Abgrenzungen ergeben sich bei der Elektrizität und beim Abfall.

Beispiele:

- *Elektrizität:* Die Bereithaltung des Leitungsnetzes durch das Elektrizitätsunternehmen ist eine Dienstleistung; weil die Elektrizitätslieferung als solche aber ein genormtes, handelsfähiges und nicht auf einen individuellen Abnehmer zugeschnittenes Gut ist, lässt sie sich mit guten Gründen als Ware qualifizieren[27].

- *Abfall:* Zwar sind Abfallgüter zweifelsfrei körperlich, doch bedarf es zur genauen Qualifizierung der Leistungsart der Beurteilung des Entgeltscharakters: Wenn der Abnehmer für das Abfallgut (z.B. alte Zeitungen) einen Preis bezahlt, liegt eine Warenlieferung vor. Muss hingegen dem Abnehmer ein Entgelt bezahlt werden, ist die vom ihm als Deponiebetreiber bzw. Entsorger erbrachte Entsorgungsdienstleistung entscheidend[28].

d) *Verkehr*

Art. 61 Abs. 1 EWGV und Art. 38 EWRV klammern Dienstleistungen auf dem Gebiete des Verkehrs generell von der Dienstleistungsfreiheit aus. Die anwendbaren Spezialregelungen (Art. 74 ff. EWGV, Art 47 ff. EWRV) sind zwar umfassend, betreffen aber immerhin nicht die mit dem Verkehrssektor verbundenen

24 EuGH, Rs 155/73, Slg. 1974, 409 (Sacchi); EuGH, Rs 52/79, Slg. 1980, 833 (Debauve); EuGH, Rs 311/85, Slg. 1987, 3801, 3831 (Vlaamse Reisbureaus).

25 Alle Leistungen im Zusammenhang mit Telekommunikationsendgeräten unterliegen der Warenverkehrsfreiheit (EuGH, Rs C-202/88, Slg. 1991, 1223, Kommission/Frankreich); vgl. auch Hailbronner/Nachbaur (Anm. 12), 107.

26 EuGH, Rs 155/73, Slg. 1974, 409, 428 (Sacchi).

27 MÜLLER-GRAFF (Anm. 4), 232.

28 MÜLLER-GRAFF (Anm. 4), 232 f.

Hilfstätigkeiten (z.B. Reisevermittlung, Lagerhaltung)[29]. In der EG ist die Verwirklichung der Dienstleistungsfreiheit im Verkehrssektor noch nicht so weit fortgeschritten wie in anderen Sektoren, doch beginnen Liberalisierungen verstärkt Platz zu greifen[30].

3. Grenzüberschreitung

Voraussetzung der Anwendbarkeit der europarechtlichen Dienstleistungsfreiheit ist die Grenzüberschreitung (entsprechend dem wettbewerbsrechtlichen Zwischenstaatlichkeitsmerkmal)[31]. Bei der positiven Dienstleistungsfreiheit liegt die Grenzüberschreitung in der Bewegung des Leistenden, bei der negativen Dienstleistungsfreiheit in der Bewegung des Leistungsempfängers und bei der Korrespondenzdienstleistung in der "Verschiebung" der Dienstleistung selbst. Der EuGH hat in Konkretisierung des Kriteriums der Grenzüberschreitung mehrfach festgehalten, dass die Dienstleistungsfreiheit nicht anwendbar ist auf Betätigungen, "deren wesentliche Elemente sämtlich nicht über die Grenzen eines Mitgliedstaates hinausweisen"[32]. Der Inlandbezug ist aber eng auszulegen: Auch Auswirkungen auf den grenzüberschreitenden Dienstleistungsverkehr, die nur im Bereich des Möglichen liegen, dürfen nicht beschränkt werden[33].

29 P. TROBERG, in: GROEBEN/THIESING/EHLERMANN, Kommentar zum EWG-Vertrag, 4. Aufl. Baden-Baden 1991, Art. 61 N 2.

30 Im einzelnen H. ROGGE, Verkehr, in: C.O. LENZ, EG-Handbuch Recht im Binnenmarkt, Herne/Berlin 1991, 615 ff; zum Luftverkehr im besonderen J. DROLSHAMMER/G. RAUBER, Die Liberalisierung des Europäischen Luftverkehrs EG-EWR-Schweiz, AJP 1992, 1242 ff.

31 Vgl. HAILBRONNER/NACHBAUR (Anm. 12), 107 f.

32 EuGH, Rs 52/79, Slg. 1980, 833, 855 (Debauve); EuGH, Rs C-41/90, Slg. 1991, 1979 (Höfner und Elser, deutsches Arbeitsvermittlungsmonopol).

33 EuGH, Rs 115/78, Slg. 1979, 399 (Knoors).

4. Entgeltlichkeit

Das Entgeltskriterium betrifft die sachgerechte Entschädigung für die Dienstleistung (wirtschaftliche Gegenleistung). Entgelt meint zwar einen wirtschaftlich messbaren Geldwert, der nicht völlig ausser Verhältnis zum wirtschaftlichen Wert der Dienstleistung steht; eine Gewinnerzielungsabsicht ist hingegen nicht erforderlich[34]. Auch sportliche, kulturelle und sogar religiöse Tätigkeiten, soweit sie entgeltlich erbracht werden, fallen unter die Dienstleistungsfreiheit[35]; dasselbe gilt für Leistungen des Staates, wenn er unternehmerähnlich auftritt[36]. Das Entgeltskriterium ist hingegen beim Besuch von Schulen nicht erfüllt, wenn der Schulbetrieb überwiegend durch öffentliche Mittel bestritten wird und das Benützerentgelt als marginal erscheint[37]. Bildung ist ein staatspolitisches Anliegen, das aus dem öffentlichen Haushalt bestritten wird und das demgemäss - von Privatschulen abgesehen - keine wirtschaftliche Ausrichtung anstrebt.

5. Einzelne Tätigkeiten

Art. 60 Abs. 2 EWGV und Art. 37 Abs. 2 EWRV erwähnen - nicht abschliessend - Beispiele von Dienstleistungen, nämlich gewerbliche, kaufmännische, handwerkliche und freiberufliche Tätigkeiten. Diese Umschreibung konkretisierend sind in der Rechtsprechung des EuGH folgende Tätigkeiten als Dienstleistungen anerkannt worden[38]:

34 EuGH, Rs 263/86, Slg. 1988, 5365, 5388 (Humbel und Edel); BALDI (Anm. 3), 1233; HAILBRONNER/NACHBAUR (Anm. 12), 108.

35 EuGH, Rs 196/87, Slg. 1988, 6159, 6173 (Steymann); EuGH, Rs 36/74, Slg. 1974, 1405 (Walrave); EuGH, Rs 147/86, Slg. 1988, 1637, 1656 (Kommission/Griechenland).

36 HAILBRONNER/NACHBAUR (Anm. 12), 108.

37 EuGH, Rs 263/86, Slg. 1988, 5365, 5388 (Humbel und Edel); EuGH, Rs 293/83, Slg. 1985, 593 (Gravier).

38 Zusammenstellung der bisherigen Rechtsprechung des EuGH zur Dienstleistungsfreiheit bei KÜNZLE (Anm. 17), XXXIII ff.; MÜLLER-GRAFF (Anm. 4), 234; M. CLAUSNITZER, Niederlassungs- und Dienstleistungsfreiheit der Selbständigen, in: LENZ (Anm. 30), 233 f.

- Freiberufliche Tätigkeiten (z.B. Prozessbevollmächtigter[39], Arzt[40]);
- Touristische Dienstleistungen[41];
- Gewerblich betriebene Überlassung von Arbeitnehmern[42], Vermittlung von Bühnenkünstlern durch Impresario[43];
- Wartung des Unterbaus von Eisenbahnstrecken[44];
- Direktversicherung[45];
- Börsentermingeschäfte[46];
- Privatschuldienste[47];
- Telekommunikationsdienste[48], Radio- und Fernsehdienste, inkl. Werbung und Kabelfernsehdienste[49];
- Leasing und andere mietweise Bereitstellung von Investitionsgütern, Vergabe von Lizenzen und gewerblichen Schutzrechten, Filmverleih[50].

III. Inhalt der Dienstleistungsfreiheit

1. Adressaten und Begünstigte der Dienstleistungsfreiheit

Adressaten der Dienstleistungsfreiheit und damit des Beschränkungsverbots sind die Mitgliedstaaten. Der EuGH hat aber schon frühzeitig eine indirekte Drittwirkung von Art. 59 EWGV gegenüber Regelungen privater Verbände (internationaler

---

39 EuGH, Rs 33/74, Slg. 1974, 1289, 1309 (van Binsbergen); EuGH, Rs 427/85, Slg. 1988, 1123 (Kommission/Deutschland betr. Rechtsanwälte).

40 EuGH, Rs 286/82 und 26/83, Slg. 1984, 377 (Luisi und Carbone).

41 EuGH, Rs 286/82 und 26/83, Slg. 1984, 377 (Luisi und Carbone).

42 EuGH, Rs 279/80, Slg. 1981, 3305 (Webb).

43 EuGH, Rs 110 u. 111/78, Slg. 1979, 35 (van Wesemael).

44 EuGH, Rs 62 u. 63/81, Slg. 1982, 223 (Seco).

45 EuGH, Rs 205/84, Slg. 1986, 3755 (Kommission/Deutschland).

46 EuGH, Rs 15/78, Slg. 1978, 1971 (SGAB/Koestler).

47 EuGH, Rs 147/86, Slg. 1988, 1637 (Kommission/Griechenland); zu den öffentlichen Schulen vgl. auch die in Anm. 37 zitierten Entscheide.

48 Vgl. dazu hinten IV 2. a).

49 EuGH, Rs 155/73, Slg. 1974, 409 (Sacchi); EuGH, Rs 52/79, Slg. 1980, 833 (Debauve).

50 MÜLLER-GRAFF (Anm. 4), 234.

Fahrradsportverband[51], nationaler Fussballverband[52]) bejaht; damit wird die umfassende grenzüberschreitende Wahrnehmung des freien Verkehrs bei der Erbringung und Inanspruchnahme von Dienstleistungen verwirklicht[53]. Zum Schutze der Allgemeininteressen verbleibt den Mitgliedstaaten aber eine Regulierungsbefugnis, die bis zum Verbot einer Dienstleistung gehen kann[54].

Begünstigte des Beschränkungsverbotes sind die gesetzlich erwähnten natürlichen und ihnen gleichgestellten juristischen Personen (Art. 59 Abs. 1 EWGV, Art. 36 Abs. 1 EWRV; Art. 66, 58 EWGV, Art. 39, 34 EWRV).

Der EuGH hat folgenden, genügend und hinreichend klaren Bestimmungen des primären Gemeinschaftsrechts unmittelbare Anwendbarkeit, die auch für EWR-Staaten gilt (Art. 6 EWRV), zuerkannt[55]:

- Allgemeines Beschränkungsverbot (Art. 59 Abs. 1 EWGV, Art. 36 Abs. 1 EWRV).

- Zugang zum fremden Vertragsstaat zwecks Erbringung von Dienstleistungen (Art. 60 Abs. 3 EWGV, Art. 37 Abs. 3 EWRV).

2. Beschränkungsverbot

Inhalt des Grundsatzes des freien Dienstleistungsverkehrs ist die Aufhebung der Beschränkungen innerhalb der Gemeinschaft für in einem anderen Mitgliedstaat domizilierte Angehörige bei der Dienstleistungserbringung.

---

51 EuGH, Rs 36/74, Slg. 1974, 1405 f. (Walrave).

52 EuGH, Rs 13/76, Slg. 1976, 1333 (Donà/Mantero).

53 Betr. Aufnahme auf Liste von Rechtsanwälten vgl. EuGH, Rs 292/86, Slg. 1988, 111 (Gullung).

54 EuGH, Rs 279/80, Slg. 1981, 3305, 3325 (Webb); EuGH, Rs 352/85, Slg. 1988, 2085, 2136 (Bond van Adverteerders, Kabelregeling).

55 EuGH, Rs 33/74, Slg. 1974, 1299 (van Binsbergen); EuGH, Rs 279/80, Slg. 1981, 3305 (Webb); EuGH, Rs 110 u. 111/78, Slg. 1979, 35 (van Wesemael); EuGH, Rs C-353/89, EuZW 1992, 56 (Kommission/Niederlande); eingehender HAILBRONNER/NACHBAUR (Anm. 12), 112.

a) Diskriminierungsverbot als Vorstufe

Die ältere Lehre hat dem Art. 59 EWGV den Grundsatz der Inländergleichbehandlung, d.h. ein Diskriminierungsverbot, entnommen, weil die Dienstleistungsfreiheit als Annex zur Niederlassungsfreiheit gesehen worden ist[56]. Art. 60 Abs. 3 EWGV und Art. 37 Abs. 3 EWRV legen denn auch fest, dass der Leistende vorübergehend in einem fremden Staat zu denselben Bedingungen, die für die Angehörigen dieses Staates gelten, tätig werden kann, d.h. Qualifikationen, die nicht an Inländer gestellt werden, dürfen auch von Ausländern nicht verlangt werden (z.B. bei der Akkreditierung als Journalist)[57]. Dieses Verbot der Schlechterstellung gilt unabhängig von der Schwere und Offenkundigkeit einer Massnahme. Die Problematik eines solchermassen personalistisch und eng verstandenen Diskriminierungsverbots liegt aber darin, dass die Statuierung von für jedermann geltenden Voraussetzungen nicht verhindert wird (z.B. Sprachkenntnisse oder berufliche Fähigkeiten) und sich solche Voraussetzungen dennoch als Behinderungen für Ausländer erweisen können.

Umstritten ist, inwieweit die umgekehrte Diskriminierung, d.h. die Schlechterstellung der Inländer gegenüber den Ausländern, zulässig ist, d.h. ob dem Inländer die Berufung auf Art. 59 EWGV / Art. 36 EWRV offen steht, wenn er von seinem Heimat- und bzw. Wohnsitzstaat bei der Ausübung von Tätigkeiten diskriminiert oder ungerechtfertigt behandelt wird[58].

b) Allgemeines Beschränkungsverbot

Weil die blosse Inländergleichbehandlung keinen umfassenden Schutz der sich auf die Dienstleistungsfreiheit berufenden Ausländer verwirklichen würde, geht der EuGH seit einigen Jahren davon aus, dass eine Schlechterstellung nicht nur aufgrund einer anderen Staatsangehörigkeit, sondern auch wegen des Fehlens eines

---

56 Überblick über den Meinungsstand bei KÜNZLE (Anm. 17), 14 ff.; E. STEINDORFF, Dienstleistungsfreiheit im EG-Recht, RIW 1983, 831, 833.

57 MÜLLER-GRAFF (Anm. 4), 235.

58 Für Unzulässigkeit der Inländerdiskriminierung BALDI (Anm. 3), 1233; EuGH, Rs C-294/89, ABl. 1991 C 203/7 (Kommission/Frankreich); zurückhaltender wohl noch EuGH, Rs 107/83, Slg. 1984, 2971 (Klopp); EuGH, Rs 115/78, Slg. 1979, 399 (Knoors).

ständigen Aufenthalts im Tätigkeitsstaat ausgeschlossen sein müsse[59]. Demgemäss sind alle Voraussetzungen, welche geeignet sind, die freie Tätigkeit des Dienstleistungserbringers unsachgemäss zu unterbinden oder zu behindern, aufzuheben[60].

Diese Argumentation zum Beschränkungsverbot geht einher mit der Erkenntnis, dass grundrechtlich betrachtet die Dienstleistungsfreiheit sich nicht auf einen Annex zur Niederlassungsfreiheit reduzieren lässt, sondern dass die Dienstleistungen ähnliche Charakteristiken aufweisen wie die Waren. Auch gesetzessystematisch überzeugt die "Annextheorie" nicht[61]: Art. 60 Abs. 3 EWGV wird allgemein extensiv im Sinne der generellen Unzulässigkeit von Behinderungen ausgelegt. Art. 65 EWGV, der die Aufhebung von Beschränkungen vorsieht, wäre des weitern obsolet, wenn sich die Art. 59 und 62 EWGV in einem Diskriminierungsverbot der Angehörigen anderer Mitgliedstaaten erschöpfen würden. Die ältere Lehre, welche die Parallelbehandlung zur Niederlassungsfreiheit befürwortet hat, ist vom Grundmodell der positiven Dienstleistungsfreiheit ausgegangen, nämlich von der Annahme, dass der Zweck der Grenzüberschreitung durch den Leistenden in der Erbringung der Leistung besteht[62]. Für diesen Leistungstyp unterscheiden sich Dienstleistungs- und Niederlassungsfreiheit tatsächlich nur graduell, nämlich in der Dauer der Leistungserbringung. Nicht sachgerecht ist dieses Grundmodell jedoch im Fall der negativen Dienstleistungsfreiheit und der immer wichtiger werdenden Korrespondenzdienstleistungen[63]. Für diese Leistungstypen drängt sich eine Annäherung der Dienstleistungsfreiheit an die Warenverkehrsfreiheit auf. Ausgangspunkt muss dabei der Grenzübertritt der Leistung sein[64]. Im Vordergrund steht deshalb nicht mehr der Aspekt der Freizügigkeit, sondern die Tatsache, dass die Dienstleistung ein (immaterielles) "Produkt" darstellt, für welches Binnengrenzen abzuschaffen sind. Ausschlaggebend ist nicht der Ortswechsel eines der am Leistungsverhältnis Beteiligten, sondern die Erbringung einer Leistung zwischen

59 Vgl. EuGH, Rs 33/74, Slg. 1974, 1299 (van Binsbergen); EuGH, Rs 71/76, Slg. 1977, 765 (Thieffry); EuGH, Rs 292/86, Slg. 1988, 111 (Gullung).

60 MÜLLER-GRAFF (Anm. 4), 23; MÜLLER-GRAFF (Anm. 12), 482 ff. m.Verw.

61 R.H. WEBER, Entwicklungen im europäischen Telekommunikationsrecht und die Schweiz, SZIER 1992, 325; F. EGLI, Der Nichtdiskriminierungsbegriff im Versicherungsabkommen Schweiz-EG, Diss. St. Gallen 1988, 62 ff.; A.A. KÜNZLE (Anm. 17), 20 ff.

62 Vgl. auch MÜLLER-GRAFF (Anm. 4), 229; weitere Nachweise in Anm. 9.

63 Bei den Korrespondenzdienstleistungen kann nicht an einem "Aufenthalt" in einem anderen Staat angeknüpft werden, weil einzig das Produkt selber die Grenze überschreitet.

64 MÜLLER-GRAFF (Anm. 4), 231 m.Verw.

zwei in verschiedenen Mitgliedstaaten ansässigen Personen[65]. Die Parallelbehandlung zur Warenverkehrsfreiheit bedeutet nicht, dass die Freizügigkeit keine Rolle mehr spielt, sondern diese Freiheit lässt sich als Annexfreiheit zur Verwirklichung der freien Dienstleistungserbringung verstehen, genauso wie der Produzent im Bereich der Warenverkehrsfreiheit die Freizügigkeit geniesst, die von ihm zu liefernde Maschine am Domizil des Abnehmers in einem anderen Mitgliedstaat zu installieren[66].

Konsequenz dieser Betrachtungsweise ist, dass der Umfang (Garantiegehalt) der Dienstleistungsfreiheit sich nicht - wie bei der Niederlassungsfreiheit - auf das Diskriminierungsverbot und die Inländergleichbehandlung beschränkt, sondern ein allgemeines Beschränkungsverbot beinhaltet[67]; damit wird wie bei der Warenverkehrsfreiheit der gemeinsame Binnenmarkt verwirklicht. Gleichzeitig bedeutet diese Betrachtungsweise aber auch, dass die im Rahmen der Warenverkehrsfreiheit entwickelten Grundsätze der Rechtsprechung zu den Massnahmen gleicher Wirkung (Art. 30/34 EWGV)[68] auch im Bereich der Dienstleistungsfreiheit zur Anwendung kommen. Somit sind alle Massnahmen zu beseitigen oder deren Einführung zu unterlassen, die den grenzüberschreitenden Austausch von (materiellen und immateriellen) Gütern behindern, selbst wenn sie unterschiedslos auf Inländer und Ausländer angewendet werden.

Überblicksmässig lassen sich Stellung und Inhalt der Dienstleistungsfreiheit im Grundrechtssystem demgemäss wie folgt darstellen:

65 Aufschlussreich in diese Richtung gehen auch die Schlussanträge des jeweiligen Generalstaatsanwalts in den Entscheiden Debauve (Slg. 1980, 870 ff.), Webb (Slg. 1981, 3330 ff.) und Cowan (Slg. 1989, 105 ff.).

66 MÜLLER-GRAFF (Anm. 4), 231; zur Parallelbehandlung auch EuGH, Rs 62/79, Slg. 1980, 881, 903 (Coditel).

67 Von identischen Schutzbereichen spricht HOFMANN (Anm. 18), 110.

68 EuGH, Rs 8/74, Slg. 1974, 837 (Dassonville); EuGH, Rs 120/78, Slg. 1979, 649 (Cassis-de-Dijon); EuGH, Rs 178/84, Slg. 1987, 1262 (deutsches Bier-Reinheitsgebot).

<table>
<tr><th>RECHTLICHE KATEGORIE</th><th>FUNKTION</th><th>PRINZIPIEN DER INHALTSVERMITTLUNG</th></tr>
<tr><td>Warenverkehrsfreiheit</td><td rowspan="2">Mobilität von Gütern, d.h. von Ergebnissen wirtschaftlicher Tätigkeit bzw. Mehrwertproduktion</td><td rowspan="2">Prinzip des gemeinsamen Marktes (allgemeines Beschränkungsverbot)</td></tr>
<tr><td>Dienstleistungsfreiheit</td></tr>
<tr><td>Personenverkehrsfreiheit</td><td rowspan="2">Mobilität von Produktionsfaktoren und Trägern der wirtschaftlichen Mehrwertproduktion</td><td rowspan="2">Inländergleichbehandlungsprinzip

(Diskriminierungsverbot)</td></tr>
<tr><td>Kapitalverkehrsfreiheit</td></tr>
</table>

c) *Exkurs: Dienstleistungsmonopole*

Weil die Grundsätze des freien Dienstleistungsverkehrs sich nicht in einem Diskriminierungsverbot erschöpfen, sondern vom Prinzip des gemeinsamen Marktes bestimmt werden, wirken sich Dienstleistungsmonopole[69] beschränkend auf den Wettbewerb aus. Die Leistungserbringung durch solche Unternehmen bleibt vom Liberalisierungszwang ausgenommen, soweit sie sich für ihre Tätigkeit auf die allgemeinen Vorbehaltsnormen (Art. 55/56 EWGV; Art. 32/33 EWRV) oder auf die Sondernorm von Art. 90 Abs. 2 EWGV zu stützen vermögen, welche öffentliche Unternehmen, die mit der Erbringung von Dienstleistungen von allgemeinem wirtschaftlichen Interesse betraut sind (wirtschaftliche Leistungen zur Sicherung von Infrastruktur und Daseinsvorsorge), nicht den Wettbewerbsstrukturen aussetzt. Die Sonderbehandlung öffentlicher Unternehmen darf aber den Handelsverkehr nicht in einem dem Gemeinschaftsinteresse zuwiderlaufenden Masse beeinträchtigen; bei der Auslegung dieses Kriteriums bezieht der EuGH die Dienstleistungsfreiheit in die Beurteilung mit ein und hält Beschränkungen nur für gerechtfertigt, wenn technisch oder wirtschaftlich anders realisierbare Lösungen nicht in Betracht fallen[70]. Demgemäss ist ein wettbewerbswidriges Wirtschaftsgebaren von Dienstleistungsmonopolen, z.B. die Abschottung von Marktsegmenten, ohne notwendige effektive Versorgungsaufgaben unzulässig, nicht aber eine wettbewerbsbeschränkende, gleichmässige und kostengünstige Dienstleistungs-

69 Allg. zu den Dienstleistungsmonopolen J.A. MÜLLER, Dienstleistungsmonopole im System des EWGV, Baden-Baden 1988.

70 WEBER (Anm. 61), 324; EuGH, Rs C-260/89, EuZW 1991, 507 ff. (Kommission/Griechenland betr. Rundfunkgesetz); EuGH, Rs C-353/89, EuZW 1992, 56 ff. (Kommission/Niederlande betr. Mediengesetz).

erbringung an die Bevölkerung, soweit das öffentliche Interesse eine solche Marktstruktur gebietet[71].

d) *Inhaltliche Konkretisierung des Beschränkungsverbots*

aa) *Freier Grenzübertritt*

Für die verschiedenen Typen der Leistungserbringung ergeben sich bei Beachtung des allgemeinen Beschränkungsverbots folgende Konkretisierungen[72]:

- Begibt sich der Leistende vorübergehend ins Ausland (positive Dienstleistungsfreiheit: Art. 60 Abs. 3 EWGV, Art. 37 Abs. 3 EWRV), hat er das Recht zur Einreise in das, zum Aufenthalt im und zur Ausreise aus dem Land des Leistungsempfängers. Weitere Voraussetzungen als die Vorlage eines gültigen Personaldokumentes, etwa die Erfüllung besonderer Formalitäten, dürfen nicht verlangt werden[73]; die Einzelheiten der zulässigen Formalitäten sind in verschiedenen Richtlinien festgehalten[74].

- Bewegt sich der Leistungsempfänger zum Leistenden (negative Dienstleistungsfreiheit), muss er die Grenze ungehindert überschreiten können (z.B. Verbot von hindernden Devisenausfuhrvorschriften)[75].

- Überschreitet nur die Leistung die Grenze, sind einzelstaatliche Interventionen bezüglich dieser Leistung unzulässig (z.B. Beschränkung der Verbreitung ausländischer Fernsehprogramme wegen Verstosses gegen

71 HAILBRONNER/NACHBAUR (Anm. 12), 109.

72 Zum ganzen auch BALDI (Anm. 3), 1233 und P. GARRONE, Les effets de la libre circulation des personnes du traité EEE, AJP 1992, 1266 ff.

73 EuGH, Rs 157/79, Slg. 1980, 2171, 2185 (Pieck); EuGH, Rs 321/87, Slg. 1989, 1010 (Kommission/Belgien); der Beschränkungsbegriff wird vom EuGH weit im Sinne der Unzulässigkeit aller potentieller Behinderungsmassnahmen verstanden (van Binsbergen: Slg. 1974, 1309).

74 Vgl. z.B. die Richtlinie 73/148 des Rates vom 21. Mai 1973 zur Aufhebung der Reise- und Aufenthaltsbeschränkungen für Staatsangehörige der Mitgliedstaaten innerhalb der Gemeinschaft auf dem Gebiet der Niederlassung und des Dienstleistungsverkehrs (ABl. 1973 L 172/14) und die Richtlinie 75/34 über das Recht der Staatsangehörigen eines Mitgliedstaates, nach Beendigung der Ausübung einer selbständigen Tätigkeit im Hoheitsgebiet eines anderen Mitgliedstaates zu verbleiben (ABl. 1975 L 14/10).

75 EuGH, Rs 286/82 und 26/83, Slg. 1984, 377, 403 (Luisi und Carbone).

innerstaatliche Werbevorschriften, spezifische innerstaatliche Anforderungen an Versicherungsverträge)[76].

bb) Freie Betätigung

Abzuschaffen sind nicht nur formelle Diskriminierungen, z.B. beim Grenzübertritt, sondern auch materielle (faktische) Diskriminierungen bei der effektiven Ausübung von Tätigkeiten, d.h. allgemeine Beschränkungen. Aus diesem Grunde erscheint es als sachgerecht, im Dienstleistungsbereich die warenbezogene Rechtsprechung zu den Massnahmen gleicher Wirkung (nichttarifäre, technische, administrative Hemmnisse) zwischen den Mitgliedstaaten (Art. 30-34 EWGV) analog zur Anwendung zu bringen. Eine Massnahme gleicher Wirkung ist jede Handels- oder Tätigkeitsregelung eines Mitgliedstaates, die geeignet ist, die innergemeinschaftliche Mobilität unmittelbar oder mittelbar, tatsächlich oder potentiell zu behindern[77]. Dieser Grundsatz bedeutet gleichzeitig, dass die zwischenstaatliche Geltung gewisser Vorschriften des Herkunftslandes bis zum Erlass einer Gemeinschaftsregelung auf dem Wege der Rechtsangleichung kraft der Vermutung ihrer Gleichwertigkeit hingenommen werden muss[78].

Als in einem nicht sachgemässen Ausmasse beschränkend erweisen sich z.B. (1) Pflichten zur Befolgung allgemeingültiger, aber spezifisch im Inland geltender Berufsregeln, etwa die ständige Anwesenheit (Kanzleipflicht) oder die verpflichtende Zugehörigkeit zu einer Berufsorganisation, (2) übermässige Ausbildungsanforderungen oder (3) die Verpflichtung, sich in Prozessen durch einen inländischen Rechtsanwalt vertreten zu lassen (Hebammen- oder Gouvernantensystem)[79].

Der tatsächlichen Verwirklichung des Ziels der Aufhebung zwischenstaatlicher Beschränkungen dient insbesondere die Angleichung der sachlichen Anforderungen im Bereich des Berufszulassungs- und -ausübungsrechts. Die gemäss Art. 30 EWRV

---

76 EuGH, Rs 52/79, Slg. 1980, 833 (Debauve); TROBERG (Anm. 29), Art. 59 N 20.

77 EuGH, Rs 8/74, Slg. 1974, 837 (Dassonville).

78 EuGH, Rs 120/78, Slg. 1979, 649 (Cassis-de-Dijon).

79 EuGH, Rs 427/85, Slg. 1988, 1123 (Kommission/Deutschland betr. Rechtsanwälte); Müller-Graff (Anm. 4), 236; eingehender zur Zulässigkeit von Beschränkungen gestützt auf Allgemeininteressen hinten III 3. a).

und Anhang VII zum EWRV zu übernehmenden Richtlinien der EG sollen zur Erleichterung der Aufnahme und Ausübung selbständiger Tätigkeiten in anderen Mitgliedstaaten beitragen. Je nach der konkreten Ausgestaltung solcher Richtlinien handelt es sich um "Koordinierungs-Richtlinien" (Rechtsvereinheitlichung hinsichtlich Antritt und Ausübung selbständiger Erwerbstätigkeiten) oder um "Anerkennungs-Richtlinien" (Anerkennung von Diplomen und Befähigungsnachweisen)[80]. Die EG hat ursprünglich den Ansatz der Vereinheitlichung verfolgt (auch vertikaler Ansatz genannt) und hat beabsichtigt, die gemeinschaftsweite Angleichung der Berufsausbildungs-, -zulassungs- und -ausübungs-regeln anzustreben. Entsprechende sektorielle Richtlinien gelten für Medizinalpersonen und Architekten[81]. Dieser Ansatz hat sich im Laufe der Jahre angesichts der langen Ausarbeitungszeit aber als zu ambitiös erwiesen und erscheint in Anbetracht der verschiedenen Strukturen in den einzelnen Ländern sowie zwecks Vermeidung einer sozio-politischen Gleichschaltung auch nicht als erwünscht. Deshalb ist in den letzten Jahren vermehrt das Anerkennungskonzept in den Vordergrund gerückt (auch horizontaler Ansatz genannt): Beabsichtigt ist, durch die wechselseitige Anerkennung von Diplomen und anderen Befähigungsnachweisen einen freien Markt für Dienstleistungen zu verwirklichen. Am 21.12.1988 hat der Rat die von der Schweiz innert 2 Jahren umzusetzende, allgemeine Hochschuldiplom-Richtlinie (mindestens dreijährige Berufsausbildung)[82] und am 18.6.1992 die allgemeine Richtlinie zur gegenseitigen Anerkennung der übrigen Berufsausbildungen[83] erlassen. Soweit es an ausdrücklichen Regelungen fehlt, sind gemäss EuGH - im Hinblick auf die Zulassung - die durch ausländische Diplome bescheinigten Fachkenntnisse mit den nach nationalem Recht vorgesehenen Fähigkeiten in guten Treuen zu vergleichen[84]. Auch wenn bisher ein gesetzgeberischer Zeitverzug in der Realisierung sachgerechter Richtlinien und eine gewisse Unsicherheit des EuGH in der Unterscheidung zwischen zulässigen und nicht zulässigen Massnahmen nicht zu

80 SCHWEITZER/HUMMER (Anm. 9), 302.

81 Vgl. die zu den Medizinalberufen (hinten IV 1. b) erwähnten Richtlinien (Anm. 120-125).

82 Richtlinie 89/48 des Rates vom 21.12.1988 über eine allgemeine Regelung zur Anerkennung der Hochschuldiplome, die eine mindestens dreijährige Berufsausbildung abschliessen (ABl. 1989 L 19/16); zur gegenwärtigen Situation vgl. G. LEIBROCK, Stand und Perspektiven der gegenseitigen Anerkennung der Diplome, EuZW 1992, 465 ff.; zur Umsetzung der Richtlinie in der Schweiz D. MALAGUERRA, Reconnaissance des diplômes: les mesures de formation complémentaire exigibles des avocats EEE qui souhaitent s'établir en Suisse, in: JACOT-GUILLARMOD (Anm. 4), 203 ff.

83 Richtlinie 92/51, ABl. 1992 L 209/25; die Mitgliedstaaten haben eine zweijährige Umsetzungsfrist.

84 EuGH, Rs 340/89, Slg. 1991, 2357 (Vlassopoulou).

übersehen sind[85], dürfte sich der nunmehr eingeschlagene horizontale Anerkennungsansatz doch in den nächsten Jahren weitgehend verwirklichen lassen.

3. Zulässige Einschränkungen der Dienstleistungsfreiheit

Dem in Art. 59 EWGV / Art. 36 EWRV enthaltenen Diskriminierungsverbot kommt grundsätzlich absoluter Charakter zu, es kann nur gestützt auf spezifische Vorbehaltsklauseln durchbrochen werden. Das allgemeine Beschränkungsverbot unterliegt hingegen zudem der Geltungsgrenze des Allgemeininteresses.

a) Rechtfertigung aus Allgemeininteressen

Der EuGH hat angesichts der umfassenden Wirkung der Dienstleistungsfreiheit einige Garantiegrenzen formuliert, die unterschiedslos auf Gebiets- und Nichtgebietsansässige anzuwenden sind. Als Rechtfertigungsgrund dient das Allgemeininteresse[86]: Behinderungen des freien Dienstleistungsverkehrs können im Gemeinschaftsinteresse eines Staates sinnvoll und deshalb gemeinschaftsrechtlich gerechtfertigt sein, d.h. eine Beschränkung der Dienstleistungsfreiheit durch nicht diskriminierende Massnahmen ist zulässig, soweit sachliche Gründe sie rechtfertigen[87]. Das Kriterium des gemeinschaftsrechtlich auszulegenden öffentlichen Interesses ist anhand eines Eignungstests zu beurteilen: Die Massnahme muss das im öffentlichen Interesse verfolgte Ziel erreichen können und es darf nicht eine gleich geeignete, aber weniger einschneidende Massnahme zum selben Ziel führen[88]. Des weitern gilt der Verhältnismässigkeitsgrundsatz, der besagt, dass zwischen der Freiheitsbeschränkung und dem Interesse am gemeinsamen Markt eine direkte Beziehung bestehen muss, d.h. die negativen Auswirkungen der Massnahme sollten weniger gewichtig sein als der mit der Massnahme verfolgte

85 Vgl. die Hinweise bei HAILBRONNER/NACHBAUR (Anm. 12), 111.

86 Die Lehre spricht oft von einem Immanenzvorbehalt: MÜLLER-GRAFF (Anm. 4), 237; Überblick auch bei HAILBRONNER/NACHBAUR (Anm. 12), 110.

87 EuGH, Rs 33/74, Slg. 1974, 1289 (van Binsbergen); zum Versicherungsbereich im allgemeinen KÜNZLE (Anm. 17), 23 ff.

88 Der EuGH spricht von "sachlich geboten": Rs 205/84, Slg. 1986, 3803 (Kommission/Deutschland).

Vorteil[89]. So fehlt etwa ein öffentliches Interesse an einer Beschränkungsregel im Tätigkeitsland, wenn das Herkunftsland ähnliche (konsolidiert betrachtete) beschränkende Massnahmen vorsieht, die sich auch auf das Tätigkeitsland auswirken (z.B. gleichwertige Solvabilitätsprüfung durch heimische Versicherungsaufsicht)[90].

Gerechtfertigt ist die Festlegung von Anforderungen an den Leistenden, welche sich auf im Allgemeininteresse erlassene Berufsregeln abstützen und für alle in gleicher Weise tätigen Personen gelten (z.B. Vorschriften über Organisation, Berufspflichten, Kontrolle, Verantwortlichkeit und Haftung)[91]; geschützt wird damit das Publikum unter dem Gesichtspunkt der Verlässlichkeit der entsprechenden Dienstleistungserbringung.

Beispiele: Konkret hält der EuGH Zulassungserfordernisse bei der gewerblichen Arbeitnehmerüberlassung[92] und bei der Direktversicherung[93] sowie das Verbot der Verbreitung von Werberundfunk durch Einspeisung in ein Kabelsystem[94] für gerechtfertigt, nicht aber im Regelfall das Erfordernis eines Gewerbeausweises für Touristenführer mit Reisegruppen[95], Ausschliesslichkeitskautelen für Rechtsanwälte[96] und Niederlassungserfordernisse für bestimmte Direktversicherungen[97]. Analog anwendbar sind generell die Gesichtspunkte, die vom EuGH in der Cassis-de-Djion-Entscheidung zu den Massnahmen gleicher Wirkung und zum Anwendungsbereich von Art. 36 EWGV entwickelt worden sind (Anerkennung der zum Schutze bestimmter zwingender Allgemeininteressen erlassenen Handelsbehinderun-

---

89 BALDI (Anm. 3), 1234; vgl. auch EuGH, Rs 427/85, Slg. 1988, 1162 (Kommission/Deutschland betr. Rechtsanwälte).

90 EuGH, Rs 110 u. 111/78, Slg. 1979, 52 (van Wesemael); EuGH, Rs 205/84, Slg. 1986, 3803 (Kommission/Deutschland betr. Versicherungen).

91 EuGH, Rs 33/74, Slg. 1974, 1289 (van Binsbergen).

92 EuGH, Rs 279/80, Slg. 1981, 3305 (Webb).

93 EuGH, Rs 205/84, Slg. 1986, 3755 ff. (Kommission/Deutschland betr. Versicherungen).

94 EuGH, Rs 52/79, Slg. 1980, 833 (Debauve).

95 EuGH, Rs C-154/89, C-180/89, C-198/89, Slg. 1991, 659, 709, 727 (Kommission/Frankreich/Italien/Griechenland).

96 EuGH, Rs 427/85, Slg. 1988, 1123, 1163 (Kommission/Deutschland betr. Rechtsanwälte); andererseits darf einem Rechtsanwalt nicht vorgeschrieben werden, auf dem gesamten EG-Gebiet nur eine Kanzlei zu unterhalten (EuGH, Rs 107/83, Slg. 1984, 2971 [Klopp]).

97 EuGH, Rs 205/84, Slg. 1986, 3755 ff. (Kommission/Deutschland betr. Versicherungen).

gen)[98].

b) *Spezifische Vorbehaltsregeln*

Ausnahmsweise sind diskriminierende Massnahmen zulässig, wenn sie sich auf ausdrückliche Vorbehaltsklauseln abzustützen vermögen.

a) Die Dienstleistungsfreiheit ist einschränkbar für Tätigkeiten, die in einem Mitgliedstaat dauernd oder vorübergehend mit der Ausübung öffentlicher Gewalt verbunden sind (Art. 55, 66 EWGV; Art. 32, 39 EWRV). Inhaltlich muss eine spezifische und unmittelbare Beziehung zur öffentlichen Gewalt vorliegen; der EuGH hat den Begriff der öffentlichen Gewalt, der gemeinschaftautonom zu interpretieren ist, in der Regel restriktiv ausgelegt[99]. Die gesetzgebenden Organe der EG haben in den Richtlinien jeweils konkretisiert, bezüglich welcher Tätigkeiten in welchem Mitgliedstaat der Liberalisierungszwang anzuwenden ist[100]. Nicht zur Ausübung der öffentlichen Gewalt gehört die Anwaltstätigkeit inkl. Pflichtverteidigungen[101] und die generelle Notartätigkeit, wohl aber das öffentliche Beurkundungsrecht des Notars[102].

b) Beschränkungen der Dienstleistungsfreiheit sind weiter zulässig aus Gründen der öffentlichen Ordnung (ordre public), Sicherheit und Gesundheit (Art. 56, 66 EWGV; Art. 33, 39 EWRV). Der Gesundheitsbegriff lässt sich der Richtlinie 64/221 der EWG entnehmen[103]. Die Auslegung der Begriffe öffentliche Ordnung und Sicherheit bleibt - unter Vorbehalt der gemeinschaftsrechtlichen Kontrolle - den betroffenen Mitgliedstaaten vorbehalten; die relevanten Faktoren ändern sich nicht nur geographisch, sondern auch im Wandel der Zeit[104]. Der EuGH vertritt jedoch die Auffassung, dass die

98 Vgl. Anm. 77/78; zum Analogieansatz auch HAILBRONNER/NACHBAUR (Anm. 12), 111 f.

99 EuGH, Rs 2/74, Slg. 1974, 631, 655 f. (Reyners); BALDI (Anm. 3), 1234.

100 Vgl. z.B. Richtlinie 64/220 vom 25.2.1964, ABl. 1964 845/64.

101 EuGH, Rs 2/74, Slg. 1974, 654 (Reyners).

102 TROBERG (Anm. 29), Art. 55 N 2.

103 ABl. 1964 850/64 (v.a. Art. 4).

104 BALDI (Anm. 3), 1234.

einen Eingriff rechtfertigende Störung ausreichend schwer sein muss[105]; ein öffentliches Interesse liegt - unter Anwendung des Eignungs- und Verhältnismässigkeitsprinzips - nur im Falle der Beeinträchtigung eines Grundinteresses des Staates vor (Schutz der Dienstleistungsempfänger, Arbeitnehmer, Verbraucher, Schutz geistigen Eigentums, Erhaltung des nationalen historischen und künstlerischen Erbes und Verbreitung von Kenntnissen darüber)[106]. Ungenügend ist etwa der Hinweis auf allgemeine wirtschaftliche Interessen, auf eine strafrechtliche Verurteilung oder die Verletzung ausländischer Meldepflichten[107], nicht hingegen der Hinweis auf unerwünschte Organisationen (z.B. Sekten)[108]. Beschränkungen sind im übrigen nicht nur unzulässig, soweit sich die Vorschriften direkt auf die einschlägigen Berufstätigkeiten beziehen, sondern auch im Falle diskriminierender Auswirkungen auf nützliche allgemeine Befugnisse (Anwendbarkeit des französischen Opferentschädigungsgesetzes auf niedergeschlagenen englischen Touristen)[109].

IV. EINZELNE DIENSTLEISTUNGSBEREICHE[110]

1. Liberale Berufe

a) Rechtsanwälte

Im Bereich des Rechtsanwaltsberufs ist die Zulassung zu sporadischen grenzüberschreitenden Dienstleistungen abzugrenzen von der gegenseitigen Anerkennung der Anwaltspatente als Voraussetzung einer freien Niederlassung und damit einer ständigen Berufsausübung.

105 EuGH, Rs 30/77, Slg. 1977, 1999, 2013 (Bouchereau); EuGH, Rs 36/75, Slg. 1975, 1219 (Rutili).

106 EuGH, Rs C-353/89, EuZW 1992, 56 ff. (Kommission/Niederlande betr. Mediengesetz).

107 BALDI (Anm. 3), 1234; zum ganzen auch BLECKMANN (Anm. 9), N 1132 ff.

108 EuGH, Rs 41/74, Slg. 1974, 1337, 1350 f. (van Duyn).

109 EuGH, Rs 186/87, Slg. 1989, 195 (Cowan).

110 Nachfolgend behandelt wird nur eine Auswahl von Bereichen; für einen allgemeinen Überblick über die ergangenen Richtlinien vgl. CLAUSNITZER (Anm. 38), 222 ff.; zu Industrie, Handwerk und Handel im besonderen CLAUSNITZER (Anm. 38), 211 ff.

a) Zentral für die Verwirklichung der Dienstleistungsfreiheit im Bereich des Rechtsanwaltsberufs ist die Richtlinie 77/249 vom 22. März 1977 zur Erleichterung der tatsächlichen Ausübung des freien Dienstleistungsverkehrs[111]. Deren Bestimmungen gelten nur für selbständige Rechtsanwälte, nicht für Juristen im Anstellungsverhältnis. Die Richtlinie unterscheidet zwischen gerichtlichen und nicht-gerichtlichen Tätigkeiten[112]:

(1) Bei einem Auftreten vor Gerichten oder andern Behörden gelten die Rechtsnormen des Tätigkeitslandes (einschliesslich der Standesregeln) kumulativ mit jenen des Herkunftslandes, soweit sie EG-kompatibel sind (z.B. Unzulässigkeit des Wohnsitzerfordernisses und der Zugehörigkeit zu einer Berufsorganisation im Tätigkeitsland), selbst wenn das standesrechtliche Kumulationsprinzip unter dem Gesichtspunkt der Rechtsvorhersehbarkeit nicht unproblematisch ist. Gewisse Zulassungsregeln beim Auftreten vor Gerichten können von den Mitgliedstaaten aufgestellt werden (Art. 4 der Richtlinie: Einführung bei Gericht, Zustelladresse im Land). Aufzutreten hat der Rechtsanwalt unter seiner heimischen Berufsbezeichnung, unabhängig von deren Bekanntheitsgrad.

(2) Für nicht-gerichtliche Tätigkeiten gelten grundsätzlich die Rechtsnormen und Standesregeln des Herkunftslandes, vorbehältlich spezifischer Unvereinbarkeits-, Interessenkonflikts-, Berufsgeheimnis- und Werbungsregeln, soweit solche Regeln eine ordnungsgemässe Dienstleistungserbringung und die Beachtung der Berufswürde im Tätigkeitsland gewährleisten.

Der EuGH hat zur Dienstleistungs-Richtlinie zwei grundlegende Entscheide gefällt: (1) Doppelte Kanzleieröffnungen sind zulässig; das einzelstaatliche Recht darf nicht fordern, dass ein Rechtsanwalt im ganzen EG-Gebiet nur eine einzige Kanzlei unterhält[113]. (2) Der Grundsatz der territorialen Ausschliesslichkeit sowie die Verpflichtung, dass ein ausländischer Anwalt in

---

111 Richtlinie 77/249 des Rates vom 22.3.1977 zur Erleichterung der tatsächlichen Ausübung des freien Dienstleistungsverkehrs der Rechtsanwälte (ABl. 1977 L 87/17 vom 26.3.1977).

112 Aus der Literatur M. OESCH, Die europäische Integration und die Auswirkungen für die Schweizer Anwälte, in: Beziehungen Schweiz-EG, hrsg. v. H.-J. MEYER-MARSILIUS/W.R. SCHLUEP/W. STAUFFACHER, Bd. 4, Ziff. 6.6, VI; CH. MEIER-SCHATZ, Europäisches Anwaltsrecht und Schweizer Rechtsanwälte, daselbst, Ziff. 6.6, VIII; CLAUSNITZER (Anm. 38), 203 ff.; HOFMANN (Anm. 18), passim.

113 EuGH, Rs 107/83, Slg. 1984, 2971 (Klopp).

gerichtlichen Verfahren nur im Einvernehmen und in Begleitung eines deutschen Rechtsanwaltes auftreten und verhandeln darf, sind nicht EG-kompatibel[114].

Die Umsetzung dieser Richtlinie in der Schweiz, die deshalb nicht sehr problematisch ist, weil die Schweiz kein Rechtsanwaltsmonopol, nur ein Parteivertretungsmonopol kennt, ist von einer Expertenkommission des Schweizerischen Anwaltsverbandes (SAV) an die Hand genommen worden; im Februar 1992 ist der Konferenz der kantonalen Justiz- und Polizeidirektoren ein ausformulierter Antrag für ein Mustergesetz unterbreitet worden[115]. Die kantonalen Gesetze müssten bei Annahme des EWRV auf den 1.1.1993 in Kraft treten. Im wesentlichen enthält dieses Mustergesetz begriffliche Bestimmungen (Rechtsanwalt [natürliche Person], Parteivertretung, Verwendung der Berufsbezeichnung) sowie Anordnungen zum Zustelldomizil und zur Beachtung der verschiedenen Standesregeln (Aufsichtsfragen). Gemäss dem Entwurf des Kantons Zürich soll der ausländische Anwalt unter Verwendung seines Titels vor Gericht auftreten können, wenn er seine Zulassung im Herkunftsstaat nachgewiesen und ein Zustelldomizil bekanntgegeben hat; auf die sog. Gouvernanten-Klausel wird verzichtet.

b) Für den Bereich des Niederlassungsrechts der Rechtsanwälte ist die nichtsektorielle Richtlinie 89/48 des Rates vom 21.12.1988 zur Anerkennung der Hochschuldiplome, die eine mindestens dreijährige Berufsausbildung abschliessen, von Bedeutung[116]. Auch diese Richtlinie, die nur natürliche Personen als Rechtsanwälte anerkennt, verursacht innerhalb der zweijährigen Übergangsfrist einen Handlungsbedarf[117]: Zur Diskussion stehen (1) die Koordination der Stellung der Kantone gegenüber Staatsangehörigen aus den anderen EWR-Staaten, die sich in der Schweiz niederlassen wollen (einheitlicher Ansatz zur Verwirklichung des Prinzips der Ausbildungsgleichheit), und (2) das Problem, dass bei Schaffung der Rahmenbedingungen für einen freien Personenverkehr innerhalb des EWR eine Schlechter-

114 EuGH, Rs 427/85, Slg. 1988, 1123 (Kommission/Deutschland); vgl. nun auch EuGH, Rs C-294/89, ABl. 1991 C 203/7 (Kommission/Frankreich).

115 Der Schweizer Anwalt, SAV 138/1992, 12 ff.

116 ABl. 1989 L 19/16; eingehender m.Verw. vorne bei Anm. 82 (v.a. der Beitrag von MALAGUERRA).

117 Vgl. Anhang VII Ziff. 1 zum EWRV (BBl. 1992 IV 1301).

stellung der Schweizer bezüglich der interkantonalen Bewegungen droht (Problem der Inländerdiskriminierung).

Die Expertenkommission des Schweizerischen Anwaltsverbandes hat sich diesbezüglich - im Gegensatz zum Dienstleistungsbereich - sowohl gegen eine kantonale Regelung, selbst gestützt auf einen Mustererlass, wie auch gegen eine Konkordatslösung ausgesprochen; angestrebt wird vielmehr eine Bundeslösung im Sinne eines Rahmengesetzes, und zwar gestützt auf die bisher nicht in Anspruch genommene Kompetenznorm von Art. 33 Abs. 2 BV. Zu den Punkten, welche einer Anpassung bedürfen, gehören[118]: (1) Verzicht auf das Erfordernis der schweizerischen Staatsangehörigkeit für den Rechtsanwaltsberuf gegenüber Angehörigen von EWR-Staaten; (2) Anerkennung von Berufsnachweisen anderer EWR-Staaten im Rahmen der Richtlinie 89/48 (von zuständiger Stelle ausgegebenes Diplom, das ein dreijähriges Studium und ausreichende fachliche Vorausetzungen belegt); (3) Festsetzung des höchstens dreijährigen Anpassungslehrganges (Praktikum) oder - wofür sich die Schweiz wohl entscheiden wird - der Eignungsprüfung für jene EWR-Anwälte, die sich in der Schweiz niederlassen wollen; (4) Bezeichnung der zuständigen Instanzen zur Entgegennahme der Anerkennungsgesuche und zur Fällung von Entscheidungen sowie Aufstellung von Verfahrensvorschriften bezüglich Anerkennungsgesuchen, Fristen, Rechtsmitteln usw.; (5) Schaffung der Rechtsgrundlagen, um eine vernünftige standesrechtliche Überwachung der Rechtsanwälte vornehmen zu können.

Dieser Tage geht den kantonalen Justiz- und Polizeidirektoren der Entwurf für ein Bundesgesetz über die internationale und die interkantonale Geltung der Anwaltspatente zu. Diese "Geltung" ist sachlich richtig im Sinne der Erteilung einer Berufsausübungsbewilligung und nicht der Verleihung eines ergänzenden Diploms auszugestalten. Zwecks Vermeidung einer Inländerdiskriminierung schlägt die Kommission des SAV überdies zutreffend vor, auch die Bedingungen zur Erlangung einer gesamtschweizerischen Berufsausübungsbewilligung festzusetzen.

Ungeachtet der berufspezifischen Voraussetzungen bleibt zu beachten, dass während der Übergangszeit bis zum 1.1.1998 zudem eine Arbeitsbewilligung

118 Der Schweizer Anwalt, SAV 140/1992, 5 ff.; vgl. auch MALAGUERRA (Anm. 82), 220 ff. sowie die in Anm. 112 zit. Lit.

im Rahmen der quantitativen Beschränkungen der Personenverkehrsfreiheit einzuholen ist.

b) *Medizinalpersonen*[119]

Im Bereich der Medizinalpersonen hat die EG recht eingehend legiferiert. So bestehen seit Jahren sektorielle Harmonisierungs-Richtlinien, welche die Ausübung der Niederlassungs- und der Dienstleistungsfreiheit durch Berufsausbildungs- und -zulassungsanordnungen erleichtern wollen, z.B. für Ärzte[120], Krankenschwestern und -pfleger[121], Hebammen[122], Zahnärzte[123], Tierärzte[124] sowie Apotheker[125]. Gemeinsames Ziel aller Richtlinien in diesem Bereich ist die Koordinierung der Ausbildungsgänge und die Vereinheitlichung der Berufsbilder sowie die gegenseitige Anerkennung der Befähigungsnachweise und die Koordinierung der Berufszulassungsverfahren.

---

119 Allgemein zu den medizinischen Berufen CLAUSNITZER (Anm. 38), 198 ff.; GUILLOD (Anm. 3), 81 f.

120 Richtlinie 75/362 des Rates vom 16.6.1975 für die gegenseitige Anerkennung der Diplome, Prüfungszeugnisse und sonstigen Befähigungsnachweise des Arztes und für Massnahmen zur Erleichterung der tatsächlichen Ausübung des Niederlassungsrechts und des Rechts auf freien Dienstleistungsverkehr (ABl. 1975 L 167/1); Richtlinie 75/363 des Rates vom 16.6.1975 zur Koordinierung der Rechts- und Verwaltungsvorschriften für die Tätigkeiten des Arztes (ABl. 1975 L 167/14); Richtlinie 86/457 des Rates vom 15.9.1986 über eine spezifische Ausbildung in der Allgemeinmedizin (ABl. 1986 L 267/26).

121 Richtlinie 77/452 des Rates vom 27.6.1977 (ABl. 1977 L 176/1) und Richtlinie 77/453 des Rates vom 27.6.1977 (ABl. 1977 L 176/8).

122 Richtlinie 80/154 des Rates vom 21.1.1980 (ABl. 1980 L 33/1) und Richtlinie 80/155 des Rates vom 21.1.1980 (ABl. 1980 L 33/8).

123 Richtlinie 78/686 des Rates vom 25.7.1978 (ABl. 1978 L 233/1) und Richtlinie 78/687 des Rates vom 25.7.1978 (ABl. 1978 L 233/10).

124 Richtlinie 78/1026 des Rates vom 18.12.1978 (ABl. 1978 L 362/1) und Richtlinie 78/1027 des Rates vom 18.12.1978 (ABl. 1978 L 362/7).

125 Richtlinie 85/432 des Rates vom 16.9.1985 (ABl. 1985 L 253/34) und Richtlinie 85/433 des Rates vom 16.9.1985 (ABl. 1985 L 253/37).

c) *Architekten*

Die sektorielle Richtlinie 85/384 vom 10.6.1985 zum Architektenberuf[126] will nicht detailliert die Architektenausbildung vereinheitlichen, aber die Voraussetzungen festlegen, welchen die Befähigungsnachweise zu genügen haben, um in anderen Mitgliedstaaten anerkennungsfähig zu sein; zudem werden die Bestimmungen für das Verfahren der Berufszulassung koordiniert.

2. Kommunikations- und Informationsdienstleistungen

a) *Kommunikationsdienstleistungen*

Das in den meisten europäischen Staaten ursprünglich monopolistisch strukturierte Telekommunikationswesen ist in der EG in den letzten Jahren erheblich liberalisiert worden[127]:

- In der zwar mehr die Warenverkehrsfreiheit betreffenden Richtlinie 88/301 über den Wettbewerb auf dem Markt für Telekommunikations-Endgeräte vom 16. Mai 1988[128] wird angeordnet, dass Geräte, die an ein öffentliches Telekommunikationsnetz zum Aussenden, Verarbeiten oder Empfangen von Nachrichten angeschlossen sind, nicht weiter Bestandteil eines einzelstaatlichen Dienstleistungsmonopols sein dürfen. Konkret bedeutet dies, dass bezüglich Einfuhr, Verkauf, Installation und Wartung von Endgeräten die PTT-Betriebe nicht mehr als monopolistische Dienstleistungunternehmen auftreten können, sondern Wettbewerbsstrukturen zu schaffen sind. Weitere Richtlinien befassen sich mit der gegenseitigen Anerkennung der Zulassung von Endgeräten[129].

126 Richtlinie 85/384 des Rates vom 10.6.1985 (ABl. 1985 L 223/15); zum Architektenrecht allgemein N. Michel, La libre circulation des architectes et des ingénieurs en Europe, BR 1991/2, 31 ff.

127 Überblick bei WEBER (Anm. 61), 321 ff.; P. FISCHER, Telekommunikation, in: Beziehungen Schweiz-EG, (Anm. 112), Bd. 4, Ziff. 6.4, VIII; B. AMORY, Telecommunications in the European Communities, EuZW 1992, 75 ff.

128 ABl. 1988 L 131/73.

129 So z.B. die Richtlinie 91/263 vom 29.4.1991 zur Angleichung der Rechtsvorschriften der Mitgliedstaaten über Telekommunikationsendgeräte einschliesslich der gegenseitigen Anerkennung ihrer Konformität (ABl. 1991 L 128/1).

- Die Richtlinie 90/388 über den Wettbewerb auf dem Markt für Telekommunikationsdienste vom 28.6.1990[130] verpflichtet die Mitgliedstaaten zur Beseitigung der besonderen oder ausschliesslichen Rechte bei der Erbringung von Telekommunikationsdienstleistungen. Interessierte Betreiber von Diensten, welche der Übertragung und Weiterleitung von Signalen auf dem öffentlichen Telekommunikationsnetz dienen, haben somit Zugang zu den einzelstaatlichen öffentlichen Netzen; alle Mehrwertdienste können auch von Privatunternehmen angeboten werden[131]. Spezialregelungen gelten für Telex, Mobilfunk, terrestrischen Funkruf und Satellitendienste. Der Liberalisierung entzogen ist der sog. Sprach-Telefondienst als "Grunddienst", der vornehmlich aus sozialen Gründen den nationalen PTT-Betrieben als Monopolbetrieben vorbehalten bleibt.

- Gleichzeitig mit der Richtlinie über Telekommunikationsdienstleistungen hat der Rat am 28.6.1990 die Richtlinie 90/387 zur Verwirklichung des Binnenmarktes für Telekommunikationsdienste durch Einführung eines offenen Netzzuganges erlassen (Open Network Provision)[132]. Bei dieser Richtlinie, welche die Harmonisierung der Normen und die freie Benutzung der Netze ohne diskriminierende Massnahmen sicherstellen soll, handelt es sich um eine Rahmenrichtlinie, die ein Arbeitsprogramm mit Vorschlägen über die Bedingungen für den Zugang zum Netz (z.B. Harmonisierung der technischen Schnittstellen, der Liefer- und Nutzungsbedingungen sowie der Gebührengestaltung) umfasst.

- In Vorbereitung ist des weitern eine Richtlinie über ein dienstintegrierendes digitales Fernmeldenetz (ISDN).

130 ABl. 1990 L 192/10.

131 Im einzelnen WEBER (Anm. 61), 327, 334 f.

132 ABl. 1990 L 192/1.

b) Audiovisuelle Dienstleistungen

Seit einigen Jahren hat der EuGH in verschiedenen Entscheiden Fernsehsendungen als grundsätzlich frei zirkulierungsfähige Dienstleistungen qualifiziert[133]; demgemäss sind einzelstaatliche Massnahmen, welche die Übertragung und Kabeleinspeisung von Fernsehsendungen beschränken oder die Entwicklung neuer Ausstrahlungstechniken beeinträchtigen, nicht EG-kompatibel.

Nach längeren Vorarbeiten hat der Rat am 3.10.1989 die Richtlinie 89/552 zur Koordinierung bestimmter Rechts- und Verwaltungsvorschriften der Mitgliedstaaten über die Ausübung der Fernsehtätigkeit erlassen[134], die in Übereinstimmung mit der Rechtsprechung des EuGH die Fernsehsendungen als Dienstleistungen auffasst und deren freien Empfang durch die Allgemeinheit verankert; weitere Bestimmungen betreffen die Produktion von Fernsehsendungen (zwar mit protektionistischem Ansatz), die Werbung und das Sponsoring sowie den Jugendschutz. Zudem unternehmen die EG-Organe auch Vereinheitlichungsbemühungen im technischen Bereich (z.B. zum Fernsehempfang die D2-MAC-Richtlinie vom 11.5.1992)[135].

c) Informationsdienstleistungen

Im Bereich der Informationsdienstleistungen fehlen noch generelle Richtlinien und damit ein klarer "acquis communautaire"; zu beachten ist immerhin der Beschluss 91/691 des Rates vom 12.12.1991 über ein Programm zur Schaffung eines Binnenmarktes für Informationsdienste[136]. Die EG hat zudem in grossem Masse versucht, durch Unterstützung von Aktionsprogrammen und Forschungsbemühungen einen starken europäischen Markt aufzubauen; gefördert wird z.B. die Schaffung eines gemeinsamen Marktes für Informationsdienstleistungen (IMPACT I und II), das Konzept eines vereinheitlichten Technologietransfers (SPRINT) und

---

133 EuGH, Rs 155/73, Slg. 1974, 409 (Sacchi); EuGH, Rs 52/79, Slg. 1980, 833 (Debauve); EuGH. 62/79, Slg. 1980, 881 (Coditel); EuGH, Rs 352/85, Slg. 1988, 2085 (Kabelregeling).

134 ABl. 1989 L 289/23; weiterführend D. KUGELMANN, Der Rundfunk und die Dienstleistungsfreiheit des EWG-Vertrages, Berlin 1991.

135 Richtlinie vom 11. Mai 1992 über die Annahme von Normen für die Satellitenaustrahlung von Fernsehsignalen (ABl. 1992 L 137/17); dazu R. H. WEBER, Gesetzgebung im Spannungsfeld von technischen Normen und Partikularinteressen - Zur Entstehungsgeschichte der D2-MAC-Richtlinie vom 11. Mai 1992, erscheint demnächst in AJP.

136 ABl. 1991 L 377/41.

die Verknüpfung von europäischen Bibliotheken (LIBRARY)[137]. Mittelfristig ist angesichts der gesteigerten Bedeutung dieser Märkte zu erwarten, dass Richtlinien zum Zugang zu Datenbanken und zum Austausch von elektronisch gespeicherten Informationen erlassen werden.

3. Finanzdienstleistungen

a) Banken

Eine Vielzahl von Richtlinien der EG, die zwar die Finanzmärkte liberalisieren, aus Erwägungen des Anleger- und Systemschutzes aber auch wieder regulieren, befassen sich mit den Banken und ihrer Geschäftstätigkeit[138]:

- *Bankengründung und Ausübung der Geschäftstätigkeit:* Die EG hat im Hinblick auf die zwischenstaatliche Zulassung von Banken zwei Richtlinien erlassen, nämlich die erste Bankenrichtlinie 77/780 vom 12.12.1977[139] und insbesondere die zweite Bankenrichtlinie 89/646 vom 15.12.1989[140], die auf den 1.1.1993 hin die einheitliche Bankzulassung mit EG-weiter Geschäftstätigkeit vorsieht und bezüglich der Überwachung das Prinzip der Herkunftslandkontrolle verankert. Für die Schweiz sieht Anhang IX Ziff. II zum EWRV gewisse Sondermodalitäten vor[141].

- *Handelsrechtliche Bestimmungen:* Die Richtlinie 86/635 vom 8. Dezember 1986 über den Jahresabschluss und den konsolidierten Abschluss von Banken und anderen Finanzinstituten[142] sieht Bilanzierungsvorschriften vor, welche

---

137 Zum ganzen auch Baldi (Anm. 3), 1239.

138 Angesichts des nachfolgenden Beitrages von H.C. VON DER CRONE über den freien Kapital- und Finanzdienstleistungsverkehr begnügen sich die vorliegenden Ausführungen mit einigen Hinweisen; für Überblicke vgl. auch BALDI (Anm. 3), 1237 f.; S. MATTHEY, La liberté d'etablissement des banques et la libre prestation des services bancaires, in: JACOT-GUILLARMOD (Anm.4), 239 ff.; CH. BREINING-KAUFMANN/P. MERZ, Auswirkungen des freien Kapitalverkehrs im EWR-Vertrag, AJP 1992, 1258 ff.; R.H. WEBER, Europa und die Banken, Uni Zürich Nr. 6/1992, 30 ff.; H. PFISTERER/P.TROBERG, Finanzinstitute, Wertpapiere und Versicherungen, in: LENZ (Anm. 30), 235 ff.

139 ABl. 1977 L 322/30.

140 ABl. 1989 L 386/1.

141 BBl 1992 IV 1356 ff.

142 ABl. 1986 L 372/1.

detaillierter sind als die Vorschriften des neuen Aktienrechts in der Schweiz und strengere Bestimmungen zu den stillen Reserven enthalten. Nicht EG-kompatibel sind des weitern gesetzliche Regelungen, die Ausländer diskriminieren, wie z.B. die Vinkulierung im Aktienrecht und die Einschränkungen im Immobilienhandel (Lex Friedrich).

- *Bankenaufsicht:* Mindeststandards enthält z.B. die Richtlinie 83/350 vom 13.6.1983 über die Beaufsichtigung der Kreditinstitute auf konsolidierter Basis[143]; weitere Empfehlungen und Richtlinien sind im Bereich der Amtshilfe zu erwarten, der in der Schweiz im Vergleich zur EG noch ungenügend ausgebildet ist[144].

b) Börsen

Die Kotierungsrichtlinie 79/279[145] vom 5.3.1979 statuiert Mindestvoraussetzungen für die Kotierung von Wertpapieren an der Börse; zudem enthalten verschiedene andere Richtlinien Publizitätsvorschriften, welche die Markttransparenz fördern sollen[146]. Schliesslich bestehen Vorschriften zu Mitteilungen an die Öffentlichkeit beim Erwerb grösserer Aktienpakete[147].

c) Versicherungen

Das Versicherungswesen ist schon früh - wenn zwar nur bruchstückhaft und bereichsweise - durch Richtlinien der EG strukuriert worden[148]; wie im Bankenwesen wird langfristig das Prinzip der Einheitslizenz und der Herkunftslandkontrolle angestrebt. Schon in Kraft stehende sektorielle Richtlinien betreffen die Rückversicherung (64/225)[149], die Haftpflichtversicherung für Motorfahrzeuge

---

143 ABl. 1983 L 193/18.

144 Vgl. Jahresbericht der Eidg. Bankenkommission 1991, 45 f.

145 ABl. 1979 L 66/21.

146 Richtlinie 89/298 betr. Emissionsprospekte (ABl. 1989 L 124/8); Richtlinie 80/390 betr. Kotierungsprospekte (ABl. 1980 L 100/1) mit seitherigen Änderungen.

147 Richtlinie 88/627 (ABl. 1988 L 348/62).

148 Ausführlich dazu KÜNZLE (Anm. 17), 61 ff.; vgl. auch BALDI (Anm. 3), 1238.

149 ABl. 1964 878.

(72/66)[150], die Schadensversicherung (73/239)[151], die Mitversicherung (78/473)[152] und die Lebensversicherung (79/267)[153]. Von Bedeutung für die Errichtung von Sekundärniederlassungen sind v.a. die Koordinierungsrichtlinien zum Schadens- und Lebensbereich[154]. Die Liberalisierung des Direktversicherungswesens geht auf einen Grundsatzentscheid des EuGH von 1986 zurück[155] und ist seither durch den Erlass mehrerer Richtlinien fortgeführt worden[156]. Von der Liberalisierung ausgenommen sind die kantonalen öffentlichrechtlichen Gebäudeversicherungsanstalten[157].

150 ABl. 1972 L 103/1.

151 ABl. 1973 L 228/3.

152 ABl. 1978 L 151/25.

153 ABl. 1979 L 63/1.

154 Vgl. die in Anm. 151 und 153 zit. Richtlinien.

155 EuGH, Rs 205/84, Slg. 1986, 3755 (Kommission/Deutschland betr. Versicherungen).

156 Richtlinie 88/357 (ABl. 1988 L 172/1), geändert durch Richtlinie 90/618 (ABl. 1990 L 330/44) und Richtlinie 92/49 (ABl. 1992 L 228/1) betr. Schadensversicherung; Richtlinie 90/619 (ABl.1990 L 330/50) betr. Lebensversicherung.

157 Anhang IX Ziff. I i) 2 a) zum EWRV (BBl 1992 IV 1346 f).

Freier Kapital- und Finanzdienstleistungsverkehr

von
Hans Caspar von der Crone

Inhalt

I. Übersicht

Der EWG-Vertrag (EWGV) und das EWR-Abkommen (EWRA) gewährleisten als vierte Grundfreiheit den Freien Kapitalverkehr[1]. Diese vierte Freiheit lässt sich weniger noch als die anderen drei Freiheiten scharf abgrenzen und isoliert betrachten[2]: Die Freiheit des Kapitalverkehrs muss als Gravitationszentrum verstanden werden, dessen Bedeutung sich erst durch Einbezug der Wechselwirkungen mit seinem Umfeld erschliesst. Ohne Berücksichtigung der Finanzdienstleistungen insbesondere müsste der Freie Kapitalverkehr über weite Teile abstraktes Prinzip bleiben.

Die Freiheit des Kapitalverkehrs soll nachfolgend deshalb Ausgangspunkt sein (hinten II) für die eingehendere Auseinandersetzung mit drei solchen direkt oder

1 EWGV Art. 67 ff.; EWRA Art. 40 ff.; Botschaft I EWR S. 338 ff.

2 Bei den ursprünglichen Verhandlungen zum EWG-Vertrag gelang es denn auch nicht, den Begriff "Kapitalverkehr" näher einzugrenzen; vgl. dazu KIEMEL N 1 zu Art. 67 EWGV.

indirekt mit ihr zusammenhängenden Bereichen: Mit den grenzüberschreitenden Investitionen in Sachkapital (hinten III), mit den Finanzintermediären, den Banken also und in einem weiteren Sinn auch den Versicherungen (hinten IV) und mit dem Kapitalmarkt (hinten V).

II. Ausgangspunkt: Freier Kapitalverkehr

1. Gegenstand

Gemäss Art. 40 EWR-Abkommen unterliegt der Kapitalverkehr zwischen Personen, die in einem EWR-Staat ansässig sind, keinen Beschränkungen. Die Freiheit des Kapitalverkehrs ist damit grundsätzlich vorbehaltslos gewährleistet[3].

Unter "Kapitalverkehr" fällt jede nur denkbare Form des Transfers von Vermögenswerten[4]. Gewährleistet sind - um nur die wichtigsten zu nennen - insbesondere die folgende Transaktionsformen:

- die grenzüberschreitende Investition in bewegliches oder unbewegliches Vermögen;
- die grenzüberschreitende Beanspruchung von Kapitalmärkten;
- der grenzüberschreitende Handel mit allen Arten von Geld- und Kapitalmarktpapieren.

Berechtigt sind nicht nur EWR-Staatsangehörige, sondern sämtliche in einem EWR-

---

3 Vgl. Art. 1 Kapitalverkehrsrichtlinie. Das EWRA geht damit auch im Bereich des Kapitalverkehrs unmittelbar von dem bis zum heutigen Zeitpunkt innerhalb der EWG erreichten Liberalisierungsstand aus. Dieser wird durch die Kapitalverkehrsrichtlinie definiert, mit welcher der Kapitalverkehr umfassend von Einschränkungen befreit wurde. Erst mit der Kapitalverkehrsrichtlinie wurden die im EWGV angelegte Abhängigkeit der Kapitalverkehrsfreiheit von den drei anderen Grundfreiheiten beseitigt. Ursprünglich war die Liberalisierung des Kapitalverkehrs nämlich nur soweit vorgesehen, als dies für das Funktionieren des gemeinsamen Marktes notwendig ist. Als Konsequenz geht auch die Liberalisierung des Kapitalverkehrs im Rahmen des EWRA weiter, als dies ursprünglich im Rahmen der EWG vorgesehen war. Zum Verlauf des Liberalisierungsprozesses vgl. KIEMEL N 5 ff. zu Art. 69 EWGV.

4 Vgl. Anhang I Kapitalverkehrsrichtlinie.

Staat ansässige Personen: Das EWR-Abkommen schliesst jegliche "Beschränkung[]" oder "Diskriminierung aufgrund der Staatsangehörigkeit oder des Wohnortes der Parteien oder des Anlageortes" aus[5]. Darüberhinaus sind die EWR-Staaten verpflichtet, den innerhalb des EWR geltenden Liberalisierungsstand auch gegenüber Drittländern anzustreben[6]. Wenigstens programmatisch gilt damit das Prinzip der Liberalisierung erga omnes.

Das EWR-Abkommen lässt die währungspolitische Souveränität der Vertragsstaaten unberührt. Der EWR ist gerade keine Währungsunion[7]. Naturgemäss kann der Freie Kapitalverkehr mit der Währungspolitik eines EWR-Staates kollidieren. Das EWRA enthält deshalb Schutzklauseln, die es einem EWR-Abkommensstaat in Grenzen erlaubt, die Kapitalverkehrsfreiheit einzuschränken, sofern Störungen im Kapitalmarkt oder in den Wechselkursverhältnissen auftreten[8].

2. Bedeutung aus schweizerischer Sicht

Aus schweizerischer Sicht ist die Tragweite der Kapitalverkehrsfreiheit insofern beschränkt, als die Schweiz schon jetzt eine recht liberale Regelung des Kapitalverkehrs kennt. Wichtige und nachfolgend gesondert zu behandelnde Ausnahmen gelten immerhin in den Bereichen der Direktinvestitionen und der Immobilieninvestitionen. Davon abgesehen liegt die Hauptbedeutung der Kapitalverkehrsfreiheit aus schweizerischer Sicht in der Beseitigung von Kapitalverkehrshindernissen auf Seiten anderer EWR-Vertragsstaaten. Dabei gilt es allerdings die verschiedenen Übergangsfristen und Schutzklauseln zu beachten, die sich einzelne der EWG-Staaten im Zusammenhang mit der Liberalisierung des Kapitalverkehrs ausbedungen haben[9].

---

5 Art. 40 EWRA; vgl. auch KIEMEL N 11 zu Art. 67 EWGV.

6 Art. 7 Abs. 1 Kapitalverkehrsrichtlinie.

7 Zur währungspolitischen Zusammenarbeit im EWRA vgl. ZWAHLEN S. 256 ff. insbesondere auch zu Art. 46 EWRA; BREINING/MERZ S. 1260 f. zur Währungspolitik im EWGV vgl. BÜNGER/MOLITOR N 43 ff. Vorbemerkungen zu den Art. 102a bis 109 EWGV. Für eine Übersicht über die Entwicklungen im Bereich der Währungspolitik vgl. HAUSER S. 152 ff.

8 Art. 43 EWRA; vgl. ZWAHLEN S. 258 ff.; BREINING-MERZ S. 1260 ff.

9 Siehe Art. 5 und Anhänge III, IV und V Kapitalverkehrsrichtlinie; zum tatsächlichen Liberalisierungsstand innerhalb der EWG vgl. KIEMEL N 21 ff. zu Art. 69 EWGV.

3. Abgrenzung zum Zahlungsverkehr

Zahlungsverkehr ist der Transfer von Zahlungsmitteln. Transaktionen des Zahlungsverkehrs haben instrumentalen Charakter: Sie sind Teil eines Transfers von Waren, Personen, Dienstleistungen oder Kapital. Die Freiheit des Zahlungsverkehrs wird in Art. 41 EWRA ausdrücklich gewährleistet. Sie ist eine notwendige begleitende Freiheit, die es den EWR-Angehörigen erst möglich macht, den vollen Nutzen aus den vier Grundfreiheiten zu ziehen. Die Freiheit des Zahlungsverkehrs im EWR-Abkommen ist direkt anwendbar[10]. Sie gilt also unabhängig vom Stand der Umsetzung in das einzelstaatliche Recht.

III. Investitionen in Sachkapital

Neben dem Verkehr von Geldkapital - Anleihen, Krediten oder Wertpapieranlagen - umfasst der Freie Kapitalverkehr insbesondere den Verkehr von Sachkapital, d.h. den Erwerb von Grundstücken oder Unternehmensbeteiligungen[11]. In beiden Bereichen ergibt sich aus schweizerischer Sicht ein Anpassungsbedarf, der in der Folge zuerst für die Immobilieninvestitionen (hinten 1.) und anschliessend für die Direktinvestitionen (hinten 2.) näher zu untersuchen ist.

1. Immobilieninvestitionen

a) Gegenstand

Im Rahmen des Freien Kapitalverkehrs hat jede innerhalb des EWR ansässige Person das Recht, in einem anderen EWR-Staat Grundbesitz zu beliebiger Nutzung zu erwerben[12]. Weder die EWR-Staatsangehörigkeit wird vorausgesetzt, noch die Nutzung des Grundstückes zu einem bestimmten - beispielsweise produktiven - Zweck. Auch die reine Kapitalanlage in Immobilien also ist durch den Freien Kapitalverkehr gedeckt. Wenigstens programmatisch gilt dabei - wie bereits erwähnt - der Grundsatz erga omnes; die EWR-Staaten sollten den innerhalb des

10 Art. 41 EWRA; vgl. auch KIEMEL N 18 zu Art. 67 EWGV.

11 Vgl. SCHWEITZER/HUMMER S. 309 ff.

12 Vgl. Anhang I Abschnitt II Kapitalverkehrsrichtlinie.

EWR geltenden Liberalisierungsstand auch gegenüber Angehörigen von Drittstaaten anstreben.

b) Umsetzung in das schweizerische Recht

Der Freie Kapitalverkehr im Bereich der Immobilieninvestitionen kollidiert mit der Beschränkung des Erwerbs von Grundstücken durch Personen im Ausland, mit der Lex Friedrich[13]. Aufgrund der fünfjährigen Übergangsfristen, die sich die Schweiz in den zwei engbegrenzten Teilbereichen der *"Direktinvestitionen in das schweizerische Immobiliengewerbe"* und der *"Kapitalanlagen in schweizerische Immobilien"* ausgehandelt hat, ist die notwendige Umsetzung in zwei Etappen zu vollziehen.

aa) Erste Umsetzungsetappe

Die erste Umsetzungsetappe wird im Rahmen des Eurolex-Verfahrens durch Ergänzung der Lex Friedrich mit einer Liste von Ausnahmen realisiert, nach denen EWR-Angehörige differenziert von der Bewilligungspflicht befreit werden. Auf eine Umsetzung des programmatischen Bekenntnisses zu einer Liberalisierung des Kapitalverkehrs erga omnes in das schweizerische Recht wird dabei verzichtet. Die Umsetzung betrifft zwei Fallgruppen: einerseits die wirtschaftlich genutzten Grundstücke, anderseits die Wohnungen.

(1) Der Erwerb von Grundstücken *"zur Ausübung einer wirtschaftlichen Tätigkeit"* wird generell von der Bewilligungspflicht befreit. Begünstigt sind *"Angehörige von EWR-Staaten oder Gesellschaften mit Wohnsitz oder Sitz, Hauptverwaltung oder Hauptniederlassung in einem EWR-Staat"*[14]. Der Begriff der *"wirtschaftlichen Tätigkeit"* deckt nicht nur die eigentlichen Betriebsliegenschaften, sondern beispielsweise auch den Erwerb von Grundstücken durch Personalvorsorgeeinrichtungen ab[15]. Ein Branchenbezug ist nicht mehr erforderlich[16]. Künftig können also auch branchenfremde Gesell-

---

13 Vgl. ZWAHLEN S. 259. BREINING-KAUFMANN/GRAND/MAURER S. 287.

14 Art. 7a Abs. 1 lit. d rev. BewG.

15 Vgl. Botschaft II Eurolex S. 228 ff.; Art. 8 Abs. 1 lit. c BewG.

16 Vgl. dagegen Art. 3 Abs. 1 BewV.

schaften in Unternehmen investieren, die Grundstücke in der Schweiz halten[17]. Nicht unter die wirtschaftliche Nutzung fällt die reine Kapitalanlage[18].

(2) Beim Wohneigentum erfolgt die Befreiung von der Bewilligungspflicht abgestuft nach der Intensität der Beziehung zur Schweiz. Wer in der Schweiz ansässig ist und hier arbeitet, darf ohne Bewilligung Haupt-, Zweit- und Ferienwohnungen erwerben[19]. Wer in der Schweiz arbeitet, aber nicht wohnhaft ist, oder wohnt, aber nicht arbeitet, darf ohne Bewilligung die im Zusammenhang mit seiner Beziehung zur Schweiz stehende Wohnung erwerben, nicht aber eine weitere Wohnung oder Ferienwohnung[20].

Die Umsetzung konzentriert sich auf EWR-Angehörige. Der Grundsatz, wonach im Bereich des Kapitalverkehrs statt auf die Staatsangehörigkeit auf die Ansässigkeit abzustellen ist, wird nicht allgemein, sondern nur gerade für Unternehmen, deren Leitung in einem EWR-Staat ansässig ist, in das Schweizerische Recht umgesetzt.

bb) Zweite Umsetzungsetappe

Eine zweite Umsetzungsetappe wird nach Auslaufen der Übergangsfristen am 1. Januar 1998 aktuell werden. Auf diesen Zeitpunkt sind zusätzlich der Erwerb von Grundstücken als Kapitalanlage sowie die Direktinvestitionen in das Immobiliengewerbe von der Bewilligungspflicht auszunehmen. So muss es beispielsweise einem EWR-Angehörigen nach dem 1. Januar 1998 ohne Bewilligungspflicht möglich sein, eine Beteiligung an einer Gesellschaft zu erwerben, die Immobilienprojekte auf eigene Rechnung realisiert.

Im Zentrum dieser zweiten Umsetzungsstufe dürfte die Frage stehen, ob im Bereich

---

17 Vgl. Botschaft II Eurolex S. 228; eine Sonderregelung ermöglicht den in der Landwirtschaft als Arbeitnehmer tätigen EWR-Angehörigen den Erwerb von landwirtschaftlichen Grundstücken.

18 Vgl. Art. 7a Abs. 2 rev.BewG.

19 Art. 7a Abs. 1 lit. a rev.BewG.

20 Art. 7a Abs. 1 lit. b rev.BewG: Erwerb einer Hauptwohnung durch EWR-Angehörige mit Wohnsitz aber ohne berufliche Tätigkeit in der Schweiz; Art. 7a Abs. 1 lit. c rev.BewG: Erwerb einer berufsbezogenen Zweitwohnung durch EWR-Angehörige mit regelmässigem Aufenthalt zur Ausübung beruflicher Tätigkeit in der Schweiz.

der Zweit- bzw. Ferienwohnungen an einer Diskriminierung nach Wohnsitz festgehalten werden darf oder nicht. Massgebend sind in dieser Hinsicht die Übergangsbestimmungen der Kapitalverkehrsrichtlinie. Danach dürfen *"einzelstaatliche Rechtsvorschriften zur Regelung des Erwerbs von Zweitwohnsitzen"* aufrechterhalten werden, *"bis der Rat weitere diesbezügliche Vorschriften gemäss Art. 69 des Vertrags erlässt"*[21]. Bis zum Zeitpunkt wenigstens, in dem solche Vorschriften erlassen werden, könnte die Schweiz den Erwerb von Zweit- und Ferienwohnungen durch EWR-Angehörige somit vom Erfordernis des Wohnsitzes in der Schweiz abhängig machen. Von Bedeutung ist in diesem Zusammenhang, dass Dänemark auf dem Zweitwohnungsmarkt ähnliche Probleme kennt wie die Schweiz und sich deshalb im EG-Ministerrat einer weitergehenden Liberalisierung dieses Bereichs entgegenstellen dürfte[22].

2. Direktinvestitionen

Direktinvestitionen sind Investitionen in Unternehmen mit der Zielsetzung der Kontrolle oder zumindest der Einflussnahme[23]. Im Zentrum steht dabei der grenzüberschreitende Erwerb von bedeutenden Beteiligungen. Direktinvestitionen sind Teil des Kapitalverkehrs und als solche - sieht man einmal vom bereits erwähnten Fall der Direktinvestitionen in den gewerbsmässigen Immobilienhandel ab - vollumfänglich frei. Für den EWR wird dieser Grundsatz in Art. 124 EWRA zusätzlich bestätigt. Danach *"stellen die Vertragsparteien die Staatsangehörigen der"* EWR-Staaten *"hinsichtlich ihrer Beteiligung am Kapital von Gesellschaften den eigenen Staatsangehörigen gleich"*.

Der Freie Kapitalverkehr im Bereich der Direktinvestitionen erfordert die Beseitigung diskriminierender Bestimmungen etwa im Bereich der Energiewirtschaft[24], der Audiovisuellen Medien[25] und des Verkehrs[26]. Was Banken betrifft,

21 Art. 6 Abs. 4 Kapitalverkehrsrichtlinie.

22 Im Rahmen des Maastrichter-Gipfels wurde Dänemark denn auch ausdrücklich die Ausnahme zugestanden, "seine geltende Gesetzgebung über den Erwerb von Wohnungen, welche nicht das ganze Jahr über belegt sind, beizubehalten"; vgl. Botschaft II Eurolex S. 224 ff.

23 Vgl. Anhang I Abschnitt I und Abschnitt "Begriffsbestimmungen" Kapitalverkehrsrichtlinie.

24 Vgl. Botschaft EWR I S. 212 ff.

25 Vgl. Botschaft EWR I S. 340.

26 Vgl. Botschaft EWR I S. 336 ff.

so führt die in diesem Bereich notwendige umfassende Liberalisierung ohnehin zur Beseitigung von diskriminierenden Regelungen[27].

Die Liberalisierung der Direktinvestitionen wirkt sich vor allem im Bereich der Übertragungsbeschränkungen für Namenaktien aus. Für börsenkotierte Namenaktien ergibt sich dies direkt aus der Struktur von Art. 4 Schlussbestimmungen des neuen Aktienrechts. Dieser lässt eine Ausländerdiskriminierung nur soweit zu, als sie von einem Bundesgesetz verlangt und damit gedeckt ist. Mit der Anpassung der betreffenden Teile der Bundesgesetzgebung entfällt also auch die Grundlage für eine gegen EWR-Angehörige gerichtete Vinkulierung. Art. 4 der Schlussbestimmungen kollidiert deshalb nicht mit dem EWR-Recht.

Anders präsentiert sich die Ausgangslage im Bereich der nichtkotierten Namenaktien. Grundsätzlich lässt auch das neue Aktienrecht eine Ausländervinkulierung von nicht kotierten Namenaktien zu[28]. Im Hinblick auf EWR-Angehörige ist eine solche Vinkulierung als nicht zulässige Diskriminierung zu qualifizieren. Nach dem Grundsatz des Vorrangs des EWR-Rechts wird die entsprechende Bestimmung des Aktienrechts ohne weiteres derogiert[29]: Gegenüber EWR-Angehörigen darf die Zustimmung zum Erwerb von nicht kotierten Namenaktien nicht mit dem Hinweis auf den Ausländerstatus verweigert werden[30].

Der Grundsatz des Vorrangs des EWR-Rechts schliesst eine Ausländervinkulierung im Übrigen auch bei Gesellschaften aus, für die gegenwärtig gestützt auf die Schlussbestimmungen des neuen Aktienrechts noch die altrechtliche Ordnung der *"Vinkulierung ohne Angabe von Gründen"* gilt[31].

---

27 Vgl. insbesondere Art. 2 Abs. 3 und Art. 3quater rev.BankG.

28 Vgl. BÖCKLI N 742 ff.

29 Anders als Art. 40 EWRA bezieht sich Art. 124 EWRA nicht auf EWR-Ansässige, sondern auf EWR-Staatsangehörige. Damit dürfte sich die Derogation des bestehenden schweizerischen Rechts auf den Bereich der EWR-Staatsangehörigen beschränken.

30 G.A. BREINING-KAUFMANN/MERZ S. 1265 sowohl auch BÖCKLI N 782.

31 G.A. BREINING-KAUFMANN/MERZ S. 1265.

IV. Finanzintermediäre

Finanzintermediäre im klassischen Sinn sind Institute, die das Zinsdifferenzgeschäft betreiben: Sie nehmen auf der einen Seite Mittel entgegen, um damit auf der anderen Seite auf eigene Rechnung Kredite einzuräumen. Darunter fallen vor allem Banken und gewisse Finanzgesellschaften. Fasst man den Begriff der Finanzintermediäre weiter, in dem man auf die Funktion abstellt, so deckt er alle Formen der Übernahme und Umlagerung von Risiken ab: Neben dem Bank- also auch wesentliche Teile des Versicherungsgeschäfts.

Dem EWR-Abkommen liegt ein solches funktionales Verständnis des Finanzbereichs zugrunde: Dem Gedanken der *Allfinanz* oder *Bancassurance* folgend fallen neben den Banken auch die Versicherungen unter die Finanzdienstleistungen[32].

1. Liberalisierungskonzept

Im Bereich der Finanzintermediäre ist die Liberalisierung in erster Linic an der Institution und nicht an der Funktion orientiert. Gegenstand der Liberalisierung sind nicht einzelne Tätigkeitsfelder beispielsweise eines Kreditinstitutes. Stattdessen wird die Institution Kreditinstitut definiert und es werden allen Unternehmen, welche die entsprechenden institutionellen Kriterien erfüllen, einheitlich gewisse Freiheiten eingeräumt. Die Liberalisierung ist damit umfassend und beschränkt zugleich: Umfassend, indem den begünstigten Instituten das ganze Spektrum von Aktivitäten geöffnet wird; beschränkt, indem sich Unternehmen, die in Teilbereichen des Tätigkeitsspektrums eines Kreditinstituts aktiv sind ohne die jeweiligen institutionellen Merkmale zu erfüllen, nicht auf die spezifischen Liberalisierungsschritte berufen können[33].

Inhaltlich gesehen beruht das Liberalisierungskonzept für den Bereich der Finanzintermediäre auf zwei eng miteinander verwandten Überlegungen[34]:

- Erstens gilt das *Herkunftslandprinzip*: Die aufsichtsrechtlichen Anforderungen des Herkunftsmitgliedsstaats eines Instituts und die Überwachung ihrer

32 Vgl. Anhang IX EWRA.

33 Zur Vorgeschichte und Entwicklung der Liberalisierung vgl. VASSEUR S. 87 ff.

34 Vgl. Botschaft I EWR S. 273 ff.

Einhaltung durch die Behörden des Herkunftsmitgliedstaats wird EWR-weit als genügend anerkannt.

- Zweitens gelten EWR-weit *aufsichtsrechtliche Minimalstandards*. Damit EWR-weit ein Mindestmass an Systemschutz und vergleichbare Wettbewerbsbedingungen gewährleistet sind, müssen die EWR-Mitgliedstaaten einheitlich gewisse minimale aufsichtsrechtliche Anforderungen durchsetzen.

Das Herkunftslandprinzip erlaubt eine rasche und durchgreifende Liberalisierung; die Pflicht zur Umsetzung von Minimalstandards stellt sicher, dass diese Liberalisierung nicht zu einem funktionsgefährdenden Deregulierungswettbewerb unter den EWR-Staaten führt.

2. Banken

a) Regelung im EWR

aa) Kreditinstitut

Die Liberalisierung im Bankbereich geht vom Kreditinstitut aus. Kreditinstitute sind Unternehmen, die beim Publikum Geld aufnehmen, um damit auf eigene Rechnung Kredite zu gewähren[35]. Der EWR-rechtliche Begriff des Kreditinstitutes entspricht damit dem klassischen Begriff der Bank, dem Begriff des Unternehmens also, welches das Zinsdifferenzgeschäft betreibt und sich dabei beim Publikum refinanziert.

Aus schweizerischer Sicht ist der Begriff Kreditinstitut eng gefasst. Er entspricht der früher, d.h. bis zur Änderung der Bankenverordnung auf den 1. Januar 1990 auch in der Schweiz massgebenden Definition der Bank. Dem geltenden schweizerischen Bankaufsichtsrecht liegt demgegenüber ein deutlich weiterer, funktionaler Begriff der Bank zugrunde. Unternehmen beispielsweise, die zwar auf eigene Rechnung Kredite gewähren, sich dabei aber auf dem Interbankmarkt und nicht beim Publikum refinanzieren, sind nach schweizerischem Bankaufsichtsrecht Banken, ohne die Begriffsmerkmale des EWR-rechtlichen Kreditinstituts zu erfüllen. Dasselbe gilt für Emissionshäuser.

35 Art. 1 Abs. 1 Erste Bankenrechtsrichtlinie.

Anders als der Begriff des Kreditinstituts ist dessen Tätigkeitsbereich weit gefasst: Er umfasst so gut wie alle Formen des Bank- und Finanzgeschäfts, neben der Kreditgewährung und der Refinanzierung insbesondere auch den Zahlungsverkehr, den Handel mit Geld- und Kapitalmarktpapieren, das Emissionsgeschäft, die Beratung im Bereich der Unternehmensübernahmen und der Fusionen sowie die Vermögensverwaltung[36].

bb) Harmonisierung der Minimalstandards

Die minimalen Anforderungen, welche die Mitgliedstaaten an Kreditinstitute zu stellen haben, werden in den Bereichen Aktionariat und Beteiligungen (hinten aaa), Rechnungslegung und Publizität (hinten bbb) sowie der finanziellen Eckwerte (hinten ccc) harmonisiert.

aaa) Aktionariat und Beteiligungen

In organisatorischer Hinsicht verlangt das EWR-Recht die Aufnahme von Bestimmungen über das Aktionariat eines Kreditinstituts sowie über seine Beteiligungen an anderen Unternehmen in das einzelstaatliche Bankaufsichtsrecht[37].

(1) Aktionariat: Mit Bezug auf das Aktionariat haben direkte oder indirekte Aktionäre, die eine qualifizierte Beteiligung an einem Kreditinstitut halten Gewähr für eine "solide und umsichtige Führung des Instituts" zu bieten[38]. Als qualifiziert gilt dabei eine Beteiligung, die entweder wenigstens 10% des Kapitals oder der Stimmrechte umfasst oder aber die Wahrnehmung eines massgeblichen Einflusses auf die Geschäftsführung des Kreditinstituts erlaubt[39]. Flankierend wird eine Pflicht zur Information über Beteiligungen

---

36 Anhang Zweite Bankenrechtsrichtlinie.

37 In organisatorischer Hinsicht sind weiter die Zulassungserfordernisse gemäss Art. 3 Erste Bankenrechtsrichtlinie von Bedeutung. Danach müssen die mit der tatsächlichen Festlegung der Geschäftstätigkeit des Kreditinstitutes beauftragten Personen die notwendige Zuverlässigkeit und angemessene Erfahrung besitzen, um diese Aufgabe wahrnehmen zu können (Abs. 2). Zudem kann eine Zulassung nur aufgrund eines Geschäftsplans erfolgen, "aus dem insbesondere die Art der geplanten Geschäfte und der organisatorische Aufbau des Kreditinstituts" hervorgeht.

38 Art. 5 Abs. 2 und Art. 11 Abs. 2 Zweite Bankenrechtsrichtlinie.

39 Art. 1 Ziff. 10 Zweite Bankenrechtsrichtlinie.

an Kreditinstituten auferlegt: Einerseits ist die Offenlegung allfälliger qualifizierter Beteiligungen Voraussetzung für die Erteilung einer Zulassung als Kreditinstitut. *Anderseits* besteht eine Meldepflicht falls eine natürliche oder juristische Person beabsichtigt, eine qualifizierte Beteiligung an einem Kreditinstitut zu erwerben oder eine solche Beteiligung unter Überschreitung von Schwellenwerten von 20%, 33% oder 50% der Stimmberechtigung oder des Kapitals zu erhöhen[40].

Bieten die kontrollierenden Aktionäre keine Gewähr für eine solide und umsichtige Führung des Kreditinstituts mehr, so kann die Aufsichtsbehörde Sanktionen ergreifen. Dabei steht ihr insbesondere das Recht zu, das Stimmrecht der fraglichen Aktionäre zu suspendieren. Dasselbe gilt, wenn eine natürliche oder juristische Person trotz Einspruch der Aufsichtsbehörde eine qualifizierte Beteiligung erwirbt oder ausbaut[41].

(2) Beteiligungen: Was Beteiligungen von Kreditinstituten an anderen Unternehmen betrifft, so wird zwischen Beteiligungen im Finanzbereich einerseits und solchen im Nichtbankenbereich anderseits unterschieden. Die *Beteiligung eines Kreditinstituts an einem anderen Kreditinstitut* oder an einem *Finanzinstitut* ist keinen Einschränkungen unterworfen[42]. Darüberhinaus können die EWR-Staaten die freie Beteiligung von Kreditinstituten an Versicherungsunternehmen vorsehen[43].

Für die *Beteiligungen von Kreditinstituten an Nichtbanken* dagegen gilt eine zweiteilige Beschränkung. *Einerseits* darf die Beteiligung an Nichtbanken je für sich wertmässig nicht mehr als 15 % der Eigenmittel betragen[44]. *Anderseits* dürfen solche Beteiligungen insgesamt einen Grenzwert von 60% der Eigenmittel nicht überschreiten[45]. Dabei gilt ein Aktienpaket nur dann als Beteiligung, wenn es im Hinblick auf den dauernden Geschäftsbetrieb gehal-

---

40 Art. 5 Abs. 1 und Art. 11 Abs. 1 Zweite Bankenrechtsrichtlinie.

41 Art. 11 Abs. 5 Zweite Bankenrechtsrichtlinie.

42 Art. 12 Abs. 1 Zweite Bankenrechtsrichtlinie e contrario.

43 Art. 12 Abs. 3 Zweite Bankenrechtsrichtlinie; nach Art. 4 Abs. 2bis rev.BankG. gelten die Limiten im schweizerischen Recht für Beteiligungen "ausserhalb des Finanzbereichs". Damit wird die Beteiligung von Kreditinstituten an Versicherungen ohne Einschränkungen zugelassen.

44 Art. 12 Abs. 1 Zweite Bankenrechtsrichtlinie; Eigenmittelrichtlinie.

45 Art. 12 Abs. 2 Zweite Bankenrechtsrichtlinie.

ten wird[46]. Wertpapierhandelsbestände fallen somit nicht unter die Begrenzung[47]. Dasselbe gilt für Aktien, die ein Kreditinstitut vorübergehend, beispielsweise im Rahmen einer Stützungsaktion, zur Sanierung eines Unternehmens oder aufgrund einer Festübernahme im Zusammenhang mit einer Emission am Kapitalmarkt hält; dies allerdings nur innerhalb des für ein solches Geschäft üblichen Zeitraums. Nicht zu den Beteiligungen zählen weiter Aktien, die das Kreditinstitut zwar im eigenen Namen aber auf fremde Rechnung, also fiduziarisch hält[48]. Weiter stellt es das EWR-Recht den Mitgliedstaaten frei, soweit von der Durchsetzung der Beteiligungsgrenzen abzusehen, als die über die Grenzwerte hinausgehenden Beteiligungen zu 100% durch Eigenmittel abgedeckt sind[49].

bbb) Rechnungslegung und Publizität

Eine wirksame aufsichtsrechtliche Kontrolle von Kreditinstituten ist nur auf der Grundlage eines aussagekräftigen Jahresabschlusses, verbunden mit einer Konsolidierung möglich. Dementsprechend stellt das EWR-Recht ausführliche Regeln über den Jahresabschluss und den konsolidierten Abschluss von Kredit instituten auf[50]. Diese entsprechen weitgehend den einschlägigen gesellschaftlichen Regeln. Von besonderem Interesse ist dabei, dass die Mitgliedstaaten die Bildung von stillen Reserven nur in engen Grenzen zulassen dürfen. Zulässig ist einzig eine Tieferbewertung von Forderungen sowie von gewissen Teilen des Wertpapierbestandes um maximal 4 % *"soweit dies aus Gründen der Vorsicht in Anbetracht der besonderen bankgeschäftlichen Risiken"* erforderlich ist[51]. Die Bankbilanz hat in diesem Fall einen besonderen Passivposten *"Rückstellung für allgemeine Bankrisiken"* zu umfassen. Damit sollen Kreditinstitute veranlasst werden, schrittweise auch Rückstellungen für besondere bankgeschäftliche Risiken offen auszuweisen[52].

---

46 Sogenannte Finanzanlage; Art. 12 Abs. 4 Zweite Bankenrechtsrichtlinie, Art. 35 Abs. 2 Bankbilanzrichtlinie.

47 Vgl. HOFFMANN S. 60.

48 Art. 12 Abs. 4 Zweite Bankenrechtsrichtlinie.

49 Art. 12 Abs. 8 Zweite Bankenrechtsrichtlinie. Die betreffenden Eigenmittel dürfen in diesem Fall bei der Berechnung des Solvabilitätskoeffizienten nicht berücksichtigt werden.

50 Vgl. Bankbilanzrichtlinie.

51 Art. 37 Abs. 2 lit. a Bankbilanzrichtlinie; vgl. HOFFMANN S. 81.

52 Vgl. HOFFMANN S. 81.

Kreditinstitute sind weiter zur Offenlegung des Jahresabschlusses verpflichtet[53].

ccc) *Kapitalisierung und Bilanzstruktur*

Im Hinblick auf ein Mindestmass an finanzieller Stabilität und damit Systemschutz sieht das EWR-Recht einerseits Vorschriften über das minimale Anfangskapital und anderseits risikogewichtete Eigenmittelvorschriften vor:

(1) *Anfangskapital:* Grundsätzlich darf die Zulassung als Kreditinstitut nur dann erteilt werden, wenn das Anfangskapital des Unternehmens wenigstens Ecu 5 Mio., entsprechend ca. SFr. 8,5 Mio., beträgt[54].

(2) *Bilanzstruktur:* Was die Bilanzstruktur von Kreditinstituten betrifft, so stellt das EWR-Recht ausführliche Regeln über die risikogewichtete Unterlegung der Aktivposten der Bilanz, also der Ausleihungen des Kreditinstituts mit eigenen, also nicht durch Fremdfinanzierung beschafften Mitteln auf. Je grösser das mit einer bestimmten Ausleihung verbundene Risiko ist, desto weitergehend muss diese Ausleihung mit eigenen Mitten finanziert werden. Massgebend ist dabei die konsolidierte Betrachtungsweise [55].

---

53 Art. 44 Bankbilanzrichtlinie.

54 Art. 4 Abs. 1 Zweite Bankenrechtsrichtlinie.

55 Art. 5 Eigenmittelrichtlinie; Art. 3 Abs. 3 Solvabilitätskoeffizienten-Richtlinie.

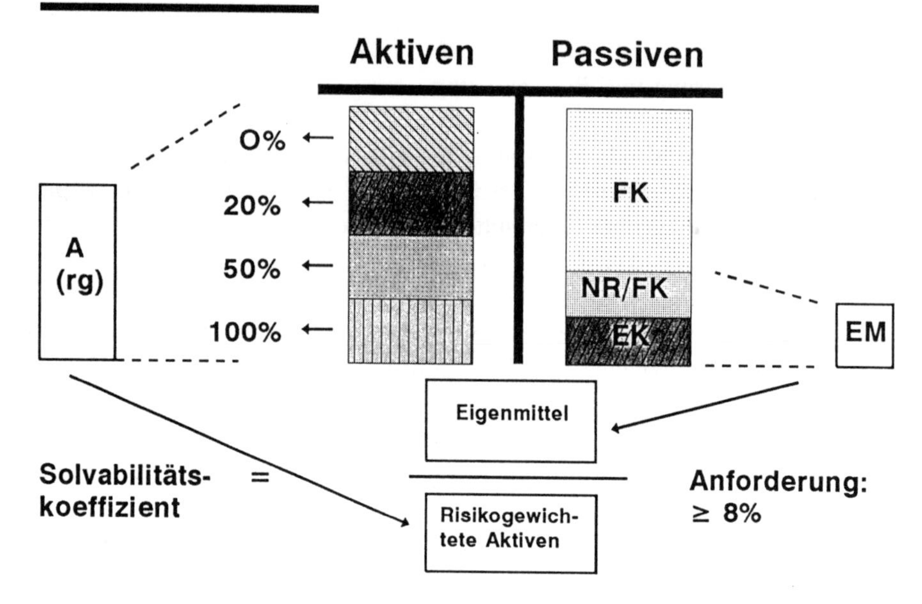

Auf einer technischen Ebene sind bei der Bestimmung der risikogewichteten Eigenmittelsätze zwei Aspekte auseinanderzuhalten:

- *Einerseits* ist festzulegen, welche Teile der Passivseite der Bilanz des Kreditinstituts zu den Eigenmitteln zu zählen sind. Den international massgebenden Standards folgend[56] dürfen nach dem EWR-Recht neben dem Aktienkapital und den ausgewiesenen Reserven - also den Eigenmitteln erster Ordnung - innerhalb gewisser genau definierter Grenzen nachrangige Verbindlichkeiten als Eigenmittel zweiter Ordnung in die Eigenmittelberechnung mit einbezogen werden[57].

  Als Besonderheit gilt es festzuhalten, dass staatliche Garantien zugunsten öffentlich-rechtlicher Kreditinstitute nicht zu den Eigenmitteln zu zählen

56 Es handelt sich dabei um das sog. "Basler Eigenkapital-Modell" des Basler Ausschusses für Bankenaufsicht, des sog. Cooke Committee; vgl. MATTHEY S. 246; HERTIG S. 433; Bulletin EBK Nr. 19 1990 S. 22 ff.

57 Art. 2 ff. Eigenmittelrichtlinie.

sind[58]. Diese für die Schweiz im Hinblick auf die Kantonalbanken nicht unbedeutende Regelung ist wettbewerbspolitisch motiviert. Öffentlichrechtliche Institute sollen unter vergleichbaren Finanzierungsbedingungen mit privatrechtlichen Instituten konkurrieren.

- *Anderseits* ist mit Blick auf die Aktivseite festzulegen, welche Formen von Ausleihungen und damit Aktivposten typischerweise mit welchem Risiko verbunden sind. Das EWR-Recht sieht dazu ein Ausschlussverfahren vor: Aktiven, die mit normalen Bankrisiken verbunden sind, werden zu 100% in die Berechnung einbezogen. Solche mit geringerem Risiko nur zu 50% oder 20%, während praktisch risikofreie Aktiven - wie Bargeld oder Forderungen gegenüber Zentralbanken - ganz ausser Betracht fallen. Resultat dieser Berechnung ist eine risikogewichtete Summe der Aktiven[59]. Besondere Grundsätze regeln den Einbezug der Ausserbilanzgeschäfte in die Berechnung der risikogewichteten Aktiven[60].

Im sogenannten Solvabilitätskoeffizienten werden die beiden Elemente der Unterlegungsberechnung in Beziehung zueinander gesetzt: Die Eigenmittel müssen mindestens 8% der risikogewichteten Aktiven erreichen[61].

cc) Einheitslizenz und Herkunftslandkontrolle

Mit der Harmonisierung der Minimalstandards sind die Voraussetzungen für den eigentlichen Liberalisierungsschritt geschaffen, nämlich für die Einführung einer einheitlichen EWR-weiten Zulassung bei gleichzeitiger Unterstellung unter das Bankaufsichtsrecht und die Bankaufsicht des Herkunftslands des Kreditinstituts.

---

58 Art. 4 Abs. 2 Eigenmittelrichtlinie; ungenau in dieser Beziehung Botschaft I EWR S. 278, wonach "die EG die bedingungslose Garantie einer Gemeinde nicht als Eigenmittel zulässt".

59 Art. 6 Solvabilitätskoeffizienten-Richtlinie.

60 Vgl. Art. 6 Abs. 2 und 3 Solvabilitätskoeffizienten-Richtlinie; gegenwärtig in Vorbereitung ist weiter eine Richtlinie über die angemessene Eigenkapitalausstattung von Wertpapierfirmen und Kreditinstituten, welche Regeln über die Berücksichtigung der spezifischen Wertpapierhandelsrisiken enthalten wird; vgl. dazu POHL S. 203 ff.

61 Art. 10 Abs. 1 Solvabilitäskoeffizienten-Richtlinie.

aaa) Einheitslizenz

Nach dem EWR-Recht ist die Zulassung als Kreditinstitut durch die Behörden des Herkunftslands von allen EWR-Staaten zu anerkennen[62]. Die Bankenlizenz eines EWR-Staates wird damit ohne weiteres zur EWR-weiten Einheitslizenz. EWR-zugelassene Kreditinstitute können ihre Dienstleistungen in allen EWR-Staaten anbieten, sei es direkt, sei es über Zweigniederlassungen[63]. Lokale Zulassungen erübrigen sich. Statt dessen genügt eine einfache Mitteilung an die Aufsichtsbehörde des Herkunftslands, insbesondere über den Geschäftsbereich, auf den sich die grenzüberschreitenden Aktivitäten erstrecken sollen. Für Zweigniederlassungen darf kein eigenes Dotationskapital verlangt werden[64].

Über den konkreten Umfang der EWR-weiten Bankenzulassung entscheidet das Bankaufsichtsrecht des Herkunftsmitgliedstaats. Die Einheitslizenz ist also nicht notwendigerweise eine Universalbankenlizenz. Vielmehr erstreckt sie sich auf jene Tätigkeitsbereiche, für die das betreffende Kreditinstitut nach der aufsichtsrechtlichen Ordnung seines Herkunftslands zugelassen ist[65]. Ein Kreditinstitut beispielsweise, das in einem EWR-Staat für den Bereich des Hypothekargeschäfts zugelassen ist, kann in der Schweiz in diesem Bereich tätig werden, ohne aber die in der Schweiz übliche universelle Zulassung beanspruchen zu können. Umgekehrt kann sich ein schweizerisches Institut im Ausland in jedem Fall auf die Zulassung als Universalbank berufen, auch wenn das Bankaufsichtsrecht des Aufnahmemitgliedstaats keine solche universelle Zulassung kennt.

bbb) Herkunftslandkontrolle

Korrelat der EWR-weit gültigen einheitlichen Zulassung ist die einheitliche Beaufsichtigung. Alle, also auch die grenzüberschreitenden Aktivitäten von Kreditinstituten werden dem Bankaufsichtsrecht des Herkunftslands unterstellt. Das Prinzip der Herkunftslandskontrolle gilt dabei in inhaltlicher wie in verfahrens-

---

62 Art. 18 und Art. 6 Zweite Bankenrechtsrichtlinie.

63 Dasselbe gilt aufgrund von Art. 18 Abs. 2 Zweite Bankenrechtsrichtlinie unter gewissen genau festgelegten Voraussetzungen für Finanzinstitute, die Tochtergesellschaft eines Kreditinstituts sind.

64 Art. 6 und 19 Zweite Bankenrechtsrichtlinie. Immerhin ist in der Mitteilung an die Aufsichtsbehörde des Herkunftslands zusätzlich über die Organisationsstruktur der Zweigniederlassung zu informieren; vgl. Art. 19 und Art. 20 Zweite Bankenrechtsrichtlinie.

65 Art. 18 Abs. 1 Zweite Bankenrechtsrichtlinie; HOFFMANN S. 51 ff.

mässiger Hinsicht. Inhaltlich massgebend sind die aufsichtsrechtlichen Normen des Herkunftslandes; verfahrensmässig ist es die Behörde des Herkunftslandes, die diese Normen vollzieht[66].

Die Voraussetzungen für eine solche grenzüberschreitende Beaufsichtigung werden mit der detaillierten Regelung des Informationsaustausches zwischen den Aufsichtsbehörden geschaffen. Zudem werden den für die Aufsicht zuständigen Behörden des Herkunftslands in den Bereichen der Leitung, der Verwaltung und der Eigentumsverhältnisse die Befugnis zur direkten Prüfung im Aufnahmeland aufgeräumt[67]. Zu einer wirksamen einheitlichen Kontrolle trägt weiter die Anordnung der Beaufsichtigung auf konsolidierter Basis bei[68].

In einem, praktisch bedeutsamen Bereich, bleibt die vollumfängliche Umsetzung der Herkunftslandkontrolle gegenwärtig noch aufgeschoben. Die Überwachung der Liquidität von Zweigniederlassungen eines Kreditinstituts nämlich bleibt bis zur weiteren Koordinierung Sache des Aufnahmestaats[69]. Dieser für den Anleger- und den Systemschutz besonders bedeutsame Faktor soll also nach wie vor lokal und nicht grenzüberschreitend überwacht werden. In ähnlicher Richtung zielt die Pflicht der Zweigniederlassung eines Kreditinstituts mit Sitz in einem anderen Mitgliedstaat, die Jahresabschlussunterlagen des Gesamtinstituts offenzulegen[70].

66 Art. 13 Zweite Bankenrechtsrichtlinie.

67 Art. 15 Zweite Bankenrechtsrichtlinie in Verbindung mit Art. 7 Abs. 1 Erste Bankenrechtsrichtlinie.

68 RL Bankenaufsicht auf konsolidierter Basis; innerhalb der EWG wird diese Richtlinie inzwischen durch die Richtlinie 92/30/EWG vom 6. April 1992 über die Beaufsichtigung von Kreditinstituten auf konsolidierter Basis (ABl. Nr. L 110/52 vom 28. April 1992) ergänzt, welche insbesondere den Grundsatz der konsolidierten Beaufsichtigung auf die Finanz-Holdinggesellschaften ausdehnt; diese Richtlinie ist aus der Sicht des EWR Teil des "Pipeline Acquis"; vgl. dazu Boos S. 406 f.

69 Art. 14 Abs. 3 Zweite Bankenrechtsrichtlinie.

70 Art. 2 Richtlinie 89/117/EWG über die Pflichten der in einem Mitgliedstaat eingerichteten Zweigniederlassungen von Kreditinstituten und Finanzinstituten mit Sitz ausserhalb dieses Mitgliedstaates zur Offenlegung von Jahresabschlussunterlagen (ABl. Nr. L 44 vom 16.2.1989, S. 40).

dd) Tochtergesellschaften

Die Zuständigkeit für die Zulassung rechtlich selbständiger Tochtergesellschaften verbleibt nach EWR-Recht beim Aufnahmestaat. Vorgesehen sind nur Konsultationspflichten zwischen den Aufsichtsbehörden. Der Anspruch auf Zulassung einer Tochtergesellschaft als Kreditinstitut wird nicht spezifisch geschützt, sondern ergibt sich bloss allgemein aus dem Verbot der Diskriminierung sowie aus der Kapitalverkehrsfreiheit, die Direktinvestitionen ohne Einschränkungen zulässt[71]. Ein Anspruch auf Zulassung einer Tochtergesellschaft als Kreditinstitut besteht damit soweit, als er im Rahmen des einzelstaatlichen Rechts des Aufnahmelands dem Inländer zusteht.

b) Umsetzung in das schweizerische Recht

Mit Ausnahme der Regeln über den Jahresabschluss und den konsolidierten Abschluss von Banken und anderen Finanzinstituten[72], für welche sich die Schweiz eine Übergangsfrist von drei Jahren ausbedungen hat, sind die bankenrechtlichen Bestimmungen des EWR unmittelbar umzusetzen.

Formell betreffen die notwendigen Anpassungen das Bankengesetz, die Bankenverordnung und die Auslandbankenverordnung. Materiell dienen sie der Umsetzung einerseits gewisser Aspekte der EWR-Minimalstandards und anderseits des Grundsatzes der einheitlichen Zulassung und Aufsicht.

(1) *Umsetzung von EWR-Minimalstandards:* Vorerst wird das Bankengesetz durch ein ausdrückliches Verbot der Entgegennahme von Publikumseinlagen durch nicht als Banken zugelassene natürliche oder juristische Personen ergänzt[73].

Neu sind dann Bestimmungen über das Aktionariat von Kreditinstituten und über deren Beteiligungen an Nichtbanken in das Bankengesetz aufzunehmen[74]. Bemerkenswert ist der aus schweizerischer Sicht in seiner Struktur

71 Vgl. HOFFMANN S. 70 ff.

72 Bankbilanzrichtlinie.

73 Art. 1 Abs. 2 und 4 rev.BankG.

74 Art. 2 Abs. 3 sowie Art. 4 Abs. 2bis und Abs. 4 rev.BankG.

neuartige Behelf der Suspendierung des Stimmrechts von qualifizierten Aktionären, wenn sich deren Einfluss potentiell zum Schaden einer umsichtigen soliden Geschäftstätigkeit auswirkt[75].

In Bezug auf die finanziellen Eckwerte wird die Festsetzung des minimalen Anfangskapitals an den Bundesrat delegiert[76]. Bereits nach der bisherigen Praxis der EBK wurde die Erteilung einer Bankenzulassung von einem Mindestkapital von SFr. 20 Mio. abhängig gemacht. Das EWR-Recht bringt in diesem Bereich also keine Verschärfung.

Die Umsetzung der Eigenmittelvorschriften erfordert eine noch anstehende Revision der BankVO. Angesichts der im internationalen Vergleich hohen Eigenmittelanforderungen des geltenden schweizerischen Rechts dürften sich die Anpassungen technischen Charakter haben; für schweizerische Banken dürfte sich kein zusätzlicher Eigenmittelbedarf ergeben. Etwas anderes gilt immerhin für Kantonalbanken mit unbeschränkter Staatshaftung. Die bisher für diese Institute zulässige Reduktion der Eigenmittel um 12,5% wird in Zukunft nicht mehr statthaft sein[77].

(2) *Umzusetzung von Einheitslizenz und Heimatlandkontrolle:* In Umsetzung des Grundsatzes der Einheitslizenz räumt das revidierte Bankengesetz Kreditinstituten aus EWR-Staaten das Recht ein, ohne Bewilligung grenzüberschreitend oder durch Eröffnung einer Zweigniederlassung, Agentur oder Vertretung Bankdienstleistungen in der Schweiz zu erbringen[78]. Zudem werden EWR-Angehörige im Hinblick auf die Gründung einer schweizerischen Bank oder auf den Erwerb einer qualifizierten Beteiligung an einer schweizerischen Bank schweizerischen Staatsangehörigen gleichgestellt[79].

Im Hinblick auf die einheitliche Beaufsichtigung durch die Behörden des Herkunftslands regelt das revidierte Bankengesetz vor allem den Informa-

75 Art. 23ter Abs. 1bis in Verbindung mit Art. 3 Abs. 2 lit. cbis und Abs. 5 rev.BankG.

76 Art. 3 Abs. 2 lit. b rev.BankG.

77 Vgl. den bisherigen Art. 13 Abs. 3 lit. b BankVo; parallel dazu dürfte auch Art. 11 Abs. 3 BankVO aufzuheben sein, der den Einbezug nachrangiger Darlehen und Obligationenanleihen in die Eigenmittelberechnung für Kantonalbanken ausschliesst.

78 Art. 2 Abs. 3 rev.BankG.

79 Art. 3quater rev.BankG.

tionsaustausch mit den Aufsichtsbehörden der EWR-Staaten sowie deren direkte Tätigkeit auf schweizerischem Territorium im Rahmen der Beaufsichtigung der schweizerischen Zweigniederlassungen von EWR-Kreditinstituten. Die Weitergabe von vertraulichen Informationen durch die EBK an ausländische Aufsichtsbehörden wird dabei an die Bedingungen geknüpft, dass diese Informationen ausschliesslich für die eigentlichen Aufsichtsfunktionen verwendet werden und dass die ausländische Behörde an ein Amts- oder Berufsgeheimnis gebunden ist[80]. Die Aufsichtsfunktionen dürften in der Regel keine Weitergabe von kundenspezifischen Informationen notwendig machen. Ausnahmen sind aber doch denkbar, so beispielsweise im Zusammenhang mit der Beurteilung von Grosskrediten[81]. Im Hinblick auf den Schutz der Interessen des betroffenen Bankkunden hat die EBK über die Weitergabe solcher kundenspezifische Informationen im Rahmen eines Verwaltungsverfahrens und in der Form einer beschwerdefähigen Verfügung zu entscheiden[82].

c) *Stellung der Finanzgesellschaften*

Im geltenden schweizerischen Bankaufsichtsrecht ist zwischen Finanzgesellschaften mit und Finanzgesellschaften ohne Bankenlizenz zu unterscheiden.

aa) *Finanzgesellschaften mit Bankenlizenz*

Im Rahmen der Revision von Art. 2a der BankenVO wurden Finanzgesellschaften, deren Funktion auf den Finanzmärkten derjenigen einer Bank entspricht oder sehr nahe kommt sowie Emissionshäuser auf den 1. Januar 1990 dem Bankengesetz unterstellt. Den betroffenen Finanzgesellschaften wurde eine Übergangsfrist für die Anpassung an die Anforderungen des Bankengesetzes bis zum 1. Januar 1993 eingeräumt. Mit dem Ablauf der Übergangsfrist unterstehen sie in allen Teilen dem Bankengesetz.

Im Rahmen des EWR dürften solche Finanzgesellschaften als Kreditinstitute zu

80 Art. 23sexies Abs. 2 ff. rev.BankG.

81 Vgl. Botschaft II Eurolex S. 194; vg. Art. 7 Empfehlung Grosskredite.

82 Art. 23sexies Abs. 3 rev.BankG.

qualifizieren sein. Zwar knüpft das EWR-Bankenrecht beim Begriff des Kreditinstituts grundsätzlich an die Aufnahme von Geldern im Publikum an. Die Bedeutung dieses Kriteriums aber liegt auf der negativen Seite: Nur Kreditinstitute dürfen Gelder beim Publikum aufnehmen. Die Finanzierung beim Publikum ist deswegen keine notwendige Voraussetzung für eine EWR-Bankenzulassung. Vielmehr muss es den Mitgliedstaaten freistehen, auch Instituten, die sich nicht beim Publikum finanzieren, eine Zulassung als Kreditinstitut zu erteilen, soweit diese sämtliche organisatorischen und finanziellen Anforderungen erfüllen.

Finanzgesellschaften, die aufgrund von Art. 2a BankVO dem Bankengesetz unterstellt sind, sollten damit uneingeschränkt von der Liberalisierung im Bankenbereich Gebrauch machen können. Insbesondere können sie sich auf die einheitliche Zulassung und Aufsicht berufen und ihre Dienstleistungen ohne weitere Bewilligung grenzüberschreitend und allenfalls unter Eröffnung einer Zweigniederlassung anbieten.

bb) Finanzgesellschaften ohne Bankenlizenz

In der EWG und damit im EWR ist bis zum heutigen Zeitpunkt ausschliesslich der Bankenbereich im engeren Sinn liberalisiert. Nur Kreditinstitute können die EWR-weite Gültigkeit ihrer Zulassung beanspruchen. Die Tätigkeit von Unternehmen, die im Finanzbereich tätig sind ohne über eine Bankenlizenz zu verfügen, ist nicht spezifisch liberalisiert. Einzig im Bereich der Wertpapierdienstleistungen ist in der EWG eine liberalisierende Richtlinie in Vorbereitung[83].

Gegenwärtig und vor weiteren Liberalisierungsschritten können sich Finanzgesellschaften ohne Bankenlizenz bei ihren EWR-weiten Aktivitäten deshalb nur auf die allgemeinen Grundsätze der Dienstleistungs- und Niederlassungsfreiheit berufen[84]. Weder Zulassung noch Aufsicht sind vereinheitlicht. Aus dem EWR-Abkommen ergibt sich ausschliesslich der Anspruch auf Gleichbehandlung mit den Staatsangehörigen des jeweiligen Aufnahmestaats.

Genaugenommen hätte sich im Bereich der Finanzgesellschaften eine Anpassung des geltenden schweizerischen Rechts erübrigt. Dennoch wurde im Rahmen des

83 Vgl. Entwurf Wertpapierdienstleistungsrichtlinie.

84 Vgl. dazu HEILBRONNER/NACHBAUR S. 109 ff.

Eurolex-Verfahrens die bisherige Unterstellung der bankähnlichen Finanzgesellschaften, die sich nicht öffentlich zur Annahme fremder Gelder empfehlen, unter die Art. 7 und 8 des Bankengesetzes aufgehoben. Mit dieser Änderung soll verhindert werden, dass v.a. im Ausland der nicht zutreffende Eindruck entsteht, solche Finanzgesellschaften unterständen einer staatlichen Aufsicht. Aufgehoben wird weiter der Sonderstatus der bankähnlichen Finanzgesellschaft, die sich öffentlich zur Annahme fremder Gelder empfiehlt[85]. Diese Änderung ist insofern von untergeordneter Bedeutung, als die betreffenden Institute - es sind gegenwärtig bloss derer vier - bereits jetzt weitestgehend der bankenrechtlichen Ordnung unterstehen.

d) *Banken aus Drittländern*

Für Banken aus Drittländern gilt im Rahmen des EWR eine Sonderregelung, die es der EWG wie der EFTA erlauben soll, gegenüber Drittländern eine eigenständige Reziprozitätspolitik zu betreiben[86]. Grundsätzlich gelten Zulassungen, die ein EWR-Staat einem Kreditinstitut erteilt, dessen Mutterunternehmen in einem Drittland ansässig ist, wie Zulassungen für Inländer EWR-weit. Absolut gilt dies im Sinne einer grand-fathering clause für bereits erteilte Zulassungen. Zukünftige Zulassungen dagegen haben nur dann vorbehaltlos EWR-weit Gültigkeit, wenn das betreffende Drittland seinerseits EWR-Kreditinstitute ohne Beschränkungen - insbesondere mengenmässiger Natur - zulässt.

e) *Bankprivatrecht*

Die Liberalisierungsmassnahmen im EWR betreffen das Bankaufsichtsrecht und erstrecken sich - sieht man einmal von der Regelung über den Konsumkredit ab - nicht auf den Bereich des Bankprivatrechts. Die Beziehungen zwischen Banken und Kunden bzw. anderen Banken unterstehen dem jeweils einschlägigen einzelstaatlichen Recht. Über die Zulässigkeit einer bestimmten Form von Geschäften wird also nicht EWR-einheitlich entschieden: Das EWR-Bankenrecht gibt keinen Anspruch darauf, alle im Herkunftsland zulässigen Finanzprodukte auch im Auf-

85 Art. 1 Abs. 2 lit. a rev.BankG.

86 Botschaft II EWR S. 690.

nahmeland anbieten zu können[87].

3. Versicherungen

Auch der Liberalisierung des Versicherungsbereichs liegt das Konzept der Verbindung von EWR-weiten Minimalanforderungen mit dem Grundsatz der einheitlichen Zulassung und Überwachung zugrunde. Anders als im Bankenbereich steht die Umsetzung dieses Konzepts allerdings noch bevor. Bisher wurden ausführliche Minimalstandards für die Bereiche der Lebens- und der Schadens- (Nichtlebens-)versicherungen erlassen. Gewährleistet und detailliert geregelt ist zudem die Niederlassungsfreiheit und, mit Einschränkungen, die Dienstleistungsfreiheit. Die volle Liberalisierung des Versicherungsbereichs durch Einführung von einheitlicher Zulassung und Aufsicht dagegen ist zur Zeit erst in Vorbereitung[88].

V. Kapitalmarkt

1. Liberalisierungskonzept

Im Bereich der Kapitalmärkte ist die Liberalisierung und Harmonisierung in erster Linie an der Funktion und nicht an der Institution orientiert. Nicht die Börsen beispielsweise oder die an der Börse tätigen Unternehmen sind Ausgangspunkt und Gegenstand der Vereinheitlichung. Vielmehr werden punktuell diejenigen Aspekte geregelt, die für die Funktion der Kapitalmärkte von besonderer Bedeutung sind. Das EWR-Recht zum Kapitalmarkt richtet sich denn auch nicht an einzelne klar abgegrenzte Institutionen, wie dies im Bereich der Versicherungen und Banken der Fall ist. Vielmehr werden jeweils jene Marktteilnehmer erfasst, deren Verhalten in einem bestimmten Teilbereich funktional relevant ist.

---

87 Vgl. HOFFMANN S. 77 ff.

88 Für Übersichten vgl. KUHN S. 462 ff., SCHNYDER S. 589 ff. und SCHÄUBLE S. 37.

2. Börsen

Die Liberalisierungs- und Harmonisierungsschritte im Bereich der Börsen betreffen die Voraussetzungen einer Zulassung zum börslichen Handel (hinten 1.), die Anforderungen an die Publizität (hinten 2.) und die Verhaltensstandards, die den Marktteilnehmern auferlegt werden (hinten 3.).

a) Zulassungsvoraussetzungen

Ausgangspunkt der Vereinheitlichung im Bereich des Börsenrechts sind EWR-weit gültige Mindestanforderungen für die Zulassung von Wertpapieren zum börslichen Handel[89]. Voraussetzung für die Zulassung von Aktien ist einmal eine gewisse Mindestgrösse der Gesellschaft; die Gesellschaft muss zudem schon mindestens drei Jahre bestanden haben[90]. Dann müssen die Aktien der Gesellschaft nicht nur frei handelbar sein, sondern es muss spätestens im Zeitpunkt der Zulassung auch eine ausreichende Streuung der Titel im Publikum erreicht sein[91]. Die Zulassung muss zudem einheitlich für sämtliche Aktien einer bestimmten Kategorie beantragt werden. Immerhin können die Mitgliedstaaten vorsehen, dass Kontrollpakete von der Zulassung ausgenommen bleiben können[92]. Ähnliche Bestimmungen gelten für die Zulassung von Obligationenanleihen.

b) Publizität

Ein Schwergewicht der EWR-weiten Harmonisierung und Liberalisierung im Bereich der Kapitalmärkte liegt auf der Publizität. Mit der doppelten Zielsetzung des Anlegerschutzes und des Systemschutzes soll den Märkten jene Information zugänglich gemacht werden, die für ein fundiertes Urteil über die fraglichen Wertpapiere und ihre Emittenten notwendig sind.

---

89 Wertpapierzulassungsrichtlinie.

90 Anhang Schema A Abs. I Ziff. 2 und 3 Wertpapierzulassungsrichtlinie.

91 Anhang Schema A Abs. II Ziff. 2 und 4 Wertpapierzulassungsrichtlinie.

92 Anhang Schema A Abs. I Ziff. 5 Wertpapierzulassungsrichtlinie.

aa) Erstmaliges öffentliches Angebot zur Zeichnung

Das EWR-Börsenrecht schreibt vor, dass eine Gesellschaft, die erstmals Wertpapiere zur öffentlichen Zeichnung anbietet, einen ausführlichen Prospekt zu erstellen hat. Diese Prospektpflicht gilt unabhängig davon, ob die angebotenen Wertpapiere später an einer Börse kotiert werden sollen oder nicht[93]. Immerhin kann der Prospekt in Fällen, in denen eine Kotierung nicht vorgesehen ist, deutlich kürzer gehalten werden[94].

In verfahrensmässiger Hinsicht ist der Prospekt durch den Sitzstaat des Emittenten zu genehmigen[95]. Die EWR-Staaten sind verpflichtet, genehmigte Prospekte ohne weitere Prüfungsverfahren zu anerkennen[96].

bb) Kotierung

Kernstück der Vereinheitlichung im Bereich des Börsenrechts sind ausführliche Richtlinien über die Gestaltung des Prospektes, der mit dem Antrag auf Zulassung von Wertpapieren zum börslichen Handel zu veröffentlichen ist[97]. Ein detailliertes Prospektschema legt fest, welche Informationen über die für den Prospekt verantwortlichen Personen, über die zuzulassenden Titel und über den Emittenten einschliesslich dessen Geschäftstätigkeit , Vermögens-, Finanz- und Ertragslage sowie Verwaltung und Geschäftsführung offenzulegen sind. Die Offenlegungspflicht erstreckt sich bemerkenswerterweise auch auf strategische Aspekte der Geschäftstätigkeit, so wenn Angaben über die Forschungs- und Entwicklungspolitik, über die Investitionspolitik und über die Geschäftsaussichten des Emittenten für das laufende Geschäftsjahr zu machen sind[98].

Wiederum gilt der Grundsatz der einheitlichen, EWR-weit gültigen Genehmigung

93 Art. 1 und 11 Zweite Börsenprospektrichtlinie; Ausnahmen gelten insbesondere für Privatplazierungen, vgl. Art. 2.

94 Art. 11 Zweite Börsenprospektrichtlinie; vgl. dagegen Art. 7 Zweite Börsenprospektrichtlinie in Verbindung mit dem Anhang zur Ersten Börsenprospektrichtlinie.

95 Art. 20 Zweite Börsenprospektrichtlinie.

96 Art. 21 Zweite Börsenprospektrichtlinie.

97 Erste Börsenprospektrichtlinie.

98 Schema A Ziff. 4.3, 4.7, 7.2. Erste Börsenprospektrichtlinie.

des Prospekts durch die zuständige Stelle im Land, in dem der Emittent seinen Sitz hat[99].

cc) Berichterstattung

Gesellschaften, deren Aktien oder Obligationen zum börslichen Handel zugelassen sind, haben ihren Jahresabschluss sowie einen Lagebericht über die Tätigkeit der Gesellschaft im Geschäftsjahr zu veröffentlichen[100]. Zusätzlich ist ein Halbjahresbericht zu publizieren, der es den Anlegern ermöglichen soll, *"sich in voller Sachkenntnis ein Urteil über die allgemeine Entwicklung der Tätigkeit der Gesellschaft"* in der ersten Hälfte des Geschäftsjahrs zu verschaffen[101]. Der Halbjahresbericht muss alle wesentlichen Angaben über die Tätigkeit und Ergebnisse der Gesellschaft samt der wichtigsten Kennzahlen enthalten[102].

Für die Beurteilung eines börsenkotierten Unternehmens sind Kenntnisse über die Besitz- und Stimmrechtsverhältnisse von grosser Bedeutung. Dementsprechend ist im Rahmen der laufenden Berichterstattung auch über bedeutende Veränderungen im Aktionariat zu informieren[103]. Zu diesem Zweck haben Aktionäre, die beim Ausbau oder Abbau ihrer Beteiligung an einer Gesellschaft gewisse Schwellenwerte über- oder unterschreiten, dies innert sieben Tagen der Gesellschaft und der zuständigen Aufsichtsbehörde mitzuteilen. Massgebend sind Schwellen von 10, 20, 33, 50 und 66%[104], wobei Beteiligungen von verbundenen Personen als Einheit betrachtet werden[105]. Die Gesellschaft hat die Veränderung der Beteiligungs-

---

99 Art. 24 und 24a Richtlinie 87/345/EWG zur Änderung der Richtlinie 80/390/EWG [Erste Börsenprospektrichtlinie] vom 22. Juli 1987 (ABl. Nr. L 185 vom 4.7.1987 S. 81; Sammlung Acquis 26.02); vgl. in diesem Zusammenhang auch Richtlinie 90/211/EWG zur Änderung der Richtlinie 80/390/EWG hinsichtlich der gegenseitigen Anerkennung der Prospekte für öffentliche Angebote als Börsenprospekte vom 23. April 1990 (ABl. Nr. L 112 vom 3.5.1990 S. 24; Sammlung Acquis 26.03).

100 Art. 4 Abs. 2 in Verbindung mit Schema C Wertpapierzulassungsrichtlinie.

101 Erwägungen RL Halbjahresbericht.

102 Art. 5 RL Halbjahresbericht.

103 Erwägungen Beteiligungsinformationsrichtlinie.

104 Art. 4 Beteiligungsinformationsrichtlinie; alternativ können die Mitgliedstaaten statt der Schwellen von 20% und 33% eine einzige von 25% und statt der Schwelle von 66% eine solche von 75% anwenden.

105 Vgl. Art. 7 Beteiligungsinformationsrichtlinie.

verhältnisse innert weiterer 9 Kalendertage publik zu machen[106].

Besonders geregelt ist die anfängliche Beschaffung der Information über bedeutende Beteiligungen. Aktionäre, die mehr als 10% der Stimmrechte halten, müssen ihre Beteiligung an der ersten Generalversammlung nach Umsetzung der einschlägigen Richtlinie in das einzelstaatliche Recht gegenüber der Gesellschaft und der Aufsichtsbehörde offenlegen. Die entsprechenden Angaben sind anschliessend zu veröffentlichen.

c) *Verhaltensstandards*

Besondere Verhaltensstandards stellt das EWR-Recht einmal im Bereich des Insiderhandels auf[107]. Mit Art. 161 StGB wird das schweizerische Recht entsprechenden Anforderungen bereits jetzt gerecht.

In Vorbereitung ist weiter eine Richtlinie über die Übernahmeangebote[108]. Diese Richtlinie soll ein faires Verhalten sowohl des Bieters wie der Zielgesellschaft gewährleisten. Insbesondere sollen die Empfänger des Angebots über "hinreichend Zeit und Informationen verfügen", um in voller Kenntnis der Sachlage eine Entscheidung über das Angebot treffen zu können[109]. Kontrovers ist gegenwärtig noch, ob der Bieter verpflichtet werden soll, bei Überschreiten eines Schwellenwerts von einem Drittel der Stimmrechte ein Angebot für 100% der Aktien zu unterbreiten[110].

---

106 Art. 10 Beteiligungsinformationsrichtlinie.

107 Vgl. Insiderrichtlinie.

108 Vorschlag Dreizehnte Gesellschaftsrechtliche Richtlinie; zum aktuellen Stand vgl. ABl. Nr. C 250 vom 28. September 1992 S. 1 ff.

109 Art. 6a Vorschlag Dreizehnte Gesellschaftsrechtliche Richtlinie.

110 Art. 4 Vorschlag Dreizehnte Gesellschaftsrechtliche Richtlinie; vgl. dazu MEIER-SCHATZ S. 623 ff.

d) *Umsetzung in das schweizerische Recht*

Im Hinblick auf das ohnehin laufende Gesetzgebungsverfahren für ein Börsengesetz hat sich die Schweiz im Bereich des Börsenrechts eine Übergangsfrist von 2 Jahren ausbedungen. Die notwendigen Anpassungen können damit direkt in das neue Börsengesetz integriert werden.

3. Wertpapierfirmen

Innerhalb der EWG laufen gegenwärtig Vorbereitungen für den Erlass einer Richtlinie für Wertpapierdienstleistungen[111]. Der entsprechende Richtlinienvorschlag sieht die Einführung der Einheitslizenz und der Herkunftslandkontrolle für natürliche oder juristische Personen vor, die gewerbsmässig Wertpapierdienstleistungen anbieten. Als Modell dient dabei die bereits dargestellte Regelung für Kreditinstitute. Mit dem Erlass der Richtlinie könnten Wertpapierfirmen ihre Dienstleistungen, gestützt auf die Herkunftslandzulassung EWR-weit, sei es direkt, sei es über Zweigniederlassungen, anbieten. Parallel dazu ist eine Richtlinie über die von Wertpapierfirmen zu erfüllenden Eigenmittelsätze in Vorbereitung[112].

4. Anlagefonds

Das EWR-Recht enthält eine spezifische Regelung für den Wertpapier-Anlagefonds. In der EWR-Terminologie werden solche Fonds als "Organismen für gemeinsame Anlagen in Wertpapieren", abgekürzt "OGAW", bezeichnet. Regelungsgegenstand ist dabei ausschliesslich der Wertpapierfonds. Immobilienfonds beispielsweise fallen nicht unter den OGAW. Die detaillierten EWR-rechtlichen Vorschriften sehen insbesondere eine obligatorische Trennung von Fondsleitung und Depotbank sowie die Pflicht zur Veröffentlichung nicht nur des Jahres-, sondern auch eines Halbjahresberichtes und eines Prospektes vor[113].

---

111 Vorschlag Wertpapierdienstleistungsrichtlinie.

112 Vorschlag RL Eigenkapitalausstattung Wertpapierfirmen und Kreditinstitute; vgl. POHL S. 203 ff. und HOFFMANN S. 101 ff.

113 Vgl. HOFFMANN S. 111 ff.; HERTIG S. 443 f.

Die Zulassung als OGAW im Herkunftsmitgliedstaat hat EWR-weit Gültigkeit[114]. Bezüglich der Vertriebsmodalitäten allerdings sind die jeweils massgebenden lokalen Vorschriften einzuhalten. Die Beziehungen zwischen einem OGAW und den Anlegern bleibt von der Liberalisierung und Harmonisierung ausgeklammert. Die Rechtslage entspricht in dieser Hinsicht also derjenigen im Bankprivatrecht[115].

Angesichts des ohnehin laufenden Gesetzgebungsverfahrens für eine Revision des Anlagefondsgesetzes wird auf eine zwischenzeitliche Anpassung der Schweizerischen Ordnung im Rahmen des Eurolexverfahrens verzichtet. Noch zu klären ist in diesem Zusammenhang, ob die einschlägige Richtlinie unmittelbare Drittwirkung beansprucht, sodass nicht EWR-konforme Bestimmungen des geltenden Anlagefondgesetzes für Wertpapierfonds nicht mehr anwendbar wären.

5. Syndizierungsvorschriften

Nach geltendem schweizerischen Recht dürfen nur Banken und Finanzgesellschaften mit Sitz oder Niederlassung in der Schweiz Mitglieder von Syndikaten für Emissionen sein, die auf Schweizer Franken lauten. Eine solche Syndizierungsvorschrift kollidiert im EWR mit der Freiheit des Kapitalverkehrs[116]. Mit dieser Frage schliesst sich also der Kreis der Überlegungen zum ganzen Komplex der Finanzmärkte.

In der heutigen Form lässt sich die Syndizierungsregel nicht aufrecht erhalten. Unklar ist aber, ob - nach dem Muster des deutschen Rechts - verlangt werden kann, dass wenigstens der Syndikatsführer einer Schweizerfrankenemission in der Schweiz ansässig sein muss. Im Hinblick auf eine Einführung eines solchen Grundsatzes wurde das Bankengesetz im Rahmen der parlamentarischen Beratung zur Eurolex um eine Bestimmung ergänzt, die der Nationalbank die Kompetenz für Massnahmen zur Überwachung der Entwicklung der Schweizerfranken-Märkte gibt[117].

---

114 Art. 4 Abs. 1 Investmentfondsrichtlinie.

115 Vgl. vorn III B 5.

116 Vgl. Botschaft II Eurolex S. 187 ff.

117 Art. 7 Abs. 5 rev.BankG.

VI. Zusammenfassung

In einer abschliessenden Bewertung ist die deutlich unterschiedliche Tragweite des EWR für die drei vorangehend mit Schwergewicht behandelten Bereiche festzuhalten: Im Bereich der Finanzintermediäre bringt der EWR, sieht man einmal von der Zulassung ausländischer Institute ab, vor allem Änderungen technischer Natur. Im Bereich der Kapitalmärkte haben die notwendigen Anpassungen mehr Gewicht, sie lassen sich aber durchwegs als Weiterentwicklung von Grundsätzen verstehen, die auch dem geltenden schweizerischen Recht zugrunde liegen. Im Bereich der Investitionen in Sachkapital dagegen ist eine eigentliche Neuorientierung notwendig: Aufzugeben ist das gelegentlich als selbstverständlich erachtete Konzept der Bindung des Eigentums an schweizerischen Immobilien und Unternehmen an die schweizerische Staatsbürgerschaft.

Literatur

BALDI, MARINO, Der EWR als integrierter Markt für Dienstleistungen, AJP 1992, S. 1230 ff.

BOOS, KARL-HEINZ, EG-Richtlinie über die Beaufsichtigung von Kreditinstituten auf konsolidierter Basis, EuZW, 1992, S. 406 ff.

BREINING-KAUFMANN, CHRISTINE/GRAND, SIMON/MAURER, MARTIN, Die Annäherung der Schweiz an die EG - Auswirkungen auf den Finanzplatz Schweiz, Quartalsheft SNB 9/1991.

BREINING-KAUFMANN, CHRISTINE/MERZ, PETER, Auswirkungen des Freien Kapitalverkehrs im EWR-Vertrag, AJP 1992 S. 1258 ff.

BÜNGER, KLAUS/MOLITOR, BERNARD, Wirtschaftspolitik, Vorbemerkungen Art. 102a bis 109 EWGV, in: Groeben, Thiesing, Ehlermann, Kommentar zum EWG-Vertrag, Art. 85-109, 4. A., Baden-Baden 1991.

EEA1/92, EFTA Experts on the EEA, Capital, Services and Statistics in the EEA, The European Free Trade Association, EEA1/92 April 1992.

HAUSER, HEINZ, Die Ergebnisse von Maastricht zur Schaffung einer europäischen Währungsunion, Aussenwirtschaft 47, 1992, S. 151 ff.

HAILBRONNER, KAY/NACHBAUR, ANDREAS, Die Dienstleistungsfreiheit in der Rechtsprechung des EuGH, EuZW 1992, S. 105 ff.

HERTIG, GÉRARD, Droit bancaire et boursier (y compris la circulation des capitaux), in: Schindler/Hertig/ Kellenberger/Thürer/Zäch, Die Europaverträglichkeit des schweizerischen Rechts, Zürich 1990, S. 419 ff.

HOFFMANN, DIETHER, Bank- und Börsenrecht der EWG, Baden-Baden 1990.

JACOT-GUILLARMOD, OLIVIER (Hrsg), Accord EEE - Commentaires et réflexions, Zürich 1992.

KIEMEL, WOLFGANG, Der Kapitalverkehr, Kommentar Art. 67-72 EWGV, in: Groeben, Thiesing, Ehlermann, Kommentar zum EWG-Vertrag, Band I, Art. 1-84, 4. A., Baden-Baden 1991.

KUHN, MORITZ, Versicherungsrecht, in: Schindler/Hertig/ Kellenberger/Thürer/Zäch, Die Europaverträglichkeit des schweizerischen Rechts, Zürich 1990, S. 461 ff.

MATTHEY, SILVIAN, La liberté d'établissement des banques et la libre prestation des services banquaires (art. 30, 31, 34, 36-39, 40-45 EEE), in: Jacot-Guillarmod, S. 239 ff.

MEIER-SCHATZ, CHRISTIAN J., Übernahmeangebote nach EG-Recht im Vergleich mit der Situation in der Schweiz. STH 1992 S. 623 ff.

POHL, WOLFGANG, Die Behandlung innovativer Finanzinstrumente im europäischen Bankenaufsichtsrecht, EuZW 1992, S. 203 ff.

SCHÄUBLE, ROLF, Versicherungswirtschaft und EWR - Für eine weitere Marktöffnung, NZZ 3. September 1992, S. 37.

SCHNEIDER, HEINRICH, Schweizer Banken stehen positiv zum EWR, STH 1992 S. 585. ff.

SCHNYDER, ANTON K., Die Zukunft der Schweizer Versicherungen mit und ohne EWR, STH 1992, S. 589 ff.

SCHWEIZER, MICHAEL/HUMMER, WALDEMAR, Europarecht, 3. A, Frankfurt a/M. 1990.

VASSEUR, MICHEL, Les aspects juridiques de l'Europe financière et, plus particulièrement, bancaire, Revue de droit des affaires internationales, Paris 1991, S. 71 ff.

ZWAHLEN, JEAN, La collaboration monétaire dans l'Espace économique européenne (art. 46 EEE): marge de manoeuvre de la Banque nationale suisse, in: Jacot-Guillarmod S. 255.

Abgekürzt zitierte Richtlinien

Kapitalverkehrsrichtlinie

388 L 0361: Richtlinie 88/361/EWG des Rates vom 24. Juni 1988 zur Durchführung von Artikel 67 des Vertrages (ABl. Nr. L 178 vom 8.7.1988, S. 5)

Erste Bankenrechtsrichtlinie

377 L 0780: Erste Richtlinie 77/780/EWG des Rates vom 12. Dezember 1977 zur Koordinierung der Rechts- und Verwaltungsvorschriften über die Aufnahme und Ausübung der Tätigkeit der Kreditinstitute (ABl. Nr. L 322 vom 17.12.1977, S. 30) [Sammlung Acquis 16.01]

Zweite Bankenrechtsrichtlinie

389 L 0646: Zweite Richtlinie 89/646/EWG des Rates vom 15. Dezember 1989 zur Koordinierung der Rechts- und Verwaltungsvorschriften über die Aufnahme und Ausübung der Tätigkeit der Kreditinstitute und zur Aenderung der Richtlinie 77/780 /EWG (ABl. Nr. L 386 vom 30.12.1989, S. 1) [Sammlung Acquis 17.01]

Eigenmittelrichtlinie

389 L 0299: Richtlinie 89/299/EWG des Rates vom 17. April 1989 über die Eigenmittel von Kreditinstituten (ABl. Nr. L 124 vom 5.5.1989, S.16) [Sammlung Acquis 18.01]

Solvabilitätskoeffizienten-Richtlinie

389 L 0647: Richtlinie 89/647/EWG des Rates vom 18. Dezember 1989 über einen Solvabilitätskoeffizienten für Kreditinstitute (ABl. Nr. L 386 vom 30.12.1989, S. 14) [Sammlung Acquis 19.01]

RL Bankenaufsicht auf konsolidierter Basis

383 L 0350: Richtlinie 83/350/EWG des Rates vom 13. Juni 1983 über die Beaufsichtigung der Kreditinstitute auf konsolidierter Basis (ABl. Nr. L 193 vom 18.7.1983, S. 18) [Sammlung Acquis 21.01]

Bankbilanzrichtlinie

386 L 0635; Richtlinie 86/635/EWG des Rates vom 8. Dezember 1986 über den Jahrsabschluss und den konsolidierten Abschluss der Banken und anderen Finanzinstituten (ABl. Nr. L 372 vom 31.12.1986, S. 1) [Sammlung Acquis 22.01]

Wertpapierzulassungsrichtlinie

379 L 0279: Richtlinie 79/279/EWG des Rates vom 5. März 1979 zur Koordinierung der Bedingungen für die Zulassung von Wertpapieren zur amtlichen Notierung an einer Wertpapierbörse (ABl. Nr. L 66 vom 16.3.1979, S. 21) [Sammlung Acquis 25.01]

Erste Börseprospektrichtlinie

380 L 0390: Richtlinie 80/390/EWG des Rates vom 17. März 1980 zur Koordinierung der Bedingungen für die Erstellung, die Kontrolle und die Verbreitung des Prospekts, der für die Zulassung von Wertpapieren zur amtlichen Notierung an einer Wertpapierbörse zu veröffentlichen ist (ABl. Nr. L 100 vom 17.4.1980, S. 1) [Sammlung Acquis 26.01]

RL Halbjahresberichte

382 L 0121: Richtlinie 82/121/EWG des Rates vom 15. Februar 1982 über regelmässige Informationen, die von Gesellschaften zu veröffentlichen sind, deren Aktien zur amtlichen Notierung an einer Wertpapierbörse zugelassen sind (ABl. Nr. L 48 vom 20.2.1982, S. 26) [Sammlung Acquis 27.01]

Beteiligungsrichtlinie

388 L 0627: Richtlinie 88/627/EWG des Rates vom 12. Dezember 1988 über die bei Erwerb und Veräusserung einer bedeutenden Beteiligung an einer börsennotierten Gesellschaft zu veröffentlichenden Informationen (ABl. Nr. L 348 vom 17.12. 1988, S. 62) [Sammlung Acquis 28.01]

Zweite Börsenprospektrichtlinie

389 L 0298: Richtlinie 89/298/EWG des Rates vom 17. April 1989 zur Koordinierung der Bedingungen für die Erstellung, Kontrolle und Verbreitung des Prospekts, der im Falle öffentlicher Angebote von Wertpapieren zu veröffentlichen ist (ABl. Nr. L 124 vom 5.5.1989, S. 8) [Sammlung Acquis 29.01]

Insiderrichtlinie

389 L 0592: Richtlinie 89/592/EWG des Rates vom 13. November 1989 zur Koordinierung der Vorschriften betreffend Insider-Geschäfte (ABl. Nr. L 334 vom 18.11.1989, S. 30) [Sammlung Acquis 30.01]

Investmentfondsrichtlinie

385 L 0611: Richtlinie 85/611/EWG des Rates vom 20. Dezember 1985 zur Koordinierung der Rechts- und Verwaltungsvorschriften betreffend bestimmte Organismen für gemeinsame Anlagen in Wertpapieren (OGAW) (ABl. Nr. L 375 vom 31.12. 1985, S. 3) [Sammlung Acquis 31.01]

Empfehlung Grosskredite

387 X 0062: Empfehlung 87/62/EWG der Kommission vom 22. Dezember 1986 über die Überwachung und Kontrolle der Grosskredite von Kreditinstituten (ABl. Nr. L 33 vom 4.2.1987, S. 10) [Sammlung Acquis 35.01]

Vorschlag Wertpapierdienstleistungsrichtlinie

KOM (89) 629 endg. - SYN 176: geänderter Vorschlag für eine Richtlinie des Rates über Wertpapierdienstleistungen (ABl. C 42 vom 22. Februar 1990, S. 7)

Vorschlag RL Eigenkapitalausstattung Wertpapierfirmen und Kreditinstitute

KOM (92) 13 endg. - SYN 257: geänderter Vorschlag für eine Richtlinie des Rates über die angemessene Eigenkapitalausstattung von Wertpapierfirmen und Kreditinstituten (ABl. Nr. C 50 vom 25. Februar 1992, S. 5)

Vorschlag Dreizehnte Gesellschaftsrechtliche Richtlinie

KOM (90) 416 endg. - SYN 186: geänderter Vorschlag für eine dreizehnte Richtlinie des Rates auf dem Gebiet des Gesellschaftsrechts über Uebernahmeangebote (ABl. C 240, vom 26. September 1990, S. 7)

Umweltschutz im Europäischen Wirtschaftsraum (Art. 73 - 75)

von
Helen Keller

Inhalt

I. Einleitung[1]

Art. 73-75 EWRV: Umweltschutz im Europäischen Wirtschaftsraum - der Titel verspricht einerseits mehr, als die nachfolgenden Ausführungen halten können; andererseits grenzt er das Thema allzu stark ein. Der umweltrelevante Regelungsbereich im EWRV beschränkt sich nicht auf die Art. 73-75. Insbesondere die Bestimmungen über den Verkehr[2] und die Energie[3] wären mitzuberücksichtigen. Luftreinhaltung und Lärmbekämpfung sowie die Erhaltung von schützenswerten Landschaften und die sparsame Ressourcenverwendung sind wichtige ökologische Anliegen, die gerade in die Verkehrs- und Energiepolitik einfliessen müssen. Trotzdem werden diese beiden Bereiche im folgenden ausgeklammert, weil es den Rahmen dieser Publikation sprengen würde, wollte man auch die verkehrs- und energiepolitischen Belange des EWRV erläutern[4]. Da Umweltschutz heute vermehrt beim Produkt beginnt, stellt neben Art. 73-75 EWRV auch Art. 23 lit. a EWRV eine umweltrelevante Norm ersten Ranges dar. Die Bestimmungen über die technischen

---

1 Für die kritische Durchsicht des Manuskriptes und ihre wertvollen Hinweise danke ich HARALD BENTLAGE vom Bundesamt für Umwelt, Wald und Landschaft und HERIBERT RAUSCH, Professor an der Universität Zürich.

2 Art. 47 ff. EWRV, Anhang XIII und das Protokoll 44.

3 Art. 24 EWRV und Anhang IV.

4 Vgl. zur *europäischen Verkehrspolitik* etwa: VON DÄNIKEN, FRANZ, Verkehrsfragen im EWR-Abkommen, in: EWR-Abkommen. Erste Analysen, Schriften zum Europarecht Bd. 9, Zürich 1992, S. 267 ff.; LENDI, MARTIN, Verkehrsrecht, in: Europaverträglichkeit des schweizerischen Rechts, Schriften zum Europarecht Bd. 1, Zürich 1988, S. 291 ff.; EUROPÄISCHE INTEGRATION, S. 152 ff.; Botschaft zum Transitvertrag vom 13. Mai 1992, BBl 1992 III 1057 ff.; EUROPÄISCHE GEMEINSCHAFTEN - WIRTSCHAFTS- UND SOZIALAUSSCHUSS, Die Verkehrspolitik der EG, Brüssel 1991.
Vgl. zur *europäischen Energiepolitik* etwa: EUROPÄISCHE INTEGRATION, S. 201 ff. Zur Genehmigung des Bundesbeschlusses zum Energierecht durch den Nationalrat vgl. die Berichterstattung in der NZZ vom 28. August 1992 Nr. 199, S. 25. Zur Vereinbarkeit von Art. 3 Energienutzungsbeschluss (SR 730.0) mit dem Recht der Europäischen Gemeinschaft die Analyse des Bundesamtes für Justiz VPB 1991 Nr. 5 und zu den Auswirkungen des EWR auf die schweizerische Energiepolitik die Antworten des Bundesrates auf den Fragenkatalog der Umweltverbände im Bundesratsbeschluss vom 19. August 1992. Insbesondere zu den beiden Richtlinien über den Transit von Elektrizitätslieferungen vom 29. Oktober 1990 (90/547/EWG) und Erdgas vom 31. Mai 1991 (91/296/EWG) über grosse Netze (ABl. 1990 L 313/30 und ABl. 1991 L 147/37) vgl. ARNDT, HANS-WOLFGANG, "Common Carrier" bei Strom und Gas. Zur nationalstaatlichen und europarechtlichen Zulässigkeit von Durchleitungsverpflichtungen, RIW 1989 Beilage 7 zu Heft 10, S. 1 ff.

Produktevorschriften[5] können im folgenden deshalb nicht ausser acht gelassen werden.

Umweltschutz im Europäischen Wirtschaftsraum - wer unter diesem Titel eine umfassende Darstellung der ökologischen Dimension des EWR erwartet, wird bei der Lektüre enttäuscht. Das Ziel ist tiefer gesteckt worden: Vorab geht es im folgenden um den Stellenwert des Umweltschutzes im EWRV einschliesslich der konzeptionellen Leitideen. Anschliessend wird ausführlich der umweltpolitische Handlungsspielraum der Schweiz als EWR-Mitgliedstaat Thema sein. Schliesslich sollen die Auswirkungen der Acquis-Übernahme auf den bisherigen schweizerischen Umweltstandard skizziert werden.

Die Auseinandersetzung mit dem umweltrelevanten Gemeinschaftsrecht setzt voraus, dass man sich einer Besonderheit des europäischen Umweltrechts bewusst geworden ist. Kommt man nämlich als Umweltrechtler oder -rechtlerin alter Schule an das europäische Umweltrecht heran, so muss man erst einmal alle herkömmlichen Unterscheidungskriterien für die Beurteilung von Umweltschutzmassnahmen in den Hintergrund rücken. Die Gretchenfrage im EG-Umweltrecht lautet nicht, ob eine Umweltschutzmassnahme immissions- oder emissionsseitig greift. Oder ob sie an der Quelle oder am sog. "end of the pipe" einsetzt. Oder ob es sich um eine Massnahme zur Luftreinhaltung oder zur Abfallvermeidung handelt. Alle diese Kriterien sind aus der Sicht des Gemeinschaftsrechts von sekundärer Bedeutung. Zentral ist dagegen die Frage, ob eine Umweltschutzmassnahme einen Einfluss auf den Binnenmarkt hat. Daraus ergeben sich ungewohnte Fragestellungen wie etwa: Ist Abfall eine Ware?[6]

---

5 Zu Anhang II vgl. hinten III., B.

6 Vgl. dazu den richtungsweisenden Entscheid des EuGH, Urteil vom 9. Juli 1992, Umwelt - Vertragsverletzung eines Mitgliedstaats - Verbot des Ablagerns von Abfall aus anderen Mitgliedstaaten; Tätigkeiten des Gerichtshofes und des Gerichts erster Instanz der Europäischen Gemeinschaften vom 6. bis 10. Juni 1992, Nr. 21/92, S. 16 ff.; ABl. vom 1. August 1992 C 195/9. Falls die vom Ministerrat am 20. Oktober 1992 genehmigte "Abfallverbringungsverordnung" definitiv verabschiedet wird (vgl. dazu NZZ vom 21. Oktober 1992 Nr. 245, S. 31), würde dieser Entscheid allerdings hinfällig.

Die spezifisch binnenmarktorientierte Betrachtungsweise mag ein Vergleich zweier schweizerischer Umweltschutzmassnahmen veranschaulichen: Nehmen wir auf der einen Seite den Rothenthurmartikel der Bundesverfassung zum Schutze der Moorlandschaften[7] - eine schweizerische Umweltschutzmassnahme zur Erhaltung schützenswerter Landschaften und bedrohter Flora und Fauna, die innenpolitisch heftige Kontroversen ausgelöst hat[8]. Vergleichen wir das auf der anderen Seite mit dem Verbot von PVC in Getränkeverpackungen[9] - einer Umweltschutzmassnahme zur Verhinderung von giftigem Abfall. Diese beiden schweizerischen Umweltschutzmassnahmen müssen aus der Sicht des Binnemarktes verschieden beurteilt werden: Wenn 2,2% des schweizerischen Territoriums zu geschützten Moorlandschaften erklärt werden, berührt diese Massnahme das Funktionieren des Binnenmarktes nicht. Anders dagegen ist die Situation beim PVC-Verbot. Diese Massnahme bleibt nicht ohne Konsequenzen auf den freien Warenverkehr. So können etwa die französischen Getränkehersteller das in PVC-Flaschen verpackte Mineralwasser nicht mehr in die Schweiz importieren[10]. Die Binnenmarktrelevanz von Umweltschutzmassnahmen spielt auf der Stufe der EG eine entscheidende Rolle[11] und wird in Zukunft auch bei der nationalen Umweltpolitik zu beachten sein.

---

7 Art. 24^{sexies} Abs. 5 BV, angenommen in der Volksabstimmung vom 6. Dezember 1987.

8 Vgl. beispielsweise zur laufenden Moorschutz-Vernehmlassung NZZ vom 30./31. Mai 1992 Nr. 124, S. 23.

9 Gestützt auf Art. 3 Verordnung über Getränkeverpackungen vom 22. August 1990 (SR 814.017).

10 Zur Zulässigkeit des PVC-Verbotes unter dem Freihandelsabkommen vom 22. Juli 1972, BGE vom 7. Juli 1992, Urteile 1A.153 und 1A.161/1991, NZZ Nr. 171 vom 25./26. Juli 1992, S. 14 (teilweise abgedruckt URP 1992 544 ff.). Inwiefern das PVC-Verbot nach einer Annahme des EWR aufrechterhalten werden kann, insbesondere seine Vereinbarkeit mit der Richtlinie des Rates vom 27. Juni 1985 über Verpackungen für flüssige Lebensmittel (85/339/EWGV), ABl. 1985 Nr. L 176/18, war allerdings nicht Gegenstand des Entscheides.

11 Vgl. dazu hinten C., 2., a).

II. Umweltschutzbestimmungen im EWR

1. Der Stellenwert des Umweltschutzes als horizontale Politik im EWRV

Teil V des EWRV ist den sogenannten horizontalen Politiken gewidmet. Darunter fallen Bestimmungen, die zwar ausserhalb des engen Regelungsbereiches der vier Grundfreiheiten liegen, für die Grundfreiheiten aber in irgendeiner Form relevant sind. Insbesondere will man mit der Statuierung dieser horizontalen Politiken verhindern, dass durch unterschiedliche Rahmenbedingungen Wettbewerbsverzerrungen entstehen[12]. Dieses Ziel wird erreicht durch eine Rechtsharmonisierung auf den Gebieten des Sozial- und Konsumentenschutzes, der Statistik, des Gesellschaftsrechtes und eben des Umweltschutzes.

Die Frage nach dem Stellenwert des Umweltschutzes im EWRV führt zwangsläufig zur Frage nach der Bedeutung der Umweltpolitik in der EG. Deshalb soll die umweltpolitische Entwicklung in der EG in groben Zügen skizziert werden. Vor der Einführung der Einheitlichen Europäischen Akte 1987 gab es im Primärrecht keine ausdrückliche Umweltschutzkompetenz der EG. Die Bedrohung der Umwelt nötigte die Gemeinschaft aber trotzdem seit 1972 dazu, umweltpolitisch aktiv zu sein. Eine Rechtssetzungskompetenz leitete sie im wesentlichen aus Art. 2 EWGV ab[13]. Dort ist zwar der Umweltschutz als Gemeinschaftsaufgabe nicht verankert. Man erachtete aber zumindest Teilbereiche der Umweltpolitik von der Aufgabenumschreibung als abgedeckt, die Art. 2 EWGV vornimmt, wo es heisst, dass die EG, für eine harmonische Entwicklung des Wirtschaftslebens innerhalb der Gemeinschaft und für eine beständige und ausgewogene Wirtschaftsausweitung zu sorgen habe. Diese Kompetenzbegründung blieb nicht unangefochten. Trotzdem war die EG während rund 15 Jahren umweltpolitisch tätig. In dieser Phase verstand man den Umweltschutz in der Gemeinschaft allerdings primär als Beitrag zum Wirtschaftswachstum und reagierte auf Umweltprobleme punktuell.

---

12 EWR-Botschaft I, S. 380.

13 Daneben stützte sich die Gemeinschaft für die Umsetzung der ersten Umweltaktionsprogramme auf Art. 100 und 235 EWGV, vgl. EUROPÄISCHE INTEGRATION, S. 38. Vgl. zum ganzen auch GRABITZ, EBERHARD/ZACKER, CHRISTIAN, Die neuen Umweltkompetenzen der EWG, NVwZ 1989 297 ff.; RENAUDIÈRE, S. 14 ff.; THÜRER, DANIEL, Verfassungsrechtliche Leitprinzipien der Europäischen Integrationspolitik der Schweiz - Eine Skizze, Aussenwirtschaft 1991 527 ff.

Mitte der 80er Jahre änderte sich die Situation. 1985 anerkannte der EuGH den Umweltschutz als wichtige Aufgabe der Gemeinschaft[14]. Mit dem Inkraftsetzen der Einheitlichen Europäischen Akte 1987 wurde dann auch die Kompetenzlücke im Primärrecht der Gemeinschaft gefüllt. Einerseits wurde der Umweltschutz als eigenständiger Regelungsbereich in Titel VII des EWGV aufgenommen; andererseits erhielt die Gemeinschaft die Kompetenz, die umweltrechtlichen Aspekte des Binnenmarktes zu harmonisieren, wobei sie "von einem hohen Schutzniveau" auszugehen hat[15]. Die entsprechenden Bestimmungen befinden sich in Art. 130r ff. EWGV und Art. 100a EWGV[16]. Mit dem Erlass der Einheitlichen Europäischen Akte hat sich somit der Stellenwert des Umweltschutzes geändert: Er ist heute neben anderen ein gleichberechtigtes Ziel der Gemeinschaft und Bestandteil der europäischen Integration. Das geht auch aus dem Umstand hervor, dass die Erfordernisse des Umweltschutzes "Bestandteile der anderen Politiken der Gemeinschaft" sein sollen, wie Art. 130r Abs. 2 Satz 2 EWGV ausdrücklich festhält - eine Formulierung, die man im Primärrecht für keinen anderen Aufgabenbereich der EG findet. Das Gesagte gilt auch für den Stellenwert des Umweltschutzes im EWRV. Auch hier nimmt der Schutz der Umwelt neben den anderen Anliegen eine gleichberechtigte Stellung ein und seine Erfordernisse sollen Bestandteil der anderen Politiken der Vertragsparteien sein[17].

2. Konzepte und Leitideen des EWRV - Parallelen und Unterschiede zum schweizerischen Umweltschutzrecht

Vergleicht man das schweizerische Umweltschutzrecht mit demjenigen der europäischen Gemeinschaft und speziell mit den umweltrelevanten Normen des EWRV, so stellt man weit mehr Parallelen als grundlegende Unterschiede fest. Insbesondere ist man sich einig hinsichtlich der konzeptionellen Fragen. Sowohl im

14 EuGH Urteil vom 7. Februar 1985, Rs. 240/83, Slg. 1985 531, 549.

15 Art. 100a Abs. 3 EWGV; ähnlich auch in der Präambel zum EWRV: "... IN DEM FESTEN WILLEN, bei der Weiterentwicklung von Vorschriften ein hohes Schutzniveau für Gesundheit, Sicherheit und Umwelt zugrunde zu legen ...".

16 Zur Abgrenzung der beiden Rechtsgrundlagen für den Erlass umweltrelvanten Gemeinschaftsrechts vgl. hinten C., 1.

17 Art. 73 Abs. 2 Satz 2 EWRV.

europäischen wie im schweizerischen Umweltschutzrecht will man die Umweltbelastungen an der Quelle bekämpfen, vorsorgend die Umwelt schützen[18] und die Umweltschutzmassnahmen nach dem Verursacherprinzip finanzieren lassen[19]. Im europäischen wie im schweizerischen Umweltrecht hinkt die konkrete Ausgestaltung dieser Konzepte der Theorie jedoch noch nach: Gemessen am Vorsorgegedanken greifen hier wie dort viele Umweltschutzmassnahmen zu spät[20], und die Umsetzung des Verursacherprinzips steckt in der EG sowie in der Schweiz noch in den Kinderschuhen[21].

Sowohl in der Gemeinschaft als auch in der Schweiz tut man sich schwer mit der Verankerung des Nachhaltigkeitsprinzips, wonach Ressourcen nur insoweit abgebaut werden dürfen, als sie von der Natur wieder erneuert werden können[22]. So verwundert es denn auch nicht, dass das Prinzip der nachhaltigen Entwicklung nicht in Art. 73 Abs. 2 EWRV verankert ist. Die Gemeinschaft hatte sich geweigert, diesen Grundsatz in den Vertrag aufzunehmen, weil die Nachhaltigkeit nicht Bestandteil der EG-Umweltpolitik sei[23]. Im Sinne eines Kompromisses hat die EG schliesslich zugestimmt, das Nachhaltigkeitsprinzip wenigstens in der Präambel zum EWRV zu verankern[24].

---

18 Art. 1 Abs. 2 USG und Art. 73 Abs. 2 EWRV.

19 Art. 2 USG und Art. 73 Abs. 2 EWRV. Zum Stellenwert dieser Grundsatzentscheide, die sich auch in Art. 130 Abs. 2 EWGV befinden vgl. KRÄMER, Verursacherpinzip, S. 356.

20 Für das schweizerische und deutsche Umweltschutzrecht vgl. SALADIN, PETER, Probleme des langfristigen Umweltschutzes, KritV 1989 27 ff.

21 KRÄMER, Verursacherprinzip, S. 358; SCHWAGER, S. 52.

22 Im schweizerischen Recht ist das Nachhaltigkeitsprinzip nur für Teilbereiche verankert: z.B. in Art. 1 Abs. 2 lit. c BG über die Fischerei vom 21. Juni 1991 (SR 923.0) oder Art. 20 Abs. 1 BG über den Wald vom 4. Oktober 1991 (SR 921.0) oder in Art. 33 USG für die langfristige Erhaltung der Bodenfruchtbarkeit.

23 BÄRFUSS, S. 64. Im fünften Aktionsprogramm der Gemeinschaft wird dagegen eine "dauerhafte und umweltgerechte Entwicklung" postuliert, KOM (92) 23 endg. VOL II.

24 Präambel: "... IN DEM FESTEN WILLEN, die Umwelt zu bewahren, zu schützen und ihre Qualität zu verbessern und die umsichtige und rationelle Verwendung der natürlichen Ressourcen auf der Grundlage insbesondere des Grundsatzes der umweltverträglichen Entwicklung (im englischen Vertragstext: "of the principle of sustainable development") sowie des Grundsatzes der Vorsorge und Vorbeugung zu gewährleisten ...". Zur Bedeutung der Präambel innerhalb des Vertragstextes Jacot-Guillarmod, Olivier, Préambule, objectifs et principes, in: EWR-Abkommen. Erste Analysen. Schriften zum Europarecht Bd. 9, Zürich 1992, S. 51, 53 f.

Konzeptionell ist es gewiss ein Fortschritt, dass die Querschnittsfunktion des Umweltschutzes im EWRV deutlicher als im schweizerischen Umweltschutzrecht zum Ausdruck kommt[25]. Inwieweit der Umweltschutzgedanke auch in den Bereichen Verkehr und Energie sowie auf der Stufe der EG auf den Gebieten Tourismus und vor allem der Landwirtschaft in Zukunft tatsächlich zum Tragen kommt, ist allerdings noch offen. Es ist jedenfalls nicht damit zu rechnen, dass allein aufgrund der Querschnittsklausel eine eigentliche "Ökologisierung der Gemeinschaftspolitik" erfolgen wird[26].

Neben den vielen Ähnlichkeiten bleiben ein paar wesentliche Unterschiede zwischen dem schweizerischen und dem europäischen Umweltschutzrecht[27]. Erwähnt seien nur zwei:

Erstens: Nicht unbedingt vom Wortlaut des Primärrechts[28], aber von der Konzeption des Sekundärrechts her ist das Umweltrecht der EG stärker anthropozentrisch ausgerichtet als das schweizerische[29].

Zweitens: Die Kapazitäten in Bund und Kantonen für die Rechtssetzung und den Vollzug des Umweltrechts scheinen im Vergleich zu denjenigen in der Gemeinschaft und den Mitgliedstaaten grösser zu sein[30]; insbesondere der Vollzug des schweizerischen Umweltrechts in den Kantonen ist besser gewährleistet als die

25 Art. 73 Abs. 2 Satz 2 EWRV: "Die Erfordernisse des Umweltschutzes sind Bestandteil der anderen Politiken der Vertragsparteien." EWR-Botschaft I, S. 72. Dass die Anliegen des Umweltschutzes auch bei anderen Staatsaufgaben mitberücksichtigt werden müssen, wurde in der Schweiz jedoch nie bestritten und war bereits beim Erlass des Umweltschutzartikels der Bundesverfassung vom Bundesrat als Eigenheit der neuen Staatsaufgabe betont worden (Botschaft zum Umweltschutzartikel BBl 1970 I 773; ähnlich auch in der Botschaft zum USG, BBl 1979 III 754).

26 EUROPÄISCHE INTEGRATION, S. 39 zu Art. 130r Abs. 2 Satz 2 EWGV, der Art. 73 Abs. 2 Satz 2 EWRV entspricht.

27 Vgl. dazu ausführlicher SCHWAGER, S. 51.

28 Immerhin erklären Art. 130r Abs. 1 EWGV und Art. 73 Abs. 1 EWRV an erster Stelle, dass "die Umwelt zu erhalten, zu schützen und ihre Qualität zu verbessern" sei.

29 SCHWAGER, S. 51 f.

30 Empirische Erhebungen dazu fehlen allerdings.

Anwendung des europäischen Umweltschutzrechts in vielen EG-Mitgliedstaaten[31].

Wenn auch das EG-Umweltrecht und dessen Anwendung einiges zu wünschen übrig lassen, muss man gerechterweise aber darauf hinweisen, dass die EG in den letzten Jahren in der Umweltpolitik grosse Fortschritte gemacht hat. Ob sie die Schweiz in ihrer Vorreiterrolle im Umweltschutz bald einholen wird, zeigt sich erst in näherer Zukunft.

3. Der Handlungsspielraum der Schweiz unter dem EWR-Regime: Umweltschutz im Spannungsfeld des freien Warenverkehrs

a) Parallelen zur Systematik des EWGV

Ein grosser Teil des EWRV übernimmt Bestimmungen des EWGV in seiner Substanz oder sogar im Wortlaut[32]. Das gilt auch für den Bereich des Umweltschutzes. Die Ähnlichkeit der umweltrelevanten Normen im EWGV und im EWRV ist nicht nur aus rechtsvergleichenden Gründen erwähnenswert. Art. 6 EWRV hält ausdrücklich fest, dass die mit dem EWGV gleichlautenden Bestimmungen des EWRV im Einklang mit den einschlägigen Entscheidungen des EuGH angewandt und ausgelegt werden müssen[33]. Vergleicht man die umweltrelevanten Bestimmungen des EWGV (namentlich Art. 100a EWGV und Art. 130r ff. EWGV) mit denjenigen des EWRV, so stellt man fest, dass der Regelungsumfang im EWGV um einiges grösser ist als im EWRV. Welchen Einfluss das auf den umweltpolitischen Handlungsspielraum der EFTA-Staaten hat, wird im folgenden näher zu untersuchen sein. Dabei ist vorerst auf den Unterschied zwischen Art. 100a EWGV und 130r ff. EWGV einzugehen:

---

31 EUROPÄISCHE INTEGRATION, S. 26; SCHWAGER, S. 57 f.; zur mangelhaften Umsetzung des EG-Umweltrechts in den Mitgliedstaaten und dem Vollzugsdefizit vgl. KRÄMER, Alleingänge, S. 437 ff.; MAJER, S. 103 f. und 111 ff. und den neunten Jahresbericht der EG-Kommission über die Kontrolle der Anwendung des Gemeinschaftsrechts EG KOM (92) 136 endg. vom 27. Mai 1992, S. 64 ff. Inwieweit die neueste Praxis des EuGH zur Staatshaftung bei säumiger Umsetzung von EG-Richtlinien diesem Prozess entgegenwirkt, wird sich noch zeigen; vgl. dazu HAILBRONNER, KAY, Staatshaftung bei säumiger Umsetzung von EG-Richtlinien, JZ 1992 284 ff.

32 EWR-Botschaft I, S. 33.

33 Zur institutionellen Absicherung der Homogenität des Rechts im Europäischen Wirtschaftsraum vgl. EWR-Botschaft I, S. 471 ff.

Als mit der Schaffung der Einheitlichen Europäischen Akte neu eine Rechtsgrundlage für eine Kompetenz der Gemeinschaft im Bereich des Umweltschutzes geschaffen werden sollte, kamen dafür gleich zwei Bestimmungen in Frage: Art. 100a EWGV als Grundlage für die Harmonisierungskompetenz der Gemeinschaft und 130r ff. EWGV als eigentliche Umweltschutzkompetenz der EG. Was war der Grund? Man ging davon aus, dass man alle umweltrelevanten Normen in zwei Kategorien unterteilen könne. In die erste Kategorie sollten die Produktenormen fallen wie beispielsweise Verpackungsvorschriften oder Abgasgrenzwerte. Diese Umweltvorschriften, die den umweltrelevanten Normierungssachverhalt am Produkt anknüpften, sollten gestützt auf Art. 100a EWGV erlassen werden. In die zweite Kategorie dagegen ordnete man die Produktions- und Anlagevorschriften sowie die rein genuinen Umweltschutzvorschriften ein; dazu sind etwa die Emissionswerte im Gewässerschutz oder die Unterschutzstellung seltener Pflanzen und Tiere zu zählen. Für den Erlass solcher Umweltnormen sollte sich die Gemeinschaft auf Art. 130r ff. EWGV stützen.

Die Unterscheidung zwischen produktebezogenen und produktions- und anlagebezogenen Umweltvorschriften gab in der EG zu Auseinandersetzungen Anlass[34]. Sie wurden nicht nur aus theoretischen Überlegungen geführt. Die Unterscheidung hat nämlich Konsequenzen für das Rechtssetzungsverfahren in der EG. Kommt Art. 100a EWGV zur Anwendung, so hat das europäische Parlament das Recht der Mitsprache im Sinne von Art. 149 Abs. 2 EWGV und der Rat muss nur mit einer qualifizierten Mehrheit entscheiden. Beim Verfahren gestützt auf Art. 130r ff. EWGV dagegen muss der Rat einstimmig entscheiden[35], und das Parlament hat keine spezielle Mitsprachemöglichkeit.

Aus der Sicht der EG-Mitgliedstaaten erscheint es wichtig, dass in beiden Fällen die Möglichkeit für strengere einzelstaatliche Umweltvorschriften besteht. Die Rechtsgrundlagen dafür befinden sich in Art. 100a Abs. 4 EWGV und Art. 130t

34 CUARTERO, S. 463 f.

35 Der Rat kann allerdings einstimmig darüber entscheiden, welche Massnahmen nur mit qualifizierter Mehrheit beschlossen werden müssen (Art. 130s Unterabsatz 2 EWGV), um so eine dynamischere Umweltpolitik voranzutreiben.

EWGV. Wiederum sind in den beiden Fällen verschiedene Verfahren anwendbar[36].

Bei einem Vergleich der umweltrelevanten Bestimmungen des EWGV mit denjenigen des EWRV fällt sogleich auf, dass eine analoge Norm zu Art. 100a Abs. 4 EWGV im EWRV fehlt. Das ist kein Zufall: Die EG hat es kategorisch abgelehnt, eine entsprechende Bestimmung in den EWRV aufzunehmen[37]. Das bedeutet, dass die EFTA-Staaten in diesem Bereich grundsätzlich keine Möglichkeit zur Schutzverstärkung haben. Aus diesem Blickwinkel betrachtet, wird nun auch ersichtlich, dass die Abgrenzung zwischen Art. 100a EWGV und 130r ff. EWGV für den EWRV eine bedeutende Rolle spielt, weil die EFTA-Staaten sich je nachdem auf ein Recht zur Schutzverstärkung berufen können oder eben nicht.

b) Der Handlungsspielraum der Schweiz zur Schutzverstärkung unter dem EWR

aa) Die Binnenmarktrelevanz als entscheidendes Kriterium für die Wahl der Rechtsgrundlage auf Stufe EG

Die Auseinandersetzung um die Abgrenzung des Anwendungsbereichs von Art. 100a EWGV und 130r ff. EWGV sind noch im Gange. Aufgrund der neueren Praxis des EuGH scheint sich aber eine gewisse Tendenz abzuzeichnen: Im Urteil vom 11. Juni 1991, im sog. Titandioxid-Entscheid[38], hat der EuGH die Abgrenzung im Sinne einer

36 Zum Verfahren gemäss Art. 130t EWGV GRABITZ EBERHARD, Kommentar EWG-Vertrag, N 10 zu Art. 130t.; zum Verfahren gemäss Art. 100a Abs. 4 EWGV LANGEHEINE, BERND, Kommentar EWG-Vertrag, N 79 ff. zu Art. 100a.

37 CUARTERO, S. 470. Nur gerade institutionell und verfahrensrechtlich betrachtet vermag diese Ablehnung von Seiten der EG zu überzeugen: Dass sich ein EG-Mitgliedstaat auf Art. 100a Abs. 4 EWGV berufen kann, setzt nämlich voraus, dass der Rat nicht einstimmig entschieden hat und - allerdings nach nicht unbestrittener Auffassung - dass der Minister des entsprechenden EG-Mitgliedstaates gegen den fraglichen Richtlinienentwurf gestimmt hat. Eine solche Abstimmungssituation ist aber im Rechtssetzungsverfahren des EWR ausgeschlossen, weil die EFTA-Staaten im Gemeinsamen EWR-Ausschuss gemäss Art. 93 Abs. 2 EWRV nur mit einer Stimme sprechen.

38 EuGH Urteil vom 11. Juni 1991, Rs. C 300/89, abgedruckt JZ 1992 578 f. Vgl. dazu auch die Erläuterungen von RENAUDIÈRE, S. 19 f.

sehr weiten Auslegung von Art. 100a EWGV vorgenommen[39]. Anlass zu diesem Streitverfahren gab eine Richtlinie, die den Umgang und die Entsorgung von Titandioxid regelt. Der Rat wollte diese Richtlinie auf der Grundlage von Art. 130s EWGV erlassen. Dagegen erhob die Kommission beim EuGH Klage. Sie machte geltend, dass die fragliche Richtlinie zwar dem Umweltschutz diene, doch schwerpunktmässig das Funktionieren des Binnenmarktes zum Ziele habe und deshalb gestützt auf Art. 100a EWGV erlassen werden müsse. Im wesentlichen gab der EuGH der Kommission recht. Damit wird die Unterscheidung zwischen produktebezogenen Umweltnormen und produktions- sowie anlagebezogenen Vorschriften weitgehend hinfällig[40]. Nach dieser neueren Praxis des EuGH wird vielmehr auf die Binnenmarktrelevanz einer Vorschrift abgestellt. Etwas vereinfacht ausgedrückt bedeutet dies: Immer dann, wenn ein umweltrelevanter Rechtssetzungsakt einen Einfluss auf das Funktionieren des Binnenmarktes hat, muss er gestützt auf Art. 100a EWGV erlassen werden.

Aber wie gesagt: Das letzte Wort dürfte in dieser Angelegenheit noch nicht gesprochen sein. Der EuGH hat nur drei Monate später im sog. Tschernobyl-Entscheid anders entschieden[41]. Es ging in diesem Urteil allerdings nicht um die Abgrenzung von Art. 100a EWGV und 130r ff. EWGV, sondern um Art. 100a EWGV und einer Kompetenz, die der Gemeinschaft aus dem Euratom-Vertrag zusteht[42]. Der EuGH umriss den Anwendungsbereich von Art. 100a EWGV in diesem letzteren Urteil sehr viel enger als im Titandioxid-Entscheid. Welchen Einfluss das allerdings auf die Abgrenzung von Art. 100a EWGV und 130r ff. EWGV haben wird, ist noch offen.

---

39 Kritisch dazu EPINEY, S. 566 ff.; JARASS HANS D., Binnenmarktrichtlinien und Umweltschutzrichtlinien, EuZW 1991 531 ff.

40 EPINEY, S. 567 ff.

41 EuGH Urteil vom 4. Oktober 1991, Rs. C 70/88.

42 Konkret ging es um die Abgrenzung von Art. 100a EWGV und Art. 31 EAGV; vgl. dazu LENZ, CARL OTTO, Im Lichte der Rechtsprechung, EG-Magazin 1992 16 ff.; SCHRÖER, S. 210.

bb) Schutzverstärkungsmöglichkeit im harmonisierten und nichtharmonisierten umweltrelevanten EWR-Recht

Zur Beantwortung der Frage nach dem umweltpolitischen Handlungsspielraum der EFTA-Staaten im EWRV sind zwei Kriterien massgebend: Einerseits die Binnenmarktrelevanz einer Regelung und andererseits der Stand der Harmonisierung auf der Stufe des EWR-relevanten Gemeinschaftsrechts. Will die Schweiz in einem Bereich legiferieren, der nicht vom Acquis communautaire erfasst ist, so beurteilt sich ihr Handlungsspielraum nach der sog. Cassis-de-Dijon-Praxis[43] des EuGH[44]. Danach kann die Schweiz gestützt auf Art. 13 EWRV binnenmarktrelevante Umweltschutzvorschriften erlassen unter den folgenden Voraussetzungen: Erstens muss sie den Nachweis für die Erforderlichkeit strengerer Normen erbringen[45]; zweitens darf sich hinter der nationalstaatlichen Regelung keine Handelspolitik verbergen; und drittens muss die Massnahme nichtdiskriminierend und verhältnismässig sein.

Besteht dagegen bereits eine Regelung im Acquis communautaire, so kann die Schweiz grundsätzlich das binnenmarktrelevante Umweltschutzrecht des europäischen Wirtschaftsraumes nicht verschärfen, eben weil eine zu Art. 100a Abs. 4 EWGV analoge Bestimmung im EWRV fehlt[46].

Hat die EG hingegen einen nichtbinnenmarktrelevanten Umweltschutzerlass verabschiedet, der in den Acquis commuautaire aufgenommen worden ist, so kann die Schweiz als EWR-Mitgliedstaat die betreffende Regelung gestützt auf Art. 75 EWRV verschärfen, soweit dies mit dem EWRV vereinbar ist, d.h. die nationale Regelung muss wiederum dem Gebot der Nichtdiskriminierung und der Verhältnismässigkeit gehorchen[47].

---

43 Entscheid des EuGH vom 20. Februar 1979, Rs. C 120/78. (Slg. 1979 649).

44 Vgl. dazu die Beispiele bei KRÄMER, Alleingänge, S. 441 ff.

45 Entscheid des EuGH vom 20. September 1988, Rs. C 302/86 (Slg. 1988 4607) dänischer Pfandflaschen-Entscheid.

46 CUARTERO, S. 469 f. Zu den allfälligen Ausnahmen vgl. sogleich nachfolgend II., C., 3.

47 Zur Präzisierung muss noch angefügt werden, dass gestützt auf Art. 75 EWRV analog wie bei Art. 130t EWGV nur gemeinschaftliche Regelungen verschärft werden dürfen; keine Rechtsgrundlage bieten diese beiden Normen für nationale Bestimmungen, die zwar dasselbe Ziel verfolgen wie die

c) *Würdigung*

Das Fehlen einer Schutzverstärkungklausel im EWRV für den Bereich des binnenmarktrelevanten Umweltrechts wird kontrovers beurteilt[48]. In der EWR-Botschaft vertritt der Bundesrat die Ansicht, dass Art. 100a Abs. 4 EWGV in Zukunft keine grosse Rolle spielen werde, weil sich die Mitgliedstaaten nur darauf berufen können, um bereits bestehende strengere nationale Bestimmungen aufrecht zu erhalten[49]. Diese Rechtsauffassung wird jedoch von der überwiegenden und immer grösser werdenden Mehrheit der Doktrin bestritten[50].

Inwieweit der Schweiz in Zukunft als EWR-Mitglied bei der Ausgestaltung ihrer nationalen Umweltpolitik die Hände gebunden sein werden, ist allerdings schwierig zu beurteilen. Dies hat zwei Gründe:

Erstens gibt es bis heute keine Praxis zu Art. 100a Abs. 4 EWGV[51]. Inwiefern aber die EG in Zukunft eine nationale Schutzverstärkung im binnenmarktrelevanten Umweltschutzrecht von ihren Mitgliedstaaten toleriert, wird auch Auswirkungen auf den Handlungsspielraum der EFTA-Staaten haben. Insbesondere stellt sich die Frage,

---

gemeinschaftliche Regelung, aber andere Instrumente vorsehen; dazu SCHERRER, S. 93 ff.

48 BÄRFUSS, S. 73: "Der im EWR-Vertrag fehlende Artikel 100a Abs. 4 wurde und wird krass überschätzt". Anders dagegen EUROPÄISCHE INTEGRATION, S. 40: "Die Tatsache, dass die Schutzverstärkungsklausel von Art. 100a Abs. 4 EWGV, die mit der Ausweitung der Umweltkompetenz gemäss Art. 100a EWGV durch den genannten Grundsatzentscheid des EuGH (sc. Titandioxid-Entscheid) überragende Bedeutung enthält, nicht Gegenstand des EWR bildet, weckt für die Geltendmachung autonomer Umweltschutzanliegen durch die EWR-Vertragsstaaten grosse Bedenken." CUARTERO, S. 469: "En outre, la possibilité pour les pays de l'AELE de développer unilatéralement leur législation nationale en matière d'environnement en vue de l'adaption des normes basées sur un niveau de protection plus élevé est fort limitée, car soumise aux normes spécifiques de l'Acord EEE pour ce secteur."

49 EWR-Botschaft I, S. 73.

50 Mit dieser Rechtsauffassung setzt sich ausführlich auseinander BECKER, S. 114 ff.; vgl. zum Meinungsstand LANGEHEINE, BERND, Kommentar EWG-Vertrag, N 65 zu Art. 100a; JARASS, HANS D., Die Vorgaben des Europäischen Gentechnikrechts für das deutsche Recht, Natur + Recht 1991 50.

51 Zum einzigen Verfahren vgl. EWR-Botschaft I, S. 73. Insbesondere ist man sich in der EG nicht einig, unter welchen verfahrensrechtlichen Voraussetzungen sich ein EG-Mitgliedstaat auf Art. 100a Abs. 4 EWGV berufen kann, vgl. dazu ausführlicher KRÄMER, Alleingänge, S. 439 f.; SCHERRER, S. 89 ff.

inwieweit sich ein EFTA-Staat für eine bestimmte Schutzverstärkung im binnenmarktrelevanten Umweltschutzrecht auf das bereits bestehende Beispiel einer entsprechenden Regelung in einem EG-Mitgliedstaat berufen kann. Dies sollte trotz des Fehlens einer analogen Regelung zu Art. 100a Abs. 4 EWGV möglich sein. Anderenfalls ergäbe sich die paradoxe Situation, dass dieselbe Schutzverstärkung, die von der EG in einem ihrer Mitgliedstaaten toleriert wird, in einem EFTA-Staat für unzulässig erklärt würde.

Zweitens: Neben der Praxis zu Art. 100a Abs. 4 EWGV gibt es bei der Frage nach dem Handlungspielraum der Schweiz noch einen weiteren Unsicherheitsfaktor. Der konkrete Handlungsspielraum der EFTA-Staaten wird sich nämlich erst beim Erlass des Sekundärrechts abschätzen lassen. Das gestützt auf Art. 100a EWGV erlassene Sekundärrecht der Gemeinschaft kann zwar nicht eine spezifische Schutzverstärkung für die EG-Mitgliedstaaten vorsehen, weil damit die ratio legis von Art. 100a EWGV unterlaufen würde[52]. Auf Art. 100a EWGV stützt sich die Gemeinschaft ja gerade, weil sie einen Bereich harmonisieren will. Immerhin können aber bei der Übernahme solcher Rechtsakte der Gemeinschaft in den Acquis communautaire die nötigen Ausnahmeregelungen und Übergangsfristen von den EFTA-Staaten ausgehandelt werden, ähnlich wie es bei der Ausarbeitung der Modalitäten zur Übernahme des Acqis communautaire pertinent bereits geschehen ist.

Fazit: Das Fehlen einer Schutzverstärkungsklausel im binnenmarktrelevanten Umweltschutzrecht ist ein Manko des EWRV. Inwiefern Kompensationsmöglichkeiten bestehen, ist in verschiedener Hinsicht noch offen. Insofern wagt die Schweiz mit der Annahme des EWR einen Schritt ins Ungewisse.

52 Anders ist die Situation beim anlage- und produktionsbezogenen umweltrelevanten Sekundärrecht, das oft eine spezifische, zeitlich unbeschränkte Schutzverstärkungsmöglichkeit für die Mitgliedstaaten enthält, vgl. EUROPÄISCHE INTEGRATION, S. 44; KRÄMER, Alleingänge, S. 447; SCHERRER, S. 94. Immerhin besteht nach Art. 100a Abs. 5 EWGV die Möglichkeit, eine Schutzverstärkung für einen bestimmten Bereich, in einem gewissen Umfang und für einen beschränkten Zeitraum im Sekundärrecht zu verankern, vgl. dazu LANGEHEINE, BERND, Kommentar EWG-Vertrag, N 88 ff. zu Art. 100a EWGV.

III. Der Acquis communautaire im Umweltschutzbereich

Die EG hat rund 140 Erlasse zum Umweltschutz verabschiedet. Lange nicht alle sind in den Acquis communautaire aufgenommen worden, weil gewisse Richtlinien für die EFTA-Staaten keine sinnvolle Regelung geboten hätten[53] oder darin ein zu tiefes Umweltschutzniveau vorgesehen war. So kommt es, dass im Bereich des Umweltrechts der Acquis communautaire "nur" 34 Richtlinien umfasst aus den Gebieten Gewässerschutz, Luftreinhaltung, Chemikalien, industrielle Risiken, Biotechnologie, Abfälle, Lärmbekämpfung, Erhaltung von Flora und Fauna, Umweltverträglichkeit und Umweltinformationen[54]. Die betreffenden Bestimmungen befinden sich im Anhang XX zum EWRV. Dieser Teil des Acquis communautaire stellt jedoch nicht den ganzen für die Schweiz verbindlichen umweltrelevanten Regelungsbereich des EG-Umweltrechts dar. Von ebenso grosser Bedeutung für den Umweltschutz sind die technischen Produktevorschriften, die sich gestützt auf Art. 23 lit. a EWRV im Anhang II befinden[55]. Die folgenden Ausführungen beschränken sich aber auf die Änderungen, die sich mit der Acquis-Übernahme auf der Stufe des USG ergeben[56].

1. Anpassungen auf der Stufe des USG

Die wichtigsten Änderungen auf der Stufe des USG betreffen einerseits die Gebiete der Umweltinformation und die Zusammenarbeit bei der UVP[57]. Diese Anpassungen passierten die parlamentarische Debatte diskussionslos. Andererseits muss neu auch

53 Z.B. die Richtlinie des Rates vom 2. April 1979 über die Erhaltung der wildlebenden Vogelarten (79/409/EWG), ABl. 1979 L 103/1; zuletzt geändert durch die Richtlinie des Rates vom 8. April 1986, ABl. 1986 L 100/22.

54 BÄRFUSS, S. 69.

55 In Zukunft ist sogar damit zu rechnen, dass in der Rechtssetzung der EG das produktebezogene Umweltschutzrecht eine weit wichtigere Funktion erhält als das genuine Umweltschutzrecht (EUROPÄISCHE INTEGRATION, S. 61).

56 Zu den Auswirkungen, die sich mit der Übernahme der technischen Produktevorschriften ergeben, vgl. hinten III., B.

57 Zu den Änderungen betreffend die Information der Abnehmer von umweltgefährdenden Stoffen, die Meldepflicht der Abfallentsorger und den Informationsaustausch mit ausländischen Behörden vgl. Zusatzbotschaft I zur EWR-Botschaft, S. 96 ff.

der Umgang mit genmanipulierten Organismen im USG geregelt werden. Diese Änderung gab im Parlament zu heftigen Diskussionen Anlass.

a) Zugang zu Umweltinformationen

Am 7. Juni 1990 hat der Rat der Europäischen Gemeinschaft eine Richtlinie über den freien Zugang zu Informationen über die Umwelt erlassen[58]. Die Mitgliedstaaten sind verpflichtet, sie bis Ende 1992 in dem Sinne in das nationale Recht umzusetzen, dass "allen natürlichen oder juristischen Personen ohne Nachweis eines Interesses Informationen über die Umwelt zur Verfügung" gestellt werden[59]. Diese Verpflichtung trifft die "Stellen der öffentlichen Verwaltung, die auf nationaler, regionaler oder lokaler Ebene Aufgaben im Bereich der Umweltpflege wahrnehmen mit Ausnahme der Stellen, die im Rahmen ihrer Rechtsprechungs- oder Gesetzgebungszuständigkeit tätig werden"[60]. Es muss sich dabei um einen auf dem gerichtlichen Weg durchsetzbaren Anspruch auf Zugang zu den Umweltinformationen handeln[61]. Diesen Anforderungen trägt der Bundesgesetzgeber im wesentlichen mit einem neuen Art. 6a USG Rechnung[62]. Damit wird der Geheimhaltungsgrundsatz im Verwaltungsrecht für den Bereich der Umweltinformationen abgelöst durch das Öffentlichkeitsprinzip mit Geheimnisvorbehalt. Art. 6a USG beschränkt den Informationsinhalt auf die Umweltinformationen, die beim Vollzug des USG, anderer Bundesgesetze oder völkerrechtlicher Vereinbarungen erhoben werden. Die erwähnte EG-Richtlinie richtet sich aber nicht nur an den Bund; sie verpflichtet ebenso die Kantone, umweltrelevante Daten etwa auf dem Gebiet des Bau- und Planungsrechts frei zugänglich zu machen[63].

---

58 Richtlinie des Rates vom 7. Juni 1990 (90/313/EWG), ABl. 1990 Nr. L 158/56.

59 Art. 3 Abs. 1 Satz 1 Informationsrichtlinie (Anm. 58).

60 Art. 2 lit. b Informationsrichtlinie (Anm. 58).

61 Art. 4 Informationsrichtlinie (Anm. 58); vgl. zum Rechtsschutz im deutschen Recht, ERICHSEN, HANS-UWE, Das Recht auf freien Zugang zu Informationen über die Umwelt, NVwZ 1992 410.

62 Eine Anpassung an die Informationsrichtlinie (Anm. 58) ist auch für das Natur- und Heimatschutz-, das Fuss- und Wanderweg-, das Gift- und das Fischereigesetz vorgesehen, vgl. dazu Zusatzbotschaft I zur EWR-Botschaft, S. 143 ff.

63 EWR-Botschaft I, S. 396.

b) Grenzüberschreitendes Informations- und Konsultationsverfahren bei der UVP

Auch das EG-Umweltrecht kennt eine UVP[64]. Von der Intention her weicht sie nicht wesentlich von dem ab, was man auch in der Schweiz mit diesem Instrument erreichen will: Die Mitgliedstaaten sollen nämlich dafür sorgen, dass vor Erteilung der Genehmigung für ein bestimmtes Projekt dessen Auswirkungen auf die Umwelt untersucht werden[65]. Die EG sorgt aber speziell dafür, dass der Informationsaustausch bei grenzüberschreitenden Projekten gewährleistet ist. So verpflichtet sie die Mitgliedstaaten, bei Projekten, die erhebliche Auswirkungen auf die Umwelt eines anderen Mitgliedstaates haben könnten oder bei Vorliegen eines Antrages eines Mitgliedstaates, der von einem grenzüberschreitenden Projekt erheblich berührt ist, den entsprechenden Nachbarstaaten diejenigen Informationen zur Verfügung zu stellen, die im eigenen Land erhoben und zugänglich gemacht werden[66]. Diesem Auftrag will der Bund mit einem neuen Art. 9 Abs. 9 USG nachkommen. Darin verpflichtet sich die Schweiz, den zuständigen ausländischen Behörden den Umweltverträglichkeitsbericht zu einer allfälligen Stellungnahme zur Verfügung zu stellen und die betreffenden ausländischen Stellen über die Errichtung einer neuen Anlage zu benachrichtigen.

c) Genetisch veränderte Organismen

Wie bereits erwähnt, hat sich die Einführung der Art. 29a ff. USG im Rahmen des Eurolex-Programms als ein heisses Eisen erwiesen. Auszugehen ist von zwei Richtlinien der EG zu den genmanipulierten Organismen. Die erste regelt den Umgang mit genetisch veränderten Organismen in geschlossenen Systemen[67] und die zweite die absichtliche Freisetzung von genetisch veränderten Organismen an die Umwelt[68]. In der Schweiz bestehen zur Zeit noch keine Vorschriften zu den genmanipulierten

---

64 Richtlinie des Rates vom 27. Juni 1985 über die Umweltverträglichkeitsprüfung bei bestimmten öffentlichen und privaten Projekten (85/337/EWG), ABl. 1985 Nr. L 175/40.

65 Art. 2 Abs. 1 UVP-Richtlinie (Anm. 64).

66 Art. 7 UVP-Richtlinie (Anm. 64).

67 Richtlinie des Rates vom 23. April 1990 (90/219/EWG), ABl. 1990 Nr. L 117/1.

68 Richtlinie des Rates vom 23. April 1990 (90/220/EWG), ABl. 1990 Nr. L 117/15.

Organismen. Zwar liegt seit längerem ein Entwurf für eine Revision des USG dafür bereit[69], verabschiedet wurde bislang aber noch nichts. Der Bundesrat packte die Gelegenheit beim Schopf, diese Regelungslücke im Rahmen des Eurolex-Programmes zu füllen. Er beschränkte sich allerdings nicht darauf, den Acquis communautaire zu übernehmen, nämlich die bereits erwähnten beiden EG-Richtlinien zu den genmanipulierten Organismen umzusetzen, sondern weitete den Regelungsbestand auf besonders gefährliche Organismen aus, d.h. auf Organismen, die nicht durch Genmanipulation sondern natürlich entstanden sind, die aber beispielsweise Krankheiten hervorrufen. So weit hätte auch die angekündigte Revision des USG gehen sollen[70]. Die eidgenössischen Räte schoben diesem Vorhaben jedoch einen Riegel: Die Änderung des USG im Rahmen des Eurolex-Programmes wurde auf die Umsetzung der beiden EG-Richtlinien beschränkt, d.h. nur der Umgang und die Freisetzung von genmanipulierten Organismen wird neu und zwar unbefristet im USG geregelt[71]. Die beiden Räte verpflichteten den Bundesrat, den Umgang mit anderen gefährlichen Organismen umgehend anlässlich einer USG-Revision an die Hand zu nehmen. Wer mit genmanipulierten Organismen in geschlossenen Systemen arbeitet, muss somit in Zukunft je nach Gefährlichkeit der Organismen entweder nur der allgemeinen Sorgfaltspflicht Genüge tun, indem er alle nötigen Einschliessungsmassnahmen trifft, oder seinen Versuch bei der zuständigen Behörde anmelden oder sogar eine Bewilligung dafür einholen[72]. Der Freisetzungsversuch von genetisch veränderten Organismen untersteht grundsätzlich immer einer Bewilligungspflicht[73]. Parlamentarische Vorstösse, die darauf abzielten, die Freisetzung von genmanipulierten Organismen zu verbieten oder zu erschweren, wurden unter Hinweis auf die Vorgaben im EG-Recht abgelehnt[74]. Auch das Inverkehrbringen von genetisch veränderten Organismen untersteht inskünftig einer Bewilligung. Sie darf nur erteilt werden, wenn die genmanipulierten Organismen, ihre

69 Vgl. den Entwurf des EDI zur Änderung des USG vom Mai 1990 und den erläuternden Bericht dazu.

70 Erläuternder Bericht (Anm. 69), S. 14 und 18.

71 Die zeitliche Befristung auf 2 Jahre, die man in den Räten erwogen hatte (Vgl. die Berichterstattung über die Beratungen im Nationalrat NZZ vom 2. September 1992 Nr. 203, S. 26), wurde wieder fallengelassen.

72 Art. 29b USG.

73 Art. 29c USG.

74 NZZ vom 2. September 1992 Nr. 203, S. 25.

Stoffwechselprodukte oder Abfälle bei vorschriftsgemässem Umgang die Umwelt oder mittelbar den Menschen nicht gefährden können[75].

d) Würdigung

Auf Gesetzesstufe bringt die Übernahme des Acquis communautaire eine Anpassung des USG, die fällig war. Der neue Art. 6a USG über den Zugang zu Umweltinformationen ist ein eigentlicher Fortschritt, was die Öffentlichkeit im schweizerischen Verwaltungsrecht anbelangt. Die Regelung über den Umgang mit genmanipulierten Organismen ist vielleicht nicht in allen Punkten eine optimale Errungenschaft für die Erhaltung der natürlichen Lebensgrundlagen; nötig ist sie aber allemal, ob sie im Rahmen des Eurolex-Programmes oder bei einer ordentlichen Revision des USG verwirklicht wird, ist dabei von sekundärer Bedeutung.

1. Anpassungen auf Verordnungsstufe

Es liegt in der Natur der Sache, dass das umweltrelevante Verordnungsrecht technischen Charakter hat und für den Laien schwer verständlich ist. Es soll hier niemand mit Details aus dem Verordnungsdschungel des Umweltrechts behelligt werden, obwohl der sprichwörtliche Teufel gerade in diesen Details steckt. Deshalb wird im folgenden nur punktuell auf ein paar Änderungen auf Verordnungsstufe hingewiesen[76]. Vorauszuschicken ist aber, dass der Vergleich der Umweltstandards der EG und der Schweiz auf Schwierigkeiten stösst, weil man sich nicht derselben Messverfahren bedient. So können die diversen technischen Daten des EG-Rechts nicht einfach mit denjenigen des schweizerischen Umweltverordnungsrechts verglichen werden.

---

75 Art. 29d USG.

76 Vgl. dazu ausführlicher SCHWAGER, S. 53 ff.

a) Beispiele für eine Senkung der schweizerischen Umweltstandards

Generell kann gesagt werden, dass eine Senkung der schweizerischen Umweltstandards als Folge der Acquis-Übernahme nicht die Regel sondern die Ausnahme darstellt. Zwar verfügt die Schweiz momentan in verschiedenen Bereichen immer noch über höhere Umweltstandards als die EG. Doch konnten für diese Bereiche fast ausnahmslos Übergangsfristen ausgehandelt werden; die EG ihrerseits verpflichtet sich, bestimmte Umweltstandards in der Zwischenzeit nach oben anzupassen[77]. So kann die Schweiz beispielsweise ihre Vorschriften über die Schadstoff- und Lärmemissionen bei Kraftfahrzeugen bis zum 1. Januar 1995 anwenden und die Zulassung und den Verkauf von Fahrzeugen nach diesen Bestimmungen regeln. Ab dem 1. Januar 1995 - bis zu diesem Zeitpunkt soll die EG ihre Vorschriften denjenigen der Schweiz weitgehend angepasst haben - kann sie zwar weiterhin ihre Vorschriften anwenden, muss aber den freien Handel aller EG-Fahrzeuge gewährleisten[78]. Ganz ähnlich ist die Situation bei den gefährlichen Stoffen. Zwar kennt die EG für verschiedene gefährliche Stoffe noch kein Verbot, wie es die Stoffverordnung[79] vorsieht. Die Schweiz kann aber bis 1995 am Verbot etwa von Asbest oder chlorierten organischen Lösungsmitteln festhalten[80]. Eine der wenigen Ausnahmen, bei denen der schweizerische Standard wahrscheinlich nicht gehalten werden kann, sind die Lärmwerte bei Motorrädern. Es muss damit gerechnet werden, dass ab 1995 lautere Motorräder auf den Markt kommen, als bisher in der Schweiz zugelassen sind[81].

---

77 EWR-Botschaft I, S. 171.

78 EWR-Botschaft II, S. 452.

79 Verordnung über umweltgefährdende Stoffe vom 9. Juni 1986 (SR 814.013).

80 EWR-Botschaft II, S. 526; 1995 überprüfen die Vertragsparteien die Lage erneut.

81 SCHWAGER, S. 58; EWR-Botschaft I, S. 74 und 174.

b) Beispiele einer Hebung der schweizerischen Umweltstandards

In gewissen Bereich führt die Übernahme des Acquis communautaire zu einer Verbesserung der Umweltstandards in der Schweiz[82]. Speziell bemerkenswert sind die Anpassungen, die sich mit der Übernahme des EG-Chemikalienrechtes ergeben[83]. Neu werden bestimmte Stoffe, deren Zulassung in der Schweiz noch erlaubt ist, in der Stoffverordnung verboten[84].

c) Würdigung

In den allermeisten Fällen kommt es mit der Übernahme des umweltrelevanten Acquis in der Schweiz nicht zu einer namhaften Senkung der bisherigen Umweltstandards. Das Ziel der Schweizer Unterhändler in Brüssel, das hohe nationale Schutzniveau zu erhalten, ist mit wenigen Ausnahmen erreicht worden.

Der Vergleich der Umweltstandards nach rein normativen Gesichtspunkten lässt allerdings ausser acht, dass die Vollendung des Binnenmarktes eine erhebliche Zunahme der Umweltbelastungen mit sich bringt[85]. Die Einhaltung der verschiedenen Grenzwerte wird in Zukunft deshalb noch schwieriger sein als bis anhin.

---

82 Vgl. insbesondere zur Übernahme der Richtlinie des Rates vom 17. September 1984 (84/538/EWG) über die zulässigen Schallpegelleistungen von Rasenmähern und der Richtline des Rates vom 18. Dezember 1986 (87/17/EWG) zur guten Laborpraxis und der Anpassungen des Giftgesetzes an das EG-Chemikalienrecht (Anm. 77) vgl. EWR-Botschaft I, S. 177 und 189 ff.

83 Richtlinie des Rates vom 27. Juni 1967 (67/548/EWG), ABl. 1967 196/1, zuletzt geändert mit der Richtlinie der Kommission vom 5. März 1991 (91/326/EWG), ABl. 1991 L 180/79.

84 Namentlich für PCB-Ersatz und bromierte Flammschutzmittel, vgl. EWR-Botschaft I, S. 194.

85 Europäische Integration, S. IV

IV. Schlussbemerkungen

Ein allfälliger Beitritt der Schweiz zum EWR hat im gegenwärtigen Zeitpunkt alles in allem mehr positive Auswirkungen auf das schweizerische Umweltschutzrecht als negative. Unsicher dagegen sind die zukünftigen Auswirkungen einer EWR-Mitgliedschaft und zwar in doppelter Hinsicht: Einerseits ist ungewiss, wie sich die Praxis zu den sogenannten nationalen Schutzverstärkungen im Umweltschutzbereich entwickeln wird. Andererseits hängen die Auswirkungen eines EWR-Beitrittes in der Umweltpolitik wesentlich von der Qualität der umweltrelevanten EG-Erlasse ab, die neu zum Acquis communautaire hinzukommen werden. Zwar bestehen momentan keine Anzeichen für eine abrupte Kehrtwende der EG in ihrer bisherigen Umweltpolitik. Aber eine Garantie dafür, dass die EG weltweit eine so aktive Vorreiterposition im Umweltschutz einnehmen wird, wie es die Schweiz bisher getan hat, gibt es nicht.

Literatur

BÄRFUSS RUDOLF, Grundzüge des EWR-Vertrages und seine Auswirkungen auf den schweizerischen Umweltschutz, URP 1992 60 ff.

BECKER ULRICH, Der Gestaltungsspielraum der EG-Mitgliedstaaten im Spannungsfeld zwischen Umweltschutz und freiem Warenverkehr, Baden-Baden 1991

CUARTERO MARIA ISABEL ALVAREZ, La protection de l'environnement, in: EWR-Abkommen. Erste Analysen, Schriften zum Europarecht Bd. 9, Zürich 1992, S. 459 ff.

EPINEY ASTRID, Gemeinschaftsrechtlicher Umweltschutz und Verwirklichung des Binnenmarktes - "Harmonisierung"auch der Rechtsgrundlagen? JZ 1992 564 ff.

EUROPÄISCHE INTEGRATION UND ÖKOLOGISCHE FOLGEN FÜR DIE SCHWEIZ, Schriftenreihe Umwelt Nr. 177, hrsg. vom BUWAL, Bern 1992

GRABITZ EBERHARD (Hrsg.), Kommentar EWG-Vertrag, Berlin 1990

KRÄMER LUDWIG, Das Verursacherprinzip im Gemeinschaftsrecht. Zur Auslegung von Artikel 130r EWG-Vertrag. EuGRZ 1989 353 ff. (Verursacherprinzip)

KRÄMER LUDWIG, EWG-Umweltrecht und einzelstaatliche Alleingänge, UTR 1990 437 ff. (Alleingänge)

MAJER DIEMUT, Konsequenzen des Europarechts für den Umweltschutzvollzug in der Schweiz - eine erste Beurteilung, URP 1992 60 ff.

RENAUDIÈRE PHILIPPE, Le droit communautaire de l'environnement - introduction systematique, URP 1992 11 ff.

SCHERRER JOACHIM, Umweltrecht: Handelshemmnis im EG-Binnenmarkt? URP 1992 60 ff.

SCHRÖER THOMAS, Abgrenzung der Gemeinschaftskompetenzen zum Schutz der Gesundheit vor radioaktiver Strahlung, EuZW 1992 207 ff.

SCHWAGER STEFAN, Unterschiede und Parallelen im Umweltschutzrecht der EG und der Schweiz, URP 1992 48 ff.

Die Umsetzung des EWR-Abkommens in das schweizerische Recht als Herausforderung und Chance

von
Heinrich Koller

Inhalt

I. Einleitung

1. Einmaligkeit des Vorhabens

Das EWR-Abkommen ist nach der Unterzeichnung durch die Vertragsstaaten am 2. Mai dieses Jahres in einem für schweizerische Verhältnisse absolut ungewöhnlichen Tempo auf die politische Hürdenstrecke geschickt worden. Sahen seine Chancen zu Beginn dieses Rennens zeitweise derart schlecht aus, dass manche nicht an einen Zieleinlauf glauben mochten, so hat das Abkommen seine zweitletzte Hürde (im eidgenössischen Parlament) anfangs Oktober überraschend gut genommen. Die beiden Kammern haben die beiden Traktanden "EWR-Abkommen" und "Eurolex" (also die Anpassung des Bundesrechts an das EWR-Recht) in einem ausserordentlichen Kraftakt zeitgerecht verabschiedet; eine gesetzgeberische Parforce-Leistung, die Beachtung verdient, aber auch Unbehagen ausgelöst hat, weil sie die Abhängigkeit unseres Parlaments von der sachkundigen Verwaltung und die Grenzen unseres Milizsystems schonungslos aufgezeigt hat.

Es sind jedoch nicht nur die *zeitlichen* Rahmenbedingungen, welche die Anpassung des schweizerischen Rechts an das EWR-Recht erschwert haben. Dass sich die Übernahme und Einführung des EWR-Rechts schwieriger gestaltete als die Umsetzung anderer internationaler Verträge, hat ausser *quantitativen* Aspekten auch wesentliche *qualitative* Gründe[1].

---

1 Vgl. LUZIUS MADER, Eurolex: ein Versuch, das schweizerische Recht dem Recht des Europäischen Wirtschaftsraumes anzupassen, AJP 10/92, S. 1319.

Die *Masse* des einzuführenden EWR-Rechts ist zweifellos ausserordentlich gross und mit normalen völkerrechtlichen Verträgen nicht vergleichbar. Hinzu kommt die besondere *Rechtsnatur* des Abkommens, die sich daraus ergibt, dass dieser völkerrechtliche Vertrag - ein Assoziierungsabkommen nach Art. 238 EWGV - gemeinschaftsrechtliche Bestimmungen enthält und zur Übernahme von Gemeinschaftsrecht verpflichtet[2]. Die *Besonderheiten* des im Rahmen des EWR zu übernehmenden "acquis communautaire"[3] sind ein weiterer Faktor. Zu nennen ist ferner die *Breite und Vielfalt* der vom Abkommen erfassten Sach- und Politikbereiche; nicht nur ein einzelnes Sachgebiet wie etwa beim Versicherungsabkommen, sondern das ganze Binnenmarktprogramm (die vier Freizügigkeiten, die horizontalen Politiken und die Bereiche erweiterter Zusammenarbeit) ist Gegenstand des Abkommens. Erschwernisse ergeben sich in der Schweiz sodann aus dem Umstand, dass vom Abkommen *alle staatlichen Ebenen* direkt (wenn auch unterschiedlich stark) betroffen sind. Schliesslich ist auch der im Abkommen festgelegte Entscheidungsmechanismus für die *Weiterentwicklung* des EWR-Rechts (Art. 97 ff. EWRA) nicht gerade geeignet, uns die Aufgabe der Übernahme und Einführung solchen Rechts zu erleichtern.

Es wird im Rahmen dieses Beitrages nicht möglich sein, alle diese Probleme vertieft zu behandeln, geht es doch lediglich um einen Überblick über die Gesetzgebungsarbeiten im Zusammenhang mit der Anpassung des schweizerischen Rechts an das EWR-Recht. Auf den einen oder andern Aspekt werden wir aber zurückkommen müssen. Vorerst jedoch eine begriffliche Klärung.

---

2 Vgl. dazu MATTHIAS-CHARLES KRAFFT, Le système institutionnel de l'EEE - Aspects généraux: une vue de Berne, in: Accord EEE, Commentaires et réflexions, hrsg. von O. Jacot-Guillarmod, Zürich/Bern 1992, S. 556 ff.

3 Mehr dazu hinten Ziff. II. 3. (bei Anm. 10).

2. Begriffliches

Eigentlich sind es drei Arten von Rechtsetzungsaufgaben, mit denen die Vertragsstaaten bei der Übernahme von EWR-Recht konfrontiert sind[4]:

- Eine *Anpassung* des schweizerischen Rechts hat dort zu erfolgen, wo direkt anwendbare Bestimmungen des EWR-Abkommens oder EG-Verordnungen schweizerisches Recht verdrängen und seine weitere Anwendung verbieten. Anpassen heisst hier demnach, derogiertes schweizerisches Recht durch formelle Revision in Übereinstimmung mit dem übergeordneten europäischen Recht zu bringen[5].

- Eine *Umsetzung* liegt vor, wenn die Vertragsstaaten Gesetzgebungsaufträge zu erfüllen haben, also namentlich EWR-Richtlinien in das nationale Recht überzuführen haben. Richtlinien sind gemäss Art. 189 EWGV zwar hinsichtlich des zu erreichenden Ziels verbindlich, überlassen aber den innerstaatlichen Behörden die Wahl der Form und der Mittel der Verwirklichung. Wie gross dieser Spielraum ist, hängt von der konkreten Richtlinie ab. Einzelne sind so detailliert (namentlich im Bereich der technischen Vorschriften), dass die Wahlfreiheit zum Gebot korrekter Übernahme schrumpft.

- Zusätzliche Rechtsetzungsaufgaben können sich auch daraus ergeben, dass bei der Übernahme von Rechtsakten (insbesondere Verordnungen) *Ausführungsbestimmungen* notwendig sind, um Fragen des Vollzugs (landesinterne Zuständigkeiten und Verfahren) zu regeln. Gelegentlich stehen die zu übernehmenden neuen Rechtsakte in einer so engen inhaltlichen Verknüpfung mit bestehenden landesrechtlichen Regelungen, dass die Änderungen des Landesrechts eine Voraussetzung für das praktische Wirksamwerden darstellen.

---

4 Vgl. WALTER KÄLIN, Die Anpassung des Bundesrechts an das EWR-Recht, in: Gesetzgebung heute 1991/2, S. 24.

5 Obwohl das EWR-Recht in diesen Fällen entgegenstehendem nationalen Recht vorgeht, verlangt die Rechtsprechung des EuGH aus Gründen der Rechtssicherheit und der Transparenz die formelle Bereinigung.

In der Praxis - das hat das Eurolex-Programm gezeigt - überschneiden sich allerdings diese drei Formen der Einführung von EWR-Recht. Insbesondere bei der gleichzeitigen Einführung von Verordnungen, Richtlinien, Entscheidungen und sonstigen Rechtsakten verlieren diese Unterscheidungen ihre Bedeutung[6].

Nachfolgend werden die Begriffe in einem umfassenden Sinne verstanden und *alle* Rechtsänderungen in die Überlegungen einbezogen, die als Folge einer Teilnahme der Schweiz am EWR notwendig werden. Betroffen sind alle staatlichen Ebenen, aber auch alle Normstufen, freilich in unterschiedlichem Ausmass. Der kurze Überblick über die Rechtsetzungsarbeiten im Zusammenhang mit diesem grossen Vertragswerk wird zwangsläufig summarisch sein und weniger die Inhalte der sog. Eurolex-Vorlagen als gewisse generelle Aspekte dieser Rechtsrezeption beleuchten.

3. Problemaufriss

Vorerst soll aufgezeigt werden, welche Rechtsmasse im Rahmen des EWR übernommen werden muss und wie dieses Recht beschaffen ist (Ziff. II). Dann sollen die Grundsätze erläutert werden, die bei der Einführung des EWR-Rechts in unser Landesrecht wegleitend waren (Ziff. III). Schliesslich soll dargelegt werden, welches auf eidgenössischer und kantonaler Ebene der Anpassungsbedarf sein wird (Ziff. IV und V).

II. Die Pflicht zur Verwirklichung des EWR-Abkommens

1. Die Schaffung eines homogenen Wirtschaftsraums als Ziel

Grundanliegen der Bemühungen um die Schaffung eines einheitlichen europäischen Wirtschaftsraumes ist die Ausweitung des liberalen Binnenmarktgedankens der EG auf die umliegenden EFTA-Staaten. Die Herstellung gleicher Wettbewerbsbedingungen und die "Einhaltung gleicher Regeln" gehören nach Art. 1 EWRA zu den Hauptvoraussetzungen für die Schaffung eines homogenen Europäischen

6 Gelegentlich wird neben "Einführung" als Oberbegriff für Anpassung/Umsetzung/Ausführung auch der Begriff "Verwirklichung" oder "Durchführung" gebraucht; dieser schliesst neben der Einführung auch die Anwendung/Vollziehung ein.

Wirtschaftsraumes. Es ist deshalb verständlich, dass die EG von Anfang an darauf bestanden hat, dass das für ihre Mitgliedstaaten verbindliche Gemeinschaftsrecht auch von den EFTA-Staaten möglichst lückenlos übernommen wird (wenigstens soweit es für die Verwirklichung der vier Freizügigkeiten nötig erscheint). Immerhin konnten in den Verhandlungen in zahlreichen Gebieten Übergangsfristen, in wenigen Fällen (z.B. dem Transitverkehr) Ausnahmebestimmungen und eine Schutzklausel ausbedungen werden. Trotz den Informations- und Konsultationsrechten, die der EFTA-Gruppe bei der Entstehung neuen Gemeinschaftsrechts eingeräumt wurden (so etwa der Einsitz in gewisse Expertenkommissionen), beharrte die EG aber auch bei der Weiterentwicklung des Binnenmarktrechtes auf ihrer Rechtsetzungsautonomie[7]. Dieses Festhalten an legislatorischer Eigenständigkeit ist Ausfluss des Gemeinschaftsdenkens bzw. der erklärten Integrationsphilosphie der EG - volle Rechte nur bei vollen Pflichten - und findet aus der Sicht der EG eine zusätzliche Rechtfertigung in der (für die EFTA-Staaten politisch sehr bedeutsamen) Kündbarkeit des Abkommens.

2. Die vertragliche Absicherung

Das deklarierte Ziel, einen auf gleichen Regeln beruhenden europäischen Wirtschaftsraum zu schaffen, lässt sich nur erreichen, wenn gewährleistet ist, dass alle Vertragsparteien das einschlägige Binnenmarktrecht (den sog. acquis communautaire pertinent) vollständig übernehmen, einheitlich anwenden und konsequent durchsetzen. Das EWRA hat dafür reichlich vorgesorgt. Die Einleitungsartikel (zu nennen insbesondere die Art. 3, 6 und 7) dienen vornehmlich diesem Zweck, und im institutionellen Teil (Art. 105 ff.) findet sich eine ganze Palette von Instrumenten zur Sicherstellung einer einheitlichen Auslegung und Anwendung des EWR-Rechts, mithin auch der Durchsetzung des Vorrangs gegenüber dem Landesrecht[8].

---

7 Diese Diskrepanz ist im institutionellen Teil des EWRA spürbar. Art. 97 EWRA behält zwar die Rechtsetzungsautonomie der Vertragsparteien ausdrücklich vor; dann aber ist vor allem die Rede von der Entstehung neuer Gemeinschaftsregeln und den Bedingungen ihrer Ausdehnung auf die EFTA-Staaten. Vgl. dazu KRAFFT (zit. in Anm. 2), S. 557.

8 Vgl. dazu insbesondere OLIVIER JACOT-GUILLARMOD, Préambule, objectifs et principes (art. 1-7 EEE) S. 49 ff., und ALDO LOMBARDI, Verwirklichung des EWR-Abkommens durch Bund und Kantone, S. 725 ff., beide in: Accord EEE (zit. in Anm. 2).

Die Pflicht zur Anpassung der nationalen Rechtsordnung an das unmittelbar anwendbare EWR-Recht und zur Einführung des umsetzungsbedürftigen Europarechts ergibt sich aus Art. 3 EWRA (der in Anlehnung an Art. 5 EWGV abgefasst wurde). Art. 3 Abs. 1 EWRA gebietet den Vertragsparteien "alle geeigneten Massnahmen allgemeiner und besonderer Art zur Erfüllung der Verpflichtungen, die sich aus diesem Abkommen ergeben", zu treffen. Zudem sind die Vertragsparteien aufgrund von Art. 3 Abs. 2 verpflichtet, "alle Massnahmen, welche die Verwirklichung der Ziele dieses Abkommens gefährden könnten", zu unterlassen.

Der EuGH hat zum analogen Art. 5 EWGV eine reiche Rechtsprechung entwickelt; unter anderem auch Grundsätze zur Übernahme und Einführung von Gemeinschaftsrecht durch die Mitgliedstaaten aufgestellt[9]. Durch Art. 6 EWRA wird sichergestellt, dass diese im Rahmen der Gemeinschaftsordnung entwickelte Rechtsprechung auch für den EWR gilt. Hinzuweisen ist in diesem Zusammenhang sodann auf Art. 7 EWRA, der die in den Anhängen aufgeführten Rechtsakte - sie sind gemäss Art. 119 intergrierender Bestandteil des Abkommens - für die Vertragsparteien verbindlich erklärt; dies in Anlehnung an die Definition der Verordnung und der Richtlinie in Art. 189 EWGV. Für die Parteien ergibt sich daraus eine Pflicht zur Übernahme bzw. zur Überführung in das innerstaatliche Recht[10].

3. Das EWR-Recht und der einschlägige Acquis

Es ist eingangs erwähnt worden, dass nicht allein die Masse des zu übernehmenden Rechts, sondern mehr noch die Besonderheiten dieses EWR-Rechts die Anpassungsarbeiten erschwert haben. Einerseits setzt sich das EWR-Recht aus verschiedenen Teilen zusammen:

- Das *Hauptabkommen*, der Grundvertrag, besteht aus 129 Artikeln; diese stammen mehrheitlich aus dem EWGV und sind vom EWRA textlich weitgehend identisch übernommen worden (nach der sog. Reproduktionsmethode). Auch beim Aufbau ist die Anlehnung an den EWGV erkennbar. In den Kate-

9 Vgl. dazu DANIEL THÜRER/PHILIPPE WEBER, Zur Durchführung von Europäischem Gemeinschaftsrecht durch die Gliedstaaten eines Bundesstaates, ZBl 10/1991, S. 429 ff.(446) und hinten Ziff. II.4.(nach Anm. 15).

10 Vgl. HEINRICH KOLLER, Die Umsetzung des EWR-Abkommens in das schweizerische Recht: Grundsätze und Methoden, in Accord EEE (zit. in Anm. 2), S. 820 ff.

gorien des Gemeinschaftsrechts wäre dies das *primäre Recht.*

- Beigefügt sind dem EWRA *49 Protokolle*, mit Bestimmungen zu einzelnen Anwendungsgebieten und Regeln für die Durchführung des Vertrages, sowie *22 Anhänge*, auf denen (nach der sog. Referenzmethode) alle EG-Rechtsakte aufgelistet werden (also EG-Verordnungen, Richtlinien, Entscheidungen und sonstige Rechtsakte), die von den EFTA-Staaten zu übernehmen, in ihr Recht einzuführen oder bloss zur Kenntnis zu nehmen sind. In den Kategorien des Gemeinschaftsrecht wäre dies das *sekundäre Recht.* Zu erwähnen sind sodann auch die zahlreichen ein- und mehrseitigen sowie die gemeinsamen *Erklärungen*, *Briefwechsel* und *Vereinbarte Niederschriften.* Alles in allem machen diese Texte rund 1000 Seiten aus[11].
- Zum EWR-Recht gehören zudem noch *weitere Abkommen*, namentlich die Abkommen zwischen den EFTA-Staaten zur Errichtung einer Überwachungsbehörde und eines Gerichtshofes sowie betreffend einen Ständigen und einen Parlamentarischen Ausschuss[12].

Andererseits weist der sog. *"Acquis communautaire"*[13] eine sehr heterogene Struktur auf. Die einschlägigen Rechtsakte sind, soweit sie von den Vertragsparteien für die Verwirklichung des EWRA als relevant bezeichnet worden sind, in den erwähnten 22 Anhängen aufgeführt, nach Politikbereichen gegliedert. Insgesamt umfasst der einschlägige Acquis rund 1600 aufgelistete Rechtsakte, die im Volltext zusammen mehr als 15'000 Seiten füllen. Von den 1600 Rechtsakten sind rund 1000 Grunderlasse und etwa 600 Änderungen hiezu. Mehr als ein Drittel der relevanten EG-Rechtsakte betreffen den Bereich der technischen Vorschriften, etwa 400 den Veterinär- und Phytosanitärbereich und 130 den Transportbereich.

Beim überwiegenden Teil handelt es sich um *Richtlinien* (576 der 954 Grunderlasse), nur zu einem geringen Teil um *Verordnungen* (68). Dieser Umstand ist wichtig, denn mit Art. 7 EWRA hat die Unterscheidung zwischen der Verordnung und der Richtlinie nach Art. 189 EWGV auch Eingang gefunden in das Abkom-

11 Vgl. BBl 1992 IV 668 ff.

12 Vgl. BBl 1992 VI 1639 ff.

13 Dieser Begriff - rechtlicher Besitzstand der Gemeinschaft - steht für das primäre Recht, d.h. den Vertrag von Rom und sonstige derartige Verträge, sowie das sekundäre EG-Recht, d.h. alle Verordnungen, Richtlinien und Beschlüsse, die seit der Gründung der Europäischen Gemeinschaft auf Basis des Römervertrages verabschiedet wurden. Der Acquis umfasst auch die gesamte relevante Rechtsprechung des EuGH.

men[14]. Danach sind Verordnungen als solche in das innerstaatliche Recht der EWR-Staaten zu übernehmen, während Richtlinien den nationalen Behörden die Wahl der Form und der Mittel zu ihrer Durchführung überlassen. *Richtlinien bedürfen somit der Umsetzung in das nationale Recht, während Verordnungen unmittelbare Geltung beanspruchen können und grundsätzlich ohne Tätigwerden des nationalen Gesetzgebers angewendet werden müssen*[15].

4. Die Rechtsprechung des EuGH zur Umsetzungspflicht

Zum Acquis gehört auch die Rechtsprechung des EuGH zu den relevanten Bestimmungen der Gründungsverträge der EG sowie des Sekundärrechts. Soweit diese Rechtssätze im EWRA wörtlich übernommen oder ihrem wesentlichen Gehalt nach den Vorschriften der EG nachgebildet sind, ist für die Auslegung die vom EuGH bis zum Inkrafttreten des Abkommens entwickelte Rechtsprechung massgebend. So will es der Art. 6 EWRA.

Nicht nur für das Verständnis des EWRA und des einschlägigen Binnenmarktrechtes ist die Rechtsprechung des EuGH von Bedeutung. Der EuGH hat auch wesentliche Grundsätze des Gemeinschaftsrechts herausgearbeitet, die es bei der Umsetzung in das nationale Recht zu beachten gilt. So hat er der EG-Verordnung und unter gewissen Voraussetzungen den EG-Richtlinien *direkte Anwendbarkeit* zuerkannt; das Wirtschaftssubjekt kann sich also unmittelbar auf sie berufen. Mehrfach hat der EuGH auch betont, dass dem Gemeinschaftsrecht *Vorrang vor dem Landesrecht* zukomme. Die rechtsanwenden Organe aller Stufen (Gerichte und Verwaltungsorgane) haben deshalb widersprechendem Recht die Anwendung zu versagen, und neues Recht, das dem Gemeinschaftsrecht (und nun dem EWR-Recht) widerspricht, kann wirksam gar nicht erst entstehen[16].

---

14 Vgl. dazu JACOT-GUILLARMOD (zit. in Anm. 8), S. 68 ff.

15 Es ist bereits erwähnt worden, dass diese Unterscheidung in der Praxis insofern zu relativieren ist, als auch Richtlinien häufig sehr detailliert gehalten sind und nach der Praxis des EuGH unter gewissen Voraussetzungen unmittelbar anwendbar sein können; umgekehrt ist auch bei Verordnungen der Erlass von innerstaatlichen Vorschriften in manchen Fällen unumgänglich. Vgl. KOLLER (zit. in Anm. 10), S. 823 und 825.

16 Vgl. zu diesen Fragen JACOT-GUILLARMOD, S. 63 ff., KOLLER, S. 823 f., und LOMBARDI, S. 725 ff., alle in: Accord EEE (zit. in Anm. 2).

Lehre und Rechtsprechung haben die obengenannten Grundsätze im Hinblick auf die Verwirklichung von Gemeinschaftsrecht durch die Mitgliedstaaten konkretisiert und eine Reihe von Pflichten und Schranken für die Umsetzung und Durchführung aufgestellt. Entwickelt wurden diese *Leitsätze* naturgemäss anhand von Richtlinien[17]:

a) *Gebot der Gemeinschaftstreue/Vertragserfüllung*
Aus Art. 5 EWGV (entspr. Art. 3 EWRA) i.V.m. Art. 189 Abs. 3 EWGV hat der EuGH die besondere Verpflichtung der Mitgliedstaaten zur Umsetzung des Gemeinschaftsrechts abgeleitet. Die Verwirklichung des verbindlich vorgegebenen Ziels erfordere geeignete Durchführungsmassnahmen, wozu auch die gesetzgeberische Aktivität gehöre; sie allein gewährleiste die vom Gemeinschaftsrecht geforderte einheitliche und gleichmässige Anwendung.

b) *Wirksamkeitsgebot/Eignung (effet utile)*
Innerhalb der ihnen nach Art. 189 EWGV belassenen Entscheidungsfreiheit sind die Mitgliedstaaten verpflichtet, jene Formen und Mittel zu wählen, die sich zur Gewährleistung der praktischen Wirksamkeit (effet utile) der Richtlinien unter Berücksichtigung des mit ihnen verfolgten Zwecks am besten eignen (z.B. Sanktionen vorzusehen). Umgekehrt wird daraus (und aus Art. 5 Abs. 2 EWGV) aber auch abgeleitet, dass die Staaten keine Rechtsvorschriften erlassen dürfen, die die uneingeschränkte und einheitliche Anwendung des Gemeinschaftsrechts und die Wirksamkeit der zu dessen Vollzug ergangenen oder zu treffenden Massnahmen beeinträchtigen (und somit auch keine Massnahmen ergreifen, die dessen praktische Wirksamkeit ausschalten) könnten[18].

c) *Einhaltung der Frist/Rechtzeitigkeit*
Die Vertragsstaaten sind verpflichtet, ihre Rechtsvorschriften den Bestimmungen einer Richtlinie innerhalb der ihnen darin gesetzten Frist anzupassen. Sie können sich nicht auf die Langwierigkeit der nach ihrem Verfassungsrecht gebotenen Prozeduren oder auf sonstige interne Schwierigkeiten bei der Umsetzung ins Landesrecht berufen, um eine Fristüber-

---

17 Vgl. dazu insbesondere THÜRER/WEBER, Zur Durchführung (zit. in Anm. 9), S. 446 ff., und KOLLER, Die Umsetzung (zit. in Anm. 10), S. 825 ff., sowie die dort zit. Lit.

18 Die Analogie zum Verhältnis Bund-Kantone liegt auf der Hand. Letztere dürfen mit ihren Vorkehren das Bundesrecht nicht "vereiteln". Interessant ist in diesem Zusammenhang auch die von THÜRER/WEBER (zit. in Anm. 9, S. 454) geprüfte Frage, ob die "effet utile"-Theorie der dezentralen Durchführung von Gemeinschaftsrecht (etwa durch die Kantone) entgegenstehen könnte.

schreitung zu rechtfertigen (Referendum !)[19].

d) *Rechtssicherheit und Rechtsklarheit*
Die Umsetzung einer Richtlinie verlangt nicht notwendigerweise in jedem Fall ein Tätigwerden des Gesetzgebers. So können allgemeine verfassungs- oder verwaltungsrechtliche Grundsätze die Umsetzung durch besondere Rechts- und Verwaltungsvorschriften im Einzelfall überflüssig machen. In der Regel werden aber nur Rechtsnormen hinreichend bestimmt und klar sein und die Begünstigten in die Lage versetzen, von allen ihren Rechten Kenntnis zu erlangen und vor Gericht geltend zu machen. Daraus ergibt sich auch, dass der Umsetzungsakt inhaltlich klar sein und keine Widersprüche enthalten darf.

e) *Rechtsverbindlichkeit*
EWGV und EWRA beinhalten keine ausdrückliche Pflicht, innerstaatliches Recht, welches durch Abkommen oder Verordnungen (also unmittelbar anwendbares Recht) derogiert wird, durch formelle Änderung an das übergeordnete Recht anzupassen. Trotzdem kann sich aus dem Erfordernis der Rechtssicherheit und Rechtsklarheit auch im Bereich der Anpassung eine Rechtsetzungspflicht ergeben. So genügt es gemäss EuGH etwa bei der Umsetzung von Richtlinien nicht, die Verwaltungspraxis so zu gestalten, dass sie richtlinienkonform sei; die Umsetzung müsse vielmehr auf dem Wege des Erlasses innerstaatlicher Rechtsnormen geschehen. Gefordert wird auch eine rechtsgenügende Publikation und die Durchsetzung der mit der Umsetzung begründeten Rechte und Pflichten in einem gerichtlichen Verfahren.

f) *Parallelismus der Formen*
Die Richtlinie soll durch einen Rechtsakt in das nationale Recht eingeführt werden, der rangmässig zumindest auf derselben Stufe steht wie die bisherige innerstaatliche Regelung. Widersprüche der nationalen Bestimmungen zu europäischen Normen sind deshalb mit Hilfe verbindlichen innerstaatlichen Rechts auszuräumen, das "denselben rechtlichen Rang hat wie die zu ändernden Bestimmungen", d.h. demnach, dass Gesetze durch Gesetze und Verordnungen durch Verordnungen zu ändern sind.

g) *Dezentrale Durchführung*
Es lassen sich im Gemeinschaftsrecht keine Bestimmungen finden, die explizit eine zentrale Durchführung verlangen. Insofern ist das EG-Recht "föderalismusblind". Es steht jedem Mitgliedstaat frei, die Kompetenzen innerstaatlich so zu verteilen, wie er es für zweckmässig hält; das ergibt sich

19 Vgl. zur Frage der zeitgerechten Umsetzung im EWR KOLLER (Anm. 10), S. 827.

auch aus Art. 189 Abs. 3 EWGV. Die Schweiz wird also auch bei einem allfälligen EG-Beitritt ihre föderative Struktur vollumfänglich beibehalten können. Sie wird aber dafür besorgt sein müssen, dass die allgemeinen gemeinschaftlichen Erfordernisse auch bei dezentraler Durchführung eingehalten werden[20].

5. Die Folgen mangelhafter Umsetzung

Es ist in diesem Rahmen nicht möglich, den allfälligen Folgen einer fehlenden oder mangelhaften Einführung von Gemeinschaftsrechts in unser nationales Recht im Detail nachzugehen. Eine Einschränkung und ein Hinweis sind immerhin am Platz. Zum einen darf nicht vergessen werden, dass die aufgestellten Grundsätze und Anforderungen an die Umsetzung von Richtlinien von der Gemeinschaft für ihre Mitgliedstaaten entwickelt worden sind und deshalb nur mit Bedacht auf den EWR übertragen werden dürfen. So ist beispielsweise die Rechtspflege anders organisiert. Immerhin müssten die Klage wegen Vertragsverletzung vor dem EFTA-Gerichtshof (wegen fehlender Individualbeschwerde vermutlich ohne Schadenersatzanspruch des Betroffenen) und die Durchsetzung unmittelbar anwendbarer Bestimmungen vor schweizerischen Gerichten möglich sein. Wesentlich einschneidender dürften aber die mittelbaren Folgen sein. Würde z.B. die Bauprodukterichtlinie nicht rechtzeitig umgesetzt, insbesondere die organisatorischen Vorkehren für die Zertifizierung der Produkte nicht getroffen, könnte das für den Export von solchen Produkten verheerend sein; auch dürfen fortan bei der Vergabe öffentlicher Aufträge nur noch Anbieter berücksichtigt werden, die EG-zertifizierte Bauprodukte verwenden. Und noch ein Beispiel einer unmittelbar anwendbaren Norm: Würde die notwendige Änderung des Krankenversicherungsgesetzes nicht fristgerecht vorgenommen, könnten die Frauen ihren Anspruch auf gleiche Prämien gerichtlich durchsetzen.

20 Vgl. dazu im einzelnen THÜRER/WEBER (zit. Anm. 9), S. 443 ff.

III. Vorgaben für das gesetzgeberische Vorgehen

1. Verwaltungsinterne und parlamentarische Vorarbeiten

Die Einführung des EWR-Rechts in das schweizerische Recht ist eine in zeitlicher, quantitativer und qualitativer Hinsicht ausserordentliche Herausforderung; eine Aufgabe, deren Bewältigung - davon sind und waren die Bundesbehörden überzeugt - auch ein ungewöhnliches Vorgehen erforderte.

Ausgangspunkt der Arbeiten war ein vom Bundesamt für Justiz in Zusammenarbeit mit dem Integrationsbüro 1989, unmittelbar nach Aufnahme der Sondierungsgespräche zwischen EG und EFTA, angestellter "Systematischer Vergleich zwischen dem EG-Recht im Binnenmarktbereich und dem schweizerischen Recht". Dieser Rechtsvergleich ist im Verlaufe des Jahres 1990 in der gesamten Bundesverwaltung verfeinert worden, was zu einer ersten provisorischen Liste der erforderlichen Rechtsänderungen auf Bundesebene führte[21].

Eine neue Ausrichtung hat zu diesem Zeitpunkt auch das "Kontaktgremium der Kantone" erhalten. Es dient seit Herbst 1989 nicht mehr dem Gedankenaustausch mit den Kantonen über Fragen der Aufgabenteilung zwischen Bund und Kantonen, sondern als gemeinsames Konsultativorgan von Bund und Kantonen in Europafragen (Auswirkungen der europäischen Integration auf die Kantone).

Anfangs 1991 sodann hat der Bundesrat im Bundesamt für Justiz eine Projektorganisation mit dem Namen "EUROLEX" geschaffen. Dieser oblag die Koordination der Gesetzgebungsarbeiten auf Bundes- und Kantonsebene. In Zusammenarbeit mit den zuständigen Fachämtern sind vorerst in einem Grundlagenbericht die Auswirkungen des Acquis auf die einzelnen Politikbereiche untersucht worden, und zwar sowohl im Sinne einer politischen Bewertung im Hinblick auf die Ausarbeitung der Botschaft zum EWR-Abkommen als auch im Sinne des gesetzgeberischen Vorgehens (wann, wie, auf welcher Erlassstufe).

Parallel dazu hat sich der Bundesrat mehrfach mit dem gesetzgeberischen Vorgehen auf Bundesebene befasst und, nach Kenntnisnahme vom Bericht der parlamentarischen Arbeitsgruppe "Umsetzung des EWR-Rechts" vom 13. Juni 1991, Ende Juni

21 Vgl. Anhang zum 2. Informationsbericht des Bundesrates vom 26. November 1990 zur Stellung der Schweiz im europäischen Integrationsprozess.

1991 sein Konzept für das Vorgehen bei der Anpassung des schweizerischen Rechts verabschiedet. Er hat sich dabei von Überlegungen leiten lassen, die auch für die parlamentarische Arbeitsgruppe massgebend waren.

2. Grundsatzentscheide des Bundesrates

Bei seinem Konzept für das gesetzgeberische Vorgehen bei der Anpassung des schweizerischen Rechts an den EWR hat sich der Bundesrat an die folgenden Grundsätze gehalten[22]:

a) Einhaltung der internationalen Verpflichtungen
Die Schweiz gilt als ausserordentlich vertragstreu und ist als Kleinstaat dringend auf die Beachtung dieses Grundsatzes angewiesen. Das Gesetzgebungsverfahren muss deshalb sicherstellen, dass das Bundesrecht fristgerecht[23] angepasst werden kann.

b) *Wahrung der demokratischen und föderalistischen Prinzipien*
Die Anpassung des schweizerischen Rechts an den EWR soll nicht zum Anlass genommen werden für eine Änderung der Zuständigkeitsordnung von Bund und Kantonen, und die Volksrechte sollen nicht mehr als notwendig eingeschränkt werden.

c) *Gewährleistung der Rechtssicherheit und Kohärenz der Rechtsordnung*
Im Lichte dieser Prinzipien sind nicht nur jene Änderungen vorzunehmen, die sich aus einer Umsetzung ergeben, sondern alle Widersprüche zwischen EWR-Recht und nationalem Recht formell auszuräumen, damit Klarheit besteht über das anzuwendende Recht.

d) *Einfaches und transparentes Verfahren*
Nach diesem Grundsatz soll das Verfahren einerseits unnötige oder schwer handhabbare *Differenzierungen vermeiden* (z.B. vorläufige Regelungen mit späterer Überführung ins ordentliche Recht, Anknüpfung an Kriterien wie wichtig/unwichtig, unmittelbar/nicht unmittelbar anwendbar, Ausmass des Gestaltungsspielraums u.a.m.). Andererseits soll das Verfahren *transparent*

22 Vgl. auch Botschaft zum EWR-Abkommen vom 18. Mai 1992, BBl 1992 IV 98 ff.

23 Nach Art. 129 Abs. 3 EWRA und Prot. 1 (Ziff. 11) wäre der letztmögliche Termin für die Ratifikation des Abkommens (ohne Neuaufnahme von Verhandlungen) der 30. Juni 1993. Die Inkraftsetzung ist aber von allen Vertragsparteien auf den 1. Januar 1993 ins Auge gefasst worden. Das setzt die Ratifikation durch alle Vertragsparteien und die vorgängige Änderung des Landesrechts voraus.

und politisch ehrlich sein: die StimmbürgerInnen sollen in voller Kenntnis der mit dem EWR verbundenen Konsequenzen für das schweizerische Recht entscheiden können, und zwar nicht nur im Wissen um die Auswirkungen auf das materielle Recht, sondern auch um die Auswirkungen auf unsere Institutionen, insbesondere die direkt-demokratischen Mitwirkungsmöglichkeiten.

Der Bundesrat hat in Kenntnis der vom EuGH entwickelten Erfordernisse und unter Berücksichtigung seiner selbst festgelegten Grundsätze in seiner Botschaft vom 18. Mai 1992 eine Lösung vorgeschlagen (mit Verfassungsänderung), die es der Bundesversammlung ermöglicht hätte, die auf den Zeitpunkt des Inkrafttretens des EWRA notwendigen Änderungen des Bundesrechts unter Ausschluss des fakultativen Referendums zu beschliessen. Dieser Vorschlag, der auf einer Optimierung der vier genannten Grundsätze basiert, hat politisch überwiegend negative Reaktionen ausgelöst. Dabei hat sich gezeigt, dass die aufgestellten Grundsätze weitgehend unbestritten blieben, deren Gewichtung hingegen unterschiedlich ausfiel.

3. Eurolex[24]

Diese Bezeichnung "Eurolex" steht eigentlich - wie bereits erwähnt - für eine Projektorganisation, die im Bundesamt für Justiz geschaffen worden ist, um die Gesetzgebungsarbeiten für die Anpassung des schweizerischen Rechts an den EWR zu koordinieren und die Verfassungsvorlage im Zusammenhang mit der Genehmigung des EWRA (den sog. Genehmigungsbeschluss) auszuarbeiten. Heute werden darunter jedoch meistens alle EWR-bedingten Gesetzes- und Verordnungsänderungen verstanden. Diese Änderungen sind eng verbunden mit dem Inhalt des Genehmigungsbeschlusses einerseits, weil dieser die rechtliche Grundlage für das gesetzgeberische Verfahren liefert (z.B. Beschränkung auf die "auf den Zeitpunkt des Inkrafttretens des EWRA notwendigen Änderungen des Bundesrechts", das sofortige Inkrafttreten und das nachträgliche Referendum), mit den Gesetzgebungsarbeiten auf kantonaler und kommunaler Ebene andererseits. Die Änderungen erforderten in den vergangenen Monaten eine ganze Reihe weiterer Vorarbeiten, die unter der koordinierenden Leitung des Bundesamtes für Justiz und in enger Zusammenarbeit mit dem Integrationsbüro und der Direktion für Völkerrecht durch

24 Vgl. MADER (zit. in Anm. 1), S. 1320 f.

die materiell zuständigen Bundesämter geleistet wurden: Abklärung des legislativen Handlungsbedarfes auf allen Normstufen, Ausarbeitung und Kontrolle von Erlassesentwürfen, Durchführung der verwaltungsinternen und -externen Vernehmlassungsverfahren u.a.m. "Eurolex" steht somit auch für die logistische Seite des EWRA bzw. für die legistische Umsetzung des an der Aussenfront erzielten Verhandlungsergebnisses.

Um sowohl der Verwaltung als auch dem Parlament eine unter den gegebenen Rahmenbedingungen möglichst seriöse Vorbereitung der Erlassesänderungen zu ermöglichen, legte der Bundesrat im Juni 1991 ein gestaffeltes Vorgehen fest. Danach sollte noch vor Ende 1991 die eigentliche EWR-Botschaft mit dem Abkommen verabschiedet werden. Im Verlaufe des Frühjahrs 1992 sollten dem Parlament in der Form mehrerer Pakete die konkreten Gesetzesänderungen unterbreitet werden. Aus den bekannten Gründen kam es dann erst am 2. Mai 1992 zur Unterzeichnung des Abkommens und zur verzögerten Verabschiedung der EWR-Botschaft am 18. Mai, des ersten Eurolex-Paketes am 27. Mai und des zweiten am 15. Juni 1992. Inzwischen haben die Eidg. Räte die Eurolex-Vorlagen bereinigt und damit die Grundlage geschaffen, dass Volk und Stände anfangs Dezember in voller Kenntnis der damit verbundenen Gesetzesänderungen über die Teilnahme der Schweiz am EWR abstimmen können.

IV. Anpassungen auf Bundesebene

1. Verfassungsstufe

Der angestellte Rechtsvergleich und die Abklärung des legislatorischen Handlungsbedarfes zeigten sehr bald. dass vom EWR-Recht vor allem die Verordnungsstufe, etwas weniger die Gesetzesstufe und nur marginal die Verfassungsstufe betroffen sein werden.

Wichtigste *materielle* Rechtsänderung auf der Verfassungsstufe ist die Umwandlung der Fiskalzölle in Verbrauchssteuern. Die Schweiz wäre bereits nach dem Freihandelsabkommen verpflichtet, dies zu tun. Der EWR nimmt jene Produkte, auf denen die Schweiz noch Fiskalzölle erhebt, zwar aus; dennoch erklärte die Schweiz einseitig, ihre Fiskalzölle bis Ende 1996 umzuwandeln. Dies soll aber nicht in Verbindung mit der Genehmigung des EWRA, sondern im Zusammenhang mit der Schaffung der neuen Finanzordnung erfolgen.

Daneben gibt es einige wenige Verfassungsbestimmungen, die vorläufig nicht geändert werden sollen, obwohl sie mit dem Geist des EWRA kaum vereinbar sind. Die Widersprüche sind jedoch derart unbedeutsam und geringfügig, dass der Bundesrat auf die formale Bereinigung verzichtet hat und den Vorrang des Völkerrechts, der auch gegenüber der Verfassung gilt, als ausreichend erachtet hat. Es handelt sich namentlich um die Bewilligungspflicht für die Ausfuhr von Energie aus Wasserkraft (Art. 24quater Abs. 2), das Alkoholmonopol (Art. 32bis), die fiskalische Privilegierung von Alkohol aus einheimischen Rohstoffen (Art. 32bis Abs. 5), das Absinthverbot (32ter) und das Pulvermonopol des Bundes (Art. 41 Abs. 1). Es wird Sache der Totalrevision der Bundesverfassung sein, diese Bereinigungen vorzunehmen.

Von sehr viel weitreichender Bedeutung sind die Änderungen im *institutionellen* Bereich. Als unerlässlich werden zwei Verfassungsänderungen erachtet, nämlich die Abweichung vom ordentlichen Gesetzgebungsverfahren bei den Rechtsänderungen, die auf den Zeitpunkt des Inkrafttretens erfolgen müssen, und die Zusicherung neuer Informations-, Konsultations- und Mitwirkungsrechte an die Kantone in Fragen der europäischen Integration. Nicht unerwähnt bleiben darf schliesslich die Frage der Verankerung des Vorrangs des Völkerrechts auf Verfassungsebene, welche nach Vorgeplänkeln innerhalb der Verwaltung in den Räten eine lebhafte Debatte ausgelöst hat, die zum Verzicht auf eine ausdrückliche Verankerung führte.

Die beiden neuen Verfassungsbestimmungen sollen mit dem Genehmigungsbeschluss über den EWR, welcher der Abstimmung von Volk und Ständen unterstehen wird, in die Verfassung eingfügt werden, und zwar als Art. 20 und 21 UeB BV.

a) Das nachträgliche Referendum (Art. 20 UeB)

Im Unterschied zum Bundesrat, der die auf den Zeitpunkt des Inkrafttretens des EWRA notwendigen Änderungen des Bundesrechts unter Ausschluss des fakultativen Referendums vornehmen wollte, sollen nun gemäss Beschluss der Eidg. Räte die Erlasse zwar auf den Zeitpunkt des Inkrafttretens des EWRA in Kraft treten (Abs. 1) - damit ratifiziert werden kann ! -, dann aber einem nachträglichen Referendum unterstellt werden. Hat das Referendum in der Volksabstimmung Erfolg, tritt der angefochtene Erlass (wieder) ausser Kraft. Dieses neue massgeschneiderte Rechtsetzungsverfahren bedarf eigentlich keiner langen Erklärungen, hat aber eine interessante Entstehungsgeschichte hinter sich, die zu vertiefen sich lohnen würde.

Vorerst jedoch zwei Einschränkungen. Das neue sog. nachträgliche Referendum gilt nur für Erlasse, die auf das Inkrafttreten des EWRA abgeändert werden müssen. Alle späteren Änderungen, bei gewährten Übergangsfristen oder infolge neuen EWR-Rechts, unterliegen dem normalen (ordentlichen *oder* dringlichen) Gesetzgebungsverfahren. Die zweite Einschränkung betrifft die Tragweite dieses Referendums. Sollte nämlich ein Referendum Erfolg haben, könnte das alte wieder auflebende Recht vor unmittelbar anwendbarem EWR-Recht nicht bestehen. Letzteres geht vor und wäre von den Anwendungsbehörden im Beschwerdefall durchzusetzen. (Die Befürworter einer Verankerung des Vorrangs des Völkerrechts wollten dies in Abs. 2 oder in Abs. 4 ausdrücklich erwähnen.)

Sodann zwei Präzisierungen. Auch bei der von den Eidg. Räten gewählten Variante bleibt die Möglichkeit des nachträglichen Referendums beschränkt auf die *notwendigen*, d.h. die durch den EWR bedingten Änderungen. Das Sonderverfahren erhält seine Rechtfertigung ausschliesslich und allein durch die besondere Situation des Inkrafttretens des EWR. Änderungen, die zwar im Sinne ergänzender oder flankierender Massnahmen wünschenswert sein mögen (wie z.B. Vorkehren gegen negative ökologische, soziale oder regionale Folgen des EWR), aber für das Inkrafttreten nicht nötig sind und warten können, unterliegen dem ordentlichen Verfahren. Die Formulierung lässt sodann zu, dass die Bestimmung auch im Falle einer Verzögerung des Inkrafttretens Anwendung finden könnte.

Schliesslich eine Bemerkung zur Entstehungsgeschichte. Das sog. "nachträgliche" Referendum stand als eine Variante unter vielen zur Diskussion. Die Palette reichte von der uneingeschränkten Zulassung des Referendums über massgeschneiderte neue Modelle (z.B. der Einführung des "konstruktiven" Referendums oder der Gesetzesinitiative in Europafragen) bis hin zum Ausschluss des Referendums (Variante Bundesrat) und zum Gebrauch des normalen Dringlichkeitsrechts. Von letzterem unterscheidet sich das nachträgliche Referendum in drei Punkten (keine Befristung, unverzüglicher Wegfall, einfaches Mehr). Zudem hat es den Vorteil, dass es die Ratifikation erlaubt und dennoch das Referendum zulässt, mithin den Grundsatz der Vertragstreue mit der Wahrung der Volksrechte in idealer Weise kombiniert - wäre da nicht noch der Vorrang des Völkerrechts, der einen Urnengang überflüssig machen könnte !

b) Der Vorrang des Völkerrechts

Der Bundesrat hat in seiner Botschaft die Frage des Vorrangs des EWR-Rechts vor dem Landesrecht ausführlich dargelegt und nach einlässlichen Beratungen entschieden, auf eine ausdrückliche Verankerung im Genehmigungsbeschluss zu verzichten; dies freilich unter der Annahme, dass die Bundesversammlung die auf den Zeitpunkt des Inkrafttretens notwendigen Änderungen des Bundesrechts unter Ausschluss des Referendums beschliessen werde[25]. Mit der Zulassung des nachträglichen Referendums durch die Eidg. Räte stellte sich die Frage wieder neu. Sollte nicht im Sinne der Transparenz deutlich gemacht werden, dass bei erfolgreichem Referendum die unmittelbar anwendbaren Bestimmungen des EWR-Rechts dennoch angewendet werden müssen, wenn die Schweiz nicht vertragsbrüchig werden will ? Und sollte wegen der Bindung des Bundesgerichts an die von der Bundesversammlung erlassenen Gesetze (Art. 113 Abs. bzw. 114 Abs 3 BV) nicht auf gleicher Normebene gesagt werden, dass widersprechendes Landesrecht (auch späteres Gesetzesrecht) vom Bundesgericht nicht angewendet werden darf ? Sollte vielleicht sogar klargestellt werden, wie künftig in Fällen völkerrechtswidriger Volksinitiativen verfahren wird ? Die Räte haben darüber lange debattiert, sich aber trotz grundsätzlichem Einverständnis nicht auf eine allseits verständliche und akzeptable Kompromissformel einigen können und schliesslich auf die ausdrückliche Verankerung in der Übergangsbestimmung verzichtet. Die Befürchtung, die EWR-Abstimmung mit einer Diskussion über die Tragweite der Volksrechte im künftigen Europa unnötig zu belasten, mag dabei ebenso eine Rolle gespielt haben wie die Angst vor dem Richterstaat und vor einer Verabsolutierung des Primats des Völkerrechts.

c) Die Mitwirkungsrechte der Kantone (Art. 21 UeB)

Als unerlässlich betrachtet wurde sodann die Aufnahme einer Bestimmung in die BV, welche den Kantonen bei der Weiterentwicklung des EWR und bei Fragen der europäischen Integration gewisse Informations-, Anhörungs- und Mitwirkungsrechte

25 Botschaft zum EWR-Abkommen vom 18. Mai 1992, BBl 1992 IV 87 ff.

sichert. Während der Inhalt des EWRA weitgehend unter Ausschluss der Kantone ausgehandelt wurde und im Zeitpunkt der Diskussionen über die Umsetzung in das nationale Recht bereits feststand, werden die Interessen der Kantone künftig stärker berücksichtigt werden müssen. Sie werden nicht nur bei der Weiterentwicklung des EWR (also der Schaffung und Übernahme neuen EWR-Rechts), sondern auch bei Verhandlungen über einen allfälligen Beitritt zur EG stärker beizuziehen sein. Nur so lässt sich die Schwächung unserer föderalen Struktur längerfristig vermeiden. Dieser Einsicht konnte sich auch der Bundesrat spätestens dann nicht mehr verschliessen, als er im Mai 1992 den EG-Beitritt zum erklärten Ziel der schweizerischen Integrationspolitik erhob. Die vom Bundesrat vorgeschlagene Formulierung[26] ist im Rahmen des Kontaktgremiums der Kantone erarbeitet worden und das Ergebnis einer schrittweisen Annäherung der Standpunkte. Der von der Bundesversammlung schliesslich verabschiedete Text geht zwar in der Formulierung noch etwas weiter, weil er nicht nur die Wahrung der "Interessen", sondern auch die Berücksichtigung der "Kompetenzen" fordert, darf aber nicht so gedeutet werden, dass er die aussenpolitischen Kompetenzen des Bundes nach Art. 8 BV in Frage stellt. Wäre dies der Fall, der Bund also bei der Wahrnehmung seiner Zuständigkeiten im Bereich der Aussenpolitik an die landesinternen Kompetenzen der Kantone gebunden, hätte dies nicht nur eine bedeutsame Einschränkung der bisherigen Bundeskompetenzen zur Folge, sondern auch eine völlige Lähmung bei Verhandlungen, sobald kantonale Kompetenzbereiche betroffen sind.

Dass der Bund die Kantone rechtzeitig und umfassend informiert und sie anhört, gehört zum Traditionsgut schweizerischer föderalistischer Gepflogenheiten. Insofern wäre eine Verankerung auf Verfassungsstufe nicht mehr nötig gewesen. Schwieriger ist die Frage nach dem Beizug der Kantone bei Verhandlungen und die Bindung des Bundes an allfällige Stellungnahme der Kantone zu beantworten. Die von der Arbeitsgruppe 1 des Kontaktgremiums gemachten Vorschläge[27] gingen jedenfalls weit über das im Rahmen des geltenden Verfassungsrechts Mögliche sowie das durch den EWR Gebotene hinaus und hätten eine separate Verfassungsabstimmung sowie Klärungen im Verhältnis zum Ständerat erfordert[28]. Die vom Parlament gutgeheissene Bestimmung weitet nun wenigstens die Informations- und Anhö-

26 Botschaft (zit. in Anm. 25), S. 543 f.

27 Vgl. das vom Bund und den Kantonen unter der Leitung des Kontaktgremiums der Kantone ausgearbeitete Papier über die "Anpassung des kantonalen Rechts an das EWR-Recht", Bern Dezember 1991, S. 63 ff.

28 Die Arbeitsgruppe hat nicht umsonst einen neuen Art. 8bis BV vorgeschlagen.

rungsrechte der Kantone auf die Aussenpolitik aus und sichert diesen den Beizug bei der Vorbereitung von Entscheiden und die Mitwirkung bei Verhandlungen, insbesondere in Bereichen, die landesintern in die Zuständigkeit der Kantone fallen.

Bei aller Berechtigung neuer Mitwirkungsmöglichkeiten der Kantone war Ausgewogenheit bei der Verankerung verfassungsmässiger Rechte schliesslich deshalb geboten, weil neue Zuständigkeiten im aussenpolitischen Bereich auch von der Bundesversammlung geltend gemacht wurden. Diesem Anliegen wurde mit der Einfügung eines neuen Art. 47bis GVG im Rahmen der Parlamentsreform Rechnung getragen.

2. Gesetzesstufe

a) Änderungen im Hinblick auf das Inkrafttreten

aa) Umfang

Mit den sog. Eurolex-Paketen I und II hat der Bundesrat dem Parlament total 50 allgemeinverbindliche Bundesbeschlüsse unterbreitet, mit denen insgesamt 61 bestehende Gesetze geändert und 9 neue Erlasse geschaffen werden[29]. Es handelt sich dabei lediglich um jene Rechtsänderungen, die auf den Zeitpunkt des Inkrafttretens des EWRA vorgenommen und in Kraft gesetzt werden müssen[30]. Die neuen Erlasse betreffen die Bereiche Energie, Konsumkredit, Versicherung, Produktehaftpflicht, Pauschalreisen, Personentransport, den Zugang zum Beruf des Strassentransporteurs, die Information und Mitsprache der Arbeitnehmer, den Informationsaustausch im Börsenwesen und das Inverkehrbringen von Bauprodukten.

Drei der insgesamt fünzig allgemeinverbindlichen Bundesbeschlüsse enthalten Rechtsänderungen, die sich nicht zwingend aus dem EWR-Recht ergeben, aber beim Inkrafttreten des EWRA derart unerwünschte finanzielle oder administrative Folgen zeitigen könnten, dass der Bundesrat dem Parlament vorgeschlagen hat, sie nach Art. 89bis BV als dringlich zu erklären. Gemäss Art. 89bis Abs. 2 BV

---

29 Vgl. dazu die Botschaften I und II über die Anpassung des Bundesrechts an das EWR-Recht (Zusatzbotschaften zur EWR-Botschaft), BBl 1992 V 1 ff. und 520 ff.

30 Weitere 9 Gesetzesänderungen und drei neue Gesetze werden während den Übergangsfristen vorzunehmen bzw. zu schaffen sein.

unterliegen diese Beschlüsse dem fakultativen Referendum. Es handelt sich um Neuerungen in bezug auf die freiwillige Versicherung der Auslandschweizer, die ausserordentlichen Renten, die Hilflosenentschädigungen und die Viertels- und Härtefallrenten[31]. Um die ausserordentlichen Renten und Hilflosenentschädigung nicht "exportieren" zu müssen, möchte die Schweiz diese Ansprüche gänzlich aufheben und durch die AHV/IV-Ergänzungsleistungen auffangen. Ähnliches gilt für die freiwillige AHV-Versicherung von im Ausland niedergelassenen Schweizern, die neu auch EWR-BürgerInnen offenstehen müsste. Hingegen wird die Viertelsrente für Invalide auch bei einer Teilnahme am EWR bestehen bleiben. Dies entschied das Parlament entgegen dem Vorschlag des Bundesrates, der sich im Hinblick auf den unverhältnismässigen Verwaltungsaufwand für die Aufhebung ausgesprochen hatte.

Diese drei Bundesbeschlüsse sollten also eigentlich gar nicht mitgezählt werden. Auf der anderen Seite gibt es gewisse EWR-bedingte Rechtsänderungen, die noch rechtzeitig im ordentlichen Gesetzgebungsverfahren beschlossen werden konnten, wie das Statistikgesetz, das Topographiegesetz und das Lebensmittelgesetz.

bb) Besonderheiten

Notwendigkeit der Rechtsänderungen

Die Rechtsänderungen auf Gesetzesstufe, die auf den Zeitpunkt des Inkrafttretens des EWRA vorgenommen werden und zusammen mit diesem in Kraft treten, müssen nach Art. 20 UeB BV "notwendig" sein, d.h. durch diesen bedingt sein. Das besondere gesetzgeberische Verfahren (die Eile und sofortige Inkraftsetzung) ist nämlich nur bei jenen Änderungen gerechtfertigt, die für die Ratifikation zwingend notwendig sind. Es ergibt sich daraus eine *zeitliche* und *materielle* Beschränkung[32].

In *zeitlicher* Hinsicht sind nur jene Rechtsänderungen zu beschliessen, die zusammen mit dem EWRA in Kraft treten müssen. So gelten Rechtsänderungen, die nach dem Inkrafttreten des Abkommens vorgenommen werden können, weil der Schweiz eine Übergangsfrist eingeräumt ist, nicht als notwendig im Sinne des

31 Vgl. Zusatzbotschaft II zur EWR-Botschaft, BBl 1992 1992 V 529.

32 Vgl. Zusatzbotschaft I zur EWR-Botschaft, BBl 1992 V 11.

vorgeschlagenen Art. 20 UeB. Dasselbe gilt für Anpassungen, die nach dem Inkrafttreten des Abkommens vorgenommen werden können, weil eine Einführungsfrist vorgesehen ist, die nach dem Zeitpunkt des Inkrafttretens endet. Diese Änderungen müssen gleich wie die Anpassungen aufgrund künftiger Weiterentwicklung des EWR-Rechts im ordentlichen Gesetzgebungsverfahren beschlossen werden.

Als notwendig in *materieller* Hinsicht können einerseits die Rechtsänderungen gelten, die dazu dienen, Gesetzesbestimmungen aufzuheben oder anzpassen, die dem unmittelbar anwendbaren EWR-Recht widersprechen oder mit ihm nicht vereinbar sind. Ebenfalls notwendig sind andererseits Rechtsänderungen, die zur Umsetzung nicht unmittelbar anwendbarer Bestimmungen des EWR-Rechts vorgenommen werden (wie der Grossteil der Richtlinienbestimmungen), sowie der Erlass von Vorschriften über nationale Zuständigkeiten und Verfahren, die den Vollzug überhaupt erst möglich machen. Auch Sanktionen, welche die Durchsetzung des EWR-Rechts sicherstellen sollen, und Delegationsnormen, die eine Umsetzung auf der adäquaten Normstufe ermöglichen, können als notwendig gelten[33]. Hingegen erfüllen die sog. kompensatorischen oder flankierenden Massnahmen diese Voraussetzung nicht. Man versteht darunter Massnahmen, die getroffen werden, um allfällige negative Auswirkungen der Anpassung des nationalen Rechts an das EWR-Recht (zum Bsp. in wirtschaftlicher, sozialer, ökologischer oder regionaler Hinsicht) zu korrigieren oder vermeiden.

Die konsequente Anwendung dieses Kriteriums und die Zurückhaltung bei der Beurteilung der Notwendigkeit von Rechtsänderungen haben die speditive Behandlung der Eurolex-Vorlagen in den parlamentarischen Kommissionen und im Plenum ausserordentlich begünstigt, wenn nicht überhaupt ermöglicht. Die politischen Gruppierungen, Sozialpartner und Interessenvertreter waren eifersüchtig darauf bedacht, den Kontrahenten nur das gebotene Minimum zuzugestehen. Nur so war es überhaupt möglich, die vielen (sachlich zweifelsohne berechtigten) Zusatzanträge in das ordentliche Verfahren zu verweisen.

Gestaltungsspielraum und politische Tragweite

Die Beschränkung auf die EWR-bedingten, notwendigen Rechtsänderungen hat viele dazu verleitet, den gesetzgeberischen Gestaltungsspielraum zu unterschätzen.

33 MADER (zit. in Anm. 1), S. 1324.

In der Tat sind viele EG-Richtlinien recht detailliert gehalten; aber Richtlinien lassen ex definitione Spielraum offen, weil sie nur hinsichtlich des zu erreichenden Ziels verbindlich sind, die Wahl der Form und der Mittel hingegen den innerstaatlichen Stellen überlassen (Art. 189 EWGV). Zudem lassen auch die sog. hinkenden Verordnungen, zu deren Durchführung es organisatorischer Vorkehren bedarf, häufig Varianten zu. Zuständigkeitsregelungen, Organisations- und Verfahrensfragen (z.B. die Einführung von Bewilligungs- oder Kontrollverfahren), aber auch die Anordnung von Sanktionen, bleiben in der Regel Sache der Vertragsstaaten. Gestaltungsspielraum ist sodann dort gegeben, wo das EWR-Recht Wahlmöglichkeiten bietet, unterschiedliche Konzepte zulässt oder weitergehende Optionen zur Verfügung stellt.

Von der Notwendigkeit der Rechtsänderungen und dem dabei vorhandenen Gestaltungsspielraum zu unterscheiden ist sodann die politische Tragweite. Das Beispiel der Produktehaftpflicht diene der Erläuterung:
Zweifelsohne notwendig und auch von der Sache her geboten, weicht die vorgesehene Regelung über die Produktehaftpflicht im Ergebnis nur unwesentlich von der Lösung ab, die das Bundesgericht gestützt auf das geltende schweizerische Obligationenrecht (Geschäftsherrenhaftung) entwickelt hat. Politisch brisant wird das Thema erst bei der Ausweitung auf sog. Entwicklungsrisiken und bei einer allfälligen summenmässigen Beschränkung der Haftpflicht. Das sind zwei der drei Optionen, die nach den einschlägigen Bestimmungen des EWR-Rechts von den Vertragsstaaten geregelt werden dürfen, ohne dass diese dazu verpflichtet sind. Die Schweiz hat von diesen Optionen nicht Gebrauch gemacht (sowenig wie von der Ausweitung der einschlägigen Schutzbestimmungen auf Konsumkredite über Fr. 40'000), weil das EWR-Recht dies nicht verlangt. Sachlich geboten, aber rechtlich (nach der Beurteilung des Parlamentes) nicht notwendig, wäre bei der Reglung der Freisetzung von Organismen auch die Erfassung von pathogenen und nicht nur der gentechnisch veränderten Organismen gewesen, doch ist hier konsequenterweise anders entschieden worden. Und ein letztes Beispiel: über einen vollen Handlungsspielraum hätte das Parlament bei der (auch für den Ausgang der EWR-Abstimmung) sehr wichtigen Frage der Anordnung von flankierenden politischen Massnahmen zum Schutze vor negativen sozialen Auswirkungen des EWR verfügt (z.B. gegen Lohndruck und Sozialdumping). Es hat sich - von der Einfügung einer Bestimmung in den Bundesbeschluss über die Arbeitsvermittlung und den Personalverleih abgesehen - auf die direkt EWR-bedingten Änderungen beschränkt und die Antragsteller auf den ordentlichen Gesetzbgebungssweg verwiesen.

Geltungsdauer der Rechtsänderungen

In der Regel sind die Erlasse, die im Rahmen der Anpassung des Bundesrechts an das EWR-Recht geschaffen werden, unbefristet (auch die allgemeinverbindlichen Bundesbeschlüsse). Sie sind zwar für ihre Entstehung an die Zustimmung von Volk und Ständen zum EWRA gebunden, können aber bei einer allfälligen Kündigung oder Auflösung des Abkommens weiterbestehen, genauso wie ihre verfassungsmässige Grundlage, der neue Art. 20 UeB BV. Einzelne Erlasse sind jedoch so eng mit dem EWRA verknüpft, dass eine Weiterführung über den EWR hinaus keinen Sinn hätte und eine Befristung geboten schien. Der Bundesbeschluss über Aufenthalt und Niederlassung der EWR-Angehörigen gilt bis zum 31.12.97, weil auf diesen Zeitpunkt die volle Freizügigkeit der Personen hergestellt sein muss. Der Bundesbeschluss über den Informationsaustausch im Börsenwesen gilt bis zum Inkrafttreten des Bundesgesetzes über die Börsen und den Effektenhandel. Und die Bundesbeschlüsse über die Änderung der Verfahrensgesetze (VwVG, OG, BStP) sind an die Dauer des EWR geknüpft, weil eine Privilegierung der EWR-Angehörigen gegenüber andern Ausländern ohne EWR nicht gerechtfertigt wäre.

cc) Parlamentarische Beratung

Die Übernahme des Acquis hat - wie bereits erwähnt - anfänglich grosse Befürchtungen ausgelöst: der Zeitdruck lasse keine seriöse Beratung zu, die Masse des zu übernehmenden Rechtsstoffes verunmögliche jeden Überblick, die Vorlagen seien in perfektionistischer Manier vorbereitet und von der Verwaltung unnötig beladen, wenn nicht gar politisch aufgeladen bzw. "abgerundet" worden . Diese Stimmen sind im Verlaufe der Beratungen leiser geworden und jetzt, nach Abschluss, beinahe verklungen. In der Tat haben die Beschäftigung mit dem europäischen Recht und die Auseinandersetzung mit den einzelnen Erlassen diese Befürchtungen reduziert und manchen Parlamentarier erkennen lassen, dass trotz allen Unterschieden in der Art der Legiferierung eine grosse Wesensverwandtschaft mit unserem Recht besteht. Anders liessen sich die wenigen Änderungen, die diese Übernahme letztlich erforderte - nur rund 60 Bundesgesetze und etwa doppelt soviele Verordnungen sind davon betroffen, obwohl fast 15'000 Seiten zu rezipieren sind, gar nicht erklären. Es ist angesichts der wenigen bedeutsamen Änderungen auch nicht gewagt zu behaupten, die Einmaligkeit dieser Rechtsrezeption sei eher quantitativer als qualitativer Natur.

Insgesamt kann man sagen, dass das Parlament die Eurolex-Vorlagen sehr gut aufgenommen und trotz des Zeitdruckes mit Sorgfalt durchberaten hat.

Es gab denn auch zahlreiche Änderungen; die meisten betreffen jedoch mehr formelle Aspekte und Einzelfragen und weniger die Substanz. Die hauptsächlichsten Änderungen lassen sich wie folgt gruppieren:

- Zum einen hat das Parlament in einzelnen Fällen die Notwendigkeit gewisser Rechtsänderungen anders beurteilt. So hat es beispielsweise die vorgesehenen Strafbestimmungen in den Bundesbeschlüssen über den Konsumkredit und über Pauschalreisen als nicht notwendig erachtet und konsequenterweise gestrichen.

- Zum andern hat das Parlament den vorhandenen Gestaltungsspielraum oder die im EWR-Recht vorgesehenen Optionsmöglichkeiten etwas anders genutzt. Dies trifft z.B. zu für die Frage, ab welcher Betriebsgrösse eine Arbeitnehmervertretung geschaffen werden soll. Der Bundesrat schlug im Bundesbeschluss über die Information und Mitsprache der Arbeitnehmer in den Betrieben vor, die Grenze bei 20 Mitarbeitern zu ziehen, das Parlament legte diese Grenze bei 50 fest.

- Schliesslich hat das Parlament insbesondere im sozialpolitischen Bereich die Akzente etwas anders gesetzt und beispielsweise die Viertelsrente im IVG beibehalten sowie flankierende Massnahmen im Bereich der Arbeitsvermittlung und des Personalverleihs beschlossen.

Neben dem ausserordentlichen Einsatz aller Beteiligten hat sicherlich zum guten Gelingen des Eurolex-Verfahrens der Umstand beigetragen, dass sich Bundesrat und Verwaltung konsequent auf die notwendigen Rechtsänderungen beschränkt haben.

b) Änderungen bei Übergangsfristen

Es ist bemerkenswert, dass es der Schweiz doch gelungen ist, in etwas mehr als 40 Bereichen Übergangsfristen auszuhandeln. Diese reichen von 6 Monaten (im Wettbewerbsrecht) bis zu 5 Jahren in Bereichen, die für die Schweiz besonders bedeutsam sind (Investitionen in bzw. Handel mit schweizerischen Immobilien sowie im Bereich des Ausländerrechts). Dazwischen liegen Anpassungsfristen von einem Jahr, beispielsweise bei den öffentlichen Aufträgen, von zwei Jahren, etwa bei den technischen Handeslhemmnissen, von drei Jahren, z.B. im Gesellschaftsrecht, und von (in der Regel) vier Jahren bei der Anerkennung von Berufsdiplomen und Berufserfahrungen. Diese Anpassungen werden voraussichtlich die Abänderung von neun weiteren Gesetzen und die Schaffung von drei neuen erfordern.

Vorzunehmen sind diese Änderungen im ordentlichen Gesetzgebungsverfahren (Art. 20 Abs. 3 UeB BV). Das ordentliche Verfahren gilt auch für alle während dieser Zeit (oder später) notwendig werdenden kompensatorischen oder flankierenden Massnahmen gegen allfällige schädliche Auswirkungen des EWR; zu denken ist an Schutzbestimmungen im sozialen Bereich (z.B. gegen Sozialdumping oder Lohndruck), Massnahmen zum Ausgleich entstehender regionaler Unterschiede, alternative Vorkehren (nicht diskriminatorischer Natur) im Bereich des Grundstückerwerbs (z.B. Wohnanteilspläne).

c) Übernahme neuen Rechts (new legislation)

Das Binnenmarktrecht ist im Moment noch nicht vollständig ausgebildet. Es wäre deshalb eine Illusion zu glauben, mit der Übernahme des bestehenden Acquis auf den Zeitpunkt des Inkrafttretens des EWRA sei der Gesetzgebungsprozess in der EG bzw. im EWR abgeschlossen. Dagegen spricht schon die Tatsache, dass gemäss Art. 97 EWRA grundsätzlich jede Vertragspartei ihre Rechtsetzungsautonomie in diesem Bereich behält und dass das Abkommen ein ausgeklügeltes Beschlussfassungsverfahren für die Übernahme neuer, im Schosse der EG ausgearbeiteter Rechtsvorschriften vorsieht (Art. 99-104). Allein seit dem 31. Juli 1991, dem während den Verhandlungen vereinbarten Stichtag für die Übernahme des Acquis, sind von der EG zahlreiche neue Erlasse verabschiedet und veröffentlicht worden. Allerdings betrifft nur ein Teil dieser Erlasse EWR-relevante Bereiche, doch sind dies immerhin noch rund 200 Rechtsakte.

Angaben über diese Weiterentwicklung des Acquis enthält bereits die Botschaft des Bundesrates zum EWRA. Zur Zeit sind die Vertragsparteien daran zu prüfen, welche der seit dem Stichtag verabschiedeten Rechtsakte für die Herstellung eines homogenen Marktes in den EWR übernommen werden sollen. Gegenstand von Verhandlungen wird dieser "newly adopted acquis" erst nach der Ratifikation des Abkommens durch alle Vertragsstaaten sein. Eine erste Analyse hat gezeigt, dass das schweizerische Recht schon heute in der Mehrzahl der Fälle mit diesem neuen Gemeinschaftsrecht vereinbar ist und dass die notwendigen Änderungen von geringer Bedeutung sein werden. Allerdings wird in gewissen Gebieten das neue Gemeinschaftsrecht auch substantielle Änderungen zur Folge haben[34]. Dies trifft namentlich zu für die öffentlichen Märkte (Liberalisierung im öffentlichen Beschaffungs- und Versorgungswesen, Ausdehnung auf die Dienstleistungen in den Bereichen Wasser, Energie, Verkehr und Telekommunikation), für den Motorfahrzeugbereich (EWR-weite Zulassung/Typenprüfung für Motorfahrzeuge, Vorschriften über die technischen Weiterentwicklungen von Brems- und Lichtvorrichtungen, Verschärfung der Abgasnormen für Nutzfahrzeuge, Vereinheitlichung der Führerausweise und des Mindestalters für Fahrzeugführer, Gurtentragpflicht auf Rücksitzen), für die neuen Schutzbestimmungen im Lebensmittelbereich und im Umweltschutz, für die Preisgestaltung und die Landerechte im Luftverkehr und für die Bestimmungen im Bereich der Versicherung usw. Es handelt sich dabei häufig um Änderungen, die im Vergleich zum bisherigen Acquis klar als Verbesserungen zu bezeichnen sind.

Diese neuen Rechtsvorschriften werden nach den Bestimmungen der Art. 99 ff. Bestandteil des EWRA und sind auf dem ordentlichen Gesetzeswege in das schweizerische Recht zu überführen. Das dürfte in aller Regel innerhalb der gesetzten Fristen möglich sein, auch wenn die sechs Monate, von denen in den Art. 102 f. die Rede ist, eine wesentliche Beschleunigung unserer Verfahren erfordern. Viele dieser Änderungen - die Übernahme neuer Rechtsakte stellt stets eine Vertragsänderung dar - werden im vereinfachten Verfahren durch den Bundesrat genehmigt werden können[35]. Vertragsänderungen, die der Genehmigung durch die Bundesversammlung bedürfen, unterliegen dem fakultativen oder dem obligatorischen Staatsvertragsreferendum, wenn die Bedingungen dazu gegeben sind (Art. 89 Abs. 3-5 BV). Von der Vertragsabschlusskompetenz sodann klar zu unterscheiden ist die Befugnis, den entsprechenden Beschluss des Gemeinsamen EWR-Ausschusses in das Landesrecht umzusetzen. Auch hier können wieder Bundesrat (mittels Verordnung), Parlament (mittels Gesetz) oder aber die Kantone zuständig sein. Gegen die Gesetze des Bundes und der Kantone, welche den neuen Erlass in das schweizerische Recht umsetzen, ist sodann das Gesetzesreferendum gegeben.

---

34 Vgl. Antwort des Bundesrates zur dringlichen einfachen Anfrage Dettling vom 1. Oktober 1992 "Fortführung der Eurolex".

35 Vgl dazu Botschaft zum EWRA, 1992 IV 83 ff.

Die landesrechtliche Genehmigung aller neuen EWR-Erlasse stellt einen wirksamen Schutz unserer Mitwirkungsrechte auf internationaler Ebene dar. Und mit der Wahrung der herkömmlichen Zuständigkeitsordnung bei der Umsetzung in das nationale Recht sollte Gewähr geboten sein, dass unsere Volksrechte keine unverantwortbare Einschränkung erfahren.

3. Verordnungsstufe

a) Umfang und Tragweite

Am stärksten betroffen von der Anpassung unseres Bundesrechts an das EWR-Recht ist naturgemäss die Verordnungsstufe. Insgesamt werden auf Bundesebene rund 110 Verordnungen geändert und etwa 30 neu geschaffen werden müssen. Eine zuverlässige Aussage über die politische Tragweite dieser Verordnungsänderungen, auch unter dem Aspekt der Auswirkungen auf die Kantone, ist noch nicht möglich. Die verwaltungsinternen Arbeiten sind voll im Gange. Dennoch ist bereits jetzt absehbar, dass gewisse Verordnungen Diskussionen auslösen werden, und zwar aus ganz unterschiedlichen Gründen. Umstritten wird in der Regel weniger die Normebene sein (Gesetz statt Verordnung), weil hier die rechtsstaatlichen Grundsätze und der Standort der bisherigen Regelung eine gewisse Gewähr bieten, als die ausführenden Vorschriften selbst; mit ihnen nehmen die Rechte und Pflichten von Gesuchstellern konkrete Gestalt an, werden die Kompetenzen und Verantwortlichkeiten der Vollzugsorgane präzisiert und Verfahrensabläufe festgelegt. Aus diesem Grunde werden vor allem einige neue Verordnungen Aufmerksamkeit finden, so etwa die Verordnung über den Personenverkehr im EWR (graduelle Einführung der Freizügigkeit von EWR-Anghörigen), die Verordnung über Zuständigkeiten im wettbewerbsrechtlichen Verfahren des EWR (Bezeichnung der Kartellkommission als zuständiges Organ) oder die Verordnung über die fiskalische Belastung der gebrannten Wasser und alkoholartigen Erzeugnisse (wegen der die einheimischen Produkte betreffenden Abgabenerhöhung). Andere Verordnungen werden der Schwierigkeiten im Vollzug wegen (Umstellungsaufwand) Sorge bereiten (Deklarationsverordnung, Giftverordnung, Tierseuchenverordnung) oder infolge komplizierter Einpassung (Verordnungen im Bereich der Sozialversicherung und Verordnungen im Bereich der technischen Anforderungen an Fahrzeuge, wo die bestehende Bau- und Ausrüstungsverordnung schrittweise durch fünf neue Verordnungen ersetzt werden wird).

In aller Regel handelt es sich um Vollziehungsverordnungen, ausser bei den ganz wenigen Bundesbeschlüssen mit etwas weitergreifenden Delegationsnormen. Für beide, Ausführungs- oder Vollziehungsverordnungen und gesetzesvertretende Verordnungen gelten klar definierte rechtsstaatliche Grenzen. "Revolutionäre" Änderungen, wie das von den Gegnern des EWR geltend gemacht wird, können nicht auf dem Verordnungswege vorgenommen werden. Vollziehungsvorschriften sind nur gestützt auf das Gesetz und im Rahmen der durch das Gesetz vorgezeichneten Grenzen zulässig; sie haben der Zielsetzung des Gesetzes bzw. des Bundesbeschlusses zu folgen und dürfen dabei lediglich die Regelung, wie sie vom Grunderlass vorgezeichnet wird, näher ausführen, insbesondere keine neuen Pflichten auferlegen[36].

b) Zeitplan

Die verwaltungsinternen Arbeiten sind derzeit also voll im Gange, und in der Mehrzahl der Fälle hat das Ämterkonsultationsverfahren bereits stattgefunden. In vielen Fällen sind zudem externe Vernehmlassungsverfahren durchgeführt worden. Der Bundesrat wird die Verordnungsänderungen, die auf den Zeitpunkt des Inkrafttretens des EWRA vorgenommen werden müssen, im Verlaufe des November und Dezember materiell beraten. Die formelle Beschlussfassung durch den Bundesrat erfolgt aber selbstverständlich erst nach der Abstimmung über das EWRA. Erst dann wird auch die Öffentlichkeit über die Verordnungsänderungen informiert werden können. In einzelnen Fällen sind Verspätungen nicht auszuschliessen, weil entweder noch nicht alle erforderlichen Grundlagendokumente der EG-Kommission vorliegen (etwa bei der Ein- und Ausfuhr sowie beim Inverkehrbringen von Bauprodukten) oder landesinterne Verfahren noch nicht abgeschlossen sind (so die Referendumsfrist beim Lebensmittelgesetz, Voraussetzung für die Fleischauverordnung, und das Vernehmlassungsverfahren nach USG, Voraussetzung für die Verordnung über umweltgefährdende Organismen).

36 Vgl. ULRICH HÄFELIN/WALTER HALLER, Schweizerisches Bundesstaatsrecht, 2. Auflage Zürich 1988, Rz. 1004 ff.

c) Probleme

Die ausserordentlich gedrängten Zeitverhältnisse haben die Gesetzgebungsarbeiten auf allen Stufen erschwert. Insbesondere mussten für die Arbeiten auf der Verordnungsstufe in vielen Fällen die Beschlüsse des Parlamentes zu den Eurolex-Vorlagen abgewartet werden (die Schlussabstimmung fand am 9. Oktober statt). Die Entwürfe zu technischen Vorschriften unterliegen zudem dem Notifikationsverfahren nach dem GATT-Normenkodex (Art. 6 der Notifikationsverordnung[37]); dieses Verfahren dauert regelmässig bis zu zwei Monaten. Diese Umstände machen es den Vollziehungsorganen nicht leicht, und es ist zu befürchten, dass am 1. Januar 1993 manche Behörde - insbesondere auf kantonaler Ebene - sozusagen "aus dem Stand" neues Recht einführen und anwenden muss.

4. Hinweise zur Gesetzestechnik und zum Verfahren

Das EWRA ist - wie man den Medien unschwer hat entnehmen können - unter schwierigen Umständen zustandegekommen. Diese Tatsache hat sich auch auf die Umsetzung in das schweizerische Recht ausgewirkt und zu einigen Belastungsproben geführt. Zu nennen ist hier in erster Linie die im Rückblick betrachtet nicht immer rechtzeitig und umfassend erfolgte Information des Parlaments und der interessierten Öffentlichkeit über den Stand der Verhandlungen und das Vorgehen bei der Anpassung des schweizerischen Rechts. Das war einer der Gründe für die Einsetzung einer eigenen Arbeitsgruppe "Umsetzung des EWR-Rechts" durch die Bundesversammlung im Frühjahr 1991. Wesentlich einfacher gestaltete sich von Anfang an der Informations- und Gedankenaustausch mit den Kantonen. Das Kontaktgremium der Kantone und die von ihm eingesetzten Arbeitsgruppen erwiesen sich als nützliche Ansprechpartner, die zusammen mit den Europadelegierten der Kantone wertvolle Beiträge lieferten[38]. Dennoch waren auch diese Kontakte nicht ganz spannungsfrei, weil die "privilegierte" Behandlung der Kantone von einzelnen Parlamentariern als Zurücksetzung empfunden werden konnte und spätestens dann Fragen aufwerfen musste, als im Kreise des Kontaktgremium der Ruf nach einer "Konferenz der Kantone" mit der Möglichkeit bindender Stellungnahmen bei Verhandlungen auf internationaler Ebene hörbar wurde.

---

37 SR 632.32.

38 Vgl. dazu die Ziff. V.1.(nach Anm. 43).

Nicht ganz zu trennen von den eben angeschnittenen Problemen ist die Frage der Anordnung und des richtigen Zeitpunktes für die Durchführung von Vernehmlassungsverfahren[39]. Bei der Festlegung des gesetzgeberischen Vorgehens Ende Juni 1991 hat der Bundesrat auch beschlossen, dass bei jenen Anpassungen, die auf den 1.1.93 vorgenommen werden müssen, auf die Durchführung von Vernehmlassungsverfahren bei den Kantonen, Parteien und Verbänden verzichtet werden kann, soweit die Durchführung nicht von Rechts wegen vorgeschrieben ist[40]. Dabei ist betont worden, dass in allen Fällen eine rechtzeitige und umfassende Information zu erfolgen habe und Vernehmlassungsverfahren allenfalls auch in vereinfachter Form (z.B. konferenziell) und mit gekürzten Fristen durchgeführt werden können. Diese Informations- und Anhörungspflicht ist von den Fachämtern verschieden gehandhabt worden. Während mit der Streuung des Kapitels 7 der EWR-Botschaft (Auswirkungen des Acquis auf das schweizerische Recht) mit Rücksicht auf die bevorstehende Verabschiedung durch den Bundesrat zugewartet werden musste, waren einzelne Fachvorlagen (mit den entsprechenden Teilen aus der EWR-Botschaft) bereits in Zirkulation. Die Kantone wurden über die Eurodelegierten, über ihre Mitglieder in den Arbeitsgruppen und über das Kontaktgremium laufend über die gesetzgeberischen Arbeiten informiert und hatten Gelegenheit, sich dazu zu äussern. Bei den interessierten Organisationen ist dies weniger systematisch erfolgt, wobei einzelne zweifelsohne über privilegierte Informationskanäle (bis hin nach Brüssel) verfügten, während andere nur auf Drängen hin ihren Standpunkt einbringen konnten. Die Parteien schliesslich sind nur indirekt begrüsst worden. Alles in allem ist daraus wohl niemandem Schaden entstanden, weil die Medien umfassend über die Vorhaben informierten, doch müssen daraus Lehren gezogen werden für die Zukunft. Die Übernahme des "newly adopted acquis" - allenfalls in der Form eines weiteren Eurolex-Paketes - könnte der nächste Prüfstein sein.

Ein Wort schliesslich zur Gesetzestechnik. Das sekundäre Gemeinschaftsrecht hat nicht den Ruf mustergültiger Gesetzgebung. Der Aufbau, die Sprache und die Gesetzestechnik lassen häufig zu wünschen übrig; sie sind uns unvertraut, und der Zugang zu den Erlassen und zur Rechtsprechung des EuGH bleibt vielen auch nach der Beschäftigung mit den Eurolex-Paketen ein Rätsel. Die Bundesverwaltung hat

39 Vgl. dazu auch MADER (zit. in Anm. 1), S. 1325 f.

40 Es gibt eine ganze Reihe von Verfassungs- und Gesetzesbestimmungen, die eine Anhörung der Kantone und der interessierten Organisationen bei der Vorbereitung von Erlassen vorsehen (z.B. Art. 32 Abs. 2 und 3 BV und Art. 39 Abs. 3 UWG). Das Vernehmlassungsverfahren selbst ist seit 1991 in einer Verordnung des Bundesrates geregelt (SR 172.062).

sich mit diesen Fragen auseinandersetzen müssen. Was den Zugang zu den (übernommenen) Erlassen anbetrifft, ist mit der Schaffung einer Sammlung des EWR-Rechts[41] die nötige Veraussetzung für die gebotene rechtsstaatliche Publizität geschaffen worden. Der Gesetzgeber hat sich deshalb mit Hinweisen und Verweisen im Ingress bzw. Anhang zu den Eurolex-Vorlagen begnügen dürfen und sich damit eine aufwendige und problematische Neu- oder Umformulierung ersparen können[42]. Nur (oder vorwiegend) für Juristen von Interesse sind sodann die Hinweise zur Zitierweise von EG-Erlassen und von Entscheiden des EuGH sowie zu andern rechtstechnischen Fragen (Gestaltung des Ingresses, Abweichungen in der Terminologie, Verweise auf das EG-Recht usw.), die vom Bundesamt für Justiz in Zusammenarbeit mit der Bundeskanzlei erarbeitet und bei den Eurolex-Vorlagen angewendet worden sind[43].

V. Anpassungen auf kantonaler Ebene

1. Vorarbeiten im Kontaktgremium der Kantone

Wie bereits erwähnt widmet sich das Kontaktgremium der Kantone, das sich ursprünglich mit der Neuverteilung der Aufgaben von Bund und Kantonen befasste, seit dem Herbst 1988 ausschliesslich Fragen der europäischen Integration und deren Auswirkungen auf den schweizerischen Föderalismus. Um die Auswirkungen des EWR auf das kantonale Recht und insbesondere den gesetzgeberischen Handlungsbedarf auf kantonaler Ebene abzuklären, setzte das Kontaktgremium Ende 1990 dreizehn Arbeitsgruppen ein, die von einer Koordinationskommission gesteuert wurden. Die Berichte der Arbeitsgruppen sind im November 1991 vom Kontaktgremium der Kantone verabschiedet und Anfang 1992 veröffentlicht worden[44]. Sie enthalten einerseits vertiefte Analysen zu den einzelnen Bereichen (Beamtenrecht, Anerkennung von Diplomen, Submissionswesen, staatliche Beihilfen, Gesundheistwesen, Ausländerrecht, Arbeitsmarkt, Grundstückerwerb, Sozialpolitik,

41 Vgl. Zusatzbotschaft I zur EWR-Botschaft, BB über die Änderung des Publikationsgesetzes, BBl 1992 V 370 ff.

42 Vgl. MADER (zit. Anm. 1), S. 1326.

43 Vgl. Gesetzestechnische Aspekte der Anpassung des Bundesrechts an das EWR-Recht, in: Gesetzgebung heute, 1992/2.

44 Der Bericht ist in Anm. 27 zitiert.

Umweltschutz, Verkehrspolitik, kantonale Regale und Monopole), andererseits sind aber auch wichtige bereichsübergreifende Probleme aufgegriffen und behandelt worden (so die Fragen der Mitwirkung der Kantone bei der Willensbildung im Bunde und auf internationaler Ebene sowie Fragen des Vorgehens bei der Anpassung der Gesetzgebung). Gestützt auf diese Berichte haben die Europadelegierten einiger Kantone in enger Zusammenarbeit mit Vertretern des Bundes und der Kantone den legislatorischen Handlungsbedarf der Kantone präzisiert und dem Kontaktgremium der Kantone im Juli 1992 in Tabellenform Vorschläge für das konkrete Vorgehen in den einzelnen Bereichen unterbreitet[45]. Diese Berichte geben einen umfassenden Überblick über die Auswirkungen auf das kantonale Recht, über die Organisation der Arbeiten sowie über die Vorgehensweise und Prioritäten bei der Anpassung des kantonalen Rechts. Ich beschränke mich deshalb nachfolgend auf einen kursorischen Überblick und gestatte mir, im übrigen auf diese Berichte zu verweisen.

2. Betroffene Bereiche und Handlungsbedarf

Die Kantone sind in dreifacher Hinsicht vom EWRA betroffen. Gewisse vom EWRA betroffene Bereiche fallen in die originäre Zuständigkeit der Kantone (beispielsweise die Anerkennung von Berufsdiplomen und die Regelung des Zugangs zu bestimmten Berufen im Rahmen der Freizügigkeit von Personen und Dienstleistungen) und erfordern von den Kantonen ein selbständiges Vorgehen bei der Anpassung ihres Rechts (zur Wahrung ihrer Kompetenzen bzw. in Erfüllung der völkerrechtlichen Pflichten der Eidgenossenschaft). In anderen Bereichen wiederum sind die Kantone als Vollzugsorgane des Bundes gefordert (so bei der Sozialen Sicherheit, auf dem Gebiete des Ausländerrechts und bei der Lex Friedrich) und müssen für die Anpassung ihres Rechts die Änderungen des Bundesrechts und die Vorgaben des Bundes abwarten. Schliesslich sind die institutionellen Auswirkungen zu nennen, die sich aus der Tatsache ergeben, dass die Kantone längerfristig ihren Einfluss bei der Willensbildung im Bunde und auf europäischer Ebene nur wahren können, wenn sie rechtzeitig informiert, angehört und zum Entscheid beigezogen werden.

45 Das EWR-Abkommen und der Handlungsbedarf auf kantonaler Ebene - eine Übersicht in tabellarischer Form, Bericht der Arbeitsgruppe 13 des Kontaktgremiums, Bern Mai/Juli 1992.

Ein unmittelbarer Handlungsbedarf besteht natürlich vor allem bei jenen Anpassungen, für die im EWRA keine Übergangsfrist vorgesehen ist. Im Bereich des Zugangs und der Ausübung von Berufen gilt dies namentlich für die Berufszulassung der Tierärzte und Apotheker, für die Zulassung der Anwälte zur gelegentlichen Ausübung ihrer Tätigkeit (im Rahmen der Dienstleistungsfreiheit), für die Anpassung des Beamtenrechts (Zulassung der Ausländer, ausgenommen in der Kernverwaltung) und für den Zugang sowie die freie Berufsausübung in Handel und Gewerbe. Auf den Zeitpunkt des Inkrafttretens des EWRA ist von den Kantonen auch die Marktüberwachung bei den Bauprodukten sicherzustellen und die Heilmittelkontrolle neu zu regeln. Anpassungen sind ferner im Energiebereich (Wärmeisolation von Verteilernetzen) nötig. Im Bereich der Dienstleistungsmonopole (Kaminfeger, Hebammen, Kehrichtabfuhr usw.) sowie für die gewerbsmässige Ausübung von Jagd und Fischerei muss die Inländergleichbehandlung bei der Erteilung von Konzessionen und Bewilligungen gewährleistet sein. Zu nennen wäre ferner die Anpassung der Aufsicht über die Kantonalbanken. Dringender Handlungsbedarf ist schliesslich auch dort gegeben, wo nur kurze Übergangsfristen eingeräumt wurden, wie im Bereich des Beschaffungswesens (1 Jahr) und bei der Verwirklichung der Niederlassungsfreiheit für Anwälte (2 Jahre).

3. Vorgehen bei der Gesetzesanpassung

Damit diese Anpassungen übereinstimmend und rechtzeitig erfolgen können, haben die Kantone ihr Vorgehen miteinander koordiniert. Die Arbeitsgruppen des Kontaktgremiums haben in allen Bereichen die Auswirkungen des EWRA geprüft und mögliche Vorgehensweisen vorgeschlagen. So sind für den Bereich der Dienstleistungsfreiheit der Anwälte, für das öffentliche Beschaffungswesen und für die Marktüberwachung bei den Bauprodukten Mustererlasse ausgearbeitet worden, und für die Verwirklichung der Niederlassungsfreiheit der Anwälte hat die Arbeitsgruppe in Zusammenarbeit mit dem Schweizerischen Anwaltsverband ein Bundesrahmengesetz empfohlen. Das wird ohne Verletzung des Grundsatzes, wonach der EWR nicht zum Anlass für Kompetenzverschiebungen im Verhältnis Bund-Kantone genommen werden soll, geschehen können, da hiefür bereits eine Bundeskompetenz besteht (Art. 33 Abs. 2 BV). Im Medikamentenbereich haben sich die Kantone für den Konkordatsweg (und nicht für eine Bundeslösung) entschieden. Da der Kanton Zürich eine entsprechende Gesetzesänderung abgelehnt und der Kanton Appenzell Ausserrhoden noch nicht zugestimmt hat, ist jedoch fraglich, ob das neue interkantonale Konkordat über die Kontrolle der Heilmittel rechtzeitig in Kraft treten kann. Wie es nun weitergehen wird, ist vorderhand unklar, doch wird sich der Bund hüten, gegen den Willen der Kantone zur Ersatzvornahme zu greifen[46]. Was in solchen Fällen nottut, ist ein intensiver Informationsaustausch und eine noch engere Zusammenarbeit. Das gilt auch und insbesondere dort, wo Bund und Kantone im selben Bereich unterschiedliche Aufgaben wahrzunehmen haben, etwa weil der Bund für die Gesetzgebung und die Kantone für den Vollzug zuständig sind, oder die Kompetenzen sonstwie (nach dem Regelungsgegenstand z.B.) aufgeteilt sind, wie bei der Umsetzung der Bauprodukterichtlinie, wo der Bund für die Regelung des Inverkehrbringens, die Kantone hingegen für die Regelung der Marktüberwachung zuständig sind[47].

4. Aufgaben im Vollzug

Die Kantone sind in ihrem eigenen Zuständigkeitsbereich vom EWRA weniger betroffen als der Bund. Deshalb ist auch der legislatorische Handlungsbedarf kleiner. Als Vollzugsorgane des Bundes sind die Kantone jedoch vielfach indirekt betroffen, weil sie neues Bundesrecht anzuwenden oder Ausführungsvorschriften zu erlassen haben. Dazu gehören Bereiche wie die Berufszulassung von Ärzten, Zahnärzten und Tierärzten, das Veterinärwesen, das Ausländerrecht, der Grundstückerwerb durch Ausländer, die Soziale Sicherheit, der Umweltschutz u.a.m. Weniger eindeutig ist es im Verfahrensrecht. Obwohl der kantonale Gesetzgeber - von Ausnahmen im Bereich des Anwaltrechts und des Rechtsschutzes abgesehen - hier kaum gefordert ist, sind die Kantone aufgerufen, die kantonalen Verfahrensgesetze auf offene oder verschleierte Diskriminierungen von EWR-Bürgern zu überprüfen[48].

Die Kantone sind frühzeitig über diese Auswirkungen und die notwendigen Gesetzes- und Verordnungsänderungen des Bundes informiert worden. Dennoch ist absehbar, dass nicht alle erforderlichen Vorkehren auf kantonaler und kommunaler

---

46 Aufgegriffen wurde in diesem Zusammenhang auch die in den 70er Jahren diskutierte Frage der Allgemeinverbindlicherklärung von Konkordaten. Zwangskonkordaten fehlt freilich die verfassungsmässige Grundlage; sie widersprechen dem Geist der freiwilligen Vereinbarung unter Kantonen und verwischen die Kompetenzgrenzen zwischen Bund und Kantonen.

47 Vgl. MADER (zit. Anm. 1), S. 1327.

48 Dies gilt namentlich für prozessuale Pflichten und Obliegenheiten, die auf die Staatsangehörigkeit oder den ausländischen Wohnsitz einer Partei abstellen (vgl. BBl 1992 IV 442 ff. und BBl 1992 V 725 ff.)

Ebene schon beim Inkrafttreten des EWRA oder nach Ablauf der (teilweise kurzen) Übergangsfristen getroffen sein werden. Solange sich Volk und Stände zum EWRA nicht geäussert haben, ist es den Kantonen und Gemeinden auch kaum zumutbar, Massnahmen zu treffen gegen den absehbaren Einnahmenausfall als Folge der Änderungen im Ausländerrecht, bauliche und betriebliche Verbesserungen in den Schlachthöfen anzuordnen oder das Personal im Veterinärwesen aufzustocken.

Lediglich verwiesen wird in diesem Zusammenhang schliesslich auf die Auswirkungen, die das EWRA auf die Kantone im institutionellen Bereich haben wird. Bund und Kantone werden gestützt auf Art. 21 UeB BV[49] ihre Zusammenarbeit im internationalen Bereich neu definieren und regeln müssen. Das Kontaktgremium der Kantone hat deshalb am 9. Oktober 1992 die Koordinationskommission gebeten, eine neue Arbeitsgruppe zu bilden "zur Bestimmung der zukünftigen Aufgaben des Kontaktgremiums im Hinblick auf die Konkretisierung der Mitwirkungsrechte der Kantone sowie auf die Formen und Mittel der zukünftigen Zusammenarbeit zwischen Bund und Kantonen insbesondere im Zuge der europäischen Integration".

5. Gemeindeebene

Auch die Gemeinden sind vom EWR-Recht betroffen, und zwar vor allem als Vollzugsorgane von eidgenössischem und kantonalem Recht. Sie werden wohl auch die praktischen Konsequenzen des EWRA für Private und Unternehmen stärker und unmittelbarer spüren als alle anderen staatlichen Ebenen. Ein gewisser legislativer Handlungsbedarf ergibt sich aber auch auf Gemeindeebene, namentlich in den folgenden vier Bereichen:

- Im Beamtenrecht wird den EWR-Angehörigen gestützt auf Art. 28 EWRA der Zugang zu Staatsstellen ermöglicht werden müssen. Ausgenommen von dieser Öffnung sind lediglich Funktionen im Zusammenhang mit der Ausübung der Hoheitsgewalt und der Verteidigung der allgemeinen Staatsinteressen (Polizei, Steuern, Zivilstand usw.), nicht hingegen die öffentlichen Betriebe und Werke, Lehrerberufe, Krankenpflege u.ä.
- Im Submissionswesen werden aufgrund von Art. 65 EWRA für bedeutsame Aufträge auch die Gemeinden das Vergabeverfahren "öffnen", insbesondere die Inländergleichbehandlung, die Ausschreibung im EWR-Raum und die ge-

49 Vgl. vorne Ziff. IV 1.c.

richtliche Anfechtung der Entscheide sicherstellen müssen (Übergangsfrist bis 1. Januar 1994). Die Schwellenwerte liegen im Bereich des Hoch- und Tiefbaus (für Gemeinden besonders bedeutsam) bei fünf Mio ECU, andere Werte gelten für Lieferungen von Wasser, Energie, Transporte sowie im Telekommunikatonsbereich.

- Bei den kommunalen Monopolen (Kehrichtabfuhr und -verwertung, Bestattungswesen, Plakatanschlag, Schlachthöfe) sind künftig bei der Erteilung von Konzessionen auch ERW-Angehörige zuzulassen. Die Monopole können also aufrechterhalten bleiben, doch dürfen EWR-Angehörige nicht diskriminiert werden.
- Staatliche Beihilfen dürfen gestützt auf Art. 61 EWRA künftig nicht mehr gewährt werden, wenn sie durch die Begünstigung bestimmter Unternehmen oder Erwerbszweige den Wettbewerb verfälschen oder zu verfälschen drohen. Diese Regel gilt auf allen Ebenen, wobei vermutlich die Gemeinden davon kaum betroffen sind. Immerhin sind gewisse Vorkehren im Bereich der Wirtschaftsförderung (z.B. bei der Ansiedlung von Unternehmen) zu überprüfen. Neue Subventionen sind ausserdem notifikationspflichtig.

VI. Versuch einer Würdigung: Der EWR als Chance zur inneren Reform !

1. Die Umsetzung des EWRA und die damit verbundene Übernahme des Acquis communautaire in das schweizerische Recht haben im Grunde genommen weniger einschneidende Änderungen zur Folge als ursprünglich erwartet. Die Besonderheiten dieser Rechts-Rezeption sind deshalb eher quantitativer als qualitativer Natur. In einzelnen Bereichen (Ausländerrecht, Grundstückerwerb) erfordert die Liberalisierung freilich eine Neuorientierung unserer Politik.
2. Die intensive Beschäftigung mit dem Gemeinschaftsrecht hat auf allen Stufen dazu beigetragen, Ängste und Vorbehalte gegenüber diesem "fremden" Recht abzubauen, und hat Vertrautheit geschaffen mit einem Recht, das in der Zielrichtung grosse Wesensverwandtschaft aufweist mit unserem eigenen Wirtschaftsrecht und das wie dieses als "freiheitlich" und "sozial verträglich" bezeichnet werden kann.

3. Das zu übernehmende Binnenmarktrecht der EG ist, obwohl umfangreich und dicht, eigentlich das Ergebnis eines "Deregulierungsprogramms" und Ausfluss echter Harmonisierung im Hinblick auf eine Liberalisierung der Märkte. Es dient nicht nur dem Abbau der technischen, rechtlichen und finanziellen Handelshemmnisse, sondern auch der Vermeidung von Diskriminierungen und dem Schutz der sozial schwächeren Partei, etwa des Konsumenten (Unlauterer Wettbewerb, Konsumkredit, Produktehaftpflicht, Pauschalreisevertrag, Widerrufsrecht) oder des Arbeitnehmers (Informations- und Konsultationsrechte bei Massenentlassungen, Mitwirkung bei Schutzvorkehren) sowie der Gleichstellung von Frau und Mann.
4. In manchen Bereichen unterstützt das EWR-Vorhaben Reformen, die die Schweiz aus eigener Kraft nicht oder nur mühsam zustandegebracht hat (Aktienrecht, Konsumkredit, Gleichstellung von Frau und Mann, Kartellrecht) oder die über kurz oder lang ohnehin an die Hand zu nehmen gewesen wären (Abschaffung des Saisonnierstatuts, Familiennachzug, Liberalisierung des Zugangs und der Ausübung von Berufen, Inländergleichbehandlung, Anerkennung von Diplomen, Öffnung des Beschaffungswesens usw.). Insofern führt das EWRA zu einer heilsamen Entkrustung unserer Wirtschaftsordnung. Dabei ist unverkennbar (etwa im Umweltschutz oder bei der Krankenversicherung), dass die Forderungen des EWRA und die eigenständigen Reformbemühungen parallel verlaufen und sich nicht widersprechen. Es wäre also falsch, einen Widerspruch zwischen dem Gemeinschaftsrecht und unserem Landesrecht konstruieren zu wollen und davon auszugehen, dass sich die Schweiz mit dem EWRA einem rechtlichen Diktat der EG zu unterziehen habe.
5. Die Beschränkung der Anpassung auf die auf den Zeitpunkt des Inkrafttretens des EWRA notwendigen Rechtsänderungen hat sich heilsam und beschleunigend auf die Behandlung der Eurolex-Vorlagen im Parlament ausgewirkt. Die Sorgfalt der Beratungen hat darunter nicht gelitten. Jedenfalls haben dieser Umstand und das gewählte Verfahren wesentlich dazu beigetragen, dass Volk und Stände nun in voller Kenntnis aller EWR-bedingten Rechtsänderungen über die Teilnahme am EWR werden abstimmen können. Die massgeschneiderte Referendumslösung, die mit einer verantwortbaren Einschränkung dieses Volksrechtes verbunden ist, lässt es zu, dass die Schweiz bei einer Annahme durch den Souverän das EWRA zeitgerecht ratifizieren kann.

6. Die Bereitschaft der Eidgenössischen Räte zu kompensatorischen und flankierenden Massnahmen gegen allfällige negative soziale, ökologische oder regionale Auswirkungen des EWR lässt die Vermutung zu, dass unsere Behörden auch im EWR ihre Verantwortung für die Umwelt, für eine ausgeglichene Entwicklung unserer Wirtschaft und für eine gerechte Sozialordnung wahrnehmen werden. Auch die ausgelösten Diskussionen über die Verwesentlichung der Volksrechte und über ein neues Verständnis der Zusammenarbeit von Bund und Kantonen stimmen hoffnungsvoll. Der Abbau längst überholter Diskriminierungen (Frauen, Ausländer) und der stärkere Schutz von Arbeitnehmern und Konsumenten sind ebenso zu begrüssen wie der Anstoss zur Deregulierung und Revitalisierung unserer Wirtschaft. Insofern stellt die Teilnahme der Schweiz am EWR auch eine Chance zur inneren Reform unseres Landes dar!

Die institutionellen Bestimmungen des EWR-Abkommens (Art. 89 - 110)

von
Giulio Haas*

If you cannot convince them, confuse them
Chief Justice Oliver W. HOLMES, US-Supreme Court

Inhalt

---

* Der Autor dankt seinem Freund V. Zellweger, Dr. iur., Mitarbeiter der Direktion für Völkerrecht, für die kritische Durchsicht des Manuskripts. Selbstverständlich gibt dieses lediglich die persönliche Ansicht des Autors wieder.

I. Dynamik und Homogenität

1. Schlüsselbegriffe des Abkommens

Die Begriffe "Dynamik" und "Homogenität" kennzeichnen treffend, auf welchem ideellen Fundament die institutionellen Bestimmungen des EWR-Abkommens (EWRA) errichtet wurden[1]. Dabei gingen die Verhandlungspartner[2] von folgendem Vorverständnis aus: Mit "Dynamik" ist nicht eilfertiges Nachvollziehen von Entscheidungen, die anderswo gefallen sind, gemeint und "Homogenität" bedeutet nicht Einheitlichkeit um jeden Preis[3]. Vielmehr drücken diese beiden Begriffe zwei Wesensmerkmale des institutionellen Systems des EWR-Abkommens aus, die in der täglichen Praxis mit Inhalt gefüllt werden müssen.

Bereits in der Erklärung von Luxemburg (1984) vereinbarten die Minister der EFTA-Staaten und der EG-Mitgliedstaaten sowie die Kommissare der EG-Kommission, im sogenannten Luxemburger Folgeprogramm in pragmatischer Weise auf die Schaffung möglichst binnenmarktähnlicher Verhältnisse zwischen den EFTA-Staaten und den EG-Mitgliedstaaten hinzuarbeiten. Das Endziel stellte bereits zu diesem Zeitpunkt die Schaffung eines *dynamischen europäischen Wirtschaftsraums*

1 So auch S. NORBERG, The EEA Surveillance System, in: O. JACOT-GUILLARMOD (Hrsg.), EWR - Abkommen - Erste Analysen, Zürich/Bern, 1992, S. 590.

2 Auf EG-Seite die EG-Kommission, auf EFTA-Seite die 7 EFTA-Staaten.

3 Vgl. A. TOLEDANO LAREDO, Principes et objectifs de l'Accord EEE - Eléments de réflexion, in: O. JACOT-GUILLARMOD (Hrsg.), EWR-Abkommen - Erste Analysen, Zürich/Bern, 1992, S. 568. f.

dar[4]. An der EFTA-Ministerkonferenz in Oslo (1989) erklärten sich die beteiligten Regierungschefs bereit, den von EG-Kommissionspräsident J. Delors am 17. Januar 1989 vor dem Europäischen Parlament gemachten Vorschlag[5] einer neuen Form der Zusammenarbeit zwischen der Gemeinschaft und den EFTA-Staaten aufzunehmen. Die Minister der EFTA-Staaten vereinbarten, "... mit der EG die Möglichkeit der Schaffung einer stärker strukturierten Form der Assoziation zu untersuchen, mit dem Ziel, einen dynamischen, homogenen Europäischen Wirtschaftsraum zu schaffen."[6]

Dieses ehrgeizige Ziel wurde schliesslich am 2. Mai 1992 mit der Unterzeichnung des EWR-Abkommens in Porto grundsätzlich erreicht. Dass zwischen Absichtserklärung und Unterzeichnung des EWR-Abkommens drei von manchen Enttäuschungen, Krisen und Frustrationen gekennzeichnete Jahre vergingen[7], zeigen die mit diesem Unternehmen verbundenen Schwierigkeiten deutlich auf.

Man kann die Bedeutung der beiden Begriffe Dynamik und Homogenität für das Verständnis des EWR-Abkommens kaum genug unterstreichen: Die Idee eines dynamischen und homogenen Wirtschaftsraums enthält bedeutende Folgerungen, insbesondere rechtlicher Natur. Die dem ehrgeizigen Werk zugrundeliegende Philosophie eines 19 europäische Industriestaaten umfassenden Wirtschaftsraums kann nur dann in die Praxis umgesetzt werden, wenn grundsätzlich die *gleichen oder gleichwertigen rechtlichen Normen in der Gesamtheit der 19 Vertragsparteien zur gleichen Zeit gelten.* Nur auf diese Weise können die Vertragsziele der Gleichbehandlung und der Nicht-Diskriminierung von gegen 380 Millionen Europäern verwirklicht werden. Die Präambel des EWR-Abkommens bringt dies gleich mehr-

---

4 In der Erklärung drückten die Beteiligten den Willen aus, "...weitere Schritte auf dem Weg zur Konsolidierung und Verstärkung der Zusammenarbeit zu tun, mit dem Ziel, einen dynamischen, europäischen Wirtschaftsraum zum Wohle ihrer Länder zu schaffen.", zit. nach Botschaft des Bundesrats zur Genehmigung des Abkommens über den Europäischen Wirtschaftsraum vom 18.5.1992, BBl 1992 I 10 (EWR-Botschaft).

5 Delors schlug vor, "... eine neue Form der Assoziation zu suchen, die in institutioneller Hinsicht stärker strukturiert sein sollte, mit gemeinsamen Entscheidungs- und Verwaltungsorganen.", zit. nach EWR-Botschaft, BBl 1992 I 9.

6 Zit. nach EWR-Botschaft, BBl 1992 I 10.

7 Vgl. die eingehende Übersicht über die Verhandlungen in EWR-Botschaft, BBl 1992 I 8 ff. Für die Verhandlungen über den institutionellen Teil des EWRA vgl. M. KRAFFT, Le système institutionnel de l'EEE - Aspects généraux: une vue de Berne, in: O. JACOT-GUILLARMOD (Hrsg.), EWR-Abkommen - Erste Analysen, Zürich/Bern, 1992, S. 551 ff.; B. SPINNER, Europäischer Wirtschaftsraum (EWR): Verhandlungsentwicklung bis Mitte Juni 1991, SJZ 87 (1991) 237 ff.

fach zum Ausdruck[8].

2. Bedeutung von Dynamik und Homogenität für Auslegung und Weiterentwicklung des Abkommens

Bezüglich der vom EWR-Abkommen abgedeckten Bereiche müssen grundsätzlich die gleichen Rechtswirkungen eintreten, gleichgültig ob man Gemeinschaftsrecht oder EWR-Recht[9] anwendet. Dies mag auf den ersten Blick erstaunen: Das EWR-Abkommen ist ein völkerrechtlicher Vertrag, der in seiner Anwendung und Auslegung den einschlägigen Regeln des Völkerrechts untersteht[10]. Da das EWR-Abkommen aber hauptsächlich auf Regeln des Gemeinschaftsrechts beruht, ist ihm ein *hybrider Charakter*[11] eigen. Ungeachtet dieser Doppelnatur muss sich beispielsweise ein Marktteilnehmer aber sicher sein können, dass die Vertragsziele des EWR-Abkommens "gleiche Wettbewerbsbedingungen und Einhaltung gleicher Regeln"[12] im konkreten Einzelfall vor einem beliebigen Gericht einer Vertragspartei durchgesetzt werden können, ohne dass das Homogenitätsideal durch eine uneinheitliche Gerichtspraxis eingeschränkt wird.

---

8 In Absatz 4: "IN ANBETRACHT des Ziels, einen dynamischen und homogenen Europäischen Wirtschaftsraum zu errichten, der auf gemeinsamen Regeln und gleichen Wettbewerbsbedingungen beruht und in dem angemessene Mittel für deren Durchsetzung - und zwar auch auf gerichtlicher Ebene - vorgesehen sind und der auf der Grundlage der Gleichheit und Gegenseitigkeit sowie eines Gesamtgleichgewichts der Vorteile, Rechte und Pflichten der Vertragsparteien verwirklicht wird," sowie in Absatz 15: "IN ANBETRACHT des Zieles der Vertragsparteien, bei voller Wahrung der Unabhängigkeit der Gerichte eine einheitliche Auslegung und Anwendung dieses Abkommens und der gemeinschaftsrechtlichen Bestimmungen, die in ihrem wesentlichen Gehalt in dieses Abkommen übernommen werden, zu erreichen und beizubehalten und eine Gleichbehandlung der Einzelpersonen und Marktteilnehmer hinsichtlich der vier Freiheiten und der Wettbewerbsbedingungen zu erreichen".

9 Unter den Begriff "EWR-Recht" fällt nach der hier vertretenen Meinung neben den Normen des Hauptabkommens und der Protokolle die Gesamtheit aller in den Anhängen zum EWRA enthaltenen EG-Rechtsakte, in der Bedeutung, die ihnen der EuGH bis zur Unterzeichnung des EWRA gegeben hat (vgl. Art. 6 EWRA).

10 Vgl. Gutachten 1/91 des EuGH (publiziert u.a. in RSDIE 1/1992, S. 99 ff.), Absatz 14: "Die wörtliche Übereinstimmung der Bestimmungen des Abkommens mit den entsprechenden gemeinschaftsrechtlichen Bestimmungen bedeutet nicht, dass beide notwendigerweise gleich auszulegen sind. Ein völkerrechtlicher Vertrag ist nämlich nicht nur nach seinem Wortlaut, sondern auch im Lichte seiner Ziele auszulegen..."; vgl. auch B. SPINNER, Der Europäische Wirtschaftsraum: Ist das Völkerrecht der Herausforderung gewachsen? SJZ 86 (1990) 409 ff.

11 So M. KRAFFT, Le système institutionnel de l'EEE - Aspects généraux: une vue de Berne, in: O. JACOT-GUILLARMOD (Hrsg.), EWR-Abkommen - Erste Analysen, Zürich/Bern, 1992, S. 550.

12 Vgl. Art. 1 EWRA.

Der Begriff "Homogenität" beschlägt demnach nicht allein die möglichst einheitliche Anwendung und Auslegung der EWR-Regeln durch die zuständigen Stellen in allen Vertragsparteien; er bezweckt auch eine möglichst grosse Übereinstimmung zwischen EG-Recht und EWR-Recht. Zu diesem Zweck muss sichergestellt werden, dass *alle rechtsanwendenden Organe der Vertragsparteien* bei der Anwendung und Auslegung von EWR-Normen zu übereinstimmenden Ergebnissen gelangen. Ist dies im Einzelfall nicht gewährleistet, sorgen besondere Verfahren für eine sachgemässe Behebung der Abweichungen[13].

Damit wird zugleich die dynamische Natur des EWR-Abkommens verständlich: Diese homogene Regelanwendung und -auslegung kann nämlich nicht nur im Zeitpunkt des Inkrafttretens des EWR-Abkommens von Bedeutung sein. Vielmehr muss die Anwendung gleicher oder gleichwertiger Regeln während der weiteren Geltungsdauer des Abkommens sichergestellt werden. In dem Masse, in dem die Gemeinschaft ihren EWR-relevanten Rechtsbestand weiterentwickelt, sind die EFTA-Staaten gehalten, die gleichen oder zumindest gleichwertige Regeln zu übernehmen oder selbst zu entwickeln.

Was für die eigentliche Regelgebung gilt, trifft grundsätzlich auch für die Rechtsprechung zu: Das Ziel besteht in einer möglichst homogenen EWR-Rechtsprechung der Gerichte aller Vertragsparteien[14]. Dabei wird dem Gerichtshof der Europäischen Gemeinschaften eine führende Rolle zukommen[15]. Werden im Einzelfall erhebliche Abweichungen bezüglich der Auslegung einzelner EWR-Bestimmungen in der Praxis der Gerichte der Vertragsparteien festgestellt, können diese Auslegungsabweichungen im Streitbeilegungsverfahren einer Lösung zugeführt werden[16].

13 Art. 111 Abs. EWRA.

14 Art. 105 Abs. 2 EWRA i.V.m. Art. 111 EWRA; vgl. O. JACOT-GUILLARMOD, Préambule, objectifs et principes (art. 1er-7 EEE), in: DERS. (Hrsg.), EWR-Abkommen - Erste Analysen, Zürich/Bern, 1992, S. 63 ff.

15 Vgl. M. KRAFFT, Le système institutionnel de l'EEE - Aspects généraux: une vue de Berne, in: O. JACOT-GUILLLARMOD (Hrsg.), EWR-Abkommen - Erste Analysen, Zürich/Bern, 1992, S. 557; L. SEVON, The EEA Judicial System and the Supreme Courts of the EFTA States, in: ebda., S. 604 ff.

16 Art. 111 Abs. 3 EWRA.

II. Natur des Abkommens

1. Das EWR-Abkommen als Assoziierungsabkommen

Artikel 1 des EWR-Abkommens spricht vom "Ziel dieses *Assoziierungs-abkommens*". Kapitel 1 von Teil VII ("Institutionelle Bestimmungen") trägt den Titel "Struktur der *Assoziation*". Diese dem Gemeinschaftsrecht entlehnte Terminologie nimmt Bezug auf Artikel 238 des EWG-Vertrages, der wie folgt lautet:

"Die Gemeinschaft kann mit einem dritten Staat, einer Staatenverbindung oder einer internationalen Organisation Abkommen schliessen, die eine Assoziierung mit gegenseitigen Rechten und Pflichten, gemeinsamem Vorgehen und besonderen Verfahren herstellen..."[17].

Mit dem EWR-Abkommen beteiligen sich die EFTA-Staaten an einem wesentlichen Teil des EG-Binnenmarktprogramms. Dieses bezweckt bekanntlich die Schaffung eines Gemeinsamen Marktes für Waren, Personen, Kapital und Dienstleistungen auf den Stichtag 1. Januar 1993. Nicht beteiligt werden die EFTA-Staaten am EG-Rechtsbestand bezüglich der Zollunion und der gemeinsamen Handelspolitik. Die gemeinsame Agrarpolitik, die Steuerharmonisierung und die vollständige Abschaffung der Grenzkontrollen werden ebenfalls nicht in den EWR übernommen. Das EWR-Abkommen deckt somit den "harten Kern" der Integrationsbestrebungen der Gemeinschaft ab[18].

---

17 Gestützt auf Art. 238 EWG-Vertrag kann die Gemeinschaft "auf Dauer konzipierte Abkommen schliessen, die zu eigenständiger Willensbildung befähigte Institutionen vorsehen und die in den Grenzen der Vertragsziele Vereinbarungen über sämtliche im EWGV geregelte Materien im Verhältnis zu dritten Staaten (...) enthalten können ...", C. VEDDER, Rdnr. 16 zu Art. 238, in: E. GRABITZ (Hrsg.), Kommentar zum EWG-Vertrag, München, 1987.

18 Vgl. EWR-Botschaft, BBl 1992 I 47 f.

2. Das EWR-Abkommen: Eine privilegierte Vertragsbeziehung zur EG

Beim EWR-Abkommen handelt es sich um eine Assoziierung privilegierter Natur[19]: Zum ersten Mal in ihrer Geschichte hat die Gemeinschaft einer Gruppe von Nicht-Mitgliedstaaten - den sieben EFTA-Staaten - den Einbezug in ihre institutionellen Verfahren zugestanden. Im Rahmen der Ausarbeitung von Gemeinschaftsrecht werden die EFTA-Staaten mittels eines regelmässigen Informations- und Konsultationsverfahrens bei allen Arbeiten beteiligt werden, die in einer späteren Phase zu EWR-relevanten EG-Rechtsvorschriften führen können[20].

Es ist alleine die Gemeinschaft, welche zur Fortentwicklung ihres eigenen Rechtsbestandes befugt ist. EWR-Regeln bestehen zu einem wesentlichen Teil aus übernommenem Gemeinschaftsrecht. Daher werden EWR-Regeln wesentlich durch die Bedürfnisse der Gemeinschaft vorgeformt werden; die EFTA-Staaten werden aber in jedem Fall die Möglichkeit haben, auf die Entwicklung EWR-relevanten EG-Rechts einen *nicht zu unterschätzenden Einfluss* zu nehmen. Das EWR-Abkommen hat also, strukturell betrachtet, eine *asymmetrische Natur*[21]. Es beruht im wesentlichen auf einer Beteiligung der EFTA-Staaten am Beschlussfassungsverfahren der Gemeinschaft.

Das EWR-System ist darüber hinaus durch das sogenannte "Zwei-Pfeiler-Prinzip" gekennzeichnet: Die beiden Pfeiler sind nicht gleich ausgebaut: Der EG-Pfeiler ist in institutioneller Hinsicht wesentlich stärker ausgestaltet, berücksichtigt aber in erster Linie die eigenen Bedürfnisse der Gemeinschaft und die dem Gemeinschaftsrecht eigenen Regeln. Die Verwaltung und Weiterentwicklung des EWR-Abkommens stellt nur eine von vielen Aufgaben der verantwortlichen Organe dar. Der EFTA-Pfeiler hingegen vereint sieben unter sich völlig gleichberechtigte Staaten. Diese haben sich für die Bedürfnisse des EWR-Abkommens mittels völkerrechtlichen Verträgen eigene Strukturen gegeben[22].

---

19 So M. KRAFFT, Le système institutionnel de l'EEE - Aspects généraux: une vue de Berne, in: O. JACOT-GUILLARMOD (Hrsg.), EWR-Abkommen - Erste Analysen, Zürich/Bern, 1992, S. 557 f.

20 Art. 99 EWRA.

21 So M. KRAFFT, Le système institutionnel de l'EEE - Aspects généraux: une vue de Berne, in: O. JACOT-GUILLARMOD (Hrsg.), EWR-Abkommen - Erste Analysen, Zürich/Bern, 1992, S. 557.

22 Vgl. folgende Vereinbarungen (abgedruckt in BBl 1992 III): 1. Abkommen zwischen den EFTA-Staaten zur Errichtung einer Überwachungsbehörde und eines Gerichtshofs; 2. Abkommen betreffend einen ständigen Ausschuss der EFTA-Staaten; 3. Abkommen über einen parlamentari-

Die privilegierte Natur der Beziehungen der EFTA-Staaten zur Gemeinschaft kommt neben dem weiter unten zu beschreibenden Informations- und Konsultationsverfahren in einer Vielzahl von besonderen institutionellen Rechten zum Ausdruck. So haben die EFTA-Staaten unter anderem:

- Ein Beteiligungsrecht an denjenigen EG-Ausschüssen, die Programme durchführen, an welchen sich die EFTA-Staaten finanziell beteiligen[23].
- Ein individuelles Anrufungsrecht (droit d'évocation). Schwierigkeiten in der Anwendung und Durchführung des Abkommens können jederzeit auf der sachgemässen politischen Stufe vorgebracht werden[24].
- Ein individuelles Einspracherecht (Veto) gegen Entscheidungen des Gemeinsamen EWR-Ausschusses; die Ausübung dieses Rechts kann allerdings zur vorläufigen Ausserkraftsetzung der vom Veto betroffenen Abkommensteile für *alle* EFTA-Staaten führen[25].

Zudem sieht das institutionelle System des Abkommens - im Gegensatz zum EG-Recht - keinen Kompetenztransfer von nationalen zu internationalen Organen vor: Die EFTA-Staaten können bei jedem rechtsetzenden Beschluss des Gemeinsamen EWR-Ausschusses die Erfüllung ihrer verfassungsrechtlichen Anforderungen (in der Schweiz parlamentarische Genehmigung, allenfalls Staatsvertragsreferendum) vorbehalten. Entscheiden sich die landesrechtlich zuständigen Organe, einen rechtsetzenden Beschluss des Gemeinsamen EWR-Ausschusses nicht zu genehmigen, führt dies in mehreren Verfahrensschritten im Extremfall zur vorläufigen Ausserkraftsetzung des betroffenen Abkommensteils für alle EFTA-Staaten[26].

III. Struktur der Assoziation (Art. 89 - 96 EWRA)

schen Ausschuss der EFTA-Staaten.

23 Art. 81 EWRA.

24 Art. 89 Abs. 2 EWRA; Art. 92 Abs. 2 EWRA; vgl. auch Vereinbarte Niederschrift zu Art. 91 Abs. 2 EWRA: "Die Geschäftsordnung des EWR-Rates stellt klar, dass die Worte "So oft die Umstände dies erfordern" in Artikel 92 Absatz 2 sich auch auf den Fall beziehen, dass eine Vertragspartei von ihrem Evokationsrecht gemäss Artikel 89 Absatz 2 Gebrauch macht".

25 Art. 102 Abs. 5 EWRA.

26 Art. 103 Abs. 2 EWRA.

1. Beschlussfassungsorgane[27]

a) Der EWR-Rat

Die zukünftige Bedeutung des EWR-Rats kann daran ermessen werden, dass während der langen EWR-Verhandlungen immer wieder wichtige Streitfragen auf der Ebene der Minister der Vertragsparteien und der jeweils zuständigen Kommissare der EG-Kommission entschieden werden mussten; die endgültige Ausgestaltung des Abkommens wurde in mehreren Erklärungen mitunter bis ins Detail festgelegt[28]. Nach Inkrafttreten des Abkommens wird der EWR-Rat die politische Aufsicht über das Akommen wahrnehmen. Als höchstes politisches Organ des EWR-Abkommens ist er für die allgemeinen Leitlinien in bezug auf die Durchführung und die Entwicklung des Abkommens zuständig. Er bewertet regelmässig das Funktionieren des Abkommens. Auch trifft er die politischen Entscheidungen, die zu Änderungen des Abkommens führen können.

Der EWR-Rat setzt sich aus je einem Regierungsvertreter jedes EFTA-Staates, den Mitgliedern des EG-Ministerrats und Mitgliedern der EG-Kommission zusammen. Die Regierungsvertreter der EFTA-Staaten können sich bei den Beratungen im EWR-Rat individuell äussern. Jeder Beschluss des EWR-Rats aber ergeht im Einvernehmen zwischen der Gemeinschaft einerseits und den *mit einer Stimme sprechenden* EFTA-Staaten anderseits[29]. Bei der Beschlussfassung verfügt jede Vertragspartei[30] über ein Vetorecht. Widersetzt sich beispielsweise ein EFTA-Staat einem anstehenden Entscheid des EWR-Rats, Verhandlungen über die Ausweitung des Abkommens auf Steuerbelange aufzunehmen, finden solche Verhandlungen nicht statt. Den anderen Vertragsparteien bleibt es natürlich unbelassen, unter sich besondere völkerrechtliche Vereinbarungen über jeden denkbaren Gegenstand abzuschliessen. Diese müssten jedoch formell ausserhalb des EWR-Abkommens stehen.

---

27 Vgl. EWR-Botschaft, BBl 1992 I 458 ff.; vgl. insbes. D. FELDER, Structure institutionnelle et procédure décisionnelle de l'EEE (art. 89-114 EEE), in: O. JACOT-GUILLARMOD (Hrsg.), EWR-Abkommen - Erste Analysen, Zürich/Bern, 1992, S. 571 ff.

28 Vgl. z.B. die Gemeinsamen Erklärungen vom 19.12.1990 und vom 14.5.1991, auszugsweise in EWR-Botschaft, BBl 1992 I 20 ff.

29 Vereinbarte Niederschrift zu Art. 90 EWRA.

30 Im Sinne von Art. 2 EWRA; vgl. O. JACOT-GUILLARMOD, Préambule, objectifs et principes (art. 1er-7 EEE), in: DERS. (Hrsg.), EWR-Abkommen - Erste Analysen, Zürich/Bern, 1992, S. 56.

Je nach Gegenstand wird der EWR-Rat unterschiedlich zusammengesetzt sein. Beispielsweise können ihm angehören: die Aussenminister der Vertragsparteien und der zuständige EG-Kommissar bei politischen Fragen; die Transportminister und der zuständige EG-Kommissar in Fragen der Verkehrspolitik usw. Der Vorsitz rotiert halbjährlich von einem Mitglied des EG-Ministerrats zu einem Regierungsvertreter eines EFTA-Staats. Der EWR-Rat tritt mindestens zweimal jährlich zusammen; er kann aber auch auf Begehren einer Vertragspartei[31] - oder falls es die Umstände erfordern - zusammentreten[32]. Ein Geschäftsreglement, das zur Zeit ausgearbeitet wird, präzisiert diesen allgemeinen Rahmen näher[33].

b) Der Gemeinsame EWR-Ausschuss

Der Gemeinsame EWR-Ausschuss stellt zweifellos das entscheidende Organ des institutionellen Systems des EWR-Abkommens dar. Zwar liegt die Gesamtverantwortung für die Umsetzung und das Funktionieren des Abkommens bei allen Vertragsparteien. Es wird aber der Gemeinsame EWR-Ausschuss sein, der das Organ für Konsultationen sowie für den Meinungs- und Informationsaustausch bilden wird. Zu diesem Zwecke ist beabsichtigt, dem Gemeinsamen EWR-Ausschuss mehrere Unterausschüsse zu unterstellen, welche die Beschlussfassung vorbereiten und in denen die technischen Aspekte des Konsultationsverfahrens und des Meinungs- und Informationsaustausches erörtert werden[34].

---

31 Art. 89 Abs. 2 und Art. 5 EWRA; droit d'évocation.

32 Art. 91 Abs. 2 EWRA und Vereinbarte Niederschrift hierzu.

33 Art. 89 Abs. 3 EWRA und Vereinbarte Niederschrift zu Art. 91 EWRA.

34 Zur Zeit ist vorgesehen, 6 Untergruppen einzusetzen. Diese sollen sich - ähnlich wie dies während der Verhandlungsphase der Fall war - mit verschiedenen Aspekten des Abkommens befassen. Es handelt sich voraussichtlich um folgende Unterausschüsse: 1. Warenverkehr, 2. Kapital- und Dienstleistungsverkehr, 3. Personenverkehr, 4. Flankierende Politiken, 5. Horizontale Politiken (z.B. Wettbewerb), 6. Rechtsfragen.

Dem EWR-Ausschuss sind folgende Befugnisse zugewiesen worden:

- Er ändert alle Anhänge und die in Artikel 98 des EWR-Abkommens aufgeführten Protokolle des Abkommens; somit beschliesst er über die Aufnahme neuer Rechtsakte in die Anhänge zum EWR-Abkommmen.
- Er behandelt die von einer Vertragspartei vorgebrachten Schwierigkeiten bei der Anwendung und Auslegung des Abkommens[35].
- Er prüft im Falle grundsätzlicher Meinungsverschiedenheiten sämtliche Möglichkeiten zur Aufrechterhaltung des guten Funktionierens des Abkommens[36].
- Er bestimmt die durch einen neuen EG-Erlass unmittelbar berührten Teile eines Anhangs zum Abkommen[37]; diese Befugnis ist von überragender Bedeutung. Kommt es nämlich zur vorläufigen Ausserkraftsetzung, muss der Gemeinsame EWR-Ausschuss prüfen, welche Teile des Abkommens vom streitigen Rechtsakt betroffen sind.
- Er prüft alle Möglichkeiten, die zur Aufhebung einer vorläufigen Ausserkraftsetzung führen können[38].
- Er befindet über die infolge einer vorläufigen Ausserkraftsetzung notwendigen Anpassungen des Abkommens[39].
- Schliesslich ist er für die friedliche Beilegung von Streitigkeiten zuständig[40].

Jede Vertragspartei verfügt über ein Vetorecht bei den Beschlüssen des Gemeinsamen EWR-Ausschusses, da diese im Einvernehmen zwischen der Gemeinschaft einerseits und den *mit einer Stimme sprechenden* EFTA-Staaten anderseits gefällt werden[41]. Widersetzt sich ein EFTA-Staat einem Beschlussprojekt, so kann dieser Entscheid auf EWR-Ebene nicht gefasst werden. Wir werden später die sich daraus ergebenden Konsequenzen behandeln (vgl. unter IV.).

35 Art. 92 Abs. 2 EWRA.

36 Art. 102 Abs. 4 EWRA i.V.m. Art. 111 Abs. 2 EWRA.

37 Art. 102 Abs. 2 EWRA.

38 Art. 102 Abs. 5 EWRA.

39 Art. 102 Abs. 6 EWRA.

40 Art. 111 EWRA.

41 Art. 93 Abs. 2 EWRA.

Die Gemeinschaft wird im Gemeinsamen EWR-Ausschuss durch die EG-Kommission vertreten. Die EG-Mitgliedstaaten ihrerseits nehmen als Beobachter teil. Die EFTA-Staaten werden je durch einen Spitzenbeamten vertreten. In die Unterausschüsse des Gemeinsamen EWR-Ausschusses werden je Spezialisten der nationalen Verwaltungen und der EG-Kommission delegiert werden. Die Einsetzung von weiteren Ausschüssen ist möglich. Der Gemeinsame EWR-Ausschuss wird mindestens einmal monatlich zusammentreffen, ferner immer dann, wenn eine Vertragspartei um ein Treffen ersucht. Er wird einen jährlichen Bericht über das Funktionieren und die Entwicklung des Abkommens erstellen[42].

c) Der Ständige Ausschuss der EFTA-Staaten

Eine Beschreibung der Struktur des EWR-Abkommens wäre unvollständig, würde man nicht erwähnen, dass die EFTA-Staaten durch einen multilateralen Staatsvertrag einen Ständigen Ausschuss geschaffen haben. Dieser Ausschuss dient den EFTA-Staaten unter anderem dazu, die Vorgaben von Artikel 93 des EWR-Abkommens zu verwirklichen; nämlich sie in die Lage zu versetzen, bei der Entscheidfassung im Gemeinsamen EWR-Ausschuss mit einer Stimme sprechen zu können. Dies ist nichts Neues: Bereits während den EWR-Verhandlungen stimmten die Chefunterhändler der EFTA-Staaten ihre Haltung im Verhandlungsausschuss der Hohen Beamten (HLNG) eng aufeinander ab. Diesem Ausschuss oblag die operationelle Verantwortung für die EWR-Verhandlungen. Ähnliche Funktionen wird künftig der Ständige Ausschuss in bezug auf das EWR-Abkommen wahrnehmen. Neu daran ist lediglich, dass dieser Ausschuss auf eine staatsvertragliche Grundlage gestellt wird, während in der Verhandlungsphase ein ad-hoc-Ausschuss der EFTA-Staaten ohne fest umschriebene Befugnisse tätig war.

Neben der Vorbereitung der Entscheidfindung werden diesem Ausschuss im "Abkommen betreffend einen ständigen Ausschuss der EFTA-Staaten" hauptsächlich folgende Aufgaben übertragen: Sammlung und Weiterleitung bestimmter Informationen; die Verwaltung gewisser Listen (z.B. von Diplomen); die Einführung eines Verzeichnisses von Informationen über eingetretene Unfälle von besonderer Bedeutung für die Umwelt; Erstellen von Berichten, Beurteilungen usw.

42 Art. 94 Abs. 4 EWRA.

Der Ständige Ausschuss ist ein zwischenstaatliches Organ. Seine Mitglieder sind weisungsgebunden. Jeder EFTA-Staat entsendet einen Vertreter und hat eine Stimme im Ausschuss. Je nach Gegenstand kann dieser Vertreter ein Minister, ein hoher Beamter oder ein Sachverständiger sein. Der Ständige Ausschuss kann jederzeit zusammentreten. Regelmässig wird er sich wahrscheinlich im Vorfeld der Sitzungen des Gemeinsamen EWR-Ausschusses versammeln. Der Ständige Ausschuss hat keinen festen Sitz, wird sich aber in der Praxis wahrscheinlich entweder in Genf oder in Brüssel versammeln. Zur Erfüllung seiner Aufgaben kann er Unterausschüsse einsetzen. Sein Sekretariat wird durch das EFTA-Sekretariat mit Sitz in Genf besorgt.

Seine Beschlüsse fasst der Ständige Ausschuss in der Regel im Konsensverfahren. In genau bestimmten, in einem Anhang zum Abkommen aufgeführten Fällen kann das Konsensprinzip durch das Mehrheitsprinzip ersetzt werden. Dies trifft hauptsächlich dort zu, wo ein EG-Rechtsakt, der in den EWR übernommen wurde, das für den betreffenden Fall zuständige EG-Organ (z.B. der EG-Ministerrat) anweist, nach Mehrheitsprinzip zu entscheiden.

2. Beratungsorgane

a) Die Parlamentarische Zusammenarbeit

Artikel 95 des EWR-Abkommens sieht die Einsetzung eines *Gemeinsamen Parlamentarischen EWR-Ausschusses* vor. Dieser dient der Förderung regelmässiger Kontakte zwischen dem Europäischen Parlament und den Parlamenten der EFTA-Staaten. Dem Ausschuss werden 66 Abgeordnete angehören. Das Europäische Parlament stellt eine Hälfte davon. Die anderen 33 Parlamentarier werden wie folgt ausgewählt: Aus den Parlamenten Österreichs, Schwedens und der Schweiz je sechs Abgeordnete, aus Finnland und Norwegen je fünf, aus Island drei und aus Liechtenstein zwei Parlamentarier.

Der Gemeinsame Parlamentarische EWR-Ausschuss ist am Beschlussfassungsverfahren nicht direkt beteiligt. Die EFTA-Staaten, insbesondere die Schweiz, haben sich beharrlich geweigert, den Abschluss des EWR-Abkommens mit einer Verlagerung von nationalen Kompetenzen auf ein internationales Organ zu verbinden. Die Parlamente der EFTA-Staaten - in der Schweiz zudem das Volk aufgrund des Referendumsvorbehalts - bewahren *alle* bestehenden Zuständigkeiten in bezug auf den Abschluss von Staatsverträgen und in bezug auf die Gesetzgebungsbefugnisse. Die demokratische Kontrolle des EWR-Abkommens wird auf nationaler Ebene erfolgen. Daher sind die dem Gemeinsamen Parlamentarischen EWR-Ausschuss übertragenen Befugnisse sehr beschränkt: Er kann mittels Berichten und Entschliessungen auf das Beschlussfassungsverfahren Einfluss nehmen. Auch kann er den Präsidenten des EWR-Rats einladen, sich vor ihm zu äussern. Vorsitz und Funktionsweise des Ausschusses werden in ähnlicher Weise geregelt, wie dies für den EWR-Rat vorgesehen ist.

Die EFTA-Staaten haben anlässlich der Ministerkonferenz vom 20. Mai 1992 in Reykjavik einen besonderen *Parlamentarischen Ausschuss der EFTA-Staaten* ins Leben gerufen. Ihm werden die gleichen 33 Parlamentarier angehören, welche die einzelnen EFTA-Staaten auch auf EWR-Ebene im Gemeinsamen Parlamentarischen EWR-Ausschuss vertreten werden. Der EFTA-Ausschuss wird gleichsam eine hierarchische Ebene tiefer tätig. Er soll Konsultativfunktionen innerhalb der EFTA-Strukturen wahrnehmen, welche die EFTA-Staaten für das gute Funktionieren des EWR-Abkommens benötigen. Auch wirkt er bei der Budgetberatung für die verschiedenen Organe[43] der EFTA-Strukturen mit. Seine Funktionsweise entspricht derjenigen des Gemeinsamen Parlamentarischen EWR-Ausschusses.

b) Die Zusammenarbeit zwischen den Wirtschafts- und Sozialpartnern

Neben dem Parlamentarischen EWR-Ausschuss wird ein *Beratender EWR-Ausschuss* treten, der zu gleichen Teilen aus Mitgliedern des Wirtschafts- und Sozialausschusses der Gemeinschaft einerseits und aus Mitgliedern des seit 1961 bestehenden *Beratenden Ausschusses der EFTA-Staaten* anderseits bestehen wird. Organisation und Funktionsweise dieses Ausschusses entspricht denjenigen des Parlamentarischen EWR-Ausschusses.

43 EFTA-Überwachungsbehörde und EFTA-Gerichtshof.

IV. Beschlussfassungsverfahren (Art. 97 - 104 EWRA)

1. Allgemeine Beschreibung

Das Beschlussfassungsverfahren des EWR-Abkommens gleicht einem Hindernislauf. Dies ist auf die latenten Interessenkonflikte der Verhandlungspartner zurückzuführen: Es galt, in den Verhandlungen einen Weg zu finden, die EFTA-Staaten einerseits so eng wie möglich in das Beschlussfassungsverfahren der Gemeinschaft einzubinden und anderseits die Entscheidungsautonomie aller Vertragsparteien möglichst weitgehend zu wahren. Der latente Konflikt zwischen blindem Nachvollzug von EG-Entscheidungen durch die EFTA-Staaten und Erosion der Entscheidungsautonomie der Vertragsparteien konnte grundsätzlich durch folgende Mechanismen gelöst werden:

Der letzte Absatz der Präambel zum EWR-Abkommen sieht vor, "dass vorbehaltlich der Bestimmungen dieses Abkommens und der durch das Völkerrecht gesetzten Grenzen" das EWR-Abkommen "weder die Autonomie der Beschlussfassung noch die Befugnis zum Vertragsschluss der Vertragsparteien beschränkt"[44]. Zudem wird in Artikel 97 des EWR-Abkommens festgelegt, dass jede Vertragspartei ihre völlige Autonomie in bezug auf ihr jeweiliges Landesrecht auch in den vom EWR-Abkommen abgedeckten Bereichen behält. Jede Vertragspartei kann demnach ihr Landesrecht ändern, sofern diese Änderung den Grundsatz der Nicht-Diskriminierung[45] beachtet und nach Auffassung des Gemeinsamen EWR-Ausschusses das gute Funktionieren des Abkommens nicht beeinträchtigt[46]. Mithin muss die Schweiz in Zukunft Änderungen von Landesrecht in den vom EWR-Abkommen abgedeckten Bereichen den anderen Vertragsparteien zur Kenntnis bringen. Ein allfällig entstehender Streitfall würde nach dem Verfahren von Artikel 111 des EWR-Abkommens entschieden.

---

44 Vgl. M. KRAFFT, Le système institutionnel de l'EEE - Aspects généraux: une vue de Berne, in: O. JACOT-GUILLARMOD, EWR-Abkommen - Erste Analysen, Zürich/Bern, 1992, S. 549 f.; A. TOLEDANO LAREDO, Principes et objectifs de l'Accord EEE - Eléments de réflexion, in: ebda., S. 525 f.

45 Art. 4 EWRA.

46 Vgl. D. FELDER, Structure institutionnelle et procédure décisionnelle de l'EEE (art. 89-114 EEE), in: O. JACOT-GUILLARMOD (Hrsg.), EWR-Abkommen - Erste Analysen, Zürich/Bern, 1992, S. 576.

Artikel 102 Absatz 4 des EWR-Abkommens beschlägt den Fall, dass der Gemeinsame EWR-Ausschuss zu keiner Einigung über die Übernahme eines EG-Rechtsakts in den EWR gelangt. Er wird in diesem Fall die Möglichkeit der *Anerkennung der Gleichwertigkeit der Rechtsvorschriften* zu prüfen haben. Nehmen wir an, die Schweiz hat sich als einzige Vertragspartei der Übernahme eines EG-Rechtsakts in den EWR widersetzt. Sie kann aber glaubhaft machen, dass ihre bestehenden Rechtsvorschriften bereits den Anforderungen dieses EG-Rechtsakts genügen. Der Gemeinsame EWR-Ausschuss kann diesfalls beschliessen, für die Schweiz auf die Anwendung der vorläufigen Ausserkraftsetzung zu verzichten, da ihr Landesrecht bereits EWR-kompatibel ausgestaltet ist.

Die Artikel 99 bis 104 des EWR-Abkommens sehen eine Reihe von Regeln vor, die die Teilnahme der EFTA-Staaten am Beschlussfassungsverfahren der Gemeinschaft in EWR-relevanten Bereichen sichern. In prozeduraler Sichtweise kann eine Anfangsphase unterschieden werden, die unter Zuhilfenahme mehrerer Verfahrensschritte zu einem Übernahmeentscheid des Gemeinsamen EWR-Ausschusses führt. Dieser Entscheid untersteht seinerseits dem Vorbehalt der Erfüllung verfassungsrechtlicher Anforderungen in einzelnen EFTA-Staaten.

2. Die Anfangsphase der Beschlussfassung

Praktisch jeder Entscheid des Gemeinsamen EWR-Ausschusses, einen EG-Rechtsakt in den EWR zu übernehmen, hat ein Rechtssetzungs-Projekt der EG-Kommission zum Ausgangspunkt. In einer Vorbereitungsphase wird die EG-Kommission, die als einziges Organ der Gemeinschaft zur Vorlage von Entwürfen zu EG-Rechtsakten zuständig ist, die Sachverständigen der EG-Migliedstaaten und der EFTA-Staaten konsultieren[47]. Diese werden aufgrund ihrer Fachkenntnis von den dafür zuständigen Behörden ausgewählt: In der Gemeinschaft wählt die EG-Kommission diese Experten aus, während die EFTA-Staaten diese selbst benennen. Ob die EG-Kommission den meist schriftlich formulierten Empfehlungen der Sachverständigen folgen will, bleibt ihr überlassen. Ohne triftige Gründe wird die EG-Kommission sich jedoch hüten, diese Empfehlungen nicht zu berücksichtigen; zu gross wäre das Risiko, irgendwo in der nun folgenden Ausarbeitungsphase am Widerstand der beteiligten Entscheidungsträger zu scheitern.

47 Art. 99 Abs. 1 EWRA.

Hat die EG-Kommission ihren Entwurf fertiggestellt, übermittelt sie ihn dem EG-Ministerrat und stellt gleichzeitig den EFTA-Staaten Abschriften davon zu[48]. Jeder EFTA-Staat kann im Gemeinsamen EWR-Ausschuss einen ersten Meinungsaustausch über dieses Rechtssetzungs-Projekt beantragen. Damit beginnt der eigentliche Verhandlungsprozess, der auf zwei Schienen verläuft: Der eine Strang stellt das Beschlussfassungsverfahren der Gemeinschaft dar, der andere das Verfahren in den EFTA-Staaten. Der Ständige Ausschuss der EFTA-Staaten bildet die Brücke zwischen diesen Staaten. Der Gemeinsame EWR-Ausschuss stellt das Verbindungsglied zwischen diesen beiden Strängen dar.

In der Gemeinschaft wird der Ausschuss der Ständigen Vertreter (COREPER) mit der Vorlage befasst, der sie daraufhin zur Stellungnahme dem Europäischen Parlament und dem Wirtschafts- und Sozialausschuss zuleitet. Die Stellungnahmen dieser beiden Organe werden an den EG-Ministerrat gerichtet, der sie zur Beratung und Vorbereitung seines Beschlusses erneut an den Ausschuss der Ständigen Vertreter weiterleitet. Nach einer weiteren Konsultationsphase, allenfalls mit Hilfe von Arbeitsgruppen und in ständigem Kontakt mit der EG-Kommission, kommt der Beschlussentwurf wiederum vor den EG-Ministerrat[49].

In der Schweiz prüfen zuerst die Fachleute der Verwaltung den Entwurf der EG-Kommission. Diese Personen werden in der Mehrzahl der Fälle bereits aufgrund von Vorentwürfen der EG-Kommission über das Projekt informiert sein. Das Parlament wird - falls es im betreffenden Bereich zuständig ist - aufgrund der kürzlich in Kraft getretenen neuen Bestimmung des Geschäftsverkehrsgesetzes[50] konsultiert. Nehmen wir an, es handle sich in casu um eine Verstärkung der Aufsichtsregeln über das öffentliche Auftragswesen[51]. Das bedeutet, dass in der Schweiz auch die Kantone angehört werden müssen, da sie in diesem Bereich zur Rechtssetzung zuständig sind. Die rechtliche Handhabe findet sich im neuen Artikel 21 der Übergangsbestimmungen der Bundesverfassung. Zusätzlich werden - wie das schon bisher üblich war - die interessierten Kreise zur Vernehmlassung eingeladen. Die in dieser breiten Konsultationsphase allfällig geäusserten Bedenken

48 Art. 99 Abs. 2 EWRA.

49 Das Verfahren in der Gemeinschaft ist um einiges komplizierter als hier dargestellt, vgl. M. SCHWEITZER, Art. 149, in: E. GRABITZ (Hrsg.), Kommentar zum EWG-Vertrag, München, 1990; vgl. auch EWR-Botschaft, BBl 1992 I 461 a + b.

50 SR 171.11; Art. 47bis Bst. a.

51 Das Fallbeispiel wurde der EWR-Botschaft entnommen, vgl. BBl 1992 I 464 ff.

und Vorschläge werden von der Verwaltung geprüft und bestimmen die schweizerische Haltung zum betreffenden Entwurf.

Parallel zu den nationalen Konsultationen findet im Ständigen Ausschuss der EFTA-Staaten ein Meinungsaustausch statt. Die EFTA-Staaten werden ihre Haltung zum Entwurf soweit als nötig aufeinander abstimmen. Dies bedeutet aber nicht, dass bereits in diesem Ausschuss eine gemeinsame Haltung gefunden werden muss. Wie erwähnt können sich die einzelnen EFTA-Staaten bis zum Entscheid des Gemeinsamen EWR-Ausschusses, einen EG-Rechtsakt in den EWR zu übernehmen, individuell äussern.

Der Kommissionsvorschlag wird im Gemeinsamen EWR-Ausschuss nötigenfalls in allen wichtigen Abschnitten der Beschlussfassung der Gemeinschaft diskutiert[52]. In diesem Gremium kann daher die Schweiz ihre allfälligen Bedenken in bezug auf den Enwurf einbringen.

3. Die Endphase der Beschlussfassung

Nehmen wir an, die Schweiz hatte Änderungsvorschläge bezüglich der Aufsichtsregeln des öffentlichen Auftragswesens; diese finden die Zustimmung der Vertragsparteien. Der modifizierte Entwurf passiert die gemeinschaftsinterne Beschlussfassung ohne Zwischenfälle und wird vom EG-Ministerrat am 20. April 1995 als Richtlinie[53] verabschiedet. Diese neue EG-Richtlinie erwächst am 30. April 1995 in Rechtskraft. Für ihre landesrechtliche Umsetzung erhalten die EG-Mitgliedstaaten zwei Jahre Zeit, demnach bis zum 30. April 1997. Auf Gemeinschaftsebene ist das Verfahren damit abgeschlossen. Gleichgültig ob diese Richtlinie in den EWR übernommen wird, sie wird von den EG-Mitgliedstaaten in jedem Fall bis spätestens 30. April 1997 umgesetzt werden müssen.

---

52 Art. 99 Abs. 3 EWRA.

53 Die EG-Richtlinie verpflichtet die Mitgliedstaaten entweder, der Richtlinie entsprechende Vorschriften zu erlassen oder sich entsprechend der Richtlinie zu verhalten. Die Richtlinie belässt den Mitgliedstaaten einen mehr oder weniger grossen Gestaltungsspielraum bei der Umsetzung in Landesrecht; sie ist - ausser in aussergewöhnlichen Umständen - nicht direkt anwendbar; vgl. grundlegend: E. GRABITZ, Rdnr. 51 ff. zu Art. 189, in: DERS. (Hrsg.), Kommentar zum EWG-Vertrag, München, 1988. Vgl. auch O. JACOT-GUILLARMOD, Préambule, objectifs et principes (art. 1er-7 EEE), in: DERS. (Hrsg.), EWR-Abkommen - Erste Analysen, Zürich/Bern, 1992, S. 68 ff., v.a. 70 ff.

Parallel zum beschriebenen dauernden Meinungsaustausch über den Kommissionsentwurf im Gemeinsamen EWR-Ausschuss und im Ständigen Ausschuss der EFTA-Staaten haben letztere ihre internen Verfahren weitergeführt. In der Schweiz haben die Kantone und die aussenpolitischen Kommissionen von Stände- und Nationalrat dem EG-Kommissionsentwurf in seiner endgültigen Fassung zugestimmt. Der EG-Ministerrat hat - wie erwähnt - die neue Richtlinie am 20. April 1995 verabschiedet. Der Gemeinsame EWR-Ausschuss wird formell am 1. Mai 1995 mit dem Geschäft befasst. Am 8. Mai führen die Beratungen im Ständigen Ausschuss der EFTA-Staaten zum Schluss, dass diese Richtlinie in einigen EFTA-Staaten vom Parlament zu genehmigen ist. Am 15. Mai fasst der Gemeinsame EWR-Ausschuss den Beschluss zur Änderung von Anhang XVI (öffentliches Auftragswesen) des EWR-Abkommens. Vorbehalten bleibt die Erfüllung der verfassungsmässigen Anforderungen in einigen EFTA-Staaten, darunter der Schweiz.

Dieser Beschluss des Gemeinsamen EWR-Ausschusses ist als völkerrechtlicher Vertrag einzustufen. Nach Massgabe von Artikel 85 Ziffer 5 der Schweizerischen Bundesverfassung untersteht dieser der parlamentarischen Genehmigung. Im Juni 1995 legt der Bundesrat die Botschaft zur Gutheissung des Bundesbeschlusses betreffend die Übernahme der EG-Richtlinie in den EWR vor. Das Parlament stimmt diesem Bundesbeschluss in seiner Septembersession zu. Das Staatsvertragsreferendum steht nicht zur Verfügung, da die Voraussetzung von Artikel 89 Absatz 3 Buchstabe c BV (multilaterale Rechtsvereinheitlichung) bei Richtlinien, die durch einen landesrechtlichen Akt umgesetzt werden müssen und daher nicht direkt anwendbar sind, nicht erfüllt ist. Am 1. Oktober 1995 notifiziert die Schweiz nach Artikel 103 des EWR-Abkommens dem Gemeinsamen EWR-Ausschuss die Annahme seines Übernahmebeschlusses vom 15. Mai 1995. Damit ist die in Artikel 103 Absatz 2 des EWR-Abkommens angesprochene Frist von maximal sechs Monaten zur Notifizierung eingehalten worden.

Das Bundesgesetz, welches die Richtlinie in Landesrecht umsetzt, wird ebenfalls problemlos vom Parlament in seiner Mai-Session 1996 genehmigt und am 15. Mai 1996 verabschiedet. Innerhalb von drei Monaten verlangen 50'000 Stimmbürger, die sich der Verstärkung der Aufsichtsregeln des öffentlichen Auftragswesens widersetzen, das Referendum. Die Abstimmung findet im März 1997 statt. Das Bundesgesetz wird vom Volk angenommen und tritt zum vorgesehenen Zeitpunkt, dem 30. April 1997, in Kraft. Damit gelten in der Schweiz, in der Gemeinschaft und auf EWR-Ebene die gleichen Regeln.

4. Die vorläufige Ausserkraftsetzung

Obiges Fallbeispiel geht von günstigen Umständen aus. Es ist freilich damit zu rechnen, dass nicht alle Beschlüsse des Gemeinsamen EWR-Ausschusses diesem Szenario entsprechen werden. Nehmen wir den Extremfall an:

Die Kommission erarbeitet in einem EWR-relevanten Bereich nicht eine Richtlinie, sondern eine Verordnung[54]. Diese tritt nach ihrer Verabschiedung durch den EG-Ministerrat ohne Verzug in Kraft. Im Vorfeld des entsprechenden Beschlusses des EG-Ministerrats war diese EG-Verordnung Gegenstand intensiver Konsultationen nach dem oben dargestellten Verfahren. In der Schweiz wurden die aussenpolitischen Kommissionen und - soweit betroffen - die Kantone in jeder Verhandlungsphase konsultiert. Die Gemeinschaft ihrerseits ist sich darüber im klaren, dass aufgrund der Verfassungslage in einzelnen EFTA-Staaten mit einer Verzögerung des Inkrafttretens des Beschlusses von längstens sechs Monaten zu rechnen ist. Innerhalb dieser Frist können die EFTA-Staaten - wie erwähnt - die Erfüllung ihrer jeweiligen verfassungsmässigen Anforderungen und damit die Annahme des entsprechenden Übernahmebeschlusses des Gemeinsamen EWR-Ausschusses notifizieren.

Die Verordnung wurde vom EG-Ministerrat am 30. April 1995 verabschiedet und tritt für die Gemeinschaft sofort in Kraft, wird also zu unmittelbar anwendbarem Gemeinschaftsrecht. Ein landesrechtlicher Umsetzungsakt ist für diese Art von Rechtsakten nicht erforderlich. Der Gemeinsame EWR-Ausschuss fasst am 1. Mai 1995 den Beschluss, die Verordnung in den EWR zu übernehmen.

Am 10. Mai 1995 unterbreitet der Bundesrat dem Parlament die Botschaft betreffend die Genehmigung dieses Beschlusses des Gemeinsamen EWR-Ausschusses. Das Parlament stimmt dem entsprechenden Bundesbeschluss am 30. Juni 1995 zu. Der Bundesbeschluss untersteht dem fakultativen Staatsvertragsreferendum, da in unserer Übungsanlage die Voraussetzungen von Artikel 89 Absatz 3 Buchstabe c BV (multilaterale Rechtsvereinheitlichung) erfüllt sind. Das Referen-

54 Vgl. zu diesem Rechtsakt E. GRABITZ, Rdnr. 43 ff. zu Art. 189, in: DERS. (Hrsg.), Kommentar zum EWG-Vertrag, München, 1988. Vgl. auch O. JACOT-GUILLARMOD, Préambule, objectifs et principes (art. 1er-7 EEE), in: DERS. (Hrsg.), EWR-Abkommen - Erste Analysen, Zürich/Bern, 1992, S. 69 f.

dum wird fristgemäss ergriffen und am 30. August 1995 eingereicht. Damit ist es der Schweiz nicht möglich, dem Gemeinsamen EWR-Ausschuss die Annahme seines Beschlusses innerhalb der in Art. 103 EWRA vorgesehenen Frist von sechs Monaten zu notifizieren.

Der schweizerische Vertreter im Gemeinsamen EWR-Ausschuss ersucht nun die anderen Vertragsparteien um eine Verlängerung der Frist von Artikel 103 des EWR-Abkommens um zwei Monate, damit die Volksabstimmung organisiert werden kann. Dieser Verlängerung stimmen alle Vertragsparteien zu, weil eine vorläufige Ausserkraftsetzung des entsprechenden Anhangs des Abkommens nicht im Interesse der Vertragsparteien läge, dem guten Funktionieren des Abkommens zuwiderliefe und der Gemeinsame EWR-Ausschuss in einem solchen Fall alles unternehmen muss, um das gute Funktionieren des Abkommens sicherzustellen[55].

Die Volksabstimmung über den Übernahmebeschluss findet am 1. Dezember 1995 statt. Der Beschluss wird abgelehnt. Die Schweiz hat dem Gemeinsamen EWR-Ausschuss das Scheitern des Genehmigungsverfahrens zu notifizieren. Dieser hat die den Umständen angemessenen Folgerungen zu ziehen. Die folgenschwerste Konsequenz wäre die vorläufige Ausserkraftsetzung des durch den verworfenen Beschluss betroffenen Anhangs des Abkommens *für alle Vertragsparteien*[56]. Finden diese im Gemeinsamen EWR-Ausschuss keine für alle annehmbare Lösung, erfolgt die vorläufige Ausserkraftsetzung automatisch einen Monat nach der Notifikation des Scheiterns des Genehmigungsverfahrens. Vorausgesetzt wird allerdings zusätzlich, dass der strittige EG-Rechtsakt in der Gemeinschaft angewendet wird. Für die EG-Mitgliedstaaten sind damit keine rechtlichen Nachteile verbunden. Der strittige Rechtsakt gilt in der Gemeinschaft kraft Gemeinschaftsrecht. Damit kommt es zum Auseinanderklaffen von Gemeinschaftsrecht und EWR-Recht: In der Gemeinschaft gilt die entsprechende EG-Verordnung; auf EWR-Ebene werden die Vertragsparteien in bezug auf die Regelung des strittigen Bereichs auf bestehende bilaterale oder multilaterale Vereinbarungen, sofern vorhanden, zurückgeworfen[57].

55 Vereinbarte Niederschrift zu Art. 111 EWRA, die sinngemäss auf Art. 102 und Art. 103 EWRA Anwendung findet.

56 Art. 102 Abs. 2 EWRA.

57 Zum Verhältnis zwischen EWRA und bestehenden Staatsverträgen vgl. G. HAAS/V. ZELLWEGER, Allgemeine und Schlussbestimmungen (Art. 118-129 EWR-A), in: O. JACOT-GUILLARMOD (Hrsg.), EWR-Abkommen - Erste Analysen, Zürich/Bern, 1992, S. 674 ff.

5. Die Beteiligung der EFTA-Staaten an den Arbeiten der EG-Ausschüsse

In der Gemeinschaft sind mehrere tausend Ausschüsse von Sachverständigen an der Verwaltung und Weiterentwicklung des Rechtsbestandes beteiligt. Diese Ausschüsse gewährleisten den regelmässigen Meinungs- und Informationsaustausch zwischen den Diensten der EG-Kommission und des EG-Rates sowie den nationalen Sachverständigen. Es ist kaum möglich, die jeweils geltenden Verfahren nach ihrer Beteiligung an der Entscheidfindung zu kategorisieren.

Im EWR-Abkommen sind drei Möglichkeiten der Beteiligung der EFTA-Staaten an den Arbeiten dieser Ausschüsse vorgesehen:

Ein erster Ausschusstyp wird in Artikel 100 des EWR-Abkommens beschrieben. Er betrifft die Beteiligung an den Ausschüssen des sogenannten "Komitologie"-Typs. Darunter fallen alle Ausschüsse, die die Kommission bei der Ausübung der ihr vom EG-Ministerrat übertragenen Durchführungsbefugnisse unterstützen. Bei den entsprechenden Ausschüssen - sie sind die zahlenmässig bei weitem grösste Gruppe - sichert die EG-Kommission den Experten der EFTA-Staaten die je nach Bereich grösstmögliche Beteiligung an der Vorbereitung jener Massnahmenentwürfe zu, die sie in der Folge den Ausschüssen zu unterbreiten hat. Während der Vorbereitung dieser Entwürfe werden die Experten der EFTA-Staaten in der selben Weise konsultiert wie jene der EG-Mitgliedstaaten[58]. An der Entscheidfassung dieser Ausschüsse werden die Experten der EFTA-Staaten hingegen nicht direkt beteiligt sein; die EG-Kommission wird die Meinung der Experten der EFTA-Staaten aber vor den Ausschüssen darlegen müssen. Das Gewicht der Stellungnahmen der Ausschüsse variiert stark: Sie können beratenden oder zwingenden Charakter haben; sie können mitunter die Kommission verpflichten, eine Sache dem EG-Ministerrat vorzulegen. Trifft letzteres zu, so orientiert ihn die EG-Kommission über die Stellungnahmen der Experten der EFTA-Staaten[59].

Eine zweite Kategorie von Ausschüssen ist in Artikel 81 Buchstabe b des EWR-Abkommens beschrieben. Es handelt sich um Ausschüsse, welche die EG-

58 Art. 100 Abs. 1 EWRA. Vgl. auch die in der Schlussakte enthaltene Erklärung der Gemeinschaft zu diesem Artikel, in der sie das Recht der EFTA-Staaten anerkennt, ihre eigenen Experten zu benennen.

59 Art. 100 Abs. 2 EWRA.

Kommission bei der Verwaltung und Weiterentwicklung von Gemeinschaftsaktivitäten ausserhalb der vier Freiheiten unterstützen. Die Beteiligung der Experten der EFTA-Staaten in diesen Ausschüssen erfolgt nach Massgabe der finanziellen Beiträge der EFTA-Staaten an den entsprechenden Programmen und Aktionen.

Die letzte Kategorie von Ausschüssen wird in Artikel 101 des EWR-Abkommens behandelt und betrifft all jene Ausschüsse, die weder unter Artikel 81 noch unter Artikel 100 des EWR-Abkommens fallen. In Protokoll 37 zum EWR-Abkommen ist eine Liste dieser Ausschüsse enthalten. Diese Liste umfasst zur Zeit lediglich acht Ausschüsse[60]; bei Bedarf kann sie aber durch den Gemeinsamen EWR-Ausschuss ergänzt werden. Die Art und Weise der Beteiligung an diesen Ausschüssen richtet sich nach dem entsprechenden Gemeinschaftserlass, der die Konsultation solcher Ausschüsse vorschreibt. Eine Reihe solcher Vorschriften finden sich in zahlreichen Protokollen und Anhängen des EWR-Abkommens. Diese Protokolle und Anhänge wurden entsprechend angepasst.

V. Homogenität und Überwachung (Art. 105 - 110 EWRA)

1. Das Homogenitätsideal

Während der ganzen Verhandlungsphase waren die Gemeinschaft und die EFTA-Staaten bemüht, die beiden sich widersprechenden Grundsätze der Entscheidungsautonomie und der Homogenität im Rahmen des EWR zu versöhnen. Das Homogenitätsideal wird im EWR-Abkommen durch mehrere Verfahren abgesichert, nicht zuletzt auch durch das Streitschlichtungsverfahren von Artikel 111 des EWR-Abkommens[61].

---

60 Es handelt sich um den Beratenden Ausschuss für Kartell- und Monopolfragen, den Beratenden Ausschuss für die Kontrolle von Unternehmenszusammenschlüssen, die Verwaltungskommission für die soziale Sicherheit der Wanderarbeiter, den Wissenschaftlichen Veterinärausschuss, den Pharmazeutischen Ausschuss, den Wissenschaftlichen Lebensmittelausschuss, den Ausschuss auf dem Gebiet der Verkehrsinfrastruktur und den Kontaktausschuss Geldwäsche.

61 Dieses wird in dieser Arbeit aus Platzgründen nicht behandelt. Vgl. EWR-Botschaft, BBl 1992 I 471 ff., v.a. 483 ff.

In Artikel 105 des EWR-Abkommens wird der Gemeinsame EWR-Ausschuss beauftragt, ständig die Entwicklung der Rechtsprechung des Gerichtshofs der Europäischen Gemeinschaften und des EFTA-Gerichtshofs zu verfolgen. Er hat sich dafür einzusetzen, dass die einheitliche Auslegung des Abkommens gewahrt bleibt[62]. Dies wird aller Voraussicht nach in der Weise geschehen, dass sich die Vertragsparteien regelmässig über die Rechtsprechung dieser Gerichtshöfe informieren. Bei Auftauchen einer Differenz in der Auslegung einer EWR-Bestimmung kann jede Vertragspartei, die diese Auslegungsunterschiede zur Streitsache erklärt, die Verfahren von Artikel 111 des EWR-Abkommens in Anspruch anrufen[63].

Artikel 106 des EWR-Abkommens schreibt dem Gemeinsamen EWR-Ausschuss vor, ein System für den Informationsaustausch EWR-relevanter Urteile des Gerichts erster Instanz der Gemeinschaft, des Gerichtshofs der Europäischen Gemeinschaft, des EFTA-Gerichtshofs und der Gerichte letzter Instanz der EFTA-Staaten einzurichten.

Schliesslich sieht Artikel 107 des EWR-Abkommens die Möglichkeit vor, dass die Gerichte der EFTA-Staaten den Gerichtshof der Europäischen Gemeinschaft ersuchen können, über die Auslegung einer EWR-Bestimmung bindend zu entscheiden. Die entsprechenden Regeln dieses Verfahrens sind in Protokoll 34 enthalten. Es ist jedoch nicht damit zu rechnen, dass ein EFTA-Staat seinen Gerichten diese Möglichkeit einräumen wird. Politische Gründe sprechen dagegen, eine Befugnis des Gerichtshofs der Europäischen Gemeinschaft zur bindenden Auslegung von EWR-Bestimmungen für EFTA-Staaten anzuerkennen[64].

Gemäss Artikel 34 des "Abkommens zwischen den EFTA-Staaten zur Errichtung einer Überwachungsbehörde und eines Gerichtshofes"[65] können die Gerichte der EFTA-Staaten an den EFTA-Gerichtshof gelangen, und ihn um ein Gutachten über die Auslegung einer EWR-Bestimmung ersuchen[66]. In jedem Fall aber bleiben die nationalen Gerichte für die Rechtsanwendung im Einzelfall zuständig; das Gutachten des EFTA-Gerichtshofs ist weder bindend noch braucht es überhaupt

62 Art. 105 Abs. 2 EWRA.

63 Art. 105 Abs. 3 EWRA.

64 Stichwort "Fremde Richter".

65 Abgedruckt in EWR-Botschaft, BBl 1992 III 2 ff.

66 Auf Bundesstufe fand die entsprechende Anpassung im Rahmen des Eurolex-Pakets statt.

eingeholt zu werden[67]. Der EFTA-Gerichtshof ist also keinesfalls ein den obersten nationalen Gerichtsinstanzen übergeordnetes Gericht.

2. Die Überwachung

Ein so komplexes Vertragswerk wie das EWR-Abkommen kann nur dann zur Zufriedenheit aller Vertragsparteien funktionieren, wenn unabhängige und wirksame Überwachungsmechanismen für die ordnungsgemässe Einhaltung der Vertragspflichten durch alle Vertragsparteien sorgen. Auf Gemeinschaftsseite wurde diese Aufgabe der EG-Kommission übertragen. Die EFTA-Staaten errichten für ihre Seite ein unabhängiges Überwachungsorgan, die EFTA-Überwachungsbehörde[68].

Dieses formell als internationale Organisation ausgestaltete Organ ist für die Überwachung der Einhaltung der Vertragspflichten durch die EFTA-Staaten zuständig. Zu diesem Zwecke wird die EFTA-Überwachungsbehörde mit ähnlichen Befugnissen ausgestattet, wie sie der EG-Kommission für die Überwachung der Einhaltung der Gemeinschaftspflichten durch die EG-Mitgliedstaaten zustehen[69]. Im Gegensatz zur EG-Kommission kommt der EFTA-Überwachungsbehörde aber ausserhalb ihres Befugnisbereichs keinerlei regelsetzende Rolle zu. Insbesondere ist sie am Beschlussfassungsverfahren des EWR-Abkommens nicht direkt beteiligt. Auch hat die EFTA-Überwachungsbehörde kein Initiativrecht in bezug auf die Schaffung neuer EWR-Regeln[70].

Um eine einheitliche Überwachung im gesamten Vertragsgebiet des EWR zu gewährleisten, arbeiten die EG-Kommission und die EFTA-Überwachungsbehörde eng zusammen, tauschen Informationen aus und konsultieren einander in allen

---

67 Vgl. L. SEVON, The EEA Judicial System and the Supreme Courts of the EFTA States, in: O. JACOT-GUILLARMOD (Hrsg.), EWR-Abkommen - Erste Analysen, Zürich/Bern 1992, S. 612 f.

68 Vgl. S. NORBERG, The EEA surveillance system, in: O. JACOT-GUILLARMOD (Hrsg.), EWR-Abkommen - Erste Analysen, Zürich/Bern 1992, S. 591 ff. Der Autor beschränkt sich an dieser Stelle auf die Beschreibung der allgemeinen Überwachungsfunktionen der EFTA-Überwachungsbehörde.

69 Unter Art. 169 und 171 EWG-Vertrag.

70 Vgl. S. NORBERG, The EEA surveillance system, in: O. JACOT-GUILLARMOD (Hrsg.), EWR-Abkommen - Erste Analysen, Zürich/Bern 1992, S. 592.

Fragen der Überwachungspolitik und in Einzelfällen[71]. Kommt es im Einzelfall zu positiven oder negativen Kompetenzkonflikten oder zu Meinungsverschiedenheiten über die Behandlung eines Falles, kann der Gemeinsame EWR-Ausschuss damit befasst werden[72]. Dieser wird den Streitfall gemäss den Regeln über das Streitbeilegungsverfahren[73] behandeln.

Die ordnungsgemässe Überwachung der Vertragspflichten der EFTA-Staaten durch die EFTA-Überwachungsbehörde wird ihrerseits gerichtlich kontrollierbar sein. Dazu setzen die EFTA-Staaten einen unabhängigen Gerichtshof ein[74], den EFTA-Gerichtshof mit Sitz in Genf[75]. Dieser hat insbesondere in Wettbewerbsfragen den beteiligten Unternehmen ähnliche Garantien hinsichtlich der Rechtsprechung zu bieten, wie sie die Gemeinschaft kennt; er ist zur Kontrolle der EFTA-Überwachungsbehörde bei Rekursen gegen deren Entscheidung in Wettbewerbsfällen befugt. Darüber hinaus ist der EFTA-Gerichtshof zuständig für Klagen im Zusammenhang mit der Überwachung[76] und mit der Beilegung von Streitfällen zwischen EFTA-Staaten.

71 Art. 109 Abs. 2 EWRA.

72 Art. 109 Abs. 5 EWRA.

73 Art. 111 EWRA.

74 Art. 108 Abs. 2 EWRA.

75 Vgl. L. SEVON, The EEA Judicial System and the Supreme Courts of the EFTA States, in: O. JACOT-GUILLARMOD (Hrsg.), EWR-Abkommen - Erste Analysen, Zürich/Bern 1992, S. 606 ff.

76 Vertragsverletzungsverfahren der EFTA-Überwachungsbehörde gegen einen EFTA-Staat, der seine aus dem EWRA herrührenden Verpflichtungen verletzt hat.

VI. Beurteilung der institutionellen Bestimmungen des Abkommens

Über die institutionellen Schwächen des EWR-Abkommens ist viel geschrieben worden[77]. Die strukturell schwächere Stellung der EFTA-Staaten im institutionellen System des EWR ist offensichtlich. An dieser Stelle wird jedoch die Meinung vertreten, das EWR-Abkommen stelle - sofern richtig genutzt - sachgemässe Mittel zur *wesentlichen Beeinflussung des Entscheidungsprozesses* zur Verfügung.

Die schwächere Stellung der EFTA-Staaten im Beschlussfassungsverfahren ist wesentlich durch die Struktur des EWR-Abkommens als Assoziierungsabkommen bedingt. Darüber hinaus ist die starre Haltung der EG-Kommission in allen Fragen, die ihre Entscheidungsautonomie betrafen, für ein gewisses Ungleichgewicht verantwortlich. Nicht weniger folgenschwer war indes die völlige Ablehnung der EFTA-Staaten, insbesondere der Schweiz, einer Verschiebung von Gesetzgebungskompetenzen von der nationalen auf die internationale Ebene Hand zu bieten. Diese gegenseitige Blockierung programmierte institutionelle Schwächen vor.

Dem Autor erscheint es unter Abwägung aller Aspekte angemessen festzustellen, dass die institutionellen Bestimmungen des EWR-Abkommens *als Ganzes betrachtet zufriedenstellend* ausgestaltet sind. Mit eher resignierendem Bedauern kann angemerkt werden, dass sie das Maximum dessen darstellen, was vernünftigerweise an Konzessionsbereitschaft von der Gemeinschaft verlangt werden konnte.

---

77 Vgl. Nachweise bei KRAFFT, Le système institutionnel de l'EEE - Aspects généraux: une vue de Berne, in: O. JACOT-GUILLARMOD (Hrsg.), EWR-Abkommen - Erste Analysen, Zürich/Bern, 1992, S. 559 f.

Schlusswort zum Europarechtsseminar an der Universität Zürich

von
Josi J. Meier

Sehr geehrter Herr Rektor, sehr geehrte Herren Institutsleiter, meine Damen und Herren,

Sie haben zwei Tage über EWR-Recht gesprochen. Mir war es nicht möglich, an der Veranstaltung teilzunehmen, die ich nun abschliessen soll. Ich bedaure das. Zumindest erspart Ihnen dieser Umstand eine Zusammenfassung - Sie riskieren aber Wiederholungen.

Ich komme eben aus dem Ausland zurück. Meine Abwesenheit hat mit der veränderten Welt zu tun. Auch Mitglieder der eidgenössischen Bundesversammlung sind heute nicht mehr bloss innerstaatlich tätig. Zum grenzüberschreitenden Denken waren wir schon immer gehalten; es ist nicht gut, wenn der Horizont vom Brett vor dem Kopf begrenzt wird. Not tut aber auch vermehrtes Wissen, Vertrautheit mit andern Verhältnissen. Dazu trägt bekanntlich ein Augenschein oft mehr bei als hundert Berichte. Einen solchen Augenschein machte ich eben in Prag und Pressburg. Dabei wurde eines klar. Wie die Verhältnisse zwischen den beiden ab 1993 getrennten Teilstaaten geregelt sein werden, ist in mancher Hinsicht noch nicht völlig sicher. Aber in beiden zukünftigen Staatsgebieten weiss man genau, dass mit allen Mitteln der möglichst freie Zugang zum europäischen Markt zu suchen und dass so bald wie möglich die Mitgliedschaft bei der EG anzustreben ist.

Vorige Woche luden mich die Vertreter ostasiatischer Staaten in der Schweiz zu einem Gespräch ein. Sie vertraten rund die Hälfte der Erdbevölkerung. Auch ihr Hauptanliegen war der möglichst freie Zugang zu unseren europäischen Märkten.

Uns bietet sich der leichtere Zugang zum Markt mit 12 EG- und 6 weitern EFTA-Staaten in Form des EWR-Vertrages an. Gemäss einer gestern in den Medien verkündeten Umfrage wissen gut 40 % der Befragten, dass sie diesen erleichterten Zugang wollen; knapp unter 40 % wissen, dass sie ihn nicht oder *so* nicht wollen und rund 20 % wissen noch nicht, ob sie wollen oder nicht wollen. Nicht nur von den Unentschieden hängt der Entscheid am 6. Dezember ab, sondern auch davon, wie viele von den drei Gruppen überhaupt an die Urne gehen und in welchem Kanton sie wohnen. Die Bildungsartikel wurden seinerzeit, ich glaube es war 1973, vom Volk angenommen, aber es fehlte eine halbe Standesstimme zur Annahme der Vorlage. Weniger als 100 Innerrhödler, die statt Nein Ja gesagt hätten - und der Entscheid wäre umgekehrt ausgefallen.

Sicher ist also nur, dass noch gar nichts sicher ist. In dieser Lage interessiert Sie vielleicht, wie Mitglieder des Parlaments vorgehen, um Stimmenden Entscheidhilfen zu bieten. Es sind die Argumente der politisch praktisch Tätigen, nicht die der Wissenschaft. Aber - seien Sie versichert - das drückt keinen Gegensatz zur Wissenschaft aus, sondern nur einen andern Zugang zu den Problemen. Das *Parlament hat sich für den Vertrag entschieden*; im Ständerat waren 4 von 46 Mitgliedern dagegen, das wurde übrigens von einem ETH-Physiker und von einem ETH-Rechtsprofessor von Hand gezählt. Von den drei, die wegen Abwesenheit oder Vorschrift nicht stimmten, wissen wir, dass auch sie für den Vertrag sind.

Sie kennen die *Hauptargumente der Gegner*: Verlust der Unabhängigkeit; unwürdiger Vertrag, da von der EG diktiert; Zwang zum anschliessenden EG-Beitritt; Verlust der Volksrechte, jedenfalls Zwang zur Übernahme von fremdem Recht, beurteilt durch fremde Richter, wie das ja bewiesen sei durch die liederliche Eurolex-Beratung im Parlament. Ich gehe davon aus, dass Bundesrat Koller diese Argumente in seinem Referat schon widerlegt hat.

Kein Mitglied des Ständerats erwartet vom *EWR-Vertrag* die Lösung aller Probleme. Es war schlicht so, dass bei der *Saldorechnung* die *positiven Elemente überwogen*. Wir können das bewahren, was vielen so wichtig ist, und wir können dort öffnen, wo es uns nötig erscheint. Dass weder unsere Aussen- und Sicherheitspolitik noch die Kernbereiche unserer Souveränität involviert sind, haben die meisten inzwischen erfasst; dass wir Zeit haben, die Neutralität selbst von ihrem Heiligenschein samt dem angesetzten Rost zu befreien, ist nachgerade klar geworden. Dass die Volksrechte in ihrer Substanz gewahrt bleiben, wobei sich allerdings tendenziell eine Verschiebung vom bisherigen Referendum auf das Staatsvertragsreferendum abzeichnet, ist ebenfalls bewusst geworden. Dass die Landwirtschaft vom EWR nur am Rande erfasst wird und einiges mehr vom Gatt als von der EG zu befürchten hat, haben die Bauernführer erkannt. Dass eine nicht diskriminierte und deshalb gutgehende Wirtschaft Voraussetzung von guten Löhnen und von gesicherten Sozialleistungen (AHV!) ist, wissen die Gewerkschafter und die Sozialpolitiker längst. Aber gehen wir noch ein wenig in die Einzelheiten.

Um bei den parlamentarischen Beratungen anzuknüpfen: Die *Eurolex-Übung* war etwas vom Erfreulichsten, das ich im Parlament bisher erlebt habe: Es ist gelungen, Dinge endlich unter Dach zu bringen, die schon längst als revisionsbedürftig erkannt und die Gegenstand vieler parlamentarischer Vorstösse waren. Nehmen Sie als Beispiel etwa das *Konsumkredit*gesetz, das wir, wenn ich mich nicht irre, 6 Jahre lang beraten hatten, das aber in der Schlussabstimmung im Ständerat abgelehnt wurde, durch eine unheilige Allianz jener Ratsmitglieder, denen es zuwenig brachte, mit jenen, denen es zu weit ging. Oder nehmen Sie die *Konsumentenschutzartikel* im Obligationenrecht, wo es seinerzeit so zähe zuging, dass eine meiner Kolleginnen einem etwas sehr konservativen Herrn sagte: "Sie sind nicht ein Reaktionär, Sie sind ein Fossil, ein wahres Fossil!" Oder erinnern Sie sich, wie lange wir schon das Saisonnierstatut als Belastung empfanden. Oder denken Sie daran, wie gerade die in ihrem Namen so wandelbare Lex Friedrich zwar vom Bundesgericht geschützt wurde, aber in den Kantonen nicht mehr durchsetzbar ist.

Wenn uns Eurolex so leicht fiel, liegt die Erklärung dafür aber letztlich darin, dass die europäischen Rechtsordnungen in einer *gemeinsamen europäischen Tradition* gründen. Demokratie, Rechtsstaatlichkeit, Wahrung der Menschenrechte, das ist der gemeinsame Nenner. Daraus musste sich eine weitgehend homogene Rechtsordnung ergeben. Wir haben ja auch während Jahrzehnten im Europarat auf die Harmonisierung dieser Ordnungen hingearbeitet. Diese Gemeinsamkeiten konnten dank dem, was der EG-Vertrag wirklich war, nämlich ein Friedensprojekt, auch vorangetrieben werden. Wir haben vier Jahrzehnte lang von diesem Projekt profitiert. Es scheint mir an der Zeit zu fragen, was *wir* nun beitragen könnten zu einer harmonischen Zukunft von Europa. Das EWR-Projekt beinhaltet letztlich auch das, was wir in unsern Kantonen und im Bund als selbstverständlich halten: die Solidarität mit den Schwächeren. Da haben wir auch einen Einstand zu zahlen.

Übrigens: Liederlich, wie einige wegen des ungewöhnlichen Tempos der parlamentarischen Beratungen meinten, haben wir das Eurolex-Paket nicht beraten, sondern sehr eingehend. Aber die wichtigere Grundfrage hat uns erlaubt, im Detail speditiver voranzuschreiten. Die Eurolexübung hat damit im Parlament das gebracht, *was wir in der Wirtschaft vom EWR erhoffen: Einen Schub von Erneuerungskraft*, der sonst vergeblich auf sich warten lässt.

Schon bei der UNO-Abstimmung haben einige die ironische Frage gestellt, ob die UNO würdig sei, der Schweiz beizutreten. Auch noch beim EWR scheinen einige die gleiche Optik zu haben. Sie sollte nun wirklich überwunden werden. Die übrigen *europäischen Staaten* sind nicht mehr die Diktaturen, von denen wir uns 1938 um unserer Freiheit willen abgrenzen mussten. Sie sind heute - ich erwähnte es schon - demokratische Staaten wie wir, schützen die Menschenrechte und bemühen sich um Rechtsstaatlichkeit. Sie *sind uns ähnlich geworden.*

Wir anderseits haben einiges von unserem *Musterschüler-Bild eingebüsst.* Denken Sie etwa an Probleme wie die Geldwäscherei - in Zürich soll es neuerdings sogar bestechliche Beamten geben. Anders gesagt: Das Verhältnis Europa-Schweiz ist nicht schwarz-weiss, eher bunt-bunt. Der Sonderfall Schweiz ist passé. Wir sind nicht individueller als jeder andere Staat auch. Vier Jahrzehnte EG haben keineswegs bewirkt, dass die Deutschen nicht mehr Deutsche, die Franzosen nicht mehr Franzosen sind. Ebensowenig wie es 144 Jahre Bundesstaat fertig brachten, die Unterschiede zwischen einem Appenzeller und einem Genfer auszulöschen. Auch ich fühle mich immer noch als Luzernerin.

Kurz, der EWR ist nicht das Ende der Schweiz. Er könnte aber der Beginn einer erneuerten Schweiz sein.

Natürlich stellten sich die Räte die Frage, ob wir bei der nötigen Anstrengung und bei genügendem Selbstvertrauen nicht überhaupt auf ihn verzichten könnten. Der *Vertrag kann* selbstverständlich *abgelehnt werden.* Eine *Folge* scheint uns dann allerdings unausweichlich: unsere Wohlfahrt wird das kaum fördern. Wer das nämlich glaubt, vergisst, dass nach dem 1. Januar 1993 nichts mehr sein wird wie vorher. Der Vertrag wird nach einem Schweizer Nein zwar dahinfallen. Die *andern Staaten* würden sich aber innert kürzester Frist ohne uns einigen und den *EWR* eben *ohne uns* in Kraft setzen. Wir wären, vielleicht mit dem Fürstentum Liechtenstein, allein ausserhalb. Und zwar nicht einmal im status quo, sondern im status quo ante. Herr Bundesrat Delamuraz hat das plastisch (statt status quo) als "status rococo" bezeichnet. Was aber tun dann Unternehmer? Ein Beispiel:

Wer Medikamente produziert und ausführen will (und das tut unsere chemische Industrie) muss jedes Produkt in jedem einzelnen EG- und EFTA-Staat registrieren lassen. Er wartet überall etwa 5 Jahre auf den Bescheid und er bezahlt für jede einzelne Zulassung. Anders innerhalb des EWR. *Eine* Zulassung genügt für alle Staaten. Wie würden Sie handeln? Wer im Wettbewerb so in den Nachteil versetzt wird, wird doch eine Sitzverlegung, wird die Verlegung von Arbeitsplätzen in den EG-Raum ins Auge fassen. Am schnellsten handeln die Grossen und am schnellsten bekommen das die Zulieferer zu spüren. Deshalb wohl hat auch der Gewerbeverband Ja zum EWR gesagt.

Manche meinen immer noch, bei Ablehnung des EWRV könnten wir auf der Basis des heutigen Freihandelsvertrages weitere bilaterale Verträge mit der EG schliessen. Diesem Trugschluss sollten Sie nicht erliegen. Es stimmt zwar, dass wir seit Jahren unsere Gesetzgebung auf Eurokompatibilität überpüfen; es stimmt zwar, dass wir mit der EG im Anschluss an den seinerzeitigen *Freihandelsvertrag* gegen 130 Abkommen bilateral ausgehandelt haben und dass wir deswegen nicht, wie andere EFTA-Staaten, mehrere hundert, sondern eben nur 60 Gesetze anpassen mussten. Es wäre aber ein *Fehler anzunehmen*, dass diese *bilateralen Abkommen unsere Zukunftsprobleme lösen* könnten. Schauen Sie die Liste einmal genauer an: Sie entdecken, dass die meisten Ergänzungen nur einzelne Waren betreffen; Sie entdecken, dass der Grossteil nur eine Anpassung an die beiden grossen EG-Erweiterungsrunden mit England und Dänemark einerseits und mit Spanien, Portugal und Griechenland anderseits waren. Und was soll denn mit den ganzen *Dienstleistungen* geschehen? Dass hier der Freihandelsvertrag fast nichts, der EWR hingegen ein ganzes Segment neuer Freizügigkeit bringt, ist vielen noch wenig klar geworden. Die eine Ausnahme im Gebiet der Versicherungen brauchte 17 Jahre Verhandlungszeit.

Mit solchen Aussichten ist im harten Wettbewerb von heute wenig Staat zu machen. Es ist nicht eine Schwarzmalerei des Bundesrates, sondern klar geäusserter Wille der EG, dass sie denen, die den EWR-Vertrag ablehnen, *keine ersatzweise bilateralen Verhandlungen* anbieten wird. (Solche Verhandlungen streben wir zusätzlich zum EWR-Vertrag an, z.B. für den passiven Textilveredelungsverkehr. Sie sind naturgemäss leichter bei engeren als bei lockeren Kontakten.)

Ernst zu nehmen sind die *Ängste vieler Bauern*, die auch für jene manch anderer traditioneller Kreise stehen. Sie rühren wohl daher, dass sich so viel auf einmal verändert; dabei waren wir doch solange gewohnt, nur über die Lage innerhalb unserer Grenzen nachzudenken. Diese Kreise befürchten vor allem, dass der EWR-Vertrag automatisch in die EG führe. Persönlich glaube ich eher, dass nicht der Vertrag, sondern die sich weiter verändernden Verhältnisse uns dereinst vor die Beitrittsfrage stellen werden. Jedenfalls entscheiden wir nicht jetzt über einen Beitritt. Es geht um zwei - vermutlich durch viele Jahre getrennte - Verfahren. Ich pflege dazu mit den Engländern zu sagen: "Let's cross the bridge when we reach it". Inzwischen dürften die Optionsmöglichkeiten von EWR-Partnern grösser sein als jene von blossen Aussenseitern. Wie wir schon feststellten, ist der Weg über bilaterale Verträge kaum mehr offen, es sei denn zum Preis beachtlicher Zugeständnisse. Und diese müssten dann am ehesten im Sektor Landwirtschaft erwartet werden. Alles in allem genommen kamen die Räte deshalb dazu, mit der Genehmigung des EWR die offenere Integrationsvariante zu wählen.

Für mich persönlich spielen dabei noch *geschichtliche Erfahrungen* eine Rolle. Da ist einmal die allgemeine: Die Schweiz hat alle grossen europäischen Bewegungen früher oder später nachvollzogen, wo nicht freiwillig, so unter Druck. Wir sollten zudem nie vergessen, dass der bewusste Abschluss eines *Abkommens* nicht Aufgabe der Souveränität bedeutet, sondern einen *Akt der Ausübung dieser Souveränität.* Wir haben übrigens in der Vergangenheit schon zahllose Abkommen abgeschlossen, die stets einen Teil unserer integralen Unabhängigkeit zum Gegenstand hatten. Das ist eine Folge der Interdependenz moderner Industriestaaten. Immer weniger Probleme lassen sich innerhalb von Staatsgrenzen allein lösen. Man denke beispielsweise an den Verkehr, die Luftverschmutzung oder den Drogenhandel.

Neben dieser allgemeinen Erfahrung gibt es noch eine *spezielle Luzerner Erfahrung*. Der Luzerner Jurist und Staatsmann Philipp Anton von Segesser sagte vor 1848: "Für mich hat die Schweiz nur Interesse, weil der Kanton Luzern in ihr liegt. Existiert der Kanton Luzern nicht mehr als freies souveränes Glied in der Eidgenossenschaft, so ist mir dieselbe so gleichgültig wie die grosse oder kleine Tartarei". Luzern wollte damals nicht einmal einen schweizerischen Binnenmarkt und noch viel weniger einen übergeordneten Bundesstaat. Es hat dafür einen Krieg geführt und hat ihn verloren. Der unterlegene Philipp Anton von Segesser hat aber die Lektion begriffen und liess sich für die Opposition, deren Führer er wurde, in den Nationalrat wählen. Mit seiner förderalistischen Politik gelang es ihm, das Luzerner Volk in den Bund zu integrieren.

Ein Stück weit ist die heutige Lage der Schweiz jener des damaligen Kantons Luzern vergleichbar, wenn es auch beim EWRV um weit weniger geht als damals; nämlich nur um den ungehinderten Zugang zu dem für unsere Exportwirtschaft wichtigsten Markt, dem europäischen Binnenmarkt, ein Zugang, den uns der Alleingang eben nicht verschafft! Ich vertraue darauf, dass wir junge Philipp Antone auch in unserer Zeit finden, die dann in EG-Kreisen ebenfalls den Grundsatz der Subsidiarität vertreten werden. Ich danken ihnen für ihren Beitrag jetzt schon.

An uns allen aber wird es liegen, dafür zu sorgen, dass aus diesem EWR keine Festung Europa entsteht. Zu unsern aussenpolitischen Grundsätzen gehören schliesslich auch die Universalität und die Solidarität!